A HISTORY OF OTTOMAN POETRY

VOLUME VI
TURKISH TEXTS

A History of Ottoman Poetry

VOLUME VI
TURKISH TEXTS

BY
E. J. W. GIBB

EDITED BY
EDWARD G. BROWNE
Sir Thomas Adams' Professor of Arabic and
Fellow of Pembroke College in the University of Cambridge;
Fellow of the British Academy

With a new Foreword by
Christine Woodhead

EDINBURGH
University Press

THE E J W GIBB
MEMORIAL TRUST

Edinburgh University Press is one of the leading university presses in the UK. Publishing new research in the arts and humanities, EUP connects people and ideas to inspire creative thinking, open new perspectives and shape the world we live in. For more information, visit www.edinburghuniversitypress.com.

This reissue 2025

Edinburgh University Press Ltd
13 Infirmary Street, Edinburgh EH1 1LT

Typeset by Cheshire Typesetting Ltd, Cuddington, Cheshire

A CIP record for this book is available from the British Library

ISBN 978 1 3995 5992 8 (hardback)
ISBN 978 1 3995 5994 2 (webready PDF)
ISBN 978 1 3995 5993 5 (epub)

EU Authorised Representative:
Easy Access System Europe
Mustamäe tee 50, 10621 Tallinn, Estonia
gpsr.requests@easproject.com

FOREWORD TO THE 2025 REISSUES OF *A HISTORY OF OTTOMAN POETRY*

When the first volume of E. J. W. Gibb's *A History of Ottoman Poetry* was published in 1900, it was immediately hailed as 'one of the most masterly contributions ever made to Oriental learning by an English scholar'.[1] Reviewers were agreed that Gibb had produced an authoritative, wide-ranging and pioneering study of a little-known subject which would stand the test of time. More than a century later, and with a major revival of interest in Ottoman classical poetry in Turkey and elsewhere from the 1970s onwards, Gibb's six-volume *History* remains the most thorough single study in English, a valuable reference work, and a significant achievement of Victorian scholarship.

Elias John Wilkinson Gibb (1857–1901) was a self-taught Ottomanist, a gentleman scholar of private means, who transformed himself from the son of a Glasgow wine merchant into the expert on Ottoman classical poetry in the English-speaking world.[2] His first publication, in 1879 at the age of twenty-two, was a translation of part of a major sixteenth-century Ottoman history which dealt with one momentous event, the Ottoman conquest of Constantinople/Istanbul in 1453.[3] However, he soon put aside translation of this prose work in order to concentrate on poetry, and in 1882 published a one-volume work with

---

[1] Anonymous review in *The Athenaeum*, no. 3805 (29 September 1900), p. 407. Strictly speaking, Gibb was not English, but Scottish.

[2] For a brief biography, see Christine Woodhead, 'E. J. W. Gibb (1857–1901)', in Charles Melville (ed.), *A Short History of the Gibb Memorial Trust and its Trustees: A Century of Oriental Scholarship* (Edinburgh: Edinburgh University Press, 2023), pp. 21–30; also 'Gibb, Elias John Wilkinson (1857–1901)', *Oxford Dictionary of National Biography* (2004). A major study of Gibb and his work is being prepared by Nagihan Gür.

[3] *The capture of Constantinople: from the Tāj-ut-tevārīkh, 'the diadem of histories', written in Turkish by Khōja Sa'd-ud-Dīn; translated into English by E. J. W. Gibb* (Glasgow 1879); privately printed, 36pp.

the helpfully descriptive title *Ottoman poems translated into English verse in the original forms, with introduction, biographical notices, and notes.*[4] This was the precursor of his later, much enlarged *A History of Ottoman Poetry*.

Although he never travelled to the Ottoman Empire, Gibb corresponded with a number of Ottoman scholars and after his final move from Glasgow to London in 1889 was able to discuss poetry regularly with Turkish cultural figures from the London embassy. He built up an impressive library of around 325 manuscripts, over 300 printed books from eighteenth- and nineteenth-century Ottoman and Arabic presses, and an unknown (but probably very large) number of western printed books on Islamic languages, literature and history. Of the manuscripts, around two thirds were the *divans* (collections of short verse) of individual Ottoman poets. There were also a number of *mesnevis* (longer epic, didactic, historical or romance texts), fifteen mixed anthologies of verse by various poets, and around twenty *tezkires*, biographical dictionaries of poets, compiled by various Ottoman authors, many contemporary with their subjects, from the 1530s into the nineteenth century. Through their selection of poets, the recounting of literary anecdotes concerning them, and the choice of verse to be included for each person's entry, these *tezkires* are regarded as a form of Ottoman literary criticism. These, together with nineteenth-century printed critiques, provided Gibb with the bases for both his factual information and his analytical comments. He also collected around thirty *divans* and other texts by Persian poets, all of which would have been familiar to Ottoman poets, with some providing direct inspiration.[5] As a result, he was particularly well informed on his subject and is said to have written and spoken Ottoman Turkish fluently. Some Ottoman scholars were initially suspicious. To counter this, two letters written by Gibb in Ottoman Turkish to the poet and dramatist Abdülhak Hamid were published by the latter in an Istanbul literary magazine in 1886, to prove that Gibb the Ottomanist was a real person capable of such writing, and not a figment of Hamid's imagination. Doubters were encouraged to write to Gibb at his Glasgow address.[6]

Insofar as his target audience was 'the average English reader who is wholly innocent of any Oriental learning', Gibb aimed to redress the state of 'blank ignorance' existing about Ottoman literature. In the 1830s the Austrian

---

[4] *Ottoman poems translated into English verse* . . . (London and Glasgow, 1882), containing a 55-page introduction and 265 pages of translations and notes on 65 poets.

[5] For a 'rough list' of the Gibb manuscripts drawn up by E. G. Browne, see E. J. W. Gibb, *A History of Ottoman Poetry*, Vol. II, pp. xvi–xxxi. See also *Handlist of [422] Turkish and other printed books* in the Gibb Collection at Cambridge University Library, compiled by Browne (Cambridge: Cambridge University Press, 1906).

[6] For the text of these letters, see Abdülkadir Erkal, 'Elias John Wilkinson Gibb ve Abdülhak Hamid'e yazdığı iki mektup', *Atatürk Üniversitesi Türkiyat araştırmaları dergisi*, 19 (2002), pp. 55–70.

Orientalist Joseph von Hammer-Purgstall had published a four-volume work on Ottoman classical poetry. Although he professed to regard Hammer's work as a student's 'sheet-anchor', Gibb in fact considered this to be little more than a basic compilation in German of *tezkire* biographies, with little attempt to assess the development and nature of the poetry. His own *History* would include 'barely a tenth' of Hammer's 2,200 poets but would go back to the original Ottoman sources in order to analyse their poetry in much greater depth.[7]

Gibb's approach was chronological and systematic. The first four volumes present Ottoman classical poetry in four developmental phases, dating from the foundation of the Ottoman state around 1300 to the middle of the nineteenth century.[8] He described this lengthy period as an 'Old School' of poetry, developed under the influence of Persian classical verse. The fifth volume introduces an innovative 'New School' of Ottoman poetry produced in Gibb's own era and inspired by French models. In each of these volumes he first addresses the character and general trends of the poetry of the time period concerned, and then supplies biographical information on each writer selected, noting the poet's wider literary context and evaluating their poetry in the light not only of the poems themselves but of sometimes contradictory views in the Ottoman *tezkire*s and later nineteenth-century evaluations. This analysis is usually accompanied by English translations of a representative sample of the poet's short poems and synopses of any longer texts. A wealth of explanatory footnotes provides extra cultural depth, particularly for the translations, and is a gold mine for readers unfamiliar with the cultural references and allusions common in such verse.

Volume I begins with a substantial three-part introduction. The first chapter, on the origin, character and scope of Ottoman poetry, sets out in more detail Gibb's understanding of a division into 'Old' and 'New' schools. The 'Old School' is presented largely as a branch or outgrowth of Persian literature: it had produced some excellent poetry, especially in the sixteenth and early seventeenth centuries, but had subsequently run out of steam and had 'fallen into a Chinese stagnation of lifeless conventionalism with neither wish nor power save to mumble the dry bones of a long-dead culture'. In contrast, Gibb saw the very recent 'New School' as 'more momentous and farther-reaching' than

---

[7] Gibb, *History*, Vol. I, pp. vi–viii. See also Gibb's comment on Hammer that 'the critical faculty has never been reckoned among the many endowments of this illustrious scholar' (Gibb, *History*, Vol. IV, p. 37).

[8] For a general narrative of Ottoman history, see Caroline Finkel, *Osman's Dream: The Story of the Ottoman Empire 1300–1923* (London: John Murray, 2005). The term 'Ottoman classical poetry' (or *divan edebiyatı*, 'anthology literature'), refers to Ottoman poetry in the Perso-Arabic tradition. It does not include Turkish folk poetry or much of the religious poetry composed in dervish lodges.

any other development in Ottoman poetry.[9] Such views were not apparent in his *Ottoman poems* of 1882 and grew out of his subsequent acquaintance with the ideas of mid-nineteenth-century Ottoman reformist writers, in particular the poet, journalist and political agitator Namık Kemal (d. 1888). Nagihan Gür has traced these influences on Gibb's outlook, showing how this simplistic old/ new dichotomy, a seemingly stark division, became one of the most controversial elements of his entire study. Some English reviewers of Volume I received the unfortunate impression that the 'Old School' of poetry was largely imitative and possibly sterile; non-reformist Ottoman and some early Republican Turkish scholars were offended by what they considered to be Gibb's dismissively Orientalist views and by his apparent devaluing of their poetic heritage.[10]

In contrast, chapters two and three of the introduction to Volume I proved initially to be the most useful and appreciated parts of the entire work. Chapter two first outlines the Muslim understanding of the stages of God's creation and of other elements such as the eight paradises, six seas and seven heavens believed to rise above the earth – to all of which poets might allude. There follows a basic but equally useful account of the principal elements of Islamic philosophy and of Sufi mysticism which pervade much Ottoman classical poetry. Chapter three, on verse forms, prosody and rhetoric, draws attention to the complex technicalities involved in composing this kind of verse. For several decades, until the appearance of Walter Andrews' detailed study of the structural features of Ottoman lyric poetry,[11] Gibb's explanations of Ottoman metres, rhyme and verse forms were the only reference readily available in English.

Following these introductory chapters, Gibb then discusses in Volume I poets of the 'First Period' (which he later termed 'Archaic'[12]) from 1300 to around 1450, presenting this as a formative era in which poetry was generally 'West-Turkish' in style,[13] more strongly influenced by local dialect than Ottoman classical poetry later became. Foremost among the poets discussed are Sultan Veled (d. 1312), son of the revered mystic Celaleddin Rumi; Yunus Emre (fl. early 1300s), a master of 'rugged' mystical verse in the Turkish syl-

---

[9] Gibb, *History*, Vol. I, pp. 4 and 124–36, 'Historical outline'. On the nineteenth-century Ottoman political, economic and judicial reforms which provided a background to the 'New School', see M. Şükrü Hanioğlu, *A Brief History of the Late Ottoman Empire* (Princeton: Princeton University Press, 2008).

[10] Nagihan Gür, 'The Reading Processes of a Scottish Ottomanist: E. J. W. Gibb and his Young Ottoman Sources', *Middle Eastern Literatures*, 21/2–3 (2018), pp. 171–205, at pp. 173–4.

[11] Walter G. Andrews, *An Introduction to Ottoman Poetry* (Minneapolis, MN: Bibliotheca Islamica, 1976).

[12] Gibb, *History*, Vol. III, p. 3.

[13] As opposed to forms of Eastern Turkish found in Uzbekistan and other parts of Central Asia.

labic metre; and Süleyman Çelebi (d. 1422) author of the *Mevlid*, a 'Hymn on the Prophet's Nativity' which acquired a central place at all levels of Ottoman Turkish culture through its recital annually during celebrations on the birthday of the Prophet Muhammad.

Volume II (originally published 1902) covers the first part of Gibb's 'Second Period', the 'classic age' from 1450 to 1520. He considered the reign of Mehmed II (r. 1451–81) to be 'the true starting point of Ottoman poetry', with more verse written in the increasingly Persianised literary idiom of the Ottoman court, in contrast to the relatively provincial Turkish style of most previous poets. Among the leading poets of this era are Cem Sultan (d. 1495), the brother of Bayezid II (r. 1481–1512) who was held captive for many years in France and Italy; the judge and courtier Ahmed Paşa (d. c.1496); and Necati (d. 1509), by origin probably a Christian slave. Also discussed is the work of Mihri Hatun of Amasya (d. after 1512), one of the few known Ottoman women poets. Gibb provides useful extended summaries of the stories of Yusuf and Züleyha, and Leyla and Mecnun,[14] both composed by Hamdi (d. 1509), an impoverished mystic, as early examples of traditional romances in the *mesnevi* style of rhymed couplets.

The second part of Gibb's 'classic age', from 1520 to the early seventeenth century, is covered in Volume III (1904), which also contains the subsequent 'Third Period' or 'late classic age' to c.1700. In Gibb's understanding, this was the era of greatest Persian influence upon Ottoman poetry, which was at its most brilliant in the reign of Süleyman I (r. 1520–66). The majority of the most well-known Ottoman poets flourished in these two centuries, drawn from several walks of life and many parts of the empire, from the Nakshbandi Sufi Lami'i Çelebi of Bursa (d. 1531), Fuzuli of Baghdad (d. 1556) and the Albanian-born soldier Taşlıcalı Yahya Bey (d. 1582) – famed for his elegy on the death of Süleyman's son Mustafa and for a collection of five *mesnevi* narratives – to the Istanbul-based chief judge Baki (d. 1600), the bureaucrat, panegyrist and satirist Nef'i from Erzurum (executed 1635), the chief jurisconsult and major literary patron Yahya Efendi (d. 1644) and Nabi (d. 1712), the man of letters from Urfa. Eight of the most popular verse romances written in this period are summarised in an appendix.[15]

The eighteenth and early nineteenth centuries – covered in Volume IV (1905) – were regarded by Gibb as a transitional era between the 'classic age' and the beginning of the modern school. In this period Persian influences

---

[14] The biblical/qur'anic story of Joseph, son of Jacob, and Potiphar's wife, here named Züleyha. *Leyla and Mecnun* is a traditional Arab romance of young love thwarted, a tragedy with an even more culturally dominant status than Shakespeare's *Romeo and Juliet* in English literature.

[15] Gibb, *History*, Vol. III, pp. 353–74: six romances by Lami'i, one by Taşlıcalı Yahya Bey, one by Nabi.

upon Ottoman verse began to give way to more Turkish styles, the Ottomans having grown weary of being 'the parrots of the Persians'.[16] The two trends nevertheless continued side by side for some time, a contest between the new, more sprightly Romanticism, glowing 'with a brightness of local colour', as represented by Nedim (d. 1730), whose songs and poems reflect the changing nature of elite society during the reign of Ahmed III (r. 1703–30), and the Mevlevi poet Şeyh Galib (d. 1799), as against the remaining Persianist tradition exemplified by the poetry of the grand vezir and literary patron Mehmed Ragib Paşa (d. 1763). Gibb regarded this era as to some degree the most interesting, 'for in it Turkish poetry is most truly Turkish'.[17]

Volume V (1907) concludes Gibb's study. It contains three chapters on the 'New School' of poetry which emerged around 1860, a product of the Ottoman *tanzimat* (reform) era. To Gibb, it signified 'a great awakening'. The first chapter provides a general introduction to the poets of the period and their literary and political circumstances. Subsequent chapters are devoted to Şinasi Efendi (d. 1871), 'the master who laid the foundation of the new learning', and Ziya Bey, later Pasha (d. 1880), a prolific writer in both prose and verse and translator of many French literary works into Ottoman. Ironically, Gibb died before he could begin his intended study of Namık Kemal, whom he considered the greatest poet of this new school. Volume V also contains over 100 pages of indices to all five volumes: of persons and places; of books, journals and poems; of 'technical terms and Oriental words', and of subjects. Volume VI (1909) contains in Ottoman printed script the texts of all poems quoted in English translation in the previous volumes.

When Gibb died unexpectedly in 1901, at the age of forty-four, only the first of the six projected volumes of his *History* had appeared in print. Volumes II to VI, left in various stages of preparation, were published under the editorship of his friend and literary executor, the Persianist scholar E. G. Browne. Volume II contains two prefaces. The first is an appreciation of Gibb by Browne, followed by the latter's 'rough list' of the Persian and Turkish manuscripts in Gibb's library at the time of his death. The second is Gibb's intended preface, countering criticisms of the first volume with a robust defence of his decision to mirror the Ottoman metrical system and to use an archaic form of English in his translations.

Even the most enthusiastic reviewers had been critical of Gibb's decision to preserve the Ottoman system of rhyme and rhythm in these English versions, one declaring that he had 'deliberately chosen to dance in chains', and that due to his choice of archaic words 'the charm of fantastic grace disappears in con-

---

[16] Gibb, *History*, Vol. IV, p. 5.
[17] Gibb, *History*, Vol. IV, p. 3

tortions of studied ingenuity'.[18] A typical example of his style of translation is the following opening couplet of a lyric poem by the sixteenth-century poet Hayali – admirable in format, possibly quaint, but also partly unintelligible:

Naught he knows of medicine's virtue who hath ne'er had ache or pain
Never doth the caitiff quaff the beaker at the feast of bane[19]

Gibb's defence of his choice of 'obsolete phraseology' was that he sought to convey to English readers the sense of 'affectation, pedantry, and artificiality' which – rightly or wrongly – he considered the original Ottoman to have had for its own practitioners; translation into ordinary language would have lost its otherworldly air and have given 'an altogether false idea both of the poetry itself and of the effect it produces . . . on the minds of ordinary men'.[20] He disavowed any claim to be a poet himself. A century later his translations seem even more dated and often quite awkward, but they still succeed in terms of his stated aim of presenting 'a series of photographs' of Ottoman poetry,[21] though these are now definitely frozen in sepia tones. On the other hand, Gibb's style when not translating was much admired: he had combined 'uncompromising scholarship with pellucid exposition' and produced a work which 'any man of ordinary education may understand and enjoy'.[22]

Gibb's *History* remains a mainstay for English-speaking students of Ottoman classical poetry. This is due partly to his genuine achievement in creating for non-Turkish-speakers a new field of study, and partly because for many decades his work had no successor or competitor. Any western interest in Ottoman studies collapsed with the fall of the empire after the First World War and only revived, slowly and hesitantly, from the 1950s, and then principally in historical rather than in literary study. However, since the 1970s the pace of study of Ottoman poetry in Turkey has greatly accelerated, producing a major and exciting research field, and with many Turkish scholars now writing in English the subject is much more accessible. Taken together, chapters in *The Cambridge History of Turkey* by Ahmet Yaşar Ocak, Selim Kuru and Hatice Aynur provide a valuable, though very brief, overview of current research on both poetry and prose;[23] anthologies of translated Ottoman verse

---

[18] *The Athenaeum*, no. 3805 (29 September 1900), p. 407.

[19] Gibb, *History*, Vol. III, p. 67.

[20] Gibb, *History*, Vol. II, pp. xxxvi–xxxvii. For similar comments, see Gibb, *Ottoman poems* (1882), p. viii, and Woodhead, 'E. J. W. Gibb (1857–1901)', pp. 24–6.

[21] Gibb, *History*, Vol. I, p. x.

[22] *The Saturday Review* (30 March 1901), pp. 404–5.

[23] Essays, respectively, in *The Cambridge History of Turkey*: Vol. I, *Byzantium to Turkey 1071–1453* (ed. Kate Fleet, 2009), pp. 406–22; Vol. II, *The Ottoman Empire as a World Power 1453–1603* (ed. Suraiya N. Faroqhi and Kate Fleet), pp. 548–92; Vol. III, *The Later Ottoman Empire 1603–1839* (ed. Suraiya N. Faroqhi), pp. 481–520.

and studies of individual poets are also readily available.[24] Gibb's *History* also
has its modern detractors. To one critic it was 'an Orientalist grand narrative',
a 'polemic' based on a form of late nineteenth-century 'Turkish revolutionary
opinion' which encouraged Gibb's old/new school categorisation and dispar-
aged much previous poetry.[25] Andrews has described it as a 'massive narration'
which portrays Ottoman poetry as 'the degenerate descendant' of Arabic and
Persian traditions, one which with its copious footnotes has created a difficult
and static 'museum' of Ottoman poetry. However, such criticisms derive less
from Gibb's work in itself, and largely from the fact that it has never been
seriously challenged or developed: for the non-Turkish reader 'his undeniably
valuable work is almost all there is'.[26]

   A History of Ottoman Poetry has been reprinted twice by the Gibb Memorial
Trust, in 1958–67 and 2013; there are also rogue reprints of Volume I. The ear-
lier *Ottoman poems* (1882) was republished twice for American readers, both
in 1901. *Ottoman Literature: The Poets and Poetry of Turkey* consists simply
of Gibb's full text with translations, his introduction and notes.[27] *Turkish
Literature: Comprising Fables, Belles-lettres and Sacred Traditions* includes
(pp. 67–161) only the translations from *Ottoman poems*.[28] Although Gibb's
audacity in compiling a history of Ottoman poetry met a mixed reception in
late Ottoman and early Republican Turkey, a Turkish translation of Volume I
was published in 1943 by the novelist and literary scholar Halide Edip Adıvar.[29]
More recently there have been two further Turkish translations from the

[24] Anthologies include the section 'Divan poetry' (trans. John R. Walsh) in Nermin
Menemencioğlu (ed.), *The Penguin Book of Turkish Verse* (Harmondsworth: Penguin, 1978),
pp. 61–119; and especially Walter G. Andrews, Najaat Black and Mehmet Kalpaklı (eds),
Ottoman Lyric Poetry: An Anthology (Seattle, WA: University of Washington Press, 2006). The
general format – though specifically not the approach or the translation style – of the latter has
certain parallels with Gibb's *History*.
[25] Victoria Rowe Holbrook, *The Unreadable Shores of Love: Turkish Modernity and Mystic
Romance* (Austin, TX: University of Texas Press, 1994), pp. 16–20.
[26] For both criticisms and conclusion, see Andrews, Black and Kalpaklı, *Ottoman Lyric
Poetry*, pp. 6–7.
[27] E. J. W. Gibb, *Ottoman Literature: The Poets and Poetry of Turkey* (Washington, D.C.: M.
Walter Dunne, 1901), with a brief introduction by Theodore P. Ion. The title page states that
Gibb's translations were made 'from the Arabic', by which Ion presumably meant from the
Arabic script.
[28] Epiphanius Wilson (ed.), *Turkish Literature: Comprising Fables, Belles-lettres and Sacred
Traditions* (New York and London: Colonial Press, 1901), with an introduction and other trans-
lations from Turkish, collected by Wilson, a missionary-turned-scholar and prolific re-publisher
of others' translations from foreign and classical literature. Wilson's *Turkish Literature* also
includes (pp. 359–462) the whole of Gibb's translation of *The History of the Forty Vezirs* (a prose
work similar in nature to *The 1001 Nights*, originally published in 1886) but fails to attribute this
to Gibb.
[29] *Osmanlı şiiri tarihi* (1943).

History,[30] publication of letters by and about Gibb,[31] and a scholarly assessment of his contribution to Ottoman literary studies[32] – all appearing in Turkey around the year 2000 and coinciding with the centenary of the publication of Volume I. Nagihan Gür's articles and projected monograph develop this interest further. Literary scholars in Azerbaijan have also taken considerable interest in Gibb's *History*, due to his recognition of several Ottoman-era poets writing in Azeri Turkish.[33]

The *History* stands both as a principal gateway into the study of Ottoman classical poetry and as a spur to future research. Gibb wrote with a light touch and a sense of curiosity and absorption, fascinated as much with the poets and poetry of the 'Old School' as with those of the 'New'. His work is still widely referred to and remains valuable for students, scholars and anyone with a general interest in Middle Eastern literature and culture. It is a classic which can still be read today for information, inspiration and enjoyment.

CHRISTINE WOODHEAD

[30]   An abridged translation of volumes I to V: *Osmanlı şiiri tarihi* (2 vols, trans. Ali Çavuşoğlu; 1999); and a translation of Gibb's introduction to Vol. I: *Osmanlı şiiri tarihi giriş* (trans. A. Cüneyd Köksal; 1999). Çavuşoğlu also translated part of Gibb's introduction to *Ottoman poems*, on the character of Ottoman poetry: 'Osmanlı şiirinin genel karateri', *Osmanlı araştırmaları*, 28 (2006), pp. 281–91.

[31]   Erkal, 'Elias John Wilkinson Gibb'; Abdullah Uçman, '*A History of Ottoman Poetry* üzerine mektuplar: Rıza Tevfik'ten Edward G. Browne'a', *Tarih ve toplum dergisi*, 147 (1996), pp. 132–40; 149 (1996), pp. 277–80; 150 (1996), pp. 366–70.

[32]   Mine Mengi, 'Yüzyıllık bir batı kaynağı: Gibb'in *Osmanlı şiir tarihi*', *Journal of Turkish studies*, 24 (2000), pp. 209–27.

[33]   Laila Winterbotham, 'Gibb and Azerbayjani classics', in Christine Woodhead (ed.), *An introduction to Ottoman Poetry* (forthcoming).

لِلَّهِ كُنُوزٌ تَحْتَ ٱلْعَرْشِ مَفَاتِيحُهَا ٱلْسِنَةُ ٱلشُّعَرَاءِ

'God hath Treasuries aneath the Throne, the Keys whereof are the Tongues of the Poets.'

Hadís-i Sheríf.

EDITOR'S PREFACE.

Seven years have elapsed since I undertook the labour which the publication of this sixth volume, containing the originals of the Turkish poems translated by Gibb in the preceding portion of his work, brings to a conclusion, so far, at least, as I am concerned. In the Preface to the last volume (p. VI) I expressed a hope that "Gibb's unfinished work may still be completed by a very able Turkish man of letters, whose name I am not now at liberty to mention". While, however, this volume was passing through the Press, on July 24, 1908, just a month after the sister State of Persia had been cruelly and violently robbed of her new-found freedom, there took place that Resurrection of the Ottoman Empire which filled the Western world with wonder, and the friends of Islám in general and the Turks in particular with joy. Turkey is again a free country, constitutionally governed; the bad old days have passed away, it is to be hoped for ever; the spies and censors are gone; and once more Turkish literature revives. Reticence is, therefore, no longer necessary, and I may, without indiscretion, state that the Turkish man of letters to whom I referred is the learned and talented Dr. Riẓá Tevfíq Bey, commonly known as "*Feylesúf Riẓá*", or "Riẓá the Philosopher", whose personal acquaintance I was privileged to make when I was last at Constantinople in April, 1908. Then he used to visit me by stealth; now he is one of the most prominent public

men in Turkey. My only fear is that the arduous duties
with which he is now changed may prove an even more
formidable obstacle to the continuation of his literary labours
than the intolerable restrictions under which he was com-
pelled to work until a few months ago. The chapter
which he has written on Kemál Bey, the chief founder of
the "Young Turkish" party, both from the literary and the
political points of view, is, however, already in my hands;
and I hope that, when the new régime in Turkey shall
have settled down on a firmer basis, I may in due course
receive further instalments towards the supplementary
seventh volume of this work from my gifted coadjutor.

Meanwhile I need say little more, save to express my
profound thankfulness that I have been enabled to acquit
myself of the obligation which I took upon myself seven
years ago. The labour has been great, but not a labour to
be grudged, since I have been privileged thereby to render
to my dead friend that service which he would most have
valued; to raise to his memory a monument "aere peren-
nius"; and to enrich the domain of Oriental scholarship
with a contribution which could ill have been spared. His
memory will also be kept alive by the Gibb Memorial Trust,
founded by the generosity of his mother, the late Mrs. Jane
Gibb; while in this University of Cambridge his name will
be remembered by the valuable collection of Turkish and
other Oriental books, printed and lithographed, which his
widow, Mrs. E. J. W. Gibb, bestowed on the Library, and
by the special room therein which her liberality has equipped
for their reception, and for the reception of other kindred
collections and volumes.

December 12, 1908.   EDWARD G. BROWNE.

تاریخ اشعار عثمانیه

اثر مرحوم

الیاس جون ولکنسون گیب

مجلدات سابقه ده انگلیزجه یه ترجمه اولنمش
اولان اشعار عثمانیه نك متون اصلیه لرینی حاویدر
فلمنك ممالك محروسه سنده واقع لیدن
شهرنده بریل مطبعهٔ شرقیه سنده طبع اولندی
سنهٔ ۱۹۰۹ میلادی مطابق سنهٔ ۱۳۲۷ هجری

مخلصی اولان جان امضاسیله مؤلّف متوفّی الیاس جان ولکنسون گیب طرفندن
بو کتابڭ جامع و مصحّحی ادوارد بروون نامنه گوندریلن و ۳۱ کانون ثانی ۱۸۸۵
سنهٔ میلادیه‌سنده یازیلان ترکجه بر مکتوبڭ صورتی در،

4

31.1.85.

نجیب الشمائل کریم الخصائل افندم حضرتلری

بوندن چوق وقت مقدم بر لطفنامه کزی هم کمال سرور هم ده مزید کدور ایله الدم. سرور ایله چونکه ذات عالیکزڭ خبرلری آلمق دائما موجب ممنونیتدر، کدور ایله زیرا که شقه کزده چوق حزینه حزینه شیلر موجوددر. کندیکزڭ حالکز هر دوست غمکسارده نه محروم، دائما مشکل بر فنڭ تحصیلیله مشغول فرصتسز، یادرسز بابڭ یالکز بر موقعده بیچیتمه کز درونه دلمه باتدی. بر ده میرزا باقرڭ کیتدیکی ایله قمزیلڭ خسته‌لغی واردر. السنهٔ شرقیه تحصیلنه فرصتکز از ایسه بیله ترکجه اوقومدکز. او یازدیکز لطفنامه بنجه پك کوزل و قصورسزدر. اویله بر فکر کوکلمه کلدی و انکلیزانجه بونده پك مهم اوله بیلور: که ذات والالری پك طب تحصیلکزی ختام بولدقده استانبوله کتمك و اوراده طبابت ایتمك در. معلوماتلو بر انکلیز طبیبی عثمانلیلر عندنده پك مقبول اولور و ترکجه بیلانه انکلیز طبیبلری پك آز، بلکه هیچ بولنمز. مقصودکز مال ایسه، طنیجه قازانمه‌سی اوراده بوراده دن قولای اولور، انکلتره ده طبیبلر چوق. بر ده سودیکمز استانبولده بولونورسکز. اویله قرار ویردیکز حالده، اذنکز اولسه، بنده کز سزکله کیتدرر اوطوروردم. نه کوزل اولور! استانبوله کتمه‌یی چوق ایسترم

Fac-simile of a Turkish letter written by the late Author to the present Editor of this work on January 31, 1885.

ما یالکزجه کتمك ایستمم . کرم ایدوب بو تکلیف حقنده ذاتکزك

نه اولدیغنی بنده‌کزه بیلدیریکز

لونده‌ره یه کیده‌جکم بك مقرر دکلدر ، بیلدیکمده سزه خبر

ویریرم .

تموزده نره یه کیده‌جکسکز؟ پدرکز یاننه ؟ بورایه بر

آزاجق کله بیله‌جککزی امید ایدرم .

[illegible] دینکز بك کوزل بنمکی انك کبی در : صوفیلق ایله

بوده هیلك ده عبارت بر مذهب حقیقت و عشق و خوبی .

میرزا کیتدیکی وقت سزك دستکزه قرآن عظیم الشانك انکلیزجه

ترجمه سنی احاله ایتدی می ؟ [illegible] انی کورمك ایسترم و

سزه ویردیکی حالده بکا ارسال بیوره‌جغکزی رجا ایدرم .

بو فنا یازیلان مکتوبی اوقویه بیله‌جککزی امید ایدرم ، ترکجه

یازمغه مخصوص قلمم یوقدر ، الحمد لله انجق بر قتی دمیر قلم وار

صرف و نحو قصورینی دامن عفو ایله ستری لطفکزدن مأمولدر

بنده

جمال

ان شاء الله یقینده دوست مخلصکزی بر لطفنامه ایله مسرور

ایدرسکز

[رؤوس همايون اصحابندن ، مكتب حقوق عثمانی مأذونلرندن و كه‌مبريج دار الفنونی Master of Arts عنوان علميسی اربابندن و انگلتره‌نڭ جمعيّت آسيائيهٔ ملوكيه‌سی اعضاسندن محبّ قديم خليل خالد افندی وقوع بولان طلبم اوزرينه مقدمهٔ آتيه‌يی تحرير ايلمشدر.]

ادوارد برون

فی ٢٢ محرّم ١٣٢٧

مقدّمه

(اثر و مؤلفی حقنده بعض خاطرات وملاحظات)

معلومات بشريّه‌نڭ هر هانگی شعبه‌سنه عائد اولورسه اولسون وجوده گتوريلن آثار قلميّه‌يه انگليز لساننده «ادبيّات» تسميه‌سی جائز در: ادبيّات تاريخيّه، ادبيّات سياسيّه، ادبيّات فنيّه گبی. بزده «ادبيّات» كلمه‌سنڭ معناسی پك محدود در؛ يالكز آثار شعريّه‌يه ادبيّات اطلاق ايديورز. فی الحقيقة فقه گبی، تاريخ گبی مباحثه متعلّق بعض آثار محرّره استثنا ايديلورسه لسانمزده يارم عصر اوللرينه گلنجه‌يه قدر آثار منظومه‌دن بشقه ادبيّات نامنه بللی باشلی مدوّنات وقوعه گلمه‌مشدر. بناء عليه ادبيّات عثمانيّه‌نڭ تاريخنی يازمق ايستين بر محرّر آثار منظومه‌دن ماعدا موضوع بحث ايده‌جك شيلره پك تصادف ايليه‌مز.

ادبيّات عثمانيّه‌نڭ اڭ منصّل و اڭ مدقّقانه تاريخی انگليز لساننده يازلمش

 و بو اثره

A HISTORY OF OTTOMAN POETRY.

یعنی «اشعار عثمانیّه تاریخی» تسمیه اولنمشدر. ایشته مقدّمه‌سنی یازمقلغم لطفًا تکلیف اولنان بو جلد اشعار عثمانیّه تأریخنك بوندن اوّلکی جلدلرنده ذکرلری گچن و ترجمه‌لری اجرا ایدیلن ابیاتك اصللرینی حاویدر. اشعار عثمانیّه تأریخنك مؤلّفی اولان «گیب» ك نامنی عثمانلی اصحاب قلمنك همان کافه‌سی طانور. بو ذاتی عثمانلی ادباسنه عبد الحقّ حامد بگ افندی طانیتدیرمش ایدی؛ نیته‌کیم وفاتی خبرینی عثمانلیلره بیلدیرمك وظیفهٔ مصیبتی ده واسفا که قلم عاجزی‌یه ترتّب ایلمش ایدی.

اسقوچیانك غلاسغو شهرنده تجّاردن بر ذاتك اوغلی اولان «گیب» ممالك شاهانهٔ عثمانیّه‌یه هیچ ده آیاق باصمدیغی حالده لسان ادبیمزی صرف هوس ذاتی سائقه‌سیله انگلتره‌ده اوگره‌نیور، نیجه سنه‌لر وقت و نقد صرف ایدرك اله گچوردیگی آثار منسوخه و مطبوعهٔ ترکیّه‌نك اڭ مغلق و مشکل الفهم اولانلرینی بیله مطالعه‌یه قویولیور، صوڭره ده اشعار عثمانیّه‌نك عالمانه و شارحانه بر تأریخنی یازمغه باشلیور! بویله بر نادرهٔ بشرك عثمانلی زادهٔ عرفاننی — حقّمزده بونجه ذهاب باطل بسلین — افرنج آره‌سنده اعلایه چالیشمسی بزم ایچون موجب توقیر بر خدمت دگلمی؟ بر عائله‌نك تك بر اوغلی اولدیغی حالده پدرینك مسلك کسبنه سلوك ایلمیوبده مسقط رأسی اولان غلاسغو شهرنده تحصیل ابتدائی و اعدادیسنی اکمال ایدر ایتمز لوندره‌یه گلمش اولان گیبك نه گبی بر حسّ سائقه‌سیله لسانمزی اوگرندیگی و آثار ادبیّه‌مزله توغّل ایلدیگی معلوم بر کیفیّت دگلدر. فقط ظنّ عاجزانه‌مجه متوفّای موی الیهك محافظه کاران فرقهٔ سیاسیّه سنه منسوب بر عائله افرادندن بولنمسی و ترکجه ایله اشتغاله باشلادیغی زمانلرده ظهوره گلن عثمانلی و روس محاربه‌سنده انگلتره ده محافظه‌کارلرك شدّتله ترك طرفدارلغی گوسترملری گیبده ترك لساننه اختصاص هوسنی اویاندیرمش اولسه گرکدر.

متوفی گیب ترکلرڭ شجاعت و متانتنڭ حقیقتهٔ تحسینخوانی ایدی. ترکلرڭ وجودینی یالکز آوروپا طوپراغنده دگل حتی آسیای غربیده بیله گورمکه تحمل ایده‌مین عالم افرنج اجدادمز ایله عصرلرجه چارپشمش ایدی. ایشته بویله بوتون عالم افرنجه قارشی سطوت گوسترمش اولان اسلاف عثمانیانڭ مکانت عزمنی، اقتدار دوربینیسنی و فعالیتنی متوفی گیب پك چوق یاد ایدر و آره صیره زمانمز ترکلرینڭ نسیبنی واسکی زمان ترکلری گبی «پراتیك» اولمدقلرینی دخی مقام تنقیدده سرد ایلر ایدی. اشعار عثمانیه‌ده ذکری گچن رجالڭ آثارینی و اعمال خیریه‌سنی دخی حادثهٔ تدقیقدن گچورمکله متلذذ اولوردی. مثلا بروسه‌ده بر تربه، استانبولده بر سبیل، ادرنه‌ده بر سرای بیلم نره‌ده بر جامع و یا مدرسه و یاخود عمارتخانه یاپیلدیغنه دائر دیوانلرده، تذاکر شعراده اشارات گورسه تاریخلره، سیاحتنامه‌لره اسکی و یکی کتب مصوره‌یه همان مراجعت ایدر واو آثار خیریهٔ عمران حقنده کشف ایده‌بیلدیگی معلوماتی لذتله مطالعه ایلردی. برگون اوگنده بویوك قطعه‌ده براستانبول خریطه‌سی آچه‌رق خاربل، خاربل بر بر آرادیغی صیره‌ده حجرهٔ مطالعه‌سنه گیرمش ایدم. نه آرادیغنی صوردم «تحته قلعه جوارنده موجود اولدیغنی بر یرده اوقودیغم عرب قهوه‌خانه‌سی محلنڭ بوراده اشارت اولنوب اولنمدیغنه باقیورم» دیمش ایدی. استانبولی زیارت ایتمش اولسه ایدی البته او قهوه خانه‌یی بالذات آرامغه گیدر، عکام باشیلر آره‌سنده اوطورر و بلکه «یا حبیبی، یا روحی» مثللو عوام عربه مخصوص اولان تغنیلری دیکلمك بیله ایستردی. بونجه اقوام مختلفه‌یه حکومت ایدن سلطنت عثمانیه‌نڭ پایتختنده بزم قاله آلمق ایستمدیگمز، گیرمگه «تنزل» ایلمدیگمز اویله یرلر واردرکه او اقوام شرقیه‌نڭ اطوار حیاتیه‌لرینی مصور اولدقلرندن مدققین غربیه‌نڭ رؤیتنی جذب ایدرلر. گیب برگون سلیمان دده‌نڭ مولود شریفندن بعض پارچه‌لر ترجمه ایتدیگی صیره ده «سز زمانه ترکلری کندی عادات اصلیهٔ اجتماعیه‌کزه و دأب

قدیم تضرّعیّه کُزه هیچ‌ده اهمیّت ویرمبورسکز؛ شمدی‌یه قدر معارفه پیدا ایتدیکم ترکلرگ هپسندن مولود شریفك قرائتی صیره‌سنده اجرا ایدیلن مراسمی صوردم؛ «هیچ بریسی تفصیلات ویره‌مدی» بولنده سرزنشده بولنمشیدی. بن‌ده عائله‌مده آلافرانغه‌لغه تمایل گوسترنلر بولنمدیغنی وطریق علمیّه‌دن برعائله‌یه منسوب اولدیغم ایچون تربیهٔ ابتدائیه‌مك متقی کیمسه‌لر طرفندن ویرلمش بولندیغنی و بناءً علیه کندیسنه او بابده ایضاحات کافیه ویره‌بیله‌جکمی سویلدم. جامعلرده ارکك وقادینلرگ استماعی ایچون مولودك نصل اوقوندیغنی و «گلدی بر آق قوش قنادیله» دیه باشلایان بیتك اوقوندیغی صیره‌ده بر طاقم کیمسه‌لرگ قالقوب جماعته شکر کلاهلری ویا شربت طاغتدقلرینی فلانی آکلاتدم. بعضُ حسّیّات رقیقه اصحابنك قاریٔ مولودك صوت مؤثّرانه‌سیله هیجانه گلوب هونکور، هونکور آغلادقلرینی علاوهً بیان ایلدیکم زمان «لطفًا مولوددن مقام ایله بر قاچ بیت اوقوییکز» دیه مولود نسخه‌سنی اله ویرمك ایستمش ایدی. بن‌ده «آهنك تلاوتمك سزده جوش وخروشِ بُکا حاصل ایده‌جك صورتده تأثیری بولندیغندن پك امیدوار دکلم؛ فقط سزی قاپو طیشاری قاچیراجق درجه‌ده دلخراش اولدیغندن امینم» طرزنده تکلیفنی قبولدن امتناع ایتمش وسفارت سنیّه امامی حافظ اولمق حیثیّتیله مقام اوزره بزه مولود اوقومسی مناسب اوله‌جغی مطالعه‌سنده بولنمش ایدم. وقوع بولان رجای مخصوصی اوزرینه برگون امام افندی‌یی آلوب اوینه گیتدم؛ گیبك حجرهٔ مطالعه‌سنه قپاندق؛ امام افندی النه مولود شریفی آلدی و «ای عزیزلر ایشته باشلارز سوزه» دیه اولدقجه یوکسك صدا ایله قرائته باشلادی؛ ایکیمزده امام افندینك حسن صوتنی بر وضع متأثّرانه و ساکتانه ایله دیکلدك؛ اوقونان قطعه‌لر بیتدکدن صوکره شکرلر ویرلمدی، شربتلرده صونولمدی؛ لکن وقت اوکله‌دن صوکره اولدیغندن و — معلوم اولدیغی اوزره — هرگون انکلتره‌ده اوکله صوکی چایی ویرلدیکندن شربته بدل چای ایچیلدی.

بو حکایه‌لری نقلدن مقصدم «اشعار عثمانیّه تاریخی» مؤلّفنك لسان وادبیّاتمزك تحصیلنه اولان مراقی گبی عادات قومیّه و ارکان اعتقادیّه‌مزك تفهّمنه اولان هوسنی مثال ایله ارائه ایلمکدر. مراقی بو درجه‌لرده بولنمامش اولسه ایدی ترك لسان و ادبیّاتنه، عثمانلی تأریخنه وترکلرك احوال سیاسیه و اجتماعیّه‌لرینه متعلّق السنهٔ مختلفه‌ده یازلمش بونجه آثارك تتبّعی ایچون عمرینك یکرمی سنه قدر بر مدّتنی حصر ایلمز ایدی. متوفّی گیب لازمهٔ محویّته بغایت اعتنا گوستررردی؛ منزویانه برصورتده امرار حیاتی غلغلهٔ اجتماعاته ترجیحه پك مائل ایدی. لوندره‌نك اولدقجه گورولتیدن آزاده محلّاتندن برنده کائن خانه‌سندن تباعدی سومز ایدی. طبع سلیمنه دلالت ایدر برصورتده مفروش اولان حجرهٔ تتبّعنده نفیس شکللرده مجلّد یوزلرجه آثار شرقیّه و غربیّه آره‌سنده بولنمق کندیسیچون حیاتك اڭ بویوك بر ذوق عرفانجوییسی ایدی. پك چوق زحمتلر، نیچه انتظارلر و یوزلرجه لیرالر ایله الده ایتمش اولدیغی ترکجه دیوانلر، تأریخلر و تذاکر شعرا مثللو نفیس وقدیم کتب منسوخه‌یی حاوی اولان مزیّن دولابنك صیانتنه همان حیاتنك محافظه‌سی قدر اهتمام ایلردی دیمش اولسه‌م حدود حقیقتی پك چوق تجاوز ایتمش اولمام. بویازمه کتابلری ــ که تحرّی و اشترالری خصوصنده معاونتی سبق ایتمش اولمسندن طولایی بر برادرمك سوء تأویل جواسیسه اوغرایه‌رق غلطه سرایی زندانینده آلتی آی‌قدر وسیلهٔ حبسی بولنمشیدی ــ متوفّی گیب (بریتیش موزه‌ئوم) کتبخانه‌سنه با وصیّتنامه ترك ایلمشدر.

گیبك لسان ادبیمز حقّنده حاصل ایتدیگی وقوف حقیقةً موجب حیرت اوله‌جق درجه‌ده بویوك ایدی. اشعار قدیمهٔ ترکیّه‌یی تدقیق ایلدیگی صیره‌لرده بعض مغلق ابیات ومصارعی و مهجور تعبیراتی بزلردن صورارردی؛ فقط صوردیغی آدمله برلکده آنلرك مأللرینی حلّه اوغراشدیغی آنده معنای کلامی ینه چوق کرّه کندیسی میدانه چیقارردی. اکثریسی متصوّفانه یازلمش اولان اشعار قدیمه‌مزدن استخراج معانی ایتمك قولای بر ایش

اولمدیغندن تصوّفلی بیتلری بکا صوردیغی زمانلر اکثریّت اوزره اظهار عجز ایدردم. مبهمدن مثبت چیقارمقده سرعتله طورانمق گبی بر تدبیر مغالطه‌کارانه ایسه گیب عیارنده فاضل و فطین بر ذاتی البتّه اقناعه‌مدار اوله‌مازدی. بن کندیسنه شیوه‌یه، تأریخه، عادات عثمانیّه و ارکان اسلامیّه‌یه تعلّق ایدن نقاطده آز چوق ایضاحات اعطاسنه موفّق اولوردم. مسائل تصوّفیّه حقّنده‌کی نقطه‌لرده ایسه هند علمای اسلامیّه‌سندن علم تصوّفه اختصاصی بولنان و بر زمانلر قلندرانه بر صورتده لوندره‌ده یشامش اولان بر ذات یاردم ایدردی. ایشته بوندن ناشیدر که اسم عاجزانه‌مله برابر بو هندلی دانشمندڭ نامنی کتابنڭ برنجی جلدینڭ مقدّمه‌سنده مقام تشکّرده ذکر ایلمشدر.

تأریخ اشعار عثمانیّه‌نڭ ایلك جلدی ۱۹۰۰ سنهٔ میلادیّه‌سنده نشر اولنمشیدی. جلد اوّل حقیقتده تأریخ اشعارمز حقّنده تفصیلاتدن زیاده علوم اسلامیّه حقّنده مطالعات عالمانه‌یی حاوی اولمق جهتیله بر اهمیّت مخصوصه‌یه مالكدر. دور اخیر ادبیّاتمز ایچون تحریرینی تصوّر ایلمش اولدیغی صوڭ جلد مستثنا اولمق اوزره دیگر جلدلرڭ مسوّده‌لری دخی حین وفاتنده موجود اولمقله برابر قسم اعظمی پراکنده بر حالده بولینوردی. گرك بو پراکنده مسوّده‌لری و گرك نظر مطالعه‌سندن گچمش اولان کتب عدیده ایچنده براقمش اولدیغی ورقه‌لرده‌کی قیودات واشاراتی طبع اولنه‌بیله‌جك درجه‌ده برحال انتظامه صوقمق دها برخیلی زمان صرفنه محتاج ایدی. مع ما فیه گیب باشلامش اولدیغی اثرعظیمڭ اڭ سورکلی و مشکل جهتنی یعنی تتبّع کیفیّتنی — دور جدید تأریخی مستثنا اولمق اوزره — اکمال ایلمش اولدیغندن باقی قالان جلدلری آز برزمان ظرفنده موقع انتشاره قویه‌بیله‌جگنی امید ایدیوردی؛ حتی تأریخ اشعار عثمانیّه‌سنڭ طبعنی اکمالدن صوڭره یکی بر اثر تحریری آرزوسنه بیله دوشمش و نه یولده بر تألیف وجوده گتورمك مناسب اوله‌جغی حقّنده بنمله مشاوره بیله ایتمش ایدی. «آوروپا

لسانلرنده و على الخصوص انكليزجه‌ده بيطرفانه و مدقّقانه يازلمش بر تأريخ عثمانى يوقدر؛ آنى آنجق سز ميدانه گتوره‌بيلورسكز» ديمش‌ايدم. بو فكرمى قبول ايلمش ايدى امّا هيهاتكه نه تأريخ اشعارينڭ اكمال طبعنه نه‌ده بو تصوّرڭ ابتدارينه فلك مساعد اولمدى. برنجى جلدى حقنده ١٩٠٠ سنه‌سى ايلولنده نشر اولنان رسملى ثروت فنون نسخه‌لرندن برينه بر مقالهٔ توقيريّه يازان قلم ناچيزانهم افسوسكه ١٩٠١ سنه سى كانون اوّلنده بو دوست وفاكارمڭ، بو محبّ حقيقىٔ عثمانيانڭ خبر وفاتنى يازمق گبى بر وظيفهٔ اليمه ايفا ايلدى. تايمس غزته‌سنڭ وفيات اعيان ستوننه درج ايدلمك اوزره گيبڭ وفاتنى مشعر بر فقره يازديغم زمان گوزلرمدن ياشلر آقدى. سنه‌لرجه الفتده بولنديغم وبرابر چاليشديغم بر دوستى — بيگلرجه بدخواهلرمزڭ ملتمزى همان آفريقا وحشيلرندن فرقلى اولميه‌جق صورتده نصاب عرفاندن محروم اولمق اوزره اتّهامه اوغراشدقلرى بر صيره‌ده عرفان ادبيمزى فعلاً اثبات ايچون چاليشان بر دوست عثمانيانى — بردن بره غائب ايتمك بنجه پك اليم برحال ايدى. گيب آبَوَينى ايله بر معتاد ياز تعطيلنى اسقوچياده گچوردكدن صوڭره اثرينڭ ايكنجى جلدينڭ مسوّده‌لرينى طبعه صالح بر حاله قويمق ايچون لوندره‌يه گليور ايدى. ورودندن بر قاچ گون اوّل بڭا برمكتوب يازه‌رق لوندره‌ده‌كى خانه‌سنده بولوشمقلغمزى و برلكده اوگله طعامى ايتمككمزى ايستيوردى. حال بوكه تعيين ايلديگى گونڭ ايلك پوسته‌سى ايله زوجه‌سندن آلديغم بر مكتوبده گيبڭ بولاشيق بر خسته‌لغه طوتيله‌رق ياتديغى ذكر اولنيور و بناءً عليه بر نوع خصوصى قارانتينه آلتنده آلنان خانه‌لرينه يناشمامقلغم نفسى صيانةً اخطار اولنيوردى. زواللى گيب غلاسغو شهرنده نزله‌سى بولنديغى بر صيره‌ده و الده‌سيله برلكده قونسره گيتمش. جمع غفيرڭ تنفّس متماديسى ايله هواسى مفسود اولان قونسر محلّنڭ حوينات مُضرّه‌سى نزله سببيله قيرغين بولنان وجودينه فرجه ياب دخول اولمشميدى نه

ایدی لوندره‌یه وصولندن چند گون صوڭره قیزیل خسته‌لغی ایله فراش اضطرابه دوشمش؛ حماڭك شدّتی قلبنه تأثیر ایتمش. قلب خسته‌لغی ایشته بویله‌جه آز مدّت ایچنده زواللی‌یی آلدی گوتوردی جنازه آیيننده اوچ‌ده نرك حاضر ایدی که بونلردن بریسی متوفّانڭ دوست قدیمی عبد الحق حامد بگ، بریسی ده مساعئ ادبیّه‌سنڭ اڭ شدّتلی تحسینخوانلرندن اولان و او صیره‌ده بالتّصادف انگلتره‌ده بولنان اُدبای عثمانیّه‌دن مرحوم عبد الحلیم ممدوح بگ، او بریسی بو رفیق صمیمیسی ایدی. کلیسا درونندە متوفّانڭ آق صقاللی بر پیر سالخورده بولنان پدری یانمزه گلدی و اتّکا ایله بزی سلاملدی. او آنده هپمزده بر صمت غیر اختیاری! یالڭز لسان حال ایله او بزم وبز اونڭ تأثراتنه آجیوردق.

ایشته گیب هنوز قرق دورت یاشلرنده ایکن بردن بره عالم ابدیّته گوجدی. «تاریخ اشعار عثمانیّه» سنڭ اقسام باقیه‌سنڭ مسوّده‌لری‌ده اوراق پریشان حالنده قالدی.

آرتق میدانه کیم چیقوبده سائقه حسّ ایله، جاذبهٔ هوس ایله، نقد و وقت صرفیله ترکلرڭ عرفان، اخلاق و تأریخنی اعلایه — او زمانلر ایجابات سیاسیّه‌دن اوله‌رق ترکلره هیچ ده محبّ اولمیان انگلتره‌ده — گیبڭ ایفا ایتمك ایستدیگی خدماتی اتمام ایلیه‌جك؟ هر مشکلڭ بر چارهٔ حسنه‌سنی تحرّی‌یه چالیشمق گبی بر عزم متینه انگلیزلر هر ملّتدن زیاده مالكدرلر. ایمدی متوفّانڭ والده‌سی گرك اشعار عثمانیّه تأریخنڭ، گرك مستشرقلرجه مفید عدّ اولنان آثار علمیّه وادبیّه‌نڭ طبع ونشرینه خادم اولمق اوزره بر خیلی آقچه تبرّع و او نشریاته نظارت ایلمك اوزره تعیین اولنان متولّیلره تودیع ایتدی که بو وقفه «The E. J. W. Gibb Memorial Trust» تسمیه اولنمقده‌در. گیبڭ احبّای قدیمه‌سندن اولان مستشرق مشهور کمبریج دارالفنونی معلّملرندن ادوارد برون افندی حضرتلری دخی مسوّداتی تنظیمی وبناء علیه تأریخ اشعار عثمانیّه‌نڭ اقسام باقیه‌سنی پیدرپی

نشری درعهده ایلدی. السنه وادبیات اسلامیه‌ده‌کی احاطهٔ کلیه‌سیله نام محتری معروف اولان معلم برون افندی یورولمق، اوصانمق بیلمز بر ذاتدر. مشغول اولدیغی سائر بونجه وظائفله برابر گیبک اثرینی دخی تنظیم ونشره موفق اولدی. تأریخ اشعار عثمانیه‌نک آلتنجی جلدینی تشکیل ایدن و یالگز اثر مذکورده مندرج ابیات مترجمه‌نک اصللرینی حاوی اولان بو جلدی دخی ترتیب ونشر ایلین ینه او ذات غیرتنماتدر.

جمعاً یدی جلد تشکیل ایتمسی لازم گلن تأریخ اشعار عثمانیه‌نک ایلك بش جلدی بر وجه معروض پذیرای ختام اولدیغی حالده حیفا که دَوْرِ جدید ادبیاتمزه تخصیصی مطلوب اولان صوك جلدك مسوده‌لرینی احضاره عمر مؤلف مساعد اولمامشدر. متوفی گیب عثمانلیلرك صوك یارم عصر ظرفنده ترقیات ادبیه‌جه وقوع بولمش اولان موفقیتلرینی بشقه ملتلر آنجق یوز سنه ظرفنده استحصال ایده‌بیلدیلر فکرنده بولنوردی. بناءً علیه دَوْرِ جدید ادبیاتمزجه وقوعه گلن موفقیاتك اهمیتی کندیسنی پك چوق تدقیقات وتتبعات اجراسنه مجبور ایلیوردی. بویله بر همته تشبثی مملکتمزده استبدادك پك شدتله حکم سوردیگی زمانلره تصادف ایلمش اولدیغندن تحری معلومات امرنده اقتحامی غیر قابل مشکلاته دوچار اولیوردی. دَوْرِ جدید ادبی رجالنك حیات و اثرلرینه وقوف ایچون پك زیاده اوغراشدی؛ فقط بو رجالك کیمی منفاده فوت اولمش، کیمی تضییق جواسیس متغلبه ایله گوشهٔ ساکتهٔ انزوایه چکیلمگه مجبور قالمش؛ یازدقلری صحایف ادبیه‌نك پك چوغی نشر اولنه‌مامش، نشر ایدیلنلری ایسه طوپلاندیریله‌رق میدان استفاده‌دن قالقمش. گرك اُدبا، گرك تألیفات اُدبا حقنده داخل ممالك عثمانیه‌ده بولنان اهل وقوف ایله مخابره اولنوبده معلومات مقتضیه آلنه‌مازدی. اوبابده بالواسطه استیضاح وقوع بولسه بیله مراجعت ایدیلن ذوات یا سوءِ تفسیر جواسیسدن خوفاً و یا — مع التأسف نقصیرات ملیه‌مزدن اولان اهمال سببیله — جواب ویرمزدی: جواب ویرنلر بولنسه

بیله جوابنامه‌لری معلومات مطلوبه‌یی دگل بلکه قوروجه تقدمهٔ جمیله‌یی حاوی بولنوردی. ایشته بو مقوله مشکلات عظیمه‌دن طولاییدرکه گیب دَوْرِ جدیدی تشکیل ایده‌جك اولان صوڭ جلدده اڭ مُهِمّ بر موقع طوتمسی لازم گلن نامق کمال بگ مرحوم حقّنده معلومات مکمّله استحصال ایده‌مه‌مشیدی. یالکز شناسی افندی و ضیا پاشا مرحوملر حقّنده برر فصل یازمقدن ماعدا صوڭ جلد ایچون هیچ بر متن حاضرلیه‌مامشیدی.

دَوْرِ جدید ادبینڭ طلوعی حقّنده مؤلّف طرفندن ترتیبی تصوّر اولنان صوڭ جلدڭ مباحثنی استحضار ایلدکدن صوڭره میدان انتشاره چیقارمغی مستشرق محترم برون افندی امید ایلمکده‌در. نیّت ایتدیگی بر ایشڭ حقّندن گلمك ایچون هر درلو مزاحمی اختیار و مشکلاتی اقتحامدن چکنمین بو صاحب عزم جلد مذکوره مناسب اولان مباحثی جمع ایلیه‌جکدر. مرحوم نامق کمال بگ وسائر شعرای ممتازهٔ عثمانیه‌نڭ ذاتلری واثرلری حقّنده جمع معلومات ایلمك ایچون استانبولده بولنان بر عثمانلی دانشمندی طرفندن وعد معاونت دخی آلمشدر. بناءً علیه آره‌سی چوق گیچمدن دَوْرِ جدید ادبیّاتمزه مخصوص اولمق اوزره متصوّر اولان جلدڭ دخی انگلیزجه متکلّم اصحاب مطالعه‌یه عرض اولنه‌بیله‌جگی قویاً امید ایدرز.

اشعار اعثمانیّه تأریخنڭ حاوی اولدیغی اقسام مباحثدن دَوْرِ مهجور، دَوْرِ عتیق و دَوْرِ تحوّل حقّنده وفرسڭ مسلك نظمنه نه درجه‌یه قدر تقلید اولندیغی ایله شعر عثمانینڭ بالآخره نه صورتله ملّی بر چیغره گیردیگنه دائر بوراده بر آز ایضاحات ملتقطه ویرمك آرزو ایلر ایدم. هله برنجی جلدڭ علوم و ادبیّات اسلامیّه‌دن باحث اولان مدخل فاضلانه‌سنی بر فرصت بولوبده ترکجه‌یه ترجمه ایتمك و آیریجه بر کتاب صورتنده چیقارمق ایستر ایدم. فقط بر عثمانلی صاحب غیرتڭ همّتی اویله بر خدمت ناچیزانه‌مه حاجت براقمدی. استخباره نظراً رسومات امینی رائف پاشازاده دانشمندان ضُبّاطِ عثمانیّه‌دن میر آلای محمّد رائف بگ نیجه وقتلر و پك

چوق امكلر صرفله گيبك اشعار عثمانيّه تأريخنك اقسام منتشره‌سنی كاملاً تركجه‌يه ترجمه ايلمش. همّتی مزداد اولسون!

چركش شيخی زاده

كمبريج دارالفنونی

خليل خالد

٥

مؤلّف اثرك مالك عثمانيّه‌يه هيچ آياق باصامش اولديغنه دائر بالاده بر اشارت مفيّد ايدی. بوندن متوقّی گيبك مملكتمزی زيارت ايلمك ايستمه‌مش اولديغی آكلاشلسون. كنديسنه‌او آرزو شدّتله موجود ايدی. فقط مالك عثمانيّه‌نك تضييق استبداد آلتنه اولديغنی غزته‌لرده اوقيوردی، شرقدن

١٠ گلنلردن ايشيدبيوردی. بو جهتله عثمانلی اهل عرفانی ايله سربسبجه ملاقی اوله‌مه‌جغندن، مبادلۀ افكار علميّه ايده‌ميه‌جگدن، كتبخانه‌لره گيروب نوادر آثار منسوخه‌يی تدقيق و نتبّع ايليه‌ميه‌جگدن امين ايدی. فی الواقع امور سياسيّه ايله مشغول اولمديغندن كنديسنك ديگر زُوّار اجانب گبی داعئ شبهه برحالی بوله‌ميه‌جغی طبيعی ايدی. فقط دَورِ سابقه

١٥ بدخواه اولان اجنبی سيّاحينی گبی خيرخواه اولان زُوّار فضائلشعار دخی جاسوس تجيزندن آزاده قالامديغندن قلبنه عثمانليلر ايچون حسن نيّتدن بشقه بر حسّ بسليمن گيبك حركات ومعاملاتی دخی سوٓ تأويله اوغرايه‌جغنه شبهه يوق ايدی. مملكتمز احوالنك او مقوله فنالقلرندن آگاه اولان مؤلّف ارباب ظلمك قهر اولوب و يا ايدبلوبه وطنمزده بر

٢٠ دَورِ حرّيّت آچيلسنه بزم قدر خواهش گوسترر و زيارت ايچون اويله بر دَورِ حرّيّتك كشاده‌بنه انتظار ايلردی.

مؤلّفك كتبخانه‌سنده بولنان نفيس و يا نادر كافّۀ آثار منسوخه (بريتيش موزه‌ئوم) كتبخانۀ عموميسنه وقف ايدلديگی گبی مالك اولديغی كافّۀ آثار

٢٤ مطبوعه‌نك آوروپا لسانلرنده محرّر بولنان و احوال شرقيّه‌يه دائر اولان

نسخه‌لری دخی زوجه‌سی طرفندن در سعادت انگلتره سفارتی کتبخانه‌سنه اهدا اولنمشیدی. بویوك، کوچوك اوچ یوزی متجاوز کتب مطبوعهٔ ترکیّه ایسه کمبریج دار الفنونی کتبخانه‌سنه ویرلمشدر. گرك بو ترکجه کتابلر، گرك مذکور کتبخانه‌ده اوّلجه طوپلانمش اولان آثار اسلامیّه ینه متوفّانك زوجه‌سی طرفندن تبرّع ایدیلن آقچه مقابلنده استحضار اولنان حجرهٔ مخصوصه‌ده محافظه اولنمقده در. دارالفنون کتبخانه‌سی مأمورلری بو حجره‌یه متوفّانك نامنه نسبتله «Gibb Room» دیورلر. عثمانلی ناشر و مؤلّفلری طرفندن دار الفنون مذکور کتبخانه‌سنه ایلروده اهداسی مأمول بولنان کتابلر ایلـه گیب حجره‌سنده‌کی آثار عثمانیّه‌نك تزایدی عثمانلیلق ایچون موجب شرف بر شی اولور اعتقادنده‌یم.

خ. خ

(جلد اوّلـده مندرج اولان اشعـار)

مولانا جلال الدين رومی

(١) بر غزلدن .(Vol. I, p. 150)

اگر كيدور فرنداش يوقسا ياووز ٭ اوزون يولده بو در سكا قلاووز
چوبانى برك طوت قورتلر اوكشدر ٭ ايشيت بندن قرا قوزم قـرا قوز
اگر طانسه‌ڭ و گر رومسن و گر ترك ٭ زبانِ بيزبانـان را بيـاموز

و له ايضاً،

(٢) بر غزلدن .(Vol. I, p. 150)

دانى كه من ز عالم يالغوز سينى سيورمين
گر در برم نيائى انـدر غمت اولرمين
روزى نشسته خواهم يالغوز سينونگ قاتونگـده
هم مين چاغير ايچرمين هم مين قايس بيليرمين

سلطان ولـد

(٣) رباب نامه دن .(Vol. I, pp. 157—162)

مولانـا در اوليـا قطبى بلنڭ ٭ ناكيم اول بوبردى سا آنى قلنڭ
تنگرى دان رحمت در آنن سوزلرى ٭ كورلـر اُقرسـا اچيـلا گوزلرى
١٠ قانقى كيشى كم بو سوزدن بول وَرا ٭ تڭرى آنڭ مُزْدنى بانگـا ويـرا
بوقِـدِى مالم طوارم كم ويـرم ٭ دوستلغن ماليلـه بللو گوستـرم
مالِ كيم تنگرى بانگا ويردى بو در ٭ كم بو مالى اِسْتَيَـا اول اُسْلو در
١٣ اوسـلو كيشينن مالى سوزلر اُلور ٭ مالنى ويـرر بو سوزلارى آلور

اسلولر آندن قاچر بونده درر ۰ مال طوبراق در بو سوزلر جان درر
دری‌یی دُت قوغل آنی کم اُلر ۰ سوزِ قالور باقی طَوَر فانی اُلر
گون وگیجه تنگری‌دن استه مدد ۰ تنگری‌یی دُت کم قَلاسن سن ابد
رحمت ایتْغِل کندو لطفندن بکا ۰ یلواروب زاری قلب دیگل آنکا
طامله گبی دنگیزا گیرم دُرم ۰ گوزمی اچ کم سینی بللو گورم
ایکی قالمز طامله دنگیز بیر اُلر ۰ نیته کم طامله دنگیزا قارلر
اُلمیم دنگز گبی دیرے قالم ۰ بن داقی طامله بکی دنگیز اُلم
کم خلایق خالقی نیتا گورا ۰ اسلولر حیران قالر بو سوزلرا
کمسه گورمز گیرو گورر کندزی ۰ بن بولارا ایدرم کم اول یوزی
اول نوریلا تنگری‌یی بلّو گورر ۰ تنگری کندو نورنی انکا ورر
بو سوزیلا اسلو بوقارو اغر ۰ حرف ایچنده بو قدر معنی سِغر
تنگری نوری درکه سوردی تنگری‌یی ۰ فهم ایدر کم تنگری گوردی تنگری‌یی

* * * * * * * * * * * *

بو یولا بر جان ورن یُز جان آلا ۰ اوسنگی قوغل دلو اول بو یولا
کم عوض ویرا آکش جانلر سنکا ۰ تنگری دن در جان گیرو ورغل انکا
آکیَنَن اندا جانی یاوز اُلا ۰ اول یرا الك جانی کم بر یوز اُلا
سنسز اندا جان نجا اشلر ایدر ۰ اُیقدا گور جانگی قندا گیدر
قُش بکی قندا اولرسا یبر ایچر ۰ سن یاتیجق کوددن جانك اُچر
شهر الر بازار الر دکان الر ۰ کندوزندن بوز صورت بر جان اُلر
جان ایانقدر اگر کودا یَتر ۰ کندودن هم یبر الر هم گولك الر
جان وررکن گی ساقن ایمانکی ۰ بویله بلغل سن اُلیجك جانگی
اوچماق ایچریا حورارلا یوریا ۰ کم بیله ایلتا انی جان تنگریا
قولقی بو یولده صافی صدق در ۰ بختلو اول جان که جانی عشقدر
اول که عاشقدر آنی بُلْماق گرك ۰ عشق سز جانی اُلو بِلْماق گرك
هم نورندن بو قرانگولق گیدا ۰ کم جانگی عشقلا دیرے ایدا

کندوزی بیگی سنی خاص ایلیا • رحمتندن یازقنگ باغشلیا
بو جهاندا اول اری گی اِستغل • آنی دونغل ایرقن الدن قغل
آنی دوتنلر جهان اسّی اُلر • بَلْكِ آنلردن جهان دیرے قلر
بو جهان گودا بگی بُنلر جانی • گودیا باقما ایچی گور جان قانی
گوده گوربنر جانی گز گورمدے • جان نیتالیغینی اسلو سُزمدے
جان گورنمس کم یوزن گوزلر گورا • گوده داگل کم گلا قارشو دورا
علم لا گور جان یوزن تو بو گوزی • ایله کم اسنگ گورر هر بیر سوزی
هر نسانگ گوزلرے ایُرقسِدُر • سنه یوز گوز وار دوکالینی گورر
سوزلرنگ گوزی بایق قولق اُلر • گی سوزی باوز سوزی قولق بِلر
طادماغنگ گوزی آغز در گوده ده • طاتلوی آجیدن اول گی فرق ایده
هر نسانایا آننگ گوزیله باق • کم گوراسن دشمیاسن سَن ایراق
جان یوزینا جانلا باقماق گرك • جان دلرسن گوددن چقاق گرك
نور دیلرسن وار نور اُلغل نورچن • حور دیلرسن وار حور اُلغل حورچن
آتیلا بلغِل دوِل جُفت اُلمدی • آیلہ کم یاوز اِدن گی بُلمادی

• • • • • • • • • • • •

ترکجه بلسیدم بن ایدیدم سزا • سرلری کم تنگری دن دگدی بزا
بلْدریدم سوزلا بِلدوغمی • بُلْدُریدم بن سزا بُلدوغمی
دیلرم کم گورهلر قامو آنی • جمله یوقسللر اولا بیندن غنی
بِلْدرم دوکالینا بِلدوغمی • بولهلر اولو گیجی بُلدوغمی

• • • • • • • • • • • •

تنگری‌یی پیغامبرندن اِستغل • زنهار آنی حقدن ایرو سنمغل
اول که بولدی تنگری‌یی گی دُت آنی • آنی بولیجق دیما تنگری قانی
تنگری آندن ایرو دگل اچ گزنگ • اول وِرر سانگا همیشه اوروزنگ
کم که بیری ایکی گورر شاشی در • سوزنی ایشتمغل قلماشی در
ای قرنداش بو سوزی ایلا که ور • اول بلا کم تنگری‌یی جاندن سَور

گوك و يير آنڭ قاتنـدا بـر اُلا * تنگری‌دن ایچی طاشی بر سر الا
یوز اولرسـا حرفلـر یير سوز اُلر * سوزلر ایـلا عاقبت يير گوز الر
نا که ورسا اولر اول بر جان قَلر * اول جهانـده قوللا سلطان قَلر
قول و سلطان يير درر ایکی دگل * اول سرا ایچرا يير اُلر بالك و قُل

* * * * * * * * * * * *

تنگری دیدی سَیرو اولدم موسیـا * کندو دوستن کیشی بویلـه استیـا
اولو گیچی گلـدی بینی گورمغـا * نیته در کم گلمدن سن سُرْمغـا
موسی دیدی حاشا سندن سیرولق * سن خالق سن سانگا قندن سیرولق
بینه دیدی سیرو اولدم گلمدن * دیـدگم سوزے حسابـا آلمدن
موسی دیـدی بو سِیری انگلامـزم * مقصودنگ نادر بو سَردن بلمزم
تنگری دیدی سیرو اولدی يير ولیم * دنیـا ایچرا سیرولق دارتی دلیم
يير گون آنی نیته وارب گورمدنگ * نینسن دییب حالندن سورمدنگ
بن انڭ سیرولغندن سیروم * سانمه کم بن اول ولی‌دن ایروم
کم آنی گورا بینی گورمش در اول * کم آنی سورا بینی سورمش در اول
بینی انـدا آنِ بنـده گورنگوز * بینی آندن آنی بندن سورنگوز

و له ایضًا

(٤) قطعه (Vol. I, p. 163).

سنون اوڭ بو گیجه نور دوتتی * آنونچون کیم ایچنه آی دوشتدی
قرانگو قالمیـه آنده که بو آیـه * قرانگوبی نوریلـه طشره یتتی
او ایدیندن طولجك بللو اولور * کیم اوغری اوده قالدی یا که گیتدی

و له ایضًا

(٥) قطعه (Vol. I, p. 163).

تنگری ایچون گل بگا کیم آنگاسین تانگری‌یی
١٩ ویر بو جهـانی بو گون کیم آلـه‌سین تانگری‌یی

باش نــه اولور بو يوله وير طوارڭ سن بيلــه
باشسوز جان گوزڭ آچ كيم گورەسين تانگرىبى
گوكه آغەسين جانوم گر اولەسين سن بنوم
آچ الوڭى وير مالوڭ كيم دونەسين تانگرىبى

يونس امره

(٦) غزل (Vol. I, pp. 170—171).

كعبه و پوت ايمان بنم چرخ اوروبن دونن بنم
بولوت اولوبن هوايــه يغمور اولوب يغان بنم
يلدرم اولوب شاقيان شاقيوب نفسى طوقيان
اول يــر قعرنده بوكران اول آغلو بيلان بنم
الين اياغن شيشرن حمزهٔ قافــدن آشيران
چوقلرى تختــدن اشوران حكمت اسى سلطان بنم
بولوت اولوب گوكه اغان يغمور اولوب يره يغان
گوز سوزلرڭ گوزندهكى بوز پوصارق دومان بنم
ات و درى سكوك چاتن قدرت ايله ديرى طوتن
حكمت بشكنده يتان قدرت سودين امّن بنم
باز گوروب بر طونادن گوڭلمز اوى خاندان
خشنود انادن قوللق قدرين بيلن بنم
بر نيجهٔ قيلــدم اسير دولت ايلــه سوردم عمــر
يانن كمورسز بن تيمور اورســه چخچ صلن بنم
درتلو كشى گلسون برى گوسترين آڭا يرى
گوڭلم اوين گوزين شهرى دور ايچنده زمان بنم
يونس دگل بونى دَيَن قدرت ديليدر سويلين
كافــر اولــه اينانميان اوّل آخــر همان، بنم

و له ایضًا،

(٧) غزل (Vol I, pp. 171—172).

اول قادرِ کن فیکون لطف ایدیجی رحمان بنم
کسمدن رزقنی ویرن جمله‌لره سلطان بنم
نطفه‌دن آدم یرادان یمورطه‌دن قوش دوریدن
قدرت دلینی سویلدن ذکر ایلین سبحان بنم
کیمنی زاهد قیلان کیمیسنه فسق اشلدن
عیبلرینی اورتوجی اول دلیل و برهان بنم
بر قولنه آتلر ویروب عورت و مال اوغل ویروب
هم یوق برینک بر پولو اول رحیم رحمان بنم
قار یاغدیروب بر طوگدران حیوانلره رزقن ویرن
بو جمله ایشلری گورن هم جانلره جانان بنم
بنم ابد بنم بقا اول قادرِ حق مطلقا
یارین خضر اوله سقّا آنی قیلان غفران بنم
درت درلو نسنه‌دن حاصل بیلگک اشته بنم دلیل
اود ایله صو طپراق و یل بنیاد قیلن یزدان بنم
ات و دری سکوک جان تن پرده‌لرینی طوتن
قدرت ایشم چوقدر بنم هم ظاهر و عیان بنم
هم باطنم هم ظاهرم هم اوّلم هم آخرم
هم بن اولم هم اول بنم هم اول کریم سبحان بنم
یوقدر آراده ترجمان انداغی ایش بکا عیان
اولدر بکا ویرن لسان اول دگز عمّان بنم
بو یری گوکی یرادن بو عرش و کرسی دور ایدن
بیگ بر آدی وار در یونس اول صاحب قرآن بنم

و له ایضًا

(٨) غزل (Vol. I, p. 173).

یولداش اوله‌لم ایکیمز گل دوسته گیده‌لم گل
حال‌داش اوله‌لم ایکیمز گل دوسته گیده‌لم گل
قولاغوز اول گل سن بڭا دوته‌لم دوستدن یکا
قایقمغل اوڭدن صوڭا گل دوسته گیده‌لم گل
بو دنیایه قالمیه‌لم فانی دره آلدنمیه‌لم
ایکیمز ایرلمیه‌لم گل دوسته گیده‌لم گل
دنیا دگلدر پایدار آچ گوزیڭی جانڭ اویار
اولغل بزه یولداش و یار گل دوسته گیده‌لم گل
[بو دنیادن بز گوچه‌لم اول دوست ایلنه اوچالم
آرزو هوسدن گچه‌لم گل دوسته گیده‌لم گل]
اولوم خبری گلمدین اجل یقامز آلمدین
عزرائیل حمله قیلمدین گل دوسته گیده‌لم گل
گرچك عاشقی گوره‌لم حقڭ خبرین آله‌لم
عاشق یونسی بوله‌لم گل دوسته گیده‌لم گل

و له ایضًا

(٩) مثنوی (Vol. I, pp. 173—175).

یا الهی گر سؤال ایتسڭ بڭا * بو درر آنده جوابم اوش سڭا
بن بڭا ظلم ایلدم ایتدم گناه * نیلدم نتدم سڭا ای پادشاه
گلمدین حقمده بنم کم دیدڭ * طوغمدین عصی بڭا آدم دیدڭ
هرنه دیلرسڭ حقمده اشلدڭ * نه طوشه طوردم ایسه سن طوشلدڭ
گوز اچوب گوردمکه بر زندان ایچی * پُر هوا طُنْبطُلُو شیطان ایچی
حبس ایچنده اولمیایم دیو آچ * مُسْهُل مردار یدم بر ایکی قاچ
بنی دوزدم بنی سن دوزدڭ بنی * پُر عیب نیچون براتدڭ یا غنی

نسنه اکسلدیمی ملککدن سنك ٭ یا سوزمی گچدی حکمکدن سنك
رزقکی یيوب سنی آچمی قودم ٭ یا آکسوزك سنی محتاجی قودم
قیل گبی کوپری یپارسن کچ دیو ٭ یازغکدن سن سنی گل سچ دیو
قیل گبی کوپریدن آدم می گچر ٭ یا طیانور یا اوریلور یا اوچر
قوللرك کوپری یپارلر خیر ایچون ٭ خیری اولدر کیم گچرلر سیر ایچون
پس گرك واسع و محکم اوله اول ٭ کیم گچنلر دیه‌لر اوش طوغری یول
ترازو قوردك خبائث طرتمغه ٭ قصد قیلدك بنی اوده آتمغه
میزان اکا یراشور بقّال اولا ٭ یا قیومجی تاجر و عطّار اولا
سن خبیرسن خود بیلورسن حالی ٭ نه حاجت کیم طرطاسن اعمالی
چون گناه مردارلرك مُرداریدر ٭ حضرتنده یاره‌مزلر کاریدر
سن نیچون مرداری طرطوب آکه‌سن ٭ پس گرك کیم لطفله سن اورته‌سن
دیه‌سنکیم سنی اوده اوره‌ین ٭ شركك آغر گلور ایسه گوره‌ین
شرّی آز ایمك الکده خیری چوق ٭ خیری آز ایمك الکده شرّی چوق
سن تماشا قیله‌سن خوش بن ینام ٭ حاشا لله سندن ای ربّ الانام
گچدیمی انتقامك اولدوروب ٭ چوریدوب گوزیمه طپراق طولدیروب
بر آویج طپراغه بونجه قیل و قال ٭ نه گرکدر ای کریم ذو الجلال
چونکه دکمدی یونس‌دن بر زیان ٭ سن بیلورسن آشکاره و نهان

عاشق پاشا

(۱۰) غریب نامه‌دن (Vol. I, pp. 188—192).

گورکم اول الله نلر قلمش درر ٭ قدرت الندن نلر گلمش درر
دیلدی کم کندوزینی بلدوره ٭ ملك برادە مخلوقله طُلْدره
اول ددی اولدی جهان وجسم وجان ٭ دردی بر گوك معلوم اولدی انس وجان
هربر اشی بر اشه قلدی سبب ٭ اول سببدن قاموبا اولدی نسب
هیچ سببسوز دُنیَدَه ایش اولمدی ٭ هیچ نسبسز دنیایه خلق گلمدی

هر که گلدی قامسینڭ اصلی وار ٭ اصلِ اولن نسنه‌نڭ هم نسلِ وار
اول که اصلی فرعِ یوقدر کم در اول ٭ اول درر کم قامویا حاکم در اول
ایشد آنك قدرتن ایدم عیان ٭ کم بلاسن بو اشی بلّو بیان
گور که نه قلدی و نتدی نیلدی ٭ نه یرندی نایِ نادن ایلدی
بو اشی واجب درر بلمك سڭا ٭ دڭله امدی ایدیم بتغل طك
الك یرندی قدرتندن عقلِ کُل ٭ عقلِ کُلدن ایلدی درت درلو قل
قلدی اول دردی جهانه درت ستون ٭ آندن اولدی جرّ و نصب رفع و سکون
آب و آتش باد و خاك آد ایلدی ٭ بُنلری بو ملکه بنیاد ایلدی
دردنه درت حکم وردی اول جلیل ٭ کم بُلاره یُقدرر اولمق ذلیل
هر بریسی بر ایشه قائم درر ٭ بُنلرڭله بو جهان دائم درر
ایشد امدی هر برینڭ ایشی نه ٭ گور که نیجه خشنود اشلو ایشنه
برسندن تازه اولور دشت و باغ ٭ بیتر آنوڭ حاصلندن بال و یاغ
بیرسی ملکه چراغ اولمش درر ٭ آیدِننندن یر و گولت طلُمش درر
بیرسی یر یوزینڭ فرّاشی در ٭ هم سولر هم سوپرر هم آرِدُر
بیرسی محکوم اولب دندی قرار ٭ تا که مخلوق سوره اندا روزگار
دردِ درد اشده دُرُبنْدُر خوش لطیف ٭ اشلو ایشنده ولی دُردی حریف
تا قوپنجه اول قیامت گونلری ٭ کمسه معزول ایتمیسر بونلری
عالمڭ اصلی بو دُرت سرور درر ٭ عالی قائم دونن بُنْلر درر
بونلرڭله بو جهان دُندی ثبات ٭ بونلرڭله دُنیاده بتدی نبات
دُنْیَده نسنه وجوده گلمَیَا ٭ کم بولردن آنده موجود اولمیا
صورت اهلی جمله بو درتدن بتر ٭ هم ینه جمله غذا آندن دوتر
امدی گل معنی ایله بَق حالڭا ٭ عاقلیسَڭ واقف اول احوالڭا
گور کم اول الله سنڭله نیلدی ٭ نیجه دُزدی سنی نادن ایلدی
نه عنایت قلدی سڭا اول حکیم ٭ نه کرامت وردی سڭا اول کریم
گر بِلُرسَڭ قَدْرِنی شکر آیلَگل ٭ دون و گُنْدُز دُرمَدِن ذکر ایلگل

قَوْلُهُ تَعَالَى لَئِنْ شَكَرْتُمْ لَأَزِيدَنَّكُمْ (الآية)

شکر اِیدَرْسَڭ آرْتُرَا بخشایشڭ ٭ دڭله امدی ایدِیَم نا دُر ایشڭ

قَوْلُهُ تَعَالَى وَ أَمَّا بِنِعْمَةِ رَبِّكَ فَحَدِّثْ (الآية)

چونکم اول الله سڭا وِرْدِ وجود ٭ طُپراغ و سو ییل و اود قلدی سجود
طوردِ بِر کَزدَن سنڭ قوللوغڭا ٭ گلـدی تسلیم اولـدی اولولیغوڭا
هر برسی قوللغا دُنـدی یوزین ٭ کر تو بِلْگِل بو سوزی دُئمه اویون
آیدَیِم هـر برینڭ اِشی نـدر ٭ کم بِلاَسِن بو حکایت نِیتَـدُر
اودِ گوردم یورکوڭـده یانـەدر ٭ اِسّی لکوڭ اود دگلی یا نـەدر
معدەڭی گرم ایلین او در سنڭ ٭ آنوڭیلـه قائم اولـر بو تنڭ
هم گونش اود در طُغَر هر گُنْ گلور ٭ قارَکوُیکَن اوڭی آیدِین قلور
نـه دکرسڭ بسلـر آنی بیتورُر ٭ نـه بترسا پرورشلـه پیشورر
کم سن آنی بیوبَن شکـر ایدەسِن ٭ دون و گون الله آدن ذکر ایدەسن

لَئِنْ شَكَرْتُمْ لَأَزِيدَنَّكُمْ،

یل دخی گلدی سڭا اولدی نفس ٭ کم آنوڭلـه دیری یُورُر بو قفس
گر نفس گیدوب گرو گلمازِسـه ٭ تن اُولُر بِلْدن نفس المازِسـه
دَکْمَه بر ساعتدە بیڭ کز ای ولی ٭ سڭـا نعمت ایلر الله اول ییلی
شکر ایدرسڭ سن دخی اول نعمته ٭ خوش نفسلر وِیرِیبگِل حضرتـا

لَئِنْ شَكَرْتُمْ لَأَزِيدَنَّكُمْ

صوی گور کم طامرکدە قان دُرُر ٭ هم اچرسڭ صوصایجق قانـدرر
صورتڭ هم آنوڭیلـه خوش گچر ٭ هم یُونُر هم آبدست آلر هم ایچر
دین و دنیا اهلنه هم ساقی در ٭ هم چَلَپ دیدارنڭ مُشْتاقی در
آنی دخی نعمت آیْلَب اول جلیل ٭ کندو لطفندن سڭـا قلدی سبیل
کم اِچاسِن شکر اِدَاسِن سن دخی ٭ بیرنه گلمک گرك قوللق حقی

لَئِنْ شَكَرْتُمْ لَأَزِيدَنَّكُمْ

طُپرغی هم گور که نِتدی اول الله ٭ سانکیچون ایلدی خوش تختگـاه

طُپْرغ اوستنده سکّا وردی مقام • کم اولاسن اول مقامده سن مُدام
هم بو طپرغدن صورت وردی سکّا • کم گورن حیران اولُر قالُر طکّا
سن دخی شکر و ثنا قِلْسڭ گرگ • اشبو لطفڭ شکرنی بِلْسڭ گرك
لَئِنْ شَكَرْتُمْ لَأَزِيدَنَّكُمْ
کم حلال اولا سکّا بو عشق و دم • دولتڭ ارتادوره هر دم بدم
چون بو دورت نسنه قوللڭدر ای صفا • سن دخی حق عشقنه قلغل وفا
هم قوللڭدر هم دخی اصلڭ کوکڭ • اشبو سوزه اولمسون هرگز شکڭ
ظاهر ایچنده بولر سندن اولو • باطن ایچنده بولر سندن آلو
صورتا بَقسه بولر بَسْلَر سنی • معنیده قولدر سکّا بلگل شونی
گلدی بونلر بَسْلَمَاکیچون تنی • گلمدی قول ایدنه کُلّی سنی
قامو نسنه جانه قول اولمش درر • جان حقا قوللیغیچون گلمش درر
حیف اولا کم قول اولا قوللارنه • قوللق ایده کندو بخشوللارنه
اشبو سوزلر عاقله معنی یتر • بو قدر سوزدن دلیم معنی بتر
جاهله سوز اُوکُشی اصّی دگول • چون ایشدب معنی‌یی قلمز قبول
کمسنا که کندوزن بلمش اولا • جمع اولب کندوزنا گلمش اولا
معنی‌نڭ اصلی آکّا معلوم اولور • آنوکیچون مُنْصِف و محکوم اولور
عشق سوزیدر عاشقا معنی وِرَن • معنی‌دن واقف دگل عشق سز ارن
ای خدایا بو سوزے اکّلاینڭ • عشقن آرتور جانلا دکّلاینڭ
کندو عشقڭدن آنی آپرمغل • دنیا آخرت دُغرو یولدن اِزْمغل

وله ایضًا

بر عجب حکمت دیایم نظمله • شرح و تقریر و بیان قِلدن قِله
کم بو حکمت سیْر وبره جانکّا • جان ایچنده قوت اولا ایمانکّا
هم بو حکمتدن بلاسن حالکی • اکّلده بو سُز سکّا احوالکی
بیلسِن مؤمن منافق نائمش • دُنْیَده دراکلری نیجایمش

ایشد امدی نیجه در ایدم عیان ٭ کم بلاسِن بو ایشی بلّو بیان
آدمیڭ دُزِت قپو وار ره گذر ٭ بیر و گوك اهلی گلور آندن گچر
ایله صان بر دو دری کاروان سرای ٭ کاروان دُرمز گچر ییل اونکای
بیر و گوك دَکمه بری بر ایل گبی ٭ اورتـه یرده‌ آدمی بر یول گبی
یول اوزره بو صورت بر شهر اولو ٭ کم گلور آندن گچر اصلو دلو
شهر ایچنـده وار دُرر بر تختگاه ٭ حاکم اول تخت اوستنه محکم اِلٰه
جان آنڭ ملکی گوڭل گنج خانه‌سی ٭ عقل کیّالی فهم پیمانه‌سی
بو صورت شهری مقام در معتبر ٭ گر نجه کیم گورنُرسه مختصر
بو شهرده دُزِت قپو وار در عیان ٭ آدلو آدیلـه دِیَم بللو بیان
بیربسی گوزدر بیری قولق دُرر ٭ بیرسی دِلدر بیرے پَرمَق دُرر
نیك و بد جمله گلور آندن گچر ٭ عقل اوڭنڭ عرض اِولر جاندن گچر
کیمسی گوزدن گِرَر الدن چقار ٭ کیمی قولقدن گِرَر دلدن چقار
قولق آلور سوزے ویرر کوڭلـه ٭ بینه گوڭلدن گلور اول سوز دله
پس بلوڭ گوزدن گیرن الدن چقار ٭ هم بو قولقدن گیرن دلدن چقار

و له ایضًا

(۱۲) غریب نامه‌دن (Vol. I, pp. 194—200).

ای گوڭل سن یول اریله یارسَڭ ٭ یول ایچنـده هم ذوی الابصارسَڭ
نه گوررسَڭ عبرت آل او نسنه‌دن ٭ کم بِلَاسِن هر اِشڭ اصلی ندن
گوزکه گوردك نسنه‌دن عبرت دوتا ٭ بس گوڭلده قیَنیَه حکمت بِتا
آچلا آندن اڭا گنج نهان ٭ اول بِلا کم نیجه در اشبو جهان
اڭلغل کم بو جهانَ قچ قَت دُرر ٭ قتلری ندر نچون قَت قَت دُرر
دُکمه قاتنڭ ندر حال و صفت ٭ اشبو اِشی اڭلامقدر معرفت
دڭله امدی سن بو سوزڭ حکمتن ٭ کم بِلَاسِن پادشاهڭ قدرتن
اڭلغل کم بیدِ قَت در بو جهان ٭ اِچلو طشلو بیرِ بیرندن نهان
بو یدی قت بـر برینڭ جانی در ٭ ایله صانکم اول طمر اول قان در

ایچرو اول قامودن جانلر جانی • اولدرر کم قاملر استر آنی
بو یدی قت نسنه تندر جانی اول • کم بلیسر بیله مگر آنی اول
حالِ گلدك بو سوزك تقریرنه • بر نظر قِل پادشاه تقدیرنه
گور که عالم یدی قت درمش درر • جمله یوز اول حضرته اورمش درر
هر برینك شرحنی ایدم سکا • دگله امدی نیجه در اوگدن صکا
بر قتی بو یِر و گوك در تن گبی • سن اِشِت بو بو العجایب تَرْتِیبی
بو یدی قت بر برینك جانی در • اصلنه بَقسك بولر جسمانی در
هر صورت کم آنك ایچی بوش اولا • بر دخی نسنه گرك کم اول طولا
بو عمارتلر که وار در دُنْیَده • دُنْیَنِك جانن بِل آنی ای دده
اول عمارتله دری در بو جهان • بُجْسه جانسز بر صورتدر دك همان
دُنْیَدَه بو شهر و بو کویلر که وار • دُنْیَیی بیلگك دری بُنْلر دوتار
قنده کم بُنْلر خراب اولمش درر • اُیله بِلْکِم اول مقام اولمش درر
قنغی یرده کم عمارت اولمیا • کمسه آندن راحتی هیچ بولمیا
پس عمارت بو جهانك جانی در • گرچه کم کندو دخی جسمانی در
بو یِگرَن گلدك عمارت جاننه • بر اشت کم جسم نادر جانی نه
چون عمارت دِیرِ دوتر عالمی • آنی کمدر دیری دوتن آدمی
آدمینك صورتی جان در اکا • دگله اشبو حکمتی بتغل طکا
هر عمارت که آنده آدم اولمیا • بیلگك آندن هیچ راحت گلمیا
چون خلایق اولمیا هر بر مکان • اُیله بل کم اولو کوده در همان
قنْقی مُلکده کم رعیّت یوقدرر • اول مقامك اولدُکی مطلق درر
بو رعیّت ملکلری قائم دوتر • دِرْلِکین و دولتن دائم دوتر
ملکلرك پس جانی خلق در مطلقا • جان گدیجك ملك اولور دُنمز بقا
جان دخی چوقدر جهانده لیك خاص • آدمی در آدمی خاصّ الخواص
جمله خلقك آدمی در یکرکی • کم بولر در دنیده ملکلر بکی
پس بنی آدم دوتر ملکی دری • آدمی سز ملك اُلو در هر بری

آدمینڭ جانی وار هم جسمی وار ۰ جانی در کم جسمنی قائم دوتـار
جان گدیجك جسم اُلر اشدن قلر ۰ مالنی و مُلکنی ایرُق آلـور
صورتڭ بو جانلـه در رونقی ۰ جان گدیجك رغبتی قلمز دقی
جانـلا اِشـدر گورر بو گوز قُلَق ۰ جانلـه دونـر بورر بو اَل آیَق
جانِلا در دل دخی سُیلادگی ۰ ایلدن ایلـه خلقه حکم ایلادگی
صورتن خلقڭ دری بو جان دونر ۰ چونکه جان گتدی صورتدن نه بتر
اول تمام اولدی بُوکَزگل جانی گور ۰ اول علم نیلـه دری در آنی گور
جان دری در علمله بلگل عیان ۰ جانه جانـدر علمِ حق بلَو بیان
قنقی جان کم علم بوقـدر اولودر ۰ گور سگا کم اول قمودن اولودر
بو فضیلت علملـه در جانلـره ۰ آنوکیچون حکم ایـدر سلطـانلره
جان کم آنڭ تنگری علمی جانی در ۰ گور سگا اول قامونڭ سلطانی در
دیری پس جانی بو حق علمی دونر ۰ درلو حکمت اول دری جاندن بتر
جاهلوڭ جانندہ درلك بوقـدرر ۰ حق بلگڭ سز بو سوزی کم حق درر
درلکی عالمـلره وردی چلب ۰ حضرتـه آنن قِلُر بنْلـر طلب
جانلرڭ پس جانی در بو علمِ حق ۰ آلِ دُرغِل تگرِ علمندن سبق
تنگرِ علمی جانلرڭ خود جانی در ۰ اول علمِ نیلـه دری در آنی گور
عقللـه در درلکی علمڭ دقی ۰ عقللـه بتی بو سوزڭ علمن اوقی
هر کموڭ کم عقلی بوقدر علمی یوق ۰ عقلِ کامل کمسنوڭ خود علمی چوق
علِم دیری عقِللا دوندی دوتان ۰ علِم هم بو عقِللا اونـدی اوتان
اولدی مُرد علمی عقلسوز کیشِنوڭ ۰ آنوکیچون حاصلی یوق ایشینوڭ
بو عقلـدر جانی علمڭ مطلقـا ۰ عقلِ ناقص علملـه ارمـز حقـا
قنغی علم اِسّی کم اول عاقل دگل ۰ هیچ علمنـدن عمل حاصل دگل
پس دری علم اولدرر کم عقل آگا ۰ یولداش اولمش در بله اوگدن صُگا
علمِ بلـدڭ عقِلَیمش درلگی ۰ عقلِ بـر گور کم نجیمش درلگی
عقْلِ درلکه دوتن بر گور نـدر ۰ ایشد امدی کم حکایت نینـه در

دیرِ عقلی عشق دوتر بلکل عیـان ٭ اولو در عشقسز عقل بلّو بیـان
قنغی عاقل کم حقـا عاشق دگل ٭ اول حقیقت حضرتـنا لایق دگل
عشقه یولداش اولمین عقل اولو در ٭ کندو نفسندن آنوکچون اولو در
اول عقل کم عشقه یولداش اولمدی ٭ حکمت و اسرار اکّا آش اولمـدی
درلکی عقلک بو حق عشقیلـه در ٭ بل که عقل حضرته عشق ایله در
اول عقل کم حضرتا حیران دگل ٭ ایله بل کم تکرِ عشقی جان دگل
آنوکیچون قیغوده قلمش در اول ٭ جانی یوقدر یعنی کم اولمش در اول
پس بو عقلک جانی عشق در مطلقا ٭ گر سکّا عشقسز عقل ارمز حقّـا
بلّو بلدک عشق بو عقلـه جانمش ٭ عشق گرلم درلکی قنـدا ایمش
گور کم نیله دری در عشق دخی ٭ عشقه جان بل‌کل حقیقت او حقی
حقّلا در درلکی عشقک تمـام ٭ حقـدن ایرق یوقدرر عشقه مقـام
دُنیَده عشقک دلاکی یوقـدرر ٭ عشقه مقصود و مراد اول حقدرر
عشق اچنده حقدن ایرق نسنه یوق ٭ جمله عالمدن آنوکچون کوکل طوق
عشقِ اِچنده یوقدرر نام و نشان ٭ عشق اچنده چوق درر گنج نهـان
حق سُزی در سیلادوگی عشق دلی ٭ حق اِشی در اِشلدوگی عَشق الی
عشق گوزندن حق نوری درکم بقار ٭ آنوکیچون هم پیـار و هم یقـار
عشق قولیدر عقل و نفس و جسم و جان ٭ عشقه زیره حق طولبدر بی گمان
عشقِ دری در حقِلا پس مطلقـا ٭ عشق برگک دوت کم اراسن اول حقا
عشقِ سن هیچ آنـدن ایرو بلمگل ٭ گوکلِ عشقدن آیروغا هیچ آلمگل
قامویا عشق جان درر حق عشقه جان ٭ بی نشاندن ایچرو اول بی نشان
اشبو یـدی نسنه کم گلـدی دله ٭ بیر برینک جانی در معنی بلـه
عشقِ حق در دیرِ دوتن ای صفا ٭ عشق اری آنوکچون اولمـز بی وفا
عقلِ دیری عشق دوتر هیچ شکسُزِن ٭ عقل آنوکچون عشقه دتمش در بُزن
علم درلکـده عقل دتمش دُرر ٭ اول سببدن بو عمل بتمش دُرر
جان دری در علمله بلکل عیان ٭ اولو در بی عِلمِ جان بلّو بیـان

تن دری در جانلا جانسز خراب • جاندن ایرو جان یری تحت التراب
بو عمارتلر درے در جمله • مُلكْ عمارت نَیْلَه اولور خصمیله
عالی دیری عمارتلر دونر • بی عمارت بو جهاندن نه بتر
بو یدی نسنه که شرح اولدی تمام • قاموسندن گچدوگگ یر در مقام
شوکه بکُزر که یدی پرده دُرر • مطلوب آنی گچدوگك پرده دُرر
امدی بُنلردن گچب گتمك گرك • گچمسا گوچ یتمسا نتمك گرك
عشق دوت کم کی قلاوز در سکا • قاموسندن کاچروب اِلْتر اکا
زیرہ کم عشق ایلرو در قامودن • عشق مکانی در مکان لا مکان
کم واررسه عشقله اِردی حقا • اولمیه هرگز بولا عمر بقا
کم بَقرسه عشقله دوست یوزنه • قنده بقسه گرُ نوکالّه گوزنه
عاشق امدی عشقله اورغل دمی • عشقله گچدی بو مُلْکدن آدمی
هر کموک کم پرّ و بالی عشق اولا • حاشا کم اول کمسنه بولدن قلاَ
ای خدایا دغرو یولدن اِرمغل • کندو عشقگدن بزے آیِرمغل

قاضی برهان الدّین،

(١٢) غزل (Vol. I, pp. 214—215).

تنكِ شکری لعل لبوگك تنگه گتوردی • طوطیسنی بو گوگلمگك آهنگه گتوردی
گوگلی بن قومیشدم گوگلی یولینه • چاره ندرر شیشهٔ چون سنگه گتوردی
قوردی قَشی یاینی و گزلاردی گوزی اوخ • مگر که بو تُرکیلری اول جنگه گتوردی
جانوی سیچی قیلی یاخر عود گبی چون • قانونِ بو در هر نهٔ که چنگه گتوردی
ویرگل النه ساقی طولو جامی و اگله • شول لطفی که اول بادهٔ گلرنگه گتوردی

و له ایضًا

(١٤) غزل (Vol. I, pp. 215—216).

ای سیه گیسو و سپید ذقن • گیسولارگده صد هزار شکن
شمع نیچه که دلی اُوزُونسَا • نوروگیله مقامی اولدی لگن

جان گیسوسیلا پریشانْ در ۰ گوزینوڭ گوشه سنده قلدی سکن
گوزلرم جعفر اولدی چون طوطغی ۰ بیریسی در حُسَیْن و بیری حَسَن
قیل بلیچون تنوی قیل قیلیم ۰ اوآیم یولنا اُوَیْسِ قَرَن

و له ایضًا،

(١٥) غزل (Vol. I, pp. 216—217).

بن نجاسی دیریلر سندن اراخ ۰ بیلیمازم نه قیلر سندن اراخ
گوزلارم یاشی درر سایل شها ۰ بن دخی هم سایلر سندن اراخ
دل دیلرسین جان ویرورم بن عوض ۰ دیلرم که دل دیلم سندن اراخ
قِل قلیچون گیسوگُوڭ مسکین اولوب ۰ بو تنوی قِل قیلم سندن اراخ
گوزلارم گیرور گوگولر قاتنه ۰ گوز قانینه مایلم سندن اراخ
جان جنوگه متّصل در ای نگار ۰ هم ینه بن حایلم سندن اراخ
سندن ایرخ سندن ایرخ یانارم ۰ صنمه که بن غافلم سندن اراخ

و له ایضًا،

(١٦) غزل (Vol. I, pp. 217—218).

یار بیزومیله بنا گور که نه آل ایلدی
تا که یاشوم قان اولا یاگْغَن آل ایلدی
آغزنی گورالی دِزْلیگم اولدی گمان
بیلنی گوسْدارَلی بینی خیال ایلدی
جانوی آلدی گوزی گوگْلم آپَرَدی طوزی
شهد و شکرتك سوزی عقلوی لال ایلدی
هجرنه دوبیمزم وصلنه ایرِیمَزم
شول صنمڭ که یوزی بدری هلال ایلدی
حُسنی که حق لطفی در بیزا حرام ایدبن
گوزلری عاشق قانن نیشه حلال ایلدی

يیل داخی آواره در طولشالی زلفنـا
یری در اول آکا چون قیلله قال ایلدی
گرچه کبابـ ایلدی عشقی اودینـا جانی
یـار آغزنڭ یارنی بیزا زُلال ایلـدی

و له ایضًا،

(١٧) غزل (Vol. I, pp. 218—219).

اولمش تنومه عشقی آنوڭ روح دگلی • غمزه‌سیله دل دخی مجروح دگلی
عشقیله قوشندی گوڭلم یولنه آنوڭ • عشقیلـه قاخیلن قپو مفتوح دگلی
کیرپوکی نه قلدوغنی سن صنمه معمّا • گوڭلم آنوڭ یاره‌سی مشروح دگلی
بڭ ییلدہ اگر نوح یشادیسه بڭ یاش • اول یاش بڭا بر لحظه ده ممنوح دگلی
معشوقله عاشق بر اولور عشق اودییله • مادح دخی پس هم بنه ممدوح دگلی

و له ایضًا،

(١٨) غزل (Vol. I, p. 219).

نگـارینـا نگارینـا نگـارین • سوزڭ آب حیات درعشق نارین
منم مخمور جـز لعل لبڭـدًا • یاریمـز کمسنا آنوڭ خمارین
قراری زلفوڭوڭ یوخدر نیـدالم • نه قیلالر هلـه شول بی قرارین
بیزا یـارامازن گیرو سـلالوم • گتورالوم اراموزا یـاراربن

و له ایضًا،

(١٩) رباعی (Vol. I, p. 220).

دیدم لبڭی صورسهم و امسم اوله‌می • بو دردمه [درمان] عجب ام سم اوله‌می
چون ایرمز الم وصلنه دوشمشم ایراخ • دوشدہ خیالنی لبڭ امسم اوله‌می

(٢٠) رباعی (Vol. I, p. 220).

شاد اولور ایسم وصلڭله غم اوله‌می • بن ارمز ایسم نسنه سزه کم اوله‌می
صد پاره و مجروح ایدر ایدم جگری • لعلڭ ایله بیلسم آکا مرهم اوله‌می

(٢١) رباعى (Vol. I, p. 220).

گوگلم بينه اول ليلى‌يه مجنون اولمش • ياشم بينه يـار يولنه جيحون اولمش
لبلرى چاقشمش گوگلى اولمى • باخدم آرالرنده مگر خون اولمش

(٢٢) رباعى (Vol. I, p. 220).

ديدم كه لبڭ ديدى نه شيرين سويلر • ديدم كه بلگڭ ديدى نه نارين سويلر
ديدم كه جانم جمله فدا در صدغڭه • ديدى كه بو مسكين هله وارين سويلر

(٢٣) رباعى (Vol. I, p. 221).

ديدى كه نيچون گوزيڭى پر غم گوررم • يا گوگلنى بن نيشه پُر غم گوررم
ديدم صنما آنڭ ايچون كه لبڭن • دائم گورمـزم ولى دم دم گوررم

(٢٤) رباعى (Vol. I, p. 221).

بن لبلرڭى جانمـه ام سم گوررم • گوزڭ يارەسن گوگلـه مرهم گوررم
عشقڭ اودينى كه ياخه ايكى جهانى • بن كنـدو جانمـه ياخمز كم گوررم

(٢٥) رباعى (Vol. I, p. 221).

يورك گوزڭڭ يولنه صد پاره گركدر • گيسولرڭ ايچنده دل آواره گركدر
بيچاره يه كه قالدى بو گيسوڭله مشكين • شول لعلِ لبڭدن صنما چاره گركدر

(٢٦) رباعى (Vol. I, p. 221).

جانانه‌يه جان ويرمگه عشّاقه صلادر • جان ويرمز و جانانه دلر بو نه بلا در
عالم قاموسى گر عرصاته اوله حاضر • بن سڭا اگر ابرر ايسم آنده خلا در

(٢٧) تيوغ (Vol. I, p. 222).

ازلده حق نـه يازمش ايسه بولور • گوز نه‌نى كه گورەجك ايسه گورر
ايكى عالـمده حقـه صيغنمشز • توختامش نه اوله يـا اخشغ تيمور

(٢٨) تيوغ (Vol. I, p. 222).

حقّـه شكـر قوچلرڭ دورانى در • جملـه عالم بو دمڭ حيرانى در
گون باتردن گون طوغان يره دگين • عشق ارينڭ بـر نفس سيرانى در

(۲۹) تیوغ .(Vol. I, p. 222)

یخشی اڭلادم جهانڭ وایه یوق * یاردن اوزگه بو خمارم آیه یوخ
ایکی عالمدن اُمید سرْوَر دُرر * آندن ایری داخی هیچ سرمایه یوخ

(۳۰) تیوغ .(Vol. I, p. 222)

سنجلین دنیاده خوب آز ایمش * نغمه‌ڭی راست اڭلادم شهناز ایمش
گوڭللره ککلگنه بو دنیاده * الّا شاهین گوزلرڭ شهباز ایمش

(۳۱) تیوغ .(Vol. I, p. 223)

گوڭلڭ گزلو بولسه بر ناسه در * عمر ایله اجل دخی هم کاسه در
دنیا بزمنڭ ایکی عالم دخی * عشق اری قاتنڭ هم بر کاسه در

(۳۲) تیوغ .(Vol. I, p. 223)

بللو در حق قاتنده کردارمز * اویله کیم وار مسمل و مردارمز
ساقی ویرگل المه طولو ایاخ * کیم گڭ بو گوڭلدن ژنگارمز

(۳۳) تیوغ .(Vol. I, p. 223)

گورمدم سن تك لطیف نازك جوان * طاپڭه اولسون فدا جان و جهان
قطره‌جه لطفڭ بزه ایرر بولسه * قطره‌نك اوله قاتمده بیڭ عمان

(۳٤) تیوغ .(Vol. I, p. 223)

صحبت ایتدك بو گیجه شول یاریله * شول قرا قلیجی گوزلری عیّاریله
آنی قیلنالم آنڭله بو دم * کیم قیلنمدخ دخی دیّاریله

(۳۵) تیوغ .(Vol. I, p. 224)

همیشه عاشق گوڭلی بریان بولور * هر نفس غریب گوزی گریان بولور
صوفیلرڭ دِله‌گی محراب و نماز * ار کشینڭ آرزوسی میدان بولور

سلیمان چلبی

(٣٦) مولدِ نبی‌دن (Vol. I, pp. 241—243).

الله آدین ذکر ایده‌لم اوّلا * واجب اول در جمله ایشده هر قوله
الله آدین هرکیم اول اوّل آکا * هر ایشی آسان ایده الله آکا
الله آدین اوله هر ایشڭ اوڭی * هرگز ابتر اولمیه آنڭڭ صوڭی
هر نفسده الله آدین دی تمام * الله آدیله اولور هر ایش تمام
برگز الله دیسه عشق ایله لسان * دوکلور جمله گناه مثل خزان
اسم پاکڭ پاك اولور ذکر ایلین * هر مراده ایرشور الله دین
جان و دلدن آڭالم اول رازقی * بزی یوقدن وار ایدن اول خالقی
عشقیله گل امدی الله دیه‌لم * دردیله گوز یاشیله آه ایده‌لم
اوله کیم رحمت قیله اول پادشاه * اول کریم و اول رحیم و اول اله
عالم و علّام و غفّار الذنوب * صانع و توّاب و ستّار العیوب
اول دُرر الله و قدّوس السّلام * ربّ و باقی لا یموت و لا ینام
اول دُرر هم پادشاه بی زوال * بی شبیه و بی نظیر و بی مثال
جمله عالم یوق ایکن اول وار ایدی * یرادلمشدن غنی جبّار ایدی
بر در اول برلگنه شك یوق دُرر * گرچه یاڭلش سویله‌ینلر چوق دُرر
وار ایکن اول یوغیدی انس و ملك * عرش و فرش و آی و گون هم نُه فلك
صنع ایله بونلری اول وار ایلدی * قدرتن بونلرده اظهار ایلدی
بارینه حاجت قیلاوز سوزی چوق * بر دُرر اول آندن ارتق تنگری یوق
حشره دك گر دنلرسه بو کلام * نیجه حشر اوله بو اولمیه تمام
گر دیلرسز بوله‌سز اوددن نجات * عشقیله دردیله ایدڭ الصّلات

ای عزیزلر اشته باشلارز سوزه * بر وصیّت قیلاوز الّا سزه
اول وصیّت کیم دیرم هرکیم طوته * مسك گبی قوقوسی جانلرده طوته

حق تعالى رحمت ايليه آكا * كيم بنى اول بر دعا ايله آكا
هركيم دِلر بو دعاده بولنه * فاتحه احسان ايده بن قولنه

و له ايضًا،

(٢٧) مولود نبى دن (Vol. I, pp. 243—247).

آمنه خاتون محمّد انه‌سى * اول صدفدن طوغدى اول بر دانه‌سى
هم محمّد گلمسى اولدى يقين * چوق علامتلر بيلوردى گلمدين
چونكه عبد اللهدن اولدى حامله * وقت ايرشدى هفته و ايّاميله
اولگيجه كم طوغدى اول خير البشر * انه‌سى آنده نلر گوردى نلر
اون ايكنجى‌سى ربيع الاوّلك * اول دوشنبه گيجه‌سى ايدى بلك
ددى گوردم اول حبيبك اناسى * بر عجب نور كم گونش پروانه‌سى
برق اورب چقدى اَوِمدن ناگهان * گوكلره ايردى و نور اولدى جهان
انديلر گوكدن ملكلر صاف صاف * كعبه گبى قلديلر اَوِم طواف
دديلر كيم اول نبىٔ محترم * گلبسر در صاحب بيت الحرم
هم هوا اوزره دشندى بر دوشك * آدى سندس دوشيان انى ملك
گوكلر اچلدى و فتح اولدى ظُلَم * اوچ ملك چقدى النده اوچ علم
بربنى مشرقده دكديلر روان * بربنى مغربده دكديلر عيان
كعبه اوستونه برين تعظيميله * دكديلر هم آنى چوق تكريميله
چون گورندى بكا بو اشلر يقين * ياليگوز حيرتده قلمشدم همين
ياريلوب ديوار چقدى ناگهان * گلدى اوچ حورى بكا اولدى عيان
بلدم آنلردنكه اول خلقك بگى * كيم يقين اولدى جهانه گلمگى
گلديلر لطفيله اول اوچ مه‌جُبين * ويرديلر بكا سلام اول دم همين
عزّتيله ويرديلر بكا سلام * سويلديلر لطفيله بر قچ كلام
چوره يانومه گلوب اوتورديلر * مصطفايى بر برينه مشتولر
ديديلر اوغلوك گبى هيچ بر اوغول * يارەديلالى جهان گلمش دگل
بو سنك اوغلوك گبى قدرى جميل * بر انايه ويرمشدر اول جليل

بو گیجه سندن اولیسر مصطفا ٭ عالمه رحمت اولیسر مصطفا
اولو دولت بولدڭ ای دلدار سن ٭ طوغیسر در سندن اول خلقی حسن
بو گیجه جان وبرر اصحاب دل ٭ بو گیجه بنده در ارباب دل
بو گلان علم لدن سلطانیدر ٭ بو گلان توحید عرفان کانیدر
بو گلان عشقینه دور ایدر فلك ٭ یوزینه مشتاقدرر انس و ملك
بو گلان اول شاه ختم المرسلین ٭ صدر عالم رحمةً للعالمین
بو گیجه امر ایتدی حقّ و ذو الجلال ٭ کم نه وارسه یرادلمش پر کمال
زین اوله حور و قصور و هم جنان ٭ باغِ رضوان دخی صحنِ گلستان
بو گیجه‌یی آنده تبیین ایتدیلر ٭ جنّتی جوهرله تزیین ایتدیلر
هم دخی حوری و غلمان هرنه وار ٭ ایدلر اول شاهه جوهرلر نثار
هم دخی جبریله امر ایتدی جلیل ٭ طمو قاپوسنی یاپ یا جبرئیل
گلیسر در بو گیجه حق رحمتی ٭ حق جلالندن گتوردی هیبتی
بو گیجه اول گیجه در کم اول شریف ٭ نوربله بو عالمی ایلر لطیف
بو گیجه اول شاه ختم المرسلین ٭ صدر عالم رحمة للعالمین
بو گیجه دنیایی اول جنّت قیلور ٭ بو گیجه اشیایه حق رحمت قیلور
بو گیجه وحش و طیور هم انس و جان ٭ هرنه وارسه آشکاره و نهان
رقصه گرمشلر طربله سرتسر ٭ کم گلور حق رحمتی خیر البشر
وصفنی بو رسمه ترتیب ایتدلر ٭ اول مبارك نوری ترغیب ایتدیلر
دیر امینه چونکه وقت اولدی تمام ٭ کم وجوده گله اول خیر الانام
صوصادم غایت حرارتدن قتی ٭ صوندیلر بر جام طولوسی شربتی
قاردن آق ایدی هم صاوق ایدی ٭ لذّتی آنڭ شکرده یوق ایدی
ایچدم آنی اولدی جسمم نوره غرق ٭ ایدهمزدم نوردن کندومی فرق
چون بنی اول نور مستور ایلدی ٭ گوڭلومی جانمی مسرور ایلدی
گلدی بر آق قوش قنادیله روان ٭ ارقه‌می صیغادی قوتله همان
طوغدی اول ساعتده اول سلطانِ دین ٭ نوره غرق اولدی سماوات و زمین

گر دیلرسز بوله‌سز اوددن نجات ٭ عشقیله دردیله ایدڭ الصلات
یرادلمش جمله اولدی شادمان ٭ غم گدوب عالم یڭیدن بولدی جان
جمله ذرّاتِ جهان ایدوب صدا ٭ چاغرشوبن دیدیلر کم مرحبا
مرحبا ای شمس تابان مرحبا ٭ مرحبا ای جان جانان مرحبا
مرحبا اے آفتابِ عاشقان ٭ مرحبا ای ماهتابِ صادقان
مرحبا ای بلبل باغِ اَلَسْت ٭ جمله عالم عشقڭیله اولدی مست
مرحبا ای جان باقی مرحبا ٭ مرحبا عشّاق ساقی مرحبا
مرحبا ای بلبل باغِ جمال ٭ مرحبا ای آشنای ذو الجلال
مرحبا اے رحمة للعالمین ٭ مرحبا اهلاً شفیع المذنبین
مرحبا اے عاصی اُمّت ملجائی ٭ مرحبا ای چاره‌سزلر اشفائی
مرحبا ای عالی سلطان مرحبا ٭ مرحبا ای کانِ عرفان مرحبا
مرحبا ای ذات حقّڭ مظهری ٭ مرحبا ای انبیانڭ رهبرے
مرحبا ای آفتاب بی زوال ٭ مرحبا ای ماهتاب لا یزال
مرحبا ای طوطئ باغ جهان ٭ عشقڭ ایله حیران اولدی جمله جان
مرحبا ای سرِّ فرقان مرحبا ٭ مرحبا ای درده درمان مرحبا
مرحبا ای قرّة العینِ خلیل ٭ مرحبا ای خاصّ و محبوب جلیل
مرحبا ای ماه خورشیدِ خدا ٭ مرحبا ای حقدن اولمیان جدا
مرحبا ای جمله‌نڭ مطلوبی سن ٭ مرحبا ای خالقڭ محبوبی سن
مرحبا ای پادشاه دو جهان ٭ کم سنڭچون در بو کون ایله مکان
ای رسالت تختنڭ سن خاتمی ٭ ای نبوّت مهرینڭ سن خاتمی
ای جمالی گون گبی بدر منیر ٭ ای قمو دوشمشلری سن دستگیر
[ای گوڭلر دردینڭ درمانی سن ٭ ای قمو دوشمشلرڭ سلطانی سن]
چونکه نورڭ روشن ایتدی عالمی ٭ گُل جمالڭ گُلشن ایتدی عالمی
سن سڭ اوش سلطان جمله انبیا ٭ نور چشم اولیا و اصفیا
ملكِ معنی جمله فرمانڭده در ٭ عشق ارینڭ باشی میدانڭده در

گر دیله‌سز بوله‌سر اوددن نجات • عشقیله دردیله ایدگ الصلات

و له ایضًا،

(۴۸) مولد نبی‌دن (Vol. I, pp. 247—248).

الوداع ای جان جانان الوداع • الوداع ای ماه تابان الوداع
الوداع ای پادشاه عاشقان • الوداع ای سَرْوَرِ شاه جهان
الوداع ای بلبلِ باغ جمال • الوداع ای آشنای ذو الجلال
الوداع اے گوهرِ دُرِّ یتیم • الوداع ای باعث نور عظیم
الوداع ای شاه سلطانم بنم • الوداع ای دردِه درمانم بنم
مصطفی‌دن عبرت آلگ سز دخی • برمز قالمیسر تگری حقی
هرنه دگلو چوق یشارسه بر کشی • عاقبت اولملك دُرر آنگ ایشی
امدی اولومدن گلگ ایلن یراق • تاکه حضرتده یوزگز اوله آق
آه الگدن موت سندن اه و واه • نه گدا قورتلور الگدن نه شاه
فرقتندن آلِ پیغمبرلرگ • حسرتندن آه اول سَرْوَرلرگ
هرکم اوله عاقل و دولتلو ار • واعظ نصیحت آگا اولوم یتر
گر دیلرسز بوله‌سز اوددن نجات • عشقیله دردیله ایدگ الصلات

احمد داعی

(۴۹) غزل (Vol. I, p. 259).

ایا خورشیدِ مه پیکر جمالگ مشتری منظر
نه منظرِ منظر طالع نه طالع طالعِ انور
جمالگدن جهان روشن دوداغگدن زمان گلشن
نه گلشن گلشنِ جنّت نه جنّت جنّتِ کوثر
بوزگدر آیتِ رحمت اوزگدر مظهرِ قدرت
نه قدرت قدرتِ صانع نه صانع صانعِ اکبر

سلیمان سیرتی سنده سکندر صورتی سنده
نه صورتِ صورتِ یوسف نه یوسف یوسفِ سَرْوَر
فلك شطرنجنی اوتدڭ سعادت ملكنی طوتدڭ
نه ملكتِ ملكتِ دولت نه دولت دولتِ قیصر
قپوڭده قوللرڭ بی حد ولی كمتر قولڭ احمد
نه احمد احمد داعی نه داعی داعیٔ چاكر

احمدی

(٤٠) اسكندرنامه‌دن (Vol. I, pp. 287—289).

اكی طاغا اُغرَدی اول یولده شاه * هر برینوڭ قُلَّسی تا اوج ماه
یاخننده اول طاغلرڭ شاه جهان * اُغرَادی بر قومه غایت ناتوان
عورتی وار جمله سی عریان و خوار * اچلق الندن قمو حیران و زار
صوردِ احوالن بُلارڭ پادشاه * دیدلر جاوید اول دنیاده شاه
نیجه دونسه چرخ طُتسه یر قرار * تختكی الله قلسون پایدار
عمركی جاوید اینسون لا یزال * اِرمسون هرگز كمالوڭا زوال
انس و جنّ و شیر پلنگ و اژدها * هیبتوڭ چنگگدن اولمدی رها
فتنه دن قلدڭ بو ییر یوزینی پاك * عدلڭ آثاریله گلزار اولدِ خاك
چونكه ای شاه صوردڭ احوالومزی * ایده‌لم نادر اشت حالومزی
اوله كیم بو ایشه چاره بولسن * اشبو مشكل عقده‌ٔ حل قیلسن
وار بو طاغلردن آكارو بی كران * كوه و صحرا یأجوجه اولمش مكان
گر عمارت اِیدَوُز گر كشت كار * یأجوج و مأجوج ادرلر تار و مار
اِشلری ظلمیله غارتدر قمو * هرنه اِنسَلر خسارت در قمو
[قنده ارسالر ادرلر جور و قهر * بونلرڭ ظلمیله دوبمز ایكِ شهر]
آدمی نصفنجه اولاروڭ قدّی وار * آنده اولور بیری كه نسلی هزار
تنلری پُر مودر اُیلا كیم گُرُاز * پنجه و چنگال و سرتیز و دراز

نه بولرده وار در اوصافِ بشر • نه بلورلر کم نـه در دینـدن اثر
ریگ اجزاسینـه وار دورر شمار • لیك یوخدر بونلـره ای شهربـار
بو ایکی طاغڭ آراسی در یقین • گچاچك یوللری ای شاه زمین
داخی یولدن یوق بُـلاره ره گـذر • چاره ایلسون بو ایشـه تاجور
که اولالر شـه دولتنده خلق شـاد • هم اولا آدی شهڭ خیرلـه یـاد
هر کِمُسکِم خیرله آدی یـاد اولا • دُنیِی و عقبِیده روحی شاد اولا
بز دخی دُورِشوب ایـدهلم مـدد • ایكِ طاغ آراسن انسون شاه سد
تا که بُنلاره اولا اول سد حجاب • فتنهدن بو کشور اولمایـه خراب
دیدِ شه کم شکر حقّه که اول غنی • بی نیـاز انـدی خلایقدن بنی
کمسهدن باڭه گرکمـز در مـدد • یاردم اولسه تنگرِدن باپلـه سد
پس سکندر اورادە قلـدی قـرار • کارگرلـر جمع ایتـدی بی شُمار
دوکدِ سنگ و آهنیچون سیم و زر • خیریچون اول سدّی یاپدی تاجور
خیری صرف ایت مالی که اولسبن کریم • گرلـه آنی کـه آدڭ اولمایـه لئیم
ایكِ طاغ اوستینـه ایرنجه تمـلم • دزدِ بـر دیوارِ شـاه نیکنـام
خُـردهٔ آهنلـه مِشـدّا سرنسـر • قلـدی پـر دِوار آراسن تاجور
کورهلـر کاتُرُبن شـاه عجم • هر طرفـدن اوردِ اول دیواره دم
آهن و مس قینیوبن اولدِ حل • طولدی سـد اراکه قلمادی خلل
تگردن توفیقِ اولوبن هم مـدد • اشبو رسمـه کم ددم بغلنـدِ سد
یأجوج و مأجوج سددن آکارو • قلیدِلر هرگـز گچامزلـر بـرو
لیكْ چون ایریشه فرمانِ احد • حشر یاخیننده رخنـه اولا سـد
یأجوج و مأجوج آندن چیغلـر • ییـدِ اقلیمی تمـامت یغلـر

و له ایضًا

(۴۱) اسکندر نامهدن. (Vol. I, pp. 290—291).

گرم آندن داخی سورب شهریار • انده واردی که اولدی ظلمت آشکار
۲۲ دیدلر شاهـه که ای شاهِ زمین • چشمه شول ظلمت ایچنده در یقین

بُندن آکه گرچـه آز منزل درر ٭ لیك یول اوجدن اوجا مشکل درر
شاه دیـدِ حق بزه آسان اده ٭ مشکل و آساننی یکسان اده
رنج قاتنـده قونلمشدر چو گنج ٭ گنج اسداین نولا چاکرسه رنج
چکمینجـه عشق یولنـده بـلا ٭ ممکن اولمز کم گوره معشوق الا
پس سپاهیلـه سوریبن گرم راه ٭ ورد و ظلمت ایچنـه گردِ شـاه
گتدلر ظلمت اچنـده بـر زمـان ٭ بر گجه برابـر قوپـدی ناگهـان
غرش اندی رعد و رخشان اولدِ برق ٭ صانهسین کم اوده یندی غرب و شرق
بحر دوکلـدی هوادن موج موج ٭ سیللـر یوربـدی یردن فوج فوج
شویله طوفـان قپدِ کم طوفان نوح ٭ فتح ایدی آنوکٔ قاتنده اول فتوح
ظلمت اردی ظلمت اوستینه قـدم ٭ صانهسین کم قوپدِ ظلماتِ عدم
لشکر و شـاه اشلربنی بوزدلـر ٭ یورویکن بر برنـدن ازدلـر
چونکه گُرمزلردی بر بیرن عیـان ٭ ازدلـر بیری برنـدن بی گمان
خضر که اول یولده اولپدی کتخدا ٭ بالضّروره شاهـدن دُشْدِ جـدا
کیمنی اول خلقگٔ اندی سیل غرق ٭ کیمن الدی یل و کیمن یقدی برق
کیمِ آزدی آنـدنِ بُلنمادِ نشان ٭ کم اُلی یـا دری‌میـدر عیـان
چونکـه بو اشلا گُرد بِلـدِ شـاه ٭ کم بولنمـادِ بولنمـاز صوبـه راه
نسنـه کم کیشیـه قسمت اولمیـا ٭ گرچه چوخ جهد ایده آنی بولمیـا
چونکه ناچار اولْدِ گیرو دُنْدِ اول ٭ لیك بولنمدی اول کلـدوگی یول
گیداریکن اوغردیلر بـر یـره ٭ کم طشی گوهـردی آنوگٔ یکسره
کیمی یاقوتیدی کیمی لعل ناب ٭ کیمی پیروزه دوکلمش بی حساب
هریکا گوهـر دوکلمش شب چراغ ٭ روشن اولمش گوهرگٔ نوریلـه طاغ
شاه و لشکر اول گهردن بی کران ٭ گونرب اولدیلـر اورادن روان
جهد ادب چون یوردیلر بر زمان ٭ چقدلر ظلمت ایچنـدن ناگهان
گُردلر کم لشکروگٔ بر نصفی پاك ٭ قالبن اوراده اولمشدر هلاك
خضر استـابوبانك بولمـادلـر ٭ نـاریـه وارمشدورر بلمـادلـر

طویمدیلر آنی کم ورمشدی * بی تعب آبِ حیاته ارمشدی
چونکه آول آکا قونلمشدِ تعیین * لا جرم روزی آکا اولدی همین
نسنه کم کیشییه قسمت قالمیا * بی گمان اول هرگز الا کرمیا
نسنه کم بر کیشیه اولا نصیب * بی تعب الینه گیرر عن قریب
ظلمت ایچنده سکندر چکدِ رنج * رنج آکا قلدی و خضر ایلتدِ گنج
قسمتی که حق اده ایرخسی اولمز * کمسنه رزقن کمسنه آلمز

و له ایضاً،

(٤٣) اسکندرنامه‌دن. (Vol. I, p. 292).

شنیدنِ اسکندر وفاتِ خود از درخت،

اول ارادن چونکه گتدی شهریار * گلدی بر صحرایه طولو مُرغ و زار
اورته‌ده بتمش بر آغج سایه‌وار * دیدک آنی طوبی در مگر،
اول اراده قودروبن بارگاه * اول اغج دیبندَ یتدی اول گیجه شاه
چونکه گچدی گیجه‌نک نصفی تمام * قامو اویدی غیرِ حیّ لا ینام
اول اغج ناله ادوبن زار و زار * ددی ای محنت چکیجی شهریار
نیجه یوریدُر سنی بو حرص و آز * مال چوقی نه اَصّیِ چون عمر اوله آز
عمرک آخر اولدی پس نه در سبب * کم قلورسن دنیایی بویله طلب
چونکه گوردک دولتک بولدی کمال * اول کماله بلکه ایریشور زوال
پادشهلق سوردک اون دُرت ییل تمام * بر گون اولمدک جهانده شاد کام
بونجه جمع اندک و لیکن یمدوک * اولم و ایروغه قاله دیمدوک
اوش گدرسن قلور ایرخلاره گنج * سن چکرسن اراده بیهوده رنج
ای دریغا درد سنوک رنجکا * کم ایریشمز اولدی الک گنجکا
شاه اغجدن چون بو سوزی ایتدی استماع * صانکه ددی تن جانینه الوداع
گتدی خسته اول ارادن صُبح دم * خُشك لب اولمش گوزی طپطولو نم
گیجه گوندوز سوردی بر مُدّت تمام * تاکه ایردی ایرانه شاه نیکنام

و له ایضًا

(۴۳) غزل (Vol. I, p. 293).

ایلت بنم سلامی دلداره ای صبا * عرض ایلگل پیامی اول یاره ای صبا
طاغت بنفشه صچلرن گل باگُنِ اوسننه * صچغل عبیر و عنبر گل زاره ای صبا
پنهانِ وَر یَردن طاپوسینه وَ آردرسك * گُندَرمه کندزوگُڭِ اغیاره سَن ای صبا
سن گزلو رازمی سنی محرم بن ایلدم * بالله ایتمه رازمی دیّاره ای صبا
بیچارهلوغمی بنوم اول یاره عرضه قل * باشد که بوله دردمه بر چاره ای صبا
دیگل که احمدی‌یه نجه زخم اورسن * غمّاز غمزلو گوزی مکّاره ای صبا

و له ایضًا

(۴۴) غزل (Vol. I, pp. 293—294).

هر کیم گُروگُه صید اوله مست و خراب اُلور
هر کیم صچوگُه قید اوله بی خور و خواب اُلور
گیجم صچوگُلـه شبِ قـدر اولور و برات
گونم یوزوگُلـه شرفِ آفتـاب اُلـور
بولم دین طوطاغوگُه وعدگُلـه دست رس
آب حیاتی گور که آگه نجـه سراب اُلور
گوگُلوم صچوگُه اولدی پریشان وقتِ شام
حال غریب اولن یِکیشلارگُ خراب اُلور
گوزدن یَشوم بگی بو وجودی دُشُرمشم
باگه گرکز اول که آرامزده حجاب اُلور
گرچه قنوم دوکر بزوموگُ صوبی در یَشوم
کم اول دررکه اُودُمَه بر فتحِ باب اُلور
باری گرکسه جَوْرنـه صبر ایلـه احمـدی
کم مُدّتیلـه خونِ جگـر مشكِ ناب اُلور

و له ایضًا

(٤٥) غزل (Vol. I, pp. 294—295).

نه یوزوڭوڭ نظیری مهر و مه وار * نه آغزوڭ بیلكِ درجِ درِّ شهوار
صَچوڭـدر دستهٔ ریحان و لیكن * بنوم بختمدە اولمشدر سیـه مـار
گُنه بولمادین آلور جان و غمزڭ * نولَیْدی حال اولسَیْدم گنه كـار
اِرَیْدم منعـده عشقوڭ یولنـده * اگر اولسیدی بختوم آتی رهوار
لبوڭ وصفندە در ذكر گوهر عیب * بكوڭ قاتنـده در ذكرِ شَبَه عار
بنفشـه زلفكوڭ سوداسیلـه * بو گوكلم گه پریشان دور گه زار
جمالوڭه دعاسی احمدینوڭ * كه اولسون حق جمالوڭه نگهدار

و له ایضًا

(٤٦) غزل (Vol. I, pp. 295—296).

اولكـه یوزوڭی گُل زلفوڭی ریحان ایلمش
بو پریشان گوڭلی عشقوڭه حیران ایلمش
صورتوڭ ماهیّتندە هـر كشی بر نسنه دِیـر
روشن اولكم حق آنی صُنعنـده برهـان ایلمش
آغزكوڭ وصفن نجـاسی گاتری بِیلَمم دلـه
چُنكه حق بو گوهروڭ رازینی پنهان ایلمش
گوزوڭ آشوب و فتور ایچندە در بو گون عجب
اشبو جادوی سیـەدل گوزنـه قان ایلمش
خضر و اسكندر طلب سن انسلر كم صُنعِ حق
زلفكی ظلمت لبوڭی آبِ حیوان ایلمش
صاچنوڭ بر بندنی چوزمش صبا بیلی صباح
اول نفس در كم هوای عنبر افشان ایلمش
سنبل و ریحان و نرگسله یُزوڭی بیزَیَن
احمدیی بو گلستانـه ثنـاخوان ایلمش

و له ایضًا

(۴۷) غزل (Vol. I, p. 296).

نه مظهر سن که اولدی سرنسر نور * که بوخدر گونده داخی اولقدر نور
سنی گورالِ اولدی باکه روشن * که یوزکدن آلور شمس و قمر نور
نفس مهرکدن اوردی صبح آنکچون * صفاسندن طلُو در بحر و بر نور
صچوکدن شام اندك مایه ظلمت * بزوکدن صُبحدم بر مختصر نور
جمالوڭ گونشی انسه تجلّی * اوله عالمده هر ذرّه که وار نور
یوزوڭ محشرده آچرسه نقابی * طولا اوجدن اوجا نار سقر نور
آنوکچون احمدی عشقکده یانر * که شمع اولر بنیجه سرنسر نور

و له ایضًا

(۴۸) غزل (Vol. I, pp. 297—298).

میر سلمان عزّ نصرن چون اچر جامِ شراب
صورنینڭ چشمه‌سندن نور ایدر التهاب
روشن اولور گون بگی سرِّ سَقَاهُمْ رَبُّهُمْ
چونکه کندو قُللرینه صونه اول جامِ شراب
ایچن اول ساغری نور اِندکجه غیبدن
ایّها السُّلطان هُنالِكَ دیو هم اردی خطاب
مجلسِ جنّتدر آنوڭ حورِ رضوان حاضر اوش
داخِ نُقْلیله شراب و شعله چنگ و رباب
کمدر انکه برابر باده نوش ایدن که آنوڭ
جرعه‌سینڭ بیری بیڭ عقلی اِدر مست و خراب
نجه کم چوخ ایچریسه عقلی کامل‌تر اُلور
بلمزم شکّری ایچر آبِ حیوان یا گلاب
رزم اِچنده ایرن آکه صانه مرّیخ و زُحَل
بزم اِچنده گورن آنی دیه ماهِ آفتاب

نعره‌سی غرّنده رعد و قمچیسی رخشنده برق
قیلیجیدر صاعقه آندوغی اوخدورر شهاب
بزم و رزمڭ رونقی و بخت و تختوڭ زینتی
خلق اِچنده اولدرر و اللّهُ اعلم بالصّواب
دولت اِسترسڭ بو شاهوڭ صحبتندن احمدی
اولمه غایب بر نَفَس کم دیدار مَنْ غابَ خَاب

شیخی

(٤٩) خسرو و شیرین‌دن (Vol. I, pp. 326—328).

در مراتب توحید

گل ای دل مطلبِ اعلی آرارسڭ • بِل ای جان مقصدِ اقصی صورارسه‌ڭ
که توحید اولدی اعلیٔ مقامات • بودر اقصیٔ غایات کرامات
دیمش هر طائفه عقل اردیگنجه • بصیرت نوری قوّت ویردیگنجه
آنڭ وصفنده چوق رمز و اشارات • کی ذوقی کی علمی عبارات
و لیکن حقِّ توحیده حقیقت • یول ایررمدی اصحاب طریقت
که زیرا بحر کم پایانی یوقدر • احاطه ایتمکن امکانی یوقدر
شولر کم عقل و علمڭ کاملی در • ایرشدیگی بو بحرڭ ساحلی در
اِرَم باغن نه بیلسون برگِ تزّه • گونش جِرْمِن نیجه شرح ایده ذرّه
تَعَالَی شَانُهُ عَمَّا یَقُولُونَ • تَنَزَّه ذَاتُهُ مِمَّا یُشِیرُونَ
عجب بو نیجه که ایدرلر بیانی • دخی مستور در حقّڭ عیانی
که زیرا پرده نوری در ضیاسی • ظهورندن دُرر غایت خفاسی
ولی کشف اهلنڭ تنبیهی گه گاه • ایدر طالبلری منزلدن آگاه
اشارت کم اولور وجدانِ ذوقی • گتورر وجد و حاله اهل شوقی
نته کیم دیدی نفی ایدن مُضافات • که اَلتَّوْحِیدُ إسْقَاطُ الإضَافَات
هم ایدر کمسه کیم صاحب قَدَم در • حدث نفسیله اثباتِ قِدَم در

دیمش فرق ایلَیَن حقّی عَبیدن * که تنزیهی در اللّهک حدثدن
قمونک حاصلی اول در موجّه * که مُحْدِث در حوادثدن مُنَزّه
جمالی بردر گر چوق در عبارت * قمو اول حُسْنه ایدرلر اشارت
اگرچه یوقدُرر وحدتده قسمت * بیان اول رسمه قلمش اهلِ حکمت
که اولور اوچ مرتبه توحید مطلق * بری علم و بری عین و بری حق
سوزی علم اهلنک برهان ایله در * ولی عین استه‌سک وجدان ایله در
اولور توحیدِ حق مخصوصِ واحد * نه قائل بول بولور آکا نه واجد

و له ایضًا

(٥٠) خسرو و شیرین‌دن (Vol. I, pp. 328—332).

مگر قوندوغی بر پرویز شاهک * بقنجق منزلی بیدی بو ماهک
شو حالتده که شیرین شکربار * یونردی بُرْجِ آییده قمر وار
گزارک ایرشور اول سبزه زاره * تفرُّج ایدرک قیلور نظاره
گورر جنّت صفت بر تازه گلشن * آقر صو آب کوثر بیگی روشن
اغاجِ ایچنده بر شبرنگ بغلو * غمندن خنگ چرخک بغری طغلو
بر آت کم خسرو خورشید سیما * بو رسمه بنمدی بر باد پیما
گاورک ارخون ارخون گوردی ناگاه * صو ایچنده تجلّی قلدی بر ماه
نجه ماه کآفتاب عالم افروز * ایرشسه سایه‌سینه اوله بهروز
صو ایچندن جهانه برق اورر نور * صو آنی اول جهانی نورله پور
گُله صچمش بنفشه دانه دانه * اورر سنبللره دندان شانه
تنی گنجینه قلمش صو اچینی * بو گنجه تارومار اتمش صچینی
گرو قلمش الی اول ماری درپیچ * که یعنی سحردر اوشنمکوز هیچ
بنا گوشن گورب اندوکنه جوش * صویی زلفندن اتمش حلقه در گوش
چو آشفته در و شوریده تدبیر * دگل حلقه که قلمش بند و زنجیر
صچلدقده تن بللورنه آب * صن ایدر پرده دردن نور مهتاب
گورندکده شها اول ماهِ دلکش * گُنَش اولمیشدی شه یعنی آتش

دوکیلور گوزلری باشی مطر وار ۰ که یعنی بُرجِ آیده قمر وار
نه طوری بلدی و نه قونه بلدی ۰ نه ایلارو نه گیرو دونه بلدے
مجالی قلمدی نه آو نه سیران ۰ اصردی پرمغینی قلدی حیران
سمنبر اول نظردن غافلیدے ۰ که سنبل نرگسینه حایلیدے
چو گندی گون یوزندن ابر مشکین ۰ گوزن اچدی و گوردی اول نگارین
هما گوردے بنر پرِّ عقابه ۰ درك اولمش درر سرو آفتابه
بو شرم و خوفله اول چشمهٔ آب ۰ شو رسمه دتردی کم صوده مهتاب
اول آی بولمادی بوندن غیری چاره ۰ که گیسولارن ایدندے ستاره
[منیر ایلر مهی شعراے دیجور ۰ نجه اولسون گُنَش شعریله مستور]
بورندی صچلرینی اول نظرده ۰ گجابی گندنره ایلادے پرده

و له ایضاً

(۵۱) خسرو و شیرین‌دن (Vol. I, pp. 332—333).

مگر بر گون شهِ فرخنده اختر ۰ که یعنی خُسْرَوِ خورشید منظر
تماشا عزمنه قلمشدے سیران ۰ سوار اولمش بله اول شاهِ خوبان
یانیجه هر یکموك بر شاه وار در ۰ قمو یرده تماشا گاه وار در
گزُب منزل بمنزل دشت و طاغی ۰ قلورلردے تفرّج باغ و راغی
اررلر اول صویه که آدی آرَس در ۰ یری مشکین هواسی خوش نفس در
گوررلر بر زُلالِ پاك و صافی ۰ گوگُل دردینه در کافی و شافی
طُلُو نیلوفر و سوسنلر اولمش ۰ کنارے سبزه و گلشنلر اولمش
گُله قرشو گوز اچمش نرگسِ مست ۰ چچکلر بغلمش صف دست بر دست
[گوز ایردوکجه سبزستان و گلشن ۰ اراده اول اولو صو پاك و روشن]
صونی وبرمش لب لعلینی لالـه ۰ اورر دندانِ دُرّین آگه ژاله
بگندی اول مقامی بو اکی شاه ۰ بویردیلر طوتلدے خیمه خرگاه
قورلدی تختِ شاهی گچدی پرویز ۰ مُهیّا قلدے عیش اسبابنی تیز
یانـنـده اول نگارِ زهره منظر ۰ صناسن مهرله ماه منوّر

چو بولمشلاردِی اقبال و بختی • بر انمشلردی اول گون ایکی تختی
اکی جانبده طورمش حور و غلمان • نتاکم روضهٔ جنّتده رضوان
اُنورمش باربد عودیله دمساز • نکیسا شوقِ سازیله هم آواز
لبِ شیرینِدن اول صو کوثر اولمش • بتن قامشلری نی شکّر اولمش
یوزندن شاهک اُولُب عکسِ رخشان • زُلال ایچنده صَن لعلِ بدخشان
بو لعلک ذَوْقن اندکجه تصوّر • صولانُب اغزی اُولُر قندیله پُر
یودینور اول لب جلّابه قارشو • صناسِن نشنه دِللر آبه قرشو
شهک اول حالنه عوّادِ دمساز • مناسب بر غزل قلدے سر آغاز

(غزل خواندنِ باربد از زبانِ خسرو مناسبِ حال)

دل و جان اول لبِ مرجانه نشنه • صناسن قورو تن در جانه نشنه
قرردی بَغْرُم اول حسرتده صنکم • صررمش سبزه در بارانه نشنه
اسرگه جان ویرر ای خضر سیراب • سکندر چشمهٔ حیوانه نشنه
زلاله دهر مالامال اولورسه • گوزندن صنمغل کم قانه نشنه
[لبک عشقینه دل خونِ دل ایچر • روادر چونکم اولدی قانه نشنه
سراب اولدی بکّا لعلک شرابی • صودن نیچه بر اوده یانه نشنه
بو حسرتدن گوزم یاشنده گوکلم • صناسن غرقه در عُمانه نشنه]

و له ایضًا

(٥٢) خسرو و شیرین‌دن (Vol. I, pp. 334—335).

پس اول گرکسلین گوك گوزلو قاری • قرا قرغالین شر سوزلو قارے
قوشاندی اول یولا چون بولدی فرمان • ایرشدی بیستون طاغینه بی جان
گلوب فرهاد قاتنده اوتردے • بِرَز بِرمُزْدِی و گوکسن اوتردے
که ای مسکین کمکچون بونجه زحمت • دُن و گُون جانکه جور و مشقّت
ددی چون نشنه دل وَنْ لعل باره • قِلُورزَن طاغ و طاشی پاره پاره
دکندن گُل وبرن طشدن زلالی • بکّا بو طغده گوستودے جمالی
پس اول تلخ اشلو قلدی بر صوق آه • که شیرین اُلْدی فرهاد اولمز آگاه

دریغا قانی اول سرو سمن‌تن • یقلدے طپرغه اولم یلندن
قنی اول نازاهلی نازنین یار • نجاسی قیدے آکا چرخ غدّار
تنینی گوز یشی برله یودیلر • عبیر و عنبر اوستینه قودیلر
قرشدی خاکله اول گوهر پاك • قبا پیرینه جانلر اتدلر چاك
ددی و حسرتیله سغدے ساغو • یلان بیکی دلندن یغدے آغو
بو طلك اول خدِنگچوُن دیدی یوزسوز • نتاسی یانب اولمادی اوزے کوز
چومشکین زلف وخالن اکدی درحال • قرارب یوزی تیته اولمدے لال
چو فرهاد اول کلامی گوش قلدی • صناسن زهر قاتل نوش قلدے
روان اندی بوشنمش بیکی بغدن • کلنکن الدن و کندوبی طغدن
قیادن قاره طغ بیکی یقلدے • دریغ و حسرتیله آه قلدے
یوز اورب پیره دیدی قانی شیرین • بو آجیلقده ویردی جان شیرین
طرلمشدی قوشی بو طار یوادن • فضای عرشه عزم اندی هوادن
بلوردی جاننك تن در حجابی • حجابی گندی گوترلدی عذابی

نسیمی

(۵۴) غزل (Vol. I, pp. 359—360).

شیرین حدیثك هر برے بر گوهر یکدانه در
شمعِ رخك انوارنیه آے ایله گون پروانه در
یوزك در اول تابان قمر کانوارِ تابندن آنك
خورشید و ماهك مشعلی دایم طونشمش یانه در
تسبیح ایله سجّاده‌یی الدن براق اے مدّعی
شول زلف و خاله باق آنی گور کم نه دام و دانه در
عاشقلرك جانانه‌سی حقدر حقه ویر جانکی
نیچون که جانسز قالبسر اول جان که بی جانانه در

عشقڭ حدیثن گل ایشیت افسانه‌یه آلدنمه کم
قرآن صانان هر واعظڭ نقلی اوزون افسانه در
دوشمز خُمارڭ رنجنه وحدت میندن تا ابد
شول مستِ حق کم ساقیسی اول نرگس مستانه در
شیرین لبی در دلبرڭ وحدت میڭ پیمانه‌سی
ای زاهد اول پیمانه‌دن مست اول که خوش پیمانه در
شول صورتِ رحمانه اول ساجد که مردود اولمدے
اول اهلِ حق کم سجده‌سی اول صورتِ رحمانه در
عارف بلن در ربّنی گل ربّڭی گور عارف اول
شیطان گبی حقدن بو گون محجوب اولان بیگانه در
مشکین صاچڭ زنجیرینه دوشدی نسیمی اے صنم
زنجیرِ زلفڭ قیدنه صید اولمیان دیوانه در

و له ایضاً

(۵۴) غزل (Vol. I, pp. 361—362).

عیدِ اکبر در جمالڭ عیده جان قربان اولور
آب حیواندر دوداغڭ هرکیم ایچر جان اولور
گرچه عشقڭ مسکنی در گوڭلمڭ ویرانه‌سی
گنج بی پایانه لایق قنده هر ویران اولور
ای قاشڭ محراب و یوزڭ قبله ایمان اهلنه
عاشقڭ بیت الحرامی صورتِ رحمان اولور
صورتڭ اسرارینی زاهد نه بیلسون یا فقیه
قُلْ کفی باللّه محرم قنده هر نادان اولور
ای قاشڭله کرپگڭ مشکین صاچڭ اُمّ الکتاب
اهل توحیدڭ امام و مرشدے قرآن اولور

جانمیسین یا آدم اوغلی ای پری رخساره کیم
صورتڭ نقشنده انسان والـه و حیران اولور
صانعڭ احسانیدر حُسنڭ تعالی شانـه
قدرتی کامل اولانڭ عادتی احسان اولور
یا رب اول پاکیزه جوهر کم بشر در صورتی
قنغی عالمدن گلور آدے نه‌دن انسان اولور
گر صاچڭ چیننده مسکن ایلسه گوڭلم نولـه
اهل توحیدڭ مقامی روضهٔ رضوان اولور
صورتڭ هر شیده چونکیم ظاهر اولدی اے گونش
کیم دیدی حوری گورنمز یـا پری پنهان اولور
ای که مشکل در دیمش سن واصل اولمق یاریلـه
قوی سنی سندن گیسل کیم مشکلڭ آسان اولور
گُل نـه چیچك در کم آنی بگزدم رخسارڭـه
قنغی گلزارڭ رخڭ تك بـر گُلِ خندان اولور
نفسنی هـر کمسـه کیم بلدی و بولدے ربّنی
عارفِ ربّ اولدی آدی عبد ایکن سلطان اولور
کلّ شیء هالكٌ وجهڭدن ایری شك دگل
گور بو وجهی کم نه وجهڭ وجهنه برهان اولور
دوشدی سودایـه گوڭل آشفتـه زلفڭ دامنـه
دوشمین شول عنبرین زنجیره سـر گردان اولور
صورت رحمانـه انکار ایلـدے دیـو رجیم
احسنِ تقویمـه سجـده قلمیان شیطان اولور
ای نسیمی آبِ کوثـر در مگـر نطقڭده کیم
هر کم ایچـر اول شرابی مست جاویدان اولور

و له ایضًا

(٥٥) غزل (Vol. I, pp. 363—364).

ای یوزڭ نَصْرٌ مِنَ اللّٰهِ ای صاچڭ فَتْحٌ قَرِیب
ای بشر صورتلو رحمان ای مَلَك سیما حبیب
والهم حُسْنڭدن ای ریحان صاچڭدن منفعل
جنّتڭ باغنده ریحان سنبلڭ چیننده طیب
زلف و رخسارڭ دُرر رحمان عَلَى ٱلْعَرْشِ ٱسْتَوَى
کعبه‌نڭ محرابی قاشڭ فتنه‌لو عینڭ خطیب
عنبر افشان سنبلڭ اسراری اولدی آشکار
گلدی روح الله و منسوخ اولدی زُنّار و صلیب
صورتڭ لوحنده اندردی کتابی جبرئیل
ای جمالڭ حق کلامی إِنَّهُ شیءٌ عجیب
عاشقڭ اسرارینی حقّی بلن عارف بلور
آشنا حالن نه بلسون نفسنی بلمز غریب
کیم که سوداسندن اولدی صَبرو شهلا گوزلرڭ
شربتی شیرین لبڭ در عیسوی نطقڭ طبیب
خوبلرڭ عشقندن ای زاهد منی منع ایلمه
چونکه عشق ایتدی بکا روز ازلده حق نصیب
ای ادیب چوق ویرمه آدابڭدن اهلِ وحدته
اپسم اول نیچون که اهلِ وحدته حق در ادیب
جنّتِ عدنڭ گلستانی یوزڭ در شك دگل
ای گلستانڭده روح الله و رضوان عندلیب
ای نسیمی چون رقیبڭ فضل ایمش یعنی الٰه
لطفیله قهر اولدی واحد هم حبیب اولدی رقیب

و له ایضًا

(٥٦) غزل (Vol. I, pp. 364—365).

شول تمام آیڭ یوزندن چونكه رفع اولدی نقاب
ظلمتڭ دورانی گچدی ظاهر اولدی آفتاب
لبلرڭ جامِ میندن جمله اشیا آسِرْمِش
طیّب ای پاكیزه ساقی بارك الله گلاب
ای یناغڭ حسرتندن جنّتڭ قلبنده نار
وی دوداغڭ شربتندن كوثرڭ عیننده آب
ای رخڭ حمرا گلندن لاله‌نڭ جامنده می
وی گوزڭ سودا میندن نرگسڭ چشمنده خواب
حق تعالی‌نڭ كلامی صورتڭ تفسیری در
ای یوزڭ إِنّا فَتَحْنَا حقدن اچلدی بو باب
كرپگڭ قاشڭله زلفڭ حق كتابی در ولی
اول كتابی كیم بیلیر مَنْ عِنْدَهُ عِلْمُ ٱلْكِتَاب
صورتڭ لوحنده یازلمش حروفی بیلمین
بیلمدی صوم و صلاتڭ صاغشن یوم الحساب
آب حیوان در دوداغڭ روح قُدْسی در دمڭ
صورتِ حق در یوزڭ وَٱللّٰهُ أَعْلَمُ بِٱلصَّوَاب
قبلهٔ حاجات ایمش لعلڭ مگر كم عاشقه
هرنه كم قیلدی تمنّا وَٱسْتَجِبْ گلدی جواب
دلبرڭ یولنده ای سالك ایكیلك پرده در
منلگی رفع ایتمینجه آرادن گتمز حجاب
ای نسیمی سجده قیل اول ماهه كیم حقدن سڭا
وَٱعْبُدُوا آيَاتِ وَٱسْجُدْ وَٱقْتَرِبْ گلدی خطاب

و له ایضًا،

(٥٧) غزل (Vol I, pp. 365—367).

دائم انا الحق سویلرم حقدن چو منصور اولمشم
کیمدر بنی بر دار ایدن بو شهره مشهور اولمشم
قبلهسیم صادقلرڭ معشوقیم عاشقلرڭ
منصوریم لایقلرڭ چون بیت معمور اولمشم
موسی بنم کیم حقّله دائم مناجات ایلرم
گوڭلم تجلّی طوریدر آنڭ ایچون طور اولمشم
ایردم قاشڭ معراجنه کیم قابِ قوسیْن اولدرر
وصلت شبنده گور بنی سر تا قدم نور اولمشم
بَزْمِ اَزَلده ایچمشم وحدت میینڭ جرعهسن
شول جرعهدن کیم تا ابد سر مست و مخمور اولمشم
ای مهر یوزڭ وَ ٱلضُّحَى وَ ٱللَّيْل ایمش صاچڭ قرا
لعلڭ بڭا دارالشّفا اولدر که رنجور اولمشم
هر یاڭه کیم دونر یوزم یاری گورر آنده گوزم
چون بو غمکدن غم یدم شادان و مسرور اولمشم
اول شاهد غیبی بنم کیم کائناتڭ عینیم
اول نطقِ ربّانی بنم کیم دلده مذکور اولمشم
چون اون سکز بیڭ عالمه اولدی وجودم آینه
اول صورتِ رحمن بنم کیم خلقه مستور اولمشم
اول گزلو گنجڭ سِرّیم کیم ظاهر اولدی عالمه
اول گوهرم کیم گون کبی عالمده مشهور اولمشم
چون بن نسیمی گوهرم گنجم سزه فاش ایلدم
بن بر دلو دیوانهیم گور کیم نه معمور اولمشم

و له ایضًا،

(٥٨) رباعی (Vol. I, p. 367).

ای رُخِكْ عشقنده سرگردان فلك • یوزیكه قارشو سجود ایلر ملك
حسن ایچنده فرد و یكتاسك نه شك • هر كشینك نقدینی چاقر محك

(٥٩) رباعی (Vol. I, p. 367).

ای حقی هر پرده ایدرسن كه وار • سنده بس حق وارمش حق سنده وار
انبیانك سرّینی بیلمزده وار • قسمت اولمز دیوه راح خوشگوار

(٦٠) رباعی (Vol. I, p. 367).

بولمشم حقی انا الحق سویلرم • حق بنم حق بنده در حق سویلرم
گور بو اسراری نه مغلق سویلرم • صادقم قولمده صدق سویلرم

(٦١) رباعی (Vol. I, p. 368).

طالمشم شول بحره كیم پایانی یوق • بانمشم شول گنجه كیم خسرانی یوق
بولمشم شول بدری كیم نقصانی یوق • گیرمشم اول شهره كیم ویرانی یوق

(٦٢) رباعی (Vol. I, p. 368).

دنیانك اهلندن اوصاندی گوڭل • غفلت اویقوسندن اویاندی گوڭل
حقّی ایچمكدن اوتاندی گوڭل • حقّی دوتدی حقّه دیاندی گوڭل

(٦٣) رباعی (Vol. I, p. 368).

گل مُحیطِ عشقه بركز طاله گور • وحدتك سرّی ایچنده قاله گور
آدمه قیل سجده كبری صاله گور • اولمه شیطان دوشمه مكر و آله گور

(٦٤) رباعی (Vol. I, p. 368).

گورمشم هر شیده حقِ مطلقی • گر دگلسن لا شی ایترمه حقی
كیمكه حقّی بولدی اولدی شقی • گل كه طوفان اولدی استه زورقی

(٦٥) رباعی (Vol. I, p. 368).

حق تعالی آدم اوغلی اوزی در * اوتوز ایکی حق کلامی سوزی در
جملـه عالم بیلکـه اللّـه اوزی در * آدم اول جاندر که گونش بوزی در

بازیجی اوغلی محمّد

(٦٦) رسالهٔ محمّدیّه‌دن (Vol. I, pp. 407—410).

لـه الملكُ لـه الحمـدُ لـه الشكـر لـه النّعمـا
لـه الخلق لـه الامـر لـه النصـر لـه الآلا
غنی بالذّات ایدی اول حق وجودی محض ایدی مطلق
صفات اسمایـدی مستغرق هویّتـدیـدی استعـلا
که ذات آنكچون اسمـدر وجودی خود تجلّیـدر
ایکیسنـدنـده عالیـدر بو در بیلـ نکتهٔ غـرّا
صفـاتِ حق مطالبـدی آکـا اسمـا مراتبـدی
حقـایق آکـا راتبـدی بکلّی ایتـدی استدعـا
که نیجـه نیجـه باطنـده نیجـه غیبِ خزائنـده
نیجـه وحدت سرابنـده عـدمـده قالمشز عمیـا
بلی صدری معلاّیـز چـه صاحب قـدر اعلایـز
و لیکن سـرّ اخفـایـز گرکـدر بیزه استجـلا
چو سـز بیزه اساطنسز بو گون بیـزه سلاطینسز
بـزه انوار بـاطنسـز بـزه قبلكْ وجود اعطـا
اگر بـز اولاوز ظاهـر اولاسز سـز دخی ظاهـر
بولینـه شـرعتِ غـرّا بلینـه حکمت زهـرا
بونی اشیدیجك اسما درلـدی بـر یـره جمعـا
دیـدیلـر ربّنـا حقّـا تجلّی ایت بـلا اخفـا

پس اوّل اسمِ باریدن قمو اسما طلب قیلدی
دیدی قادردن اسنگ کیم آنگ شاننده در انشا
آیتدی اسمِ قادر کیم مرید اسمنده در اظهار
آنگ امرنده در اعیان آنگ حکمنده در افشا
دیدیلر پس مرید اسمه که بیزی ایلکل ظاهر
دیدیکم اسم عالمدن اولور بو حجّته امضا
آیتدی اسم عالم کیم سزگ اظهاریگز معلوم
و لیکن اسم ذاتیدر بیلگ مستجمع اسما
درلدی جملهٔ اسما دیدیلر ذات اسمینه
سنگ حکمگده در احکام سنگ امرگده در اشیا
آیتدی اسمِ ذاتی پس بنم اول اسم اعظم کم
دلیلم بن مسمّایه کاو در الله ایدر ما شا
مقدّسدر آنگ ذاتی نقایصدن نقایضدن
منزّهدر آنگ نعتی ایرشمکدن اگا آرا
زهی سلطانِ اعظم کیم کمالینه زوال ایرمز
جلالی کبریاسندن جمالینه خیال ایرمز
جلالی پردهسنده سز طورگ کیم بن وارم اگا
گورَمکیم نیجه امر ایدر ایدرسز چونکیم استقصا
ینشدی حضرتِ ذانه دیدی یا ربّ [ألّا] یا ربّ
که سنسن عالِمِ الاسرار سگا مخفی دگل انبا
دیدی حضرت بن اول ذاتم که مستغنی مراتبدن
حقایقدن مظاهردن نه سرّا بگا نه ضرّا
ولی چون اقتضا ایتدی حقایق جمله اسمادن
پس اسمامز طلب قلدی که سن قیلهسن استعطا

وار امدی اسمایه امر ایله بولرده امر قیلسونلر
حقایق ایلسون اظهار مظاهردن بلا احصا
بقدر قابلیّت هر حقیقت کیم آنی استر
آنی هر اسم فیض اینسون عوالمدن ایدوب اجرا
قچنکیم جملهٔ اعیان وجوده گلمك استدی
دیدیلر قورقریز گیرو کیم ایرشمسون بزه لأوا
مدبّر اسمی ایرشدی دیدی پس اسم ربّ اوّل
نظامِ ممکنات اولسون ایرشمسون صاقن افنا
چو اسمِ ذات اشتدی آنی ایکی اسمی وزیر ایتدی
مدبّر در بری بری مفصّل‌در ایدر ایفا

* * * * * * * *

* * * * * * * *

کمال امّی

(٦٧) نظم (Vol. I, pp. 413—414).

بو خان ایچره نچه خان قوندی کوچدی * بو تخته نچه سلطان قوندی کوچدی
بو دنیا بر کهن کاروان سرادر * که نچه نچه کاروان قوندی کوچدی
بو دنیا تکیه‌سنده بر قونقسن * که بونده نچه مهمان قوندی کوچدی
قموسی اغلیورق گلدی گتدی * آیت قنقسی خندان قوندی کوچدی
بولیادی اجل زهرینه تریاق * بو شهره نیچه لقمان قوندی گوچدی

برهان الدّین بن جلال ارغون

(٦٨) غزل (Vol. I, p. 425).

آئینهٔ جانان اوله‌لی جانِ حزینم * پرتو فگنِ شش جهتِ روی زمینم
[گرمیت حالیله اولوب بردم دوران * هم جلوهٔ چرخِ فلك و عرشِ برینم]

صد گونه مطلسم دخی اولسه دَرِ مطلب • صمصامِ توجّهله آڭا فتحِ مبینم
معمورهٔ طبعی صنور آنجق گورن امّا • ویرانهٔ گَنجِ گوڭل ملّت و دینم
عینمه عیاندر او که عالمه نهاندر • سر تا بقدم دائرهٔ عینِ یقینم
شرطیله بیان ایلدی دعواسنی برهان • دیرسه نوله خیر الْخَلَفِ صد گزینم
[پیرولك ایدوب نی گبی انفاسنه زیرا
هو هو دیه‌رك سیر مقامات رهینم]

موسی عبدی

(٦٩) جامسب نامه‌دن (Vol. I, pp. 437—438).

بو مناجاتی قیلب قلدردی باش • بقدغی دم گوزنه اولدی طوداش
گُرْدِ کم اوچی بله اوچب گلر • کُشك ایچنده گزلنب پنهان اولر
گلدلر تخت اُزره گیرو قوندلر • چیقروب طونلارنی صویندلر
بیر آیدر کُشکه کالك گیرلم • کمسه اولماسون ایچنده گورلم
بیر آیدر بو یره هرگز کشی • گلدکی یوق قویه اولمز تَشْوِشی
کیچلاری آیدر ایلا روت کلا • نیْلَسا کارك بزه اول نه قلا
اوچمزدن قنقموزسے آلدے • آیله دوت بونده بر آدم کالدی
سیزِ قاپمایب او بانی قاپدے • بغزنه باصب دخی خوش اویدی
بو سُزی ایشیدجك گولشدلر • قلغِشوبن حوض اچینه دشدلر

* * * * * * * * * * * * *

صویه گیرب یوزبن خوش طلدلر • بربریله اوینماغه قلدلر
کُشك اچندن چیقه گلدی شاهزاد • گوگلکن قاپب قزك دُشدی آزاد
باقبن شهزادِ چون کم گُردلر • ایکیسی صودن چقوبن اِردلر
طونلرینی قاپبن تز قچدلر • گِگك یره وارب گیوبن اوچدلر
گوگلجوگی قاپلن اول قچمدی • اول آکیسی گتد بوگا بقمدی
یالگز قلدی صویا بتدی طرر • بشلیب شهزادهیه چُق یالورر

گوکلکم وبر سن ندرسڭ قبلَین ٭ گتمیـاین سانکیلـه قالَین
طُنلرم آل گوکلکم وِر آت برو ٭ چیقین صودن بر آز یر گت گرو
سانڭ اولدم آند اِچاین گتمین ٭ تا اُلنجه بن سنی ترك اِیتمین
شاه جهانشاه گلدِ آیدر ای جنَمُ ٭ یوْاَغ آرِتدِگ تنوی سن بنم
٥ اِشده بر بلدر که سانی اُزلرن ٭ گیجه گُندز چوْرَه یُللـر گزلرن
تکرِ صَلدِی سانِ اوش وردی بگا ٭ شُکر و منّت گُنده یُز بڭ کز آگا
حق تعالی حاجتم قلـدی روا ٭ گوکلکگدن دردمـا قلـدی دوا
بگـا استادم کـه تعلیم ایلدی ٭ گوکلکینی ورمـه دہیو سُیلَدی
٩ چون الومه ـگرْدِ آبرق درمزن ٭ گز کرا یانر اوده بن گرمزن

(جلدِ اوّلده مندرج اولان اشعار
تمام اولدی)

سلطان فاتح محمّد (عونی)

(۷۰) غزل نا تمام (Vol. II, p. 34).

ساقیا ی ویر که بر گون لاله زار الدن گدر
ایریشور فصلِ خزان باغ و بهار الدن گدر
غُزّه اولمه دلبرا حسن و جماله قِل وفا
باقی قالمز کمسه‌یه نقش و نگار الدن گدر
[یار ایچون اغیاریله مردانه جنگ اینسم گرگ
ایت گبی مُردار رقیب اولمزسه یارالدن گدر]

و له ایضًا

(۷۱) غزل نا تمام (Vol. II, p. 34).

زُلفکڭ زنجیرینـه قول ایلدڭ شاهم بنی
قوللغمـدن قِلمسون آزاد اللّهم بنی
جَوْرِ دلبر طعنِ دشمن سوزِ فرقت ضعفِ دل
درلو درلو درد ایچون یراتمش اللّهم بنی
یقمغه و یاقمغه سعی ایلـه ال بـر ایتدیلـر
سوزِ سینـه اشكِ دیـده آتشِ آهم بنی

و له ایضًا

(۷۲) غزل ناتمام (Vol. II, p. 35).

جگـرم پاره‌لـدی خنجـرِ جَوْر و ستمڭ
صبرمڭ جامه‌سنی طوغرادی مقراضِ غمڭ
سجده گـاه ایلریـدی کعبـهٔ محراب گبی
کویڭ ایچنده ملك گورسـه نشانِ قدمڭ

ای گوزم گون یوزینه قرشو نیجه یاش دوکه‌سن
رخلري تابی ایلـه قوریدی قالمادی دمكٔ

محمود پاشای عدلی

(٧٣) غزل ناتمام (Vol. II, pp. 35—36).

گوردکجه عنبرین زلفن رخِ دلـدارده
مارِ مشك افشان یاتوبـدر صانـرم گلزارده
زلفك ای مَهْرو رُخكه چون سبب پیچیده در
گونـده یاندقچـه اولور قوّت زیاده مـارده
لاله خدّكدن مگر گُل رنگ و بو اوغریلمش
کم درختـه صاروبن گردردیلـر بازارده

و له ایضًا،

(٧٤) غزل (Vol. II, pp. 36—37).

سرعت ایتمه ای اجل جسمده غم جان در هنوز
غمزه‌لر زخمی گوكل دردینـه درمان در هنوز
بر دم ایان ای فلك گوكلم سراین یقمـه کم
اول پری پیکر خیالی آنـده مهمـان در هنوز
تیغِ غمزه‌كدن قچرَ چشمكله جنگ ایتمز کشی
گرچـه داغِ فرقتك سینه‌مده قالقـان در هنوز
تیرككٔ پیكـانی در جسمده هـر مو ای صنم
وار قیاس ایت کم نه دكلو تنده پیكان در هنوز
قانني پیكـانككٔ یـاشم دله اردكجـه بور
گل نظر قیل یاشمك رنگینـه کم قان در هنوز
بو سببدن دود آهمله گلور بوی کبـاب
آتش غملـه جگر جسمـده بریان در هنوز

دور اوللدن اول صنمدن مردمِ چشمك سنك
قرا گیمش ماتم ایچره عدلی گریان در هنوز

سلطان بایزید ثانی (عدنی)

(٧٥) غزل (Vol. II, p. 38).

گاه اولور دوران بزه مهر و وفالر گوسترر
گه دونر هر لطفنه یوز بڭ جفالر گوسترر
عشق یولنده چکدیگم آلامی بن هیچ گورمدم
عاشقه گورمادیگی مه لقالر گوسترر
ضعفِ عشق یارله یولجه گدرکن بن غریب
گوز اوجیله بر برینه دلربالر گوسترر
صانمه کم وسعت ویرر زوق ایمگه کجرو فلك
ضمنی جور ایلر ولی صوری صفالر گوسترر
بر نَفَسله اول طبیبم دردم اڭلار نه ایدوگن
حضرتِ لُقمان در گویا شفالر گوسترر
گر اونوتدڭسه طریقِ عشقی اوگرن عدنیدن
یول یاڭلمش آدمه چون رهنمالر گوسترر

وله ایضاً

(٧٦) غزل (Vol. II, pp. 38—39).

هر قچن کم غمزهٔ فتّانی جانان اوینادر
عاشقِ بی دللری اول چشمِ فتّان اوینادر
پُر فن مکّاره در عشّاقی سر گردان ایدر
بر چنانچی خوبدر پارمقده فنجان اوینادر
نازله گر رقصه گِرَسه جانی دِترر عاشقڭ
بر آلای اُفتاده دِللر اوسنه جان اوینادر

دهرِ دیوڭ رأینه آلدنمه گر عاقل ایسهڭ
تاج و تختن تار مار ایدر سُلیمان اوینادر
غافل اولمه عدنی یا بر گون وجودڭ زَوْرقن
روزگار اولوب مخالف بحرِ عُمّان اویادر

احمد پاشا

(۷۷) سرای قصیدهسندن .(Vol. II, pp. 59—62)

ای قصرِ فلك رفعت و ای طاقِ معلاّ
یا قبلهٔ عالی سن و یا کعبهٔ عُلْیَا
گردونده نه سقفڭ گبی بر بیت اوله معمور
جنّتده نه فرشڭ گبی بر عرش اوله اعلا
هم ذاتِ عماده اِشِگگڭ مسندِ عالی
هم منزلِ محموده قپوڭ مقصدِ اقصی
سن آینهٔ غیب نما اولدے رخامڭ
کاندی دو جهان نقشنی گون گبی هویدا
مرقانڭه بر پایه یدے چرخِ مطابق
ایوانڭه بر طاق طقوز قبّهٔ عظمی
دوشمش یلرابکن گوکه صحنڭدن ایکی خشت
کاولمش برے مه بیریسی مِهْرِ فلك آرا
گورر سرِ قصرڭدن ایدن کمسه نظاره
نُه طارمی بر دانهٔ خردل گبی ادنا
دوشوره سپهر اوزره کلاهینی بشندن
هر کیم بقه عرش اوستنه صحنڭدن اشاغا
وصف ایتدیگم اول صُفّه درر که ایشدوب آنی
خجلتله نهان ایتمش اوزن جنّتِ مأوا

شول قصر کانڭ شمسه‌سی شرمندن ایدر شمس
شب سایه‌سی آلتنده گیجه گوندوزین اخفا
بر طاقِ زبرجددن اچر روزنِ زرّین
کیم ایده عروسِ فلك اول قصری تماشا
شول باغِ جنان کیم پُر اولور حورله غلمان
گویا که ملکلر طولو در کعبهٔ علیا
ناهید هواسندن ایدر بزمکه مغنی
مطربلرڭ آلسه الـه قانونله ششتا
اقوالِ مغنّیکی سماع ایدلی هر شب
تعلیمه گلور چنگن آلور زهرهٔ زهرا
شول سرو که دیواریکه نقش ایلدی نقّاش
تشبیه اولنمغه یراردی اگه طوبا
قصریکه نچن بکزه‌یه بر ماهله افلاك
کیم مهر لقالرله طولو بونده زوایا
آهولر اولور بونده پری پیکر و مشکین
طوطیلر اولور بونده شکر خنده و گویا

و له ایضًا

(۷۸) گونس قصیده سندن. (Vol. II, pp. 62—64).

تخت اوروب طاقِ فلکده خسروِ خاور گونش
گیدی نارنجی قبا اورندی نور افسر گونش
مسندِ سلطانِ صُبح اولدی سریرِ آسمان
صاچدی پیروزی طبقلردن زر و گوهر گونش
قُفل اچوب دُرجِ زبرجددن جواهر دوکدی کم
خاك کُنجن ایلیه گنجینهٔ جوهر گونش

قلزمِ هندڭ بانرمغه گومش زَوْرقلرن
بادبانِ نورله دونانـدى فُلْكِ زر گونش
دانـهٔ انجم ديروب مه خرمننه هر سحر
بال اچوب جولان ايدر طاوْسِ زرّين پر گونش
گوئيا نوشين روانِ صُبْح درکم عدل ايچون
لاجوردى قُبّـه‌يـه زنجيرِ زر آصر گونش
يا فلك تختنده سلطان اولدى بر يوسف جمال
يـا زليخـا در طوتـر نارنج زر پيكـر گونش
حق بو درکم شـاه ديوانن تماشـا قلمغـه
اچدى طاق زرنگـاره لعلـدن منظر گونش

* * * * * * * *

* * * * * * * *

و له ايضًا

(٧٩) غزل (Vol. II, pp. 64—65).

تا قاشڭى پيوسته کمان ايلدڭ اى دوست
جَوْر اوقنـه جانمى نشان ايلدڭ اى درست
بر دمكه روان ايلـدڭ اول سروِ روانى
چشمدن آنى چشمه روان ايلدڭ اى دوست
عرض ايليـه‌لى حسن دلاراڭ جهانـه
عالم يوزينى باغِ جنـان ايلدڭ اے دوست
خوش بو ايله طولدردى صبا دهرى مگر كيم
عنبر صاچڭى مشك فشان ايلدڭ اى دوست
تنگ اولسه لبڭ يادیلـه طگى دلِ احمـد
چون غنچه گبى بغربنى قان ايلدڭ اى دوست

و له ایضًا،

(٨٠) غزل (Vol. II, pp. 65—66).

چون دل مسکینی زلفڭ قیلدی سودائی مزاج
ای مفرّح لب بیور شهد شفاڭیله علاج
قانی کوڭلڭدن بو کوڭلم صندیغن عیب ایتمه کیم
ایدەمز طاشه تحمّل شیشهٔ نازك مزاج
ای شه حسن ایسته دلدن قرار و صبر کیم
شهر ویراندن همیشه شهریار آلمز خراج
طینتڭ تخمیر اولورکن بکزر ای نازك بدن
خاك جنّت آب حیوان ایله بولمش امتزاج
دله چون طورمقله مهرڭ خالص اولدیغی بو کیم
بادهٔ صهبایی اڭلندکجه صاف ایلر زجاج
احمد درویش چون اولدی گدای کوی یار
عالمڭ سلطانیدر بی احتیاج تخت و تاج

و له ایضًا،

(٨١) غزل (Vol. II, pp. 66—67).

جانه قیمز بوسهٔ لعلِ لبِ یار استین
باش ویرر بوی سرِ زلفِ سیهکار استین
کوینی گورمکله دله ساکن اولمز نار شوق
قانع اولمز جنّتِ فردوسه دیدار استین
عارضِ خطّن قازنمش اول شکر لب قنده‌سن
ای گُلِ تر صحبتن بی زحمتِ خار استین
محشرِ زلفڭ حسابن مو بمو شرح ایلمش
های قیامت حالتِ نزعنده زُنّار استین

سایه‌بانلر قورمش ابرولر گلستان اوستنه
غمزه‌لر ایدر که گلسون بزم گلزار استین.
وصلنی بولمق دِلَرسه‌ڭ عشته غوّاص اول یوری
آشنا اول بحرله ای دُرِّ شهوار استین
احمدڭ عیبی گوزللر سومك ایسه غم دگل
یارسز قالور جهانده عیبسز یار استین

و له ایضاً

(٨٣) غزل (Vol. II, pp. 67—68).

زلفڭ که عذارڭده ایدر جلوه‌لر ای دوست
طاوسِ جنان درکه اچار بال و پر ای دوست
خطّڭ که طلسم ایتدی لبڭ دائره‌سینه
شیرینلك ایچون مشکیله افسون یازر ای دوست
گل وارمه اوطاغینه رقیبڭ که بلورسن
ایت اولدیغی یره ملك ایتمز گذر ای دوست
زلف سیهڭ چقمادی زیبا کُلَهڭدن
زیراکه جریر اچره اولور مشكِ تر ای دوست
واعظ سوزینه گرم اولوب آغلامدی چشمم
سرد اولسه هوا اولمیه مردمده در ای دوست
نه وجهله یوز سورمیه احمد اياغڭه
نه باشله ترك ایتمیه یولڭده سر ای دوست

و له ایضاً

(٨٤) غزل (Vol. II, pp. 68—69).

شول گیجه که همدم درر اول شمعِ شکر لب
صُبحڭ نفس اورمغه مجالن قومه یا رب

بر روزِ صفا بخش درر صُبحِ جمالڭ
کم زلفڭ ایله قپلامش ایکی طرفن شب
ای حورِ پری پیکر اگر وار ایسه سَن سِن
بر نورِ مصوّر کاڭه جاندن اولـه قالب
ای دل رخ و زلفن گوروبن ترکمز اورمـه
چقمه سفره کاولدی مهڭ منزلی عقرب
قاپوڭه یوزم سوردیگمی نکتـه بو در کم
باب اوزره یراشور کم اولـه لوحِ مُذهّب
ای اشك نهان اول گوریجك یوزینی یارڭ
خورشید عیان اولسه گرك محو اوله کوکب
بر بوسه دلـر احمـدِ دلخستـه لبوڭدن
هیچ اولمیجق سوزلری سویلنسـه نولـه تب

شهزاده جم

(۸٤) غزل (Vol. II, pp. 80—87).

رشتهٔ عمرم دوکندی گرچـه نازڭدن سنڭ
قیلجه ایپلك گورمدم زلفِ درازڭدن سنڭ
ای صنم عشقِ حقیقی داخی اولا ره نمون
گـر دونرسهم کافرم عشقِ مجازڭدن سنڭ
سجده ایتسم کوینه طعن ایتمـه زاهـد کم آنڭ
یگدرر بـر سجده‌سی جملـه نمازڭدن سنڭ
دَوْر آلِی گوشڭ بورلدن ای گوڭل طنبوروش
اود دوشر اوجِ سمایه سوز و سازڭدن سنڭ
نسنه یوق سڭا نیازڭدن گوڭل وار فارغ اول
چونکه فارغ دل گچر دلبر نیازڭدن سنڭ

یاقوب آغزن شمع بسر دار ایندیلر بازارده
فاش ایدلدن ای صنم بر شمّه رازگدن سنگ
هی نه عاشق سن یسن ای جم کم قمو خوبان شهر
قورتلمز دیدهٔ معشوق بازگدن سنگ

و له ایضًا

(۸۵) غزل (Vol. II, p. 87).

جفالرگ بگا بیلدم وفا ایمش ای دوست
بو فکری کیم بن ایدردم خطا ایمش ای دوست
ابراغه صالمه قاپوگدن بنی که مَرْوَهٔ حقّی
طوافِ کعبهٔ کویگ صفا ایمش ای دوست
دوشمده زلفگی گوردم دیو سونمش ایدم
گوزیمه خود گورنن اژدها ایمش ای دوست
امیدی زلفگه طوتمشیدم ولی بلدم
او دخی عمر گبی بی وفا ایمش ای دوست
ایرشمك استر ایدی خوانِ وصلگه لیکن
همان نصیبِ جم آخر دعا ایمش ای دوست

و له ایضًا

(۸۶) غزل (Vol. II, p. 88).

اولدی غنچه یوزیگه زلفگگ نقاب ٭ صان نهان اولدی بولوتده آفتاب
قاپوگه یوز سوردیگم گورن دیدی ٭ لوحهٔ زرله نه زین اولمش بو باب
دل جفادن قاچدی واردی کویگه ٭ جنّت ایچره بیلدی کیم اولماز عذاب
چشمِ خونینم آقیدیر دم بدم ٭ آیغگگ ایثارینه دُرِّ خوشاب
جان ویروب سرِّ دهانگگ رمزینی ٭ لبلرگدن صوررم ویرمز جواب
چون خیالگگ تختیدر ویرانه دل ٭ درد و محنتله آنی قلمه خراب
جانِ جم یولیگه اولمشدر فدا ٭ سوز بو در و الله اعلم بالصواب

و له ایضاً

(۸۷) غزل (Vol. II, pp. 88—89).

جان رشته‌سنی شمعِ رُخڭ ناری ایله یاق
اویار چراغی که چراغن اویاره حق
عُمّان دیمزدی کسنه اشکم محیطنه
گر ما جرا او حالته اولمسه ما صدق
اوّل سُهیل اشکم ایله پرورش بولور
آندن طوتر عقیقِ یمن رنگنی شفق
طومارهٔ بنفشه خطڭ درجنه رقم
حُسنڭ رساله‌سینه گُلڭ دفتری ورق
دیدم زکاتِ بوسه‌ده جم ده نصیب اومار
گل گبی گولدی دیدی که واللّه مستحق

و له ایضاً

(۸۸) غزل (Vol. II, pp. 89—90).

اول دم قنی که کعبهٔ کویڭ مکان ایدی
آرامگاهی گوڭلمڭ اول آستان ایدی
اول دم قنی که سبزه‌لرین تازه طوتمغه
اول گلستانده یاشلرم آب روان ایدی
اول دم قنی که سایهٔ پَرِّ هما گبی
ظِلِّ ظلیلِ گردِ رهڭ سایبان ایدی
اول دم قنی که مرغِ دله آستانڭڭ
هر گوشهٔ مشرّفی بر آشیان ایدی
اول دم قنی که صحنِ سرای سرورگه
هر دم قوافلِ دل و جان میهمان ایدی

اول دم قنی که مسکن ایدی ایشگک جمه
حینا که گچدی بیلمدک اول خوش زمان ایدی

و له ایضًا

(٨٩) غزل ناتمام (Vol. II, p. 90).

طاشلرله دوکنوب یورر آب روانی گور ٭ رحم ایلدی بو حالمه کون و مکانی گور
چاك ایلدی یقاسنی درد ایله صبح گاه ٭ چرخك شفق یرینه یا دوکدیگی قانی گور
طاغلر باشنده ابر فلك اغلیوب گیدر ٭ یانجه رعدك ایتدیگی آه و فغانی گور

و له ایضًا

(٩٠) حسبحال (Vol. II, pp. 90–92).

جام جم نوش ایله ای جم بو فرنگستاندر
هر قولك باشنه یازیلان گلور دوراندر
کعبة اللّٰه واروب بر کز طواف ایلدیگك
بیك فرمان بیك عجم بیك مملکت عثماندر
چوق شکر اللّٰه کیم گلدك فرنگستانه صاغ
صاغلغنجه هر کشی نفسنجه بر سلطاندر
فرصتی فوت ایلمه عیش ایله سور ذوق و صفا
کیمسه یه باقی دگل دوران بو دنیا فاندر
عیش قیل بو شهرده شهزادهٔ افرنگ ایله
کیم بغایت نازنین و سَرْوَرِ خوباندر
سَرْو قد سیمین بدن محبوب افرنگ گوزل
آی ایله گون حسنك عشقنده سرگرداندر
ساکه بو حسن ایله ای شهزاده ساغر صوندیغی
تختِ چین مُلْكِ یمن ایران ایله توراندر
پادشاهلق بوندن اوزکه اولمز شهزاده جم
خاطرك خوش ایله جام ایچ مجلسِ رنداندر

منّت اولسون اللّهه کیم طاپوکه دائم خسروا
خوبلر بان اوغلی بانلر لطفکه حیرانـدر
صاغلو صوللو باش اوروب اایاغکه دوشنلرك
هر برے مُلْك فرنگك برینه بر بانـدر
چالینور چنگ و دف ایله ارغنون قانون مثال
نی غریوندن فرنجه سربسر افغانـدر
خوبلر کنـدو دبانجه نغمهلر آغاز ایـدر
رقص ایلـه رفتار ایدنلر حوریـدر غلمانـدر
اون ایکی بان اوغلی بان قاشوکده آلتون جام چکر
اون سکز ساقی بو مجلسـده گوزل دوراندر
جملهسی زرّین کمر آلتونلی دیبالر ایلـه
باشلـری زرّین کـلاه هم قوللـری عریانـدر
شهد ایله سکـر نبات قنـد ایلـه خرمای‌تـر
نُقْل ایچون انواع نعمتلـر بیلـه چندانـدر
سکری سود ایلـه بوغرلمش سمیددن کلیچهلـر
تـازه بادملـر آنك اوستنـده کیم ارکـانـدر
الماولر امـرود و نارنج و طورنجلـر بیحساب
فندق و قبسی و عُنّاب و چیچك ریحانـدر
قارشوکه بان زادهلر ال قاوشوب قارشو طورر
بزمگاهك جنّت المأوی یرك بوستانـدر
یدی یللق قینامش صافی شراب لعل ناب
ساقی سیمین النـده هر طرف رندانـدر
بونلر ایله ای جوان شهزاده سلطان جم سکـا
برگیجـه ذوق ایلمك هر شیلـره رجحانـدر

خسروا گوگلکی خوش طوت عیشه مشغول اول مدام
چونکه بو دنیا اوینك آخری ویراندر
حکم ایدنلر بو جهان ملکینه شرق و غربدن
گر سلیمان گر سکندر جمله‌سی مهماندر
پادشاه اولدر که هرگز ذاتنه ایرمز زوال
صاحب باقی قادر و خلّاقِ انس و جاندر
عالی بر امرایله وار ایلمك حکمنده‌در
ینه بر امرایله یوغ ایتمك اکا آساندر
ویر صلاتی مصطفی‌یه تاکه حق آزاد ایده
شول یگیدلرکیم فرنکده بند ایله زنداندر
یوری وار ای بایزید سن سوره‌کور دورانکی
سلطنت باقی قالور دیرلرسه بو یلاندر

نجاتی

(٩١) غزل (Vol. II, pp. 109—110).

بو جفادن که قدح آغزنك اوپر دونه دونه
نارِ غیرتده کباب اولدی جگر دونه دونه
نه روا در بو که بن قامتی حلقه قلم
انجه بیلك قوچه قرشومه کمر دونه دونه
سَن سِن اول شاهِ فلك مرتبه کم لیل و نهار
یوز سورر ایشککه شمس و قمر دونه دونه
گوزلرم قبله نما گیبی اولبدر نوله گر
ایشکك جانبنه قلسه نظر دونه دونه
گریه و زاری‌ایله اولدی نجاتی دولاب
گلستان سر کویوکی صولر دونه دونه

و له ایضا

(٩٣) بر قصیده‌سندن (Vol. II, pp. 110—111).

اولدی چونکم ملحِ برف هوادن نازل
مرزع سبزِ طربدن گوگل اومه حاصل
اُشترِ مست بگی صچدی کفن پیره سحاب
بغلدی قافلهٔ عشرت و شادی محمل
شمع خورشید جهان تاب فنی کمر یاقوب
برف پروانه‌لرن ایده جهاندن زایل
صلدی بر قلعهٔ پولاد یخ ایچره صوبی باد
طوپ خورشیدله فتح اولمزسه کی مشکل
گوندزن خلق چراغیله آررلر گنشی
بولمیوب دردله بر پاره اود اولدی هر دل

* * * * * * * *

* * * * * * * *

مهرِ بُرجِ کرم و سایهٔ الطافِ اله
شاه انجم حشم و ماهِ عطارد منزل
خان محمد که او گردون عظمت درگهك
بنده‌سی اولمغه کیخسرو و دارا قایل
ریسمانِ زرله حشره‌دك اوچرسه گنش
بولمیه دولتنك بحرنه عمق و ساحل

* * * * * * * *

* * * * * * * *

و له ایضاً،

(٩۴) قصیده (Vol. II, pp. 111—115).

١٧ خندان ادر جهانی ینه فصلِ نوبهار • نیته که جانِ عاشق غمگینی وصلِ یار

جمع شگوفه شحنهٔ دیدن فراغ ادوب ٭ طوترلر الله باشی آچق جام خوشگوار
درلرکه دَوْرِ جام و زمانِ فرح درر ٭ بو دوری ویرمه عاقلسڭ باده زینهار
مستانه هر چیچك كه قورمش كلاهنی ٭ گویا كه بر نگار درر شوخ و شیوه‌كار
غصّه دگیزی غرقه‌سنی اتمکه خلاص ٭ حق حاضراندی سبزه‌یی هر یرده خضروار
زندانِ خاكدن بو نباتاتی چکمگه ٭ بارانی ریسمان ادر الطافِ كردگار
بو صحن سبزه عرصهٔ محشر درر مگر ٭ انوڭچون درر بر اياغ اُزره بیڭ چنار
صحن چمنده لاله‌میدر گورنن یه خود ٭ قنلارلـه بویندی یتور نافـهٔ تاتار
یا خود عروسِ گلشنه ویرماكه ارمغان ٭ والای سرخه مشكِ سیه صردی لاله‌زار
تریاق قویدی حقّهٔ لعلینه لاله‌لـر ٭ گورب چمنده آبِ روانی مثالِ مار
برسروڭ ایغینه یوز اورماغچون گدر ٭ دونه دونه ترانه‌له هر یاكه جویبار
گستردی گونی گوزمه ویرب جلا چمن ٭ سبزه گونـنـده انجیرِ ازهاری آشكار
اچماسه غنچه‌نڭ گرهِن ژاله دشلری ٭ یللر گچیدی ناخنله اچیبیدی خار
گل خارِ سوزنیله طورب دامنن دكر ٭ تا اوله بزمِ شاهـده رقّاص گلعذار
زی مجلسِ شریف و زهی رشكِ باغِ خُلْد ٭ زی عشرتِ لطیف و زهی عبرتِ بهار
باغِ ارم گوزینه گورنمز كسنه‌نڭ ٭ من بعد كمسه جنّت ایچون چكمز انتظار
جامِ شرابِ ناب مدر آنده دَوْر ادن ٭ یاخود سپهر ویردی هر فرده اختیار
چینی طبقده چرخ مه و مهر و انجُمی ٭ بو بزمه دزدی سیب و به و دانهٔ انار
گل یوزنی الینه آلوب گلدی صحبنه ٭ قیزردی خجلت اودیله اولدی شرمسار
نرگسلر اشرفی‌یی صروب آغ كاغده ٭ قلدی نثار عرس جوان بخت كامكار
شهزادهٔ یگانهٔ گل باغِ سلطنت ٭ شه دولتنده چكدی دُرِ بختی دركنار
گلزارِ سلطنتده ینشدی اكی نهال ٭ بالیده در رسیده سمن چهره گلعذار
پیوند اندی رشتهٔ شرعیله شاهِ عصر ٭ تا حاصل اوله میوهٔ شیرین و آبدار
یا رب سعادتیله جهانده بو ازدواج ٭ چون دَوْرِ مهر و ماه اوله پاینده پایدار
اولا صفا و عیش و مرادیله بر دوام ٭ نیته كه عهدِ خسروِ جمشیدِ اقتدار
سلطان محمّد ابن مراد اشرفِ ملوك ٭ دارای تاج بخشِ سلاطین روزگار

شاهِ نجوم کوکبه خورشیدِ مه رکاب ٭ میرِ قضا توان وقَدَر قَدْر وجمَ یسار
تابِ تموز ظلمدن اوشنمسون شوکم ٭ اولدی پناهی سایهٔ الطافِ شهریار
دایم سنان وگُرزی سرافراز وصف شکن ٭ هردم کمند وتیری عدو بند وجان شکار
بحرِ کفنده قیلجی شول ماهی گیبیدر ٭ کم ارقه‌سنده نظمِ زمین اولدی استوار
عهدکده کمسه ایلمسون چرخه التجا ٭ دار الامانده اولنه حاجت دگل حصار
دستِ جوادکیله مگر دعوی اندی کم ٭ شرمنده اولدی یوزنه طوتر کفنی بحار
هر گون سورر یوزینی جنابوکه آفتاب ٭ انوچون ارردی گوکه فرقِ افتخار
شاها نجاتی گوهرکك طبع جوهری ٭ دزدی بیاض کاغده لؤلؤی بی شمار
تاکم واروب دگون گونی صاچو طریقله ٭ شاهك اياغى طپرغنه ایلیه نثار

ولە ایضًا،

(٩٤) بر قصیده‌دن (Vol. II, pp. 115—116).

بر دون که قلمشیدی جمالینه آفتاب ٭ مسکین کلاله‌سن گجه‌نك عنبرین نقاب
مشرق ایلندن اوچمشدی شاهبازِ مِهر ٭ مغربده قونب اوشمشدی باشنه غراب
صیّادِ چرخ زاغِ شبی قلمغه شکار ٭ شکل هلالی قلمشدی چنگلِ عقاب

٭ ٭ ٭ ٭ ٭ ٭ ٭ ٭ ٭ ٭ ٭ ٭ ٭

یاخود دمِ شفقدن ایروب زحمت رَمَد ٭ عینِ سپهره اصمشدی شب سیه حجاب

٭ ٭ ٭ ٭ ٭ ٭ ٭ ٭ ٭ ٭ ٭ ٭ ٭

سلطانِ روم خسروِ آفاق بایزید ٭ خاقانِ روزگار شهِ معدلت مآب
لوحِ ضمیری ضبط ادر احوالِ عالمی ٭ قولِ مؤلّفی نته کم صفحهٔ کتاب
شاها بنم که مجلسِ مدحکده ایدرم ٭ بر تارله هزار نوا نیته کم رباب
دمدر که سوز تربیتکدن ایره کمال ٭ کم تابِ آفتابله خوشبوی اولور گلاب

ولە ایضًا،

(٩٥) بر مرثیه‌دن (Vol. II, pp. 116—117).

دلا جریدهٔ الفتدن آدکك ایله تراش
قلندر اول که مجرّدلر ایدلر شاباش

اسرگه جانگی گل بغلمه جهانه گوگل
اسیر چاهِ بلا انمه یوسفی قرداش
الور کوزیله بقمه جهانه کم گُنشك
بوزینه طغرو بقانك گوزندن آقر یاش
وجود کهنه قبا درسن آگه الدنمه
که چارسوی بقاده زیان ادر بو قماش
طینه شول بر اوج طپرغه که یلك آندن
هزار کرّه ثبات و بقاده بر قوری ظاش
نگون کاسه‌سی چرخك حیات خوانندن
جهانده کمسنیه ویرمدی طوینجه آش
بو حلقه حلقه اولب گورنن فلك دگل
بر اژدهایمش اول بیدی بشلو حاضر باش
اول اندی ملکی ویران اول اندی گنجی نهان
نه ملكِ ملكِ قرامان نه گنجِ گنجِ روان

* * * * * * * *

* * * * * * * *

و له ایضًا،

(٩٦) بر مرثیه‌دن (Vol. II, p. 117).

دنیا اوی مشقّت و رنج و عنایمش
صحن صفا ددکلری ماتم سرایمش
دولت آنگکه کندوبی دنیایه ویرمدی
دنیا دیانه میل و محبّت خطایمش
بر دستمالله سلر آخر کفن بزی
دیمز که بو گدایمش اول پادشایمش

روی زمینه بر ددلر بز اننمدق
هر یری آغزی آچجی بر اژدهایمش
دیلی اولیدی ساگه دیبدی دهانِ گور
کم بو نهنگك پنجه‌سی مردم رُبایمش
شکر اتدکم بو درکه حکیمِ اجل ددے
بو افتراقه دردله اوللك دوایمش
دردیله سنده بنجلین قانلر اغله کم
بو گون بکیه یارین افندی سکایمش

* * * * * * * * *

* * * * * * * * *

و له ایضًا،

(٩٧) غزل (Vol. II, pp. 117—118).

حقًا بو درکه صحنِ چمن کم قونق دگل
الّا که عمر قافله‌سی اونرق دگل
اشجار اگرچه هر ورقی بر کتابدر
ادراکی اولیانه جهان بر ورق دگل
دلدار سندن اولورسه بُعْدِ مشرقین
سعی ایت گوگل که عاشقه بغداد ارق دگل
بر دم می وار در ای گوزی سرمست و جنگ جوی
که اول غمزه‌لر بزومله قیلج بچق دگل
ابدر نجاتی جنّتِ درگاهگ آرزو
گرچه جهانده اشبو هوس اولجق دگل

و له ایضًا،

(٩٨) غزل (Vol. II, pp. 118—119).

جهانده آدم اولن بی غم اولمز • انوکچون بی غم اولن آدم اولمز

گوکل گوز یاشنی یغدرمایینجه • محبّت سبزه‌زارے خُرّم اولمز
گوزللر طش بغرلو اولمایینجه • بنای عشق آکنده محکم اولمز
لبی غنچه بلی انجه گوزللر • اوپب قوجماغله غالب کم اولمز
هر ابراهیم عزّت کعبه‌سنده • خلیل الله یاخود آدَم اولمز
دِکلدم سرو گیبی طغرو گلدمر • اشیککدن بر آدِم گتسم اولمز
گلم اخشملیم دیمشدی اول ماه • ستارمده دریغا اخشم اولمز
نجاتی توبه‌کی بوزمق دلرلر • چمنده لاله و گُل اپسم اولمز

و له ایضًا،

(٩٩) غزل (Vol. II, pp. 119).

لاله خدلر ینه گلشنده نلر اتمدلر
سروے یورتمدلر غنچه‌یی سویلتمدلر
طشره‌دن گلدی چمن صحننه بیگانه درر
دیو گل صحبتنه لاله‌یی ایلتمدلر
عادتی خوبلرک جور و جفا در امّا
بکا اتدکلرنی کمسه‌لره اتمدلر
حمد لله ی جان بخشله ساقیلرمز
آبِ حیوانله کوثر صوین استمدلر
[ای گوکل بوسه‌سنه جان ویرب آل طوت سوزی
سینه‌دن چکمدلر یورگم اویتمدلر]
ای نجاتی یورے صبر ایله الکدن نه گلور
خوبلر جور و جفایی کمه اوگرتمدلر

و له ایضًا،

(١٠٠) غزل (Vol. II, pp. 120—121).

غمزه‌لر کم جان ایلینه تیرِ مُژگان یاغدرر
بگزر اول تاتاره کم سحریله باران یاغدرر

فرقتکده گوزلرم که یاش آقیدر گاه قان
بولکه ایثار ایچون دُرّیله مرجان یاغدرر
شول قدر آقدی گوزومگ یاشلری کم چقدی قان
شمدیدن صکره آقان سیلابی قَندن یاغدرر
دودِ آهمدن طوپار اغلادیغم خلقِ جهان
قرا بل اسدکجه بیلیرلر که باران یاغدرر
لبلرنگ ساغرندن ساقیٔ عیسی نَفَس
جُرْعَه دیو اهل مجلس اوستنه جان یاغدرر
[اِشکگده آهم اِیشدَن دوکر گوز یاشلرن
نته کم قبله بلی اسنسه فراوان یاغدرر]
زلفگ اوجندن گوگللر دوشدگن گورن صانور
اژدها در کم آغزندن نارِ سوزان یاغدرر
ای نجاتی کالكِ گوهربارکه قیمت می وار
دُر اولور هر قطره کم اول ابرِ نیسان یاغدرر

ولە ایضًا،

(۱۰۱) غزل (Vol. II, p. 121).

ای جمالِ فرّخ ای فرخندە ذات ٭ برگوزل سن حسن گیبی بی ثبات
پادشاهم بوینی بغلو قولگم ٭ دیله اولدر دیله صقله دیله صات
بوسگ اولنجه بگا درلك یتر ٭ عمره سورر دوستم آبِ حیات
شهرت آفت در گورگ شطرنجی کم ٭ شهدن ایروغه گلوری شاهمات
بر هوایی آق گوگرجیندر اوچار ٭ نامه دلبردن بگا بوگوب قنات
بر ایش ایت کم آگلاسن دنیەده ٭ ای نجاتی فاعلاتن فاعلات

ولە ایضًا،

(۱۰۲) رباعیات (Vol. II, p. 122).

ای دستمال گوندرین سیمنی یاره چق ٭ کرپکلروی ایلیەبن چوره که صچق

گوزم قراسنی ازین نقش یازه‌بن * بو شیوه‌یله اول صنمڭ وار یوزینه بق

ای دستمال یارڭ الن طوت لبینی اوب * سیب و ترنجه طعنه ادن غبغبینی اوب
ناگه غبار اررسه مبارك ضمیرنـه * دوش آیغینه بشمغنڭ کبکبینی اوب

قنلو یاشمله همدم اولان دستمال اولور * بیڭ دستمال بر دمڭ ایچنده آل اولور
سن یارله مصاحب و بن دردله حزین * بویله قلورسه باڭه درلمك محال اولور

مهری خاتون

(١٠٣) غزل (Vol. II, pp. 124—125).

خوابدن اچدم گوزم ناگاه قالدردم سرے
قرشومه گوردم طورر بـر ماه چهره دلبرے
طالعم سعد اولدی یاخود قدره ایردم غالبـا
کم محلّم ایچـره گوردم گیجـه دوغمش مشترے
نور آقر گوردم جمالندن اگرچـه ظاهـرا
کندوسی بکزر مسلمانـه لباسی کافرے
گوزی آچوب یومنجه اولدی چشممدن نهان
شویله تشخیص ایدرم کم یـا مَلَکدر یـا پرے
ایردی چون آب حیاته مهری اولمز حشره‌دك
گوردی چون شب ظلمتنده اول عیان اسکندری

و لها ایضًا،

(١٠٤) غزل (Vol. II, pp. 132—133).

بن اومردم کـه بڭا یارِ وفادار اوله‌سن
کم بلوردی که سنی بویله جفاکار اوله‌سن
سنکه گلزارِ جنانڭ گلِ نَوْرُسْتَه‌سی سن
نه روا اوله که هر خار و خسه یار اوله‌سن

بددعا ایتمزن امّا که خدادن دیلرین
بر سنک گبی جفاکاره هوادار اوله‌سن
شمدی بر حاله یوزم کم ایلتی دشمننه
دیر که مهری گبی سنداخی سیه‌کار اوله‌سن

و لها ایضًا،

(١٠٥) غزل (Vol. II, p. 133).

عاشق ایسه‌ڭ عشق یولنده صاقلمه ناموس و عار
جهد ایدوب بو یولده جان ویر یوخسه الدن گتدی یار
فارغ اولوب گر گوڭلسز استر ایسه‌ڭ یاریڭی
غافل اولمه گز حذر قِل غیرینڭ اولور نگار
عالی غرف ایلر ایسه کمسه سلمز یاشڭی
صڭره گر قان آغلر ایسڭ گونده بیڭ گز زار زار
گلستاننده ایکن اول غنچه‌نڭ فریاد قیل
یوخسه یارین گُل گدر قالورسن ای مسکین هزار
[خار الندن دامنن قورتار مغیلون دلبرڭ
سن دخی هر گلستانه یوز اوروب یا وار نه وار]
مرد ایسه‌ڭ غیرت دمی در سور رقیبی هم مدد
دامننه تر گُلڭ یاپشمسون سعی ایله خار
بر زمان مهری فلکده سیر ایدردی شمدی گور
بو سببدن اولدی اوش آیاقلر آلتنده غُبار

و لها ایضًا،

(١٠٦) غزل (Vol. II, pp. 133—134).

هر سحر وقتنده دلبر چون صبایه رو طوتر
زلفی بویله جهان اطرافنی خوشبو طوتر

بر گوزللر شاهی احسن ایچره گوردم ناگهان
سرنسر دل ملکنی دیدم که آخر بو طوتر
چشم پُر افسونیله دللر قومز بند ایمدین
سحربله بگزر جهانی بو ایکی جادو طوتر
فرقتکدن آگلسەم تترر زمین و آسمان
حسرتکدن آغلسەم اشبو جهانی صو طوتر
مهری‌یه رحم ایت بو گون یوخسه بلرسڭ دوستم
ایرته‌دن نز حسنکڭ آیینه‌سنی مو طوتر

و لها ایضاً،

(۱۰۷) غزل (Vol. II, p. 134).

سن وار ایکن ای دوست بگا یار گرکمز
جورڭ چکه‌یم غیرے وفادار گرکمز
جورڭده وفا در بگا دردڭده دوا در
بیمار دله بر دخی تیمار گرکمز
جانا بو جهان ایچره وفادار صنملر
هر گوشه‌ده گرچه نیجه‌سی وار گرکمز
کویڭده سنڭ دائما عریان اولین تك
جنّتده بگا حلّه و دستار گرکمز
[پند ایتمه بگا یار ایچون یا.... ناصح
یارم بگا پندڭ سگا هی وار گرکمز
چشمڭ بنی اولدردی و سن یوق نیجه دیرسن
غمزه‌ڭ چو شهادت ایدر انکار گرکمز
مستِ می عشق اول یوری عالمده ای مهرے
پس رندِ خرابات اولنه عار گرکمز

و لها ایضًا،

(۱۰۸) غزل (Vol. II, pp. 134—135).

نیلیم بیچاره گوکلم بر دم اولمز یارسز
ایسم اولمز نیته‌کم جهد ایلرم بو عارسز
بن دلمده نامنی ورد ایندم امّا دلبرڭ
بر دم آڭمز آدم اولمز بر نفس اغیارسز
وصلنی اقرار ایدوب صالدی بنی سودالره
دوندی انکار ایلدی بو دینی یوق اقرارسز
ای طبیبِ جان مدد بیمارڭم اولدم مدد
دیدی خو در عاشق اولدرملك بڭا تیمارسز
گورمدم بر خوب کم یاننده اولمیه رقیب
بو جهان باغنده هیچ گل اولمز ایمش خارسز
خوبلرڭ مهرینه مهری اولرز ترك ایتمزز
کم نه دیر ایسه دیسون بر اولمزز یارسز

زینب خاتون

(۱۰۹) غزل نا تمام (Vol. II, p. 136).

شها بو صورتِ زیبا سڭا حقدن هدایتدر
صناسز سورهٔ یوسف جمالڭدن بر آیتدر
سنڭ حُسنڭ بنم عشقم سنڭ جورڭ بنم صبرم
بولر هردم بدم آرتر توکنمز بی نهایتدر

و لها ایضًا،

(۱۱۰) غزل (Vol. II, pp. 136—137).

کشف ایت نقابڭی بری کوکی منوّر ایت
بو عالمِ عناصرے فردوسِ انور ایت

دپرت لبوکی جوشه گتور حوض کوثری
عنبر صچوکی چوز بو جهانی معطّر ایت
خطّنک برات یازدی صبایه دیدیکه تیز
وار ملکت خطایله چینی مسخّر اینت
آبِ حیات اولمجق قسمت اے گوکل
بیک پیل گرکسه خضرله سیْرِ سکندر ایت
زینب قو میْلی زینتِ دنیایه زن گبی
مردانه وار ساده دل اول ترکِ زیور ایت

حمدی

(۱۱۱) یوسف و زلیخادن (Vol. II, pp. 201—203).

چون بو عهده قرار ایلدیلر • جمله عزمِ شکار ایلدیلر
طوشان اویقوسی ویرمگه پدره • گرگ صیدینه گتدلر سفره
صاندلر ایدهلر شکاریله آل • بلمدلر که آشکار اوله حال
گشت ایدوب کوه و دشتِ کنعانی • سیر ایدرکن بولور بیابانی
آنده بر قُرْدی گوردلر که اولور • گوکه دکمش گوزینی ناله قیلور
قصد ایدوب آنی صید ایلدلر • طوتدلر آنی قید ایلدلر
بندیله اول ضعیفی بسته قِلوب • جمله دندانی شکسته قِلوب
سوریوب آنی زهر ایلدلر • دوندلر عزمِ شهر ایلدلر
گتیروب خاندانِ یعقوبه • دیدلر ایلتوب آنی یعقوبه
خاندانک غزالنی بو یدے • باغِ عمرک نهالکی بو یدے
دیدی یعقوب قوک بر از آنی • بندن آلوک که دِگلنه جانی
کندو طوردی نمازه ایتدی شروع • بی نیازه نیازه ایتدے شروع
دیدی کم ای جماده جان ویریجی • بر قورو طپراغه زبان ویریجی
دیلرم ویر بو قُرْده نُطْقِ فصیح • دیه یوسف حکایتنی صحیح

اویله دیدی و قُزده ایتدی نظر ٭ امرِ حقّیلـه صوردی آکـا خبر
صیغادے ارقـهسنی شنفتلـه ٭ گدروب وحشتن نبوّتلـه
هرکه اول گرگکِ نفسی ایتدی مُطاع ٭ طاگمی آکا مطیع اولورسه سباع
هر کمگ اُنسِ حق اوله بخشی ٭ نوله اولسه انیس آکـا وحشی
ذکرِ حقّ ایلـه حیّ ایدن جانی ٭ نـه عجب سویلرسـه حیوانی
دیدی ای جانور موافق اول ٭ خالقگ امری ایله ناطق اول
قُزد ایشیدوب بو بویروغی طوردی ٭ قویرق اوستنه گلدی او طردی
دوزدی صَوْتی خوش ایتدی الحانی ٭ سوزه گلـدے فصیح عبرانی
ایلیوب صورتِ رسولـه نگاه ٭ دیـدی کم لاَ إلـهَ إلاَّ اَللّـه
بعد ازان ایدی ای رسول امین ٭ نه سؤالگ وار ایسه اَیْلَه همین
دیـدی یعقوب یوسفم قانی ٭ ایتدی سندن شکایت اخوانی
نیجه جرأت ایدوب یدگ آنی ٭ جسمکه قوت ایدندگ اول جانی

• •

گوشِ گرگه ایرشدی چون بو عتاب ٭ رفقیله بو رسمه ویردی جواب
دیدی یعقوبـه یـا نبیَّ اَللّـه ٭ دگلم بن بو قصّهدن آگاه
چون حرام اولدی بزه لحمِ نبی ٭ یمـزز آنی گوزلـرز ادبی
آنـد ایچرم کـه یمادم آنی ٭ اویمـه ابناگـه ایتمـه بهتـانی
بن بو یـره غریب گلمشـدم ٭ وادئ حیرت اچـره قالمشـدم
ایلر ایکن بن حیرتیلـه فغان ٭ طوتدی اوغلانلرگ ایدوب بهتان
بن بولردن اومار ایکن چاره ٭ اوردلـر یارهم اوستنـه یـاره
بن بولردن اومار ایکن نعمت ٭ چکدیلر دیشلرمی بی علّت
سوریوب اوش گتوردیلر قانوگـه ٭ ایلدم وصفِ حالی حضرتیگـه
چونکه یعقوب دگلدی بو سوزی ٭ گُرگگ احوالنه گوجندی اوزی
کذب ایله حیله آشکار اولـدی ٭ جمله ابناسی شرمسـار اولـدی

و له ایضاً،

(۱۱۳) یوسف و زلیخادن (Vol. II, pp. 204—209).

چون شفق مهرن آشکار اندی * عالمی شوقی بی قرار اندی
بر طرفدن صبا هوا انگیز * بر طرفدن نوا چون آتشِ تیز
نعره‌لر ایلدکجه بلبللر * چاك ادرلر یقالرن گُللر
اول پری روی خواب نوشنده * غرق اولمش صفایه دوشنده
عشقله بلکه بیخود اولدی نه خواب * قانلر آقردی گوزندن نه آب
دایه‌لر یوز سورب آیغینه * مدح اوقویب جمالی باغینه
اچجق غنچه‌وش لحافنی * گل تریله ورده لافینی
نرگسی چون اویندی خوابندن * بقدی هر گوشه‌یه شتابندن
اُیله اولمشدی بحرِ شوْقه غریق * که صنورده خیالنی تحقیق
چون گورنمادی اول رخِ گُلرنگ * غنچه‌وش قلدی بر زمان دلتنگ
خواب گتدی گوزی پرآب اولدی * راحتِ جان خیال وخواب اولدی
ماهِ مغرب دلادی کم در حال * شوقدن یاقه یرته شرق مثال
دستِ غیرت ولیك منع اندی * کندویی غیرتیله جمع اندی
گرچه اولمشدی مهری سینه‌ده گرم * داخی قلمشدی الاّ ذرّهٔ شرم
طوتمشیکن بلا یقاسنی * دامنِ صبره صردی پاسنی
یومدی غنچه گبی دهانی روان * قیندو غنچه بغری قانی روان
سیر ایدر سروی صحنِ صحراده * غصّه‌دن قلبی قعر دریاده
تنی اصحابی ایله عشرت ایدر * جانی اول عیشدن شکایت ایدر
بزمِ عشرتده شمعه دوندی همان * ایچنی اود یقر طشی خندان
لاله گبی طوتر الده اباغ * باشده بونجه هوا و سینه‌ده داغ
قنده اغیاری گورسه یاری صنور * هر نه نقشی گوره نگاری صنور
اِکی عالمده یاردے کامی * بر دلارامده دلارامی

دلده ابرو خیالی پیوسته ٭ جانی سودای چشمله خسته
جانی گلدی هزار کرّه لبه ٭ روز حسرتده ایرشنجه شبه
گیجه در سازکاری عُشّاقک ٭ گیجه در رازداری عشّاقک
اولکه لیلی لباسِ راز اندی ٭ آنی چوق دردە چارەساز اندی
گیجه رازک چو پردەداربدر ٭ جمله عُشّاقک اختیاربدر
بو مثلدرکه دون غریبوگدر ٭ یعنی بی چاره عندلیبوگدر
گُله تا عرضِ حال ایده تکرار ٭ غافلیکن بو قصّەدن هر خار
مِهْرِ مغرب نهان ایدب اوزنی ٭ اوردی دیواره زار اولب یوزنی
طکمی انسه دوشن غمِ یاره ٭ پُشْتی اغیاره رویی دیواره
گوگلک غنچه سن چون اندی شکفت ٭ بقدی جان پرده سین نوای نهفت
آغلدی آنکچون ابزله بم ٭ آکلدی آنکله زیرله بم
سیل اولب گوزی یاشی چغلردی ٭ دردِ دلدن بو رسمه آغلردی

غزل

قالوا بلیده آکدی چو تخمِ بلای عشق
بیتوردی آبِ دردله بن بی نوای عشق
چون حاصل اندی دوکه دوکه خرمنی درد
بر دمده حاصلم یله وردی هوای عشق
گوگلومی آشنا ایدەلی دردِ یارله
بیگانه اندی باکه قمو آشنای عشق
بندن سلامی کسدی سلامت چون ایلدی
دستِ ملامتیله بکا مرحبای عشق
قلمادی گوزده خواب اثری طولدی آبله
بلمم که عاقبت ندسر ما جرای عشق

بونی دیوب قلوردی آه و فغان ٭ چشمنی ایلمشدی چشمهٔ قان

یادنــه گلــدکجــه نقشِ نگــار • لعلی بو درلــری قلوردی نثــار
اے بنی دردله بلایــه صلن • عشق اودینه یقوب هوایه صلن
گورمدین گُل یوزوگی بلبلِ جان • خارِ محنتــدن اولمشم نالان
چون خیالگ گورندی خوابمده • بکــه اولدی خیال خوابمده
شبِ فرقت صبحوگ گبی بی حــد • صبحِ وصلکدن ارمزیســه مــدد
قنده در بلسم ای گهر کانوگ • عــزم سعیتنی ایلسم آنوگ
نامگی بلمزم که یــاد قِلم • گوگلی ذکرگیلــه شــاد قِلم
نــه نشانوگی بولمشم نــه سنی • بی نشان ایدسر بو غُصّه بنی
نه یرگ شهریاریسن شهَسن • منزلگ قنقی گوکده در مهَسن
بنجلاین اولوری بی حاصل • که نه دلدار وار قتمده نه دل
بر گلیدم اچلمدین خندان • سرو آزادیدم چمنــده روان
نــه آیاغومــه خار دکمشــدی • نــه تنومــه غبــار دکمشــدی
بنی بــر لعبلــه شکــار اندی • چون خیالوگی آشکار انــدی
سینه‌می مهرگ اندی صــد پاره • دوشکم خــار یصــدغم خــاره
نیجه راحت بولم بو خار اوزره • اُولَمِی دل حضوری نار اوزره
چون دوشردگ هوایه سرکشمی • آبگیلــه سونبــدر آتشمی
حسنگگ کاله‌سی گرانمایــه • بنده یوق غمدن اوزگه سرمایــه
چو مدد ارمیــه بگــا سندن • بیلورم چاره یوق بگــا بندن
اول کیجه صبحه‌دک بو زاریلــه • صحبت انــدی خیال یاریلــه
گه اودین یقدی که سونیدردی • دله صو صچدی که گونیدردی
حالِ عاشق بلی قــرار اولمز • چونکه عاشقده اختیــار اولمــز
صبحدم بــر غــریب گلشنــده • جانی پُرغم جمالی پُــر خنــده
گُل گبی اچلور چچکلریلــه • لعل ایچردی گُومش بیالکلریلــه
کچدی بو حالتیلــه برنیجــه دم • کیجه زاریده گوندوزین خرّم

و له ایضًا،

(۱۱۳) یوسف و زلیخادن (Vol II, pp. 210—211).

گردی محرابه بر گیجه خلوت • ایده مولایه تا عبودیّت
چشمنه گلدی خوابِ بی غفلت • ایتدی سیرانِ عالمِ غیبت
پدری ایدی مادریله عیان • یوزلری گوئیا مهِ تابان
دیدیلر یوسفه که ای فرزند • تن نیجه اوله جان هماسنه بند
طبع گرفتار ایت آنی آب و گله • اوچر آنی جهانِ جان و دله
حسرتز وصلکه مکانکه گل • مُرغِ جنّت سن آشیانکه گل
چونکه یوسف اویاندی خوابدن • سینه‌سی طولدی شوق تابندن
چقدی محرابدن او سَرْوِ روان • تا زلیخا قاتنه گلدی روان
آکا اول گوردیگن بیان ایتدی • سینه‌سی شوقنی عیان ایتدی
پُر غم اولدی دلی زلیخانک • بو کلامن اِشتْدی چون آنک
شوقِ یوسف ولی فزون اولدی • بو جهاندن دلی برون اولدی
نظری کسدی دارِ محنت دن • طولدی شوقِ سرای قُرْبتدن
بیادی غم فنا صفاسی چون • ال گتوردی بقا دعاسی چون
کای قمویه مراد حاصل ایدن • وطننه غریبی واصل ایدن
لشکرِ مصره ایلدک بنی شاه • علمِ تعبیره ایلدک آگاه
بکا سَنْ سِنْ ولی دو عالمده • بنی قومه بو خانهٔ غمده
جانی رحمتکه اغراق ایت • زُمْرهٔ صالحینه الحاق ایت

و له ایضًا،

(۱۱۴) لیلی و مجنون دن (Vol. II, pp. 211—215).

سحرگه چونکه چرخِ لاجوردی • زر افشان ایتدی بینه وَرْدِ زَرْدی
جهان یوزی قزل گُل گیبی گولدی • جمالِ لیلی گیبی خرّم اولدی
خزانه اوغرمش گُل گیبی مجنون • یوزی صولمش صرارمش دیده پُرخون
بورر محزون اشکه غرق تا فرق • صانْ اولمشدر گمیسی بکیله غرق

یارم گونده گونشدن جانی قزدی * چو پرده بوغیدی هر یانی قزدی
بوغیدی سایه گیبی هیچ رختی * اونوروب سایه‌یه بولوب درختی
قیو گولگه درختِ سبزِ عالی * دیبنده حوض و روضه خوب خالی
فلك حوضی مثالنده مُدوّر * صوبی پاك و مطهّر صانکه کوثر
کنارِ حوضه یتمش تازه روضه * یکی یوز صویی ویرمش روضه حوضه
کنارِ حوضه واروب اول جگرتاب * صویندن روضه گیبی اولدی سیراب
دوشوب اول روضه اوزره سایه گیبی * یشل دیباده صان پیرایه گیبی
اوزی چون مفرشِ دیبایه دوشدی * گوزی اول دوحهٔ زیبایه دوشدی
گوزی دوش اولدی شاخ اوسته زاغه * که بکزر چشمی شبده شب چراغه
پـرِ شبرنگی عبّاسی عَلَم در * قزل منقاری بر پاره بقّم در
او لعلن بُوزْنِی کم دوشمش گُکُوسه * بقم اشلندی گویا آبنوسه
چکوب باش خرقه‌یه خلوتده خاموش * اوطرمش خلوتی گیبی سیه پوش
او زاغی چون بو عشق ابدالی گوردی * قرامش گوگلنگ هم حالی گوردی
دیدی حالڭ فراغ و منزلڭ باغ * نیچون جامه‌ڭ سیاه ای نامه‌سی آغ
نیچون شبرنگ اولورسن ای شب افروز * گچر کن روزِ نعمتده شب و روز
اوچار کن باغ ایچنده فارغ البال * نیچون اولدڭ سیه بال و سیه حال
بنم مانمده امّا سن سیه پوش * بنم اود اوزره نیلر سنده بو جوش
سنی کم یاقدی کیمه مبتلاسِن * که گوینکلو گبی یوزی قراسن
قرا گیدمز چو گوینکلو گچرسن * نیچون گوینکلودن بویله قچارسن
عجب من زنگی قول گیبی قچه‌سن * که هندوسن یاخود هندو بچه‌سن
مگر سن سِن غراب آلبین ای زاغ * که بکزر ساکه بو باغرمده کی داغ
قونوب اوستمده کی سر سبز طالـه * قرا بختم گبی اولدڭ حواله
ولی اولسه‌ڭ بگا قرا ستاره * گلوب حالمه ایمزدڭ نظاره
ایدیجگ دود عالم گبی پروازه * ایرش اول یاره عرض ایت برنیجه راز
که صوراسه‌ڭ اگر حالِ غریبی * گلوکدن ایری دوشمش عندلیبی

گونرمزسه‌ڭ اله دوشمشدر الدن * خراب اولمغه یوز طوندی خللدن
دریدڭ ساڭه غم ایرسه ایرم بن * غم ایردی ویردی یله ایرمدڭ سن
چو الدن گوز چیقه دردِ عمادن * نه حاصل اولور آگه توتیادن
قوزوبی چون قپار گرگِ بیابان * نه ایسه ایلیه فریادِ چوبان،
اوله چون سیلیله ویرانه بُنیاد * نه حاصل سنگِ دیوار اوله پولاد
ایده چون سَیْل اکینی سنگله پُر * نه حاصل یاغسه بغمور ییرینه دُر
سخن تیرینی بو آتدقجه گُستاخ * اوچردی زاغ اورکوب شاخ بر شاخ
بو پیکانِ خطابی ایتدی چون تیز * قاچوب آندن مخاطب ایتدی پرهیز
بو دردن دوکدی هم دردن صانوب زاغ * اوچوب زاغ اوردی جانینه یکی داغ
گیجه چون پرِّ زاغیله بورندی * جهان صان قاره آغیله بورندی
فلك یلدزلری دوندی چراغه * یا قاره آغ ایچنده چشمِ زاغه
یتور مجنون سُویِنْمش دل چراغی * اوچوب قاچمش الندن صبر زاغی
یتور یرده سوینمش شمعه بگزر * حضوری دل پریشان جمعه بگزر

وله ایضاً،

(١١٥) لیلی و مجنون‌دن (Vol. II, pp. 215—217).

دُرِ افسانه‌یه غواصِ ماهر * دیدی بو قصّه بویله اولدے آخر
که اول فرقت الندن اوده یانمش * جهاندن صوینوب جاندن اوصانمش
وجودی سنگِ غمدن خُرْده اولمش * خزان برگی گبی پژمرده اولمش
تنندن گتدی گوندن گونه قوّت * نزار و زار و بیزور اولدی غایت
نه صبری قالدی دلده نه سروری * نه راحت قالدی جانده نه حضوری
بلالردن گلوب جانی دهانه * دلر چیقمغه آندن بر بهانه
زبانِ حالدن طویدے اشارت * که ایده وصلِ یاریله بشارت
مزارِ یاره جان آتدے پیاده * ایریشوب سابه‌وار اولدے فتاده
قوجوب اغلادی اول خاكِ مزاری * بر ایکی بیت اوقیوب ایتدی زاری
غریب و بیکس و تنها و خسته * قانده بر ایکی وحشی نشسته

یتور یوق خدمتینه یار و قرداش ٭ فوری طوپراق دوشك یصدق قرا طاش
وصیّت قِلْمغـه یوق آدمی زاد ٭ اجل شمشیر و عزرائیل جـلّاد
او دم پنبـه اولوب رحمت سحابی ٭ غریبڭ آغزنـه طامزردے آبی
همان یاران رعد و برق و باران ٭ کِمی نالان کِمی سوزان و گریان
او دم مجنون نیاز ایتدی خدایـه ٭ گوزین یومدی الن اچدی دعایـه
دیدی اے خالقِ هـر آفریده ٭ بحقِّ جملـه ارواحِ گزیده
بو محنتـدن بنی آزاد ایلـه ٭ ایرشدر وصلِ یاره شـاد ایلـه
دهانندن چقنجه بـو دعاسی ٭ بیله چیقوب آنکلـه جان هماسی
قوجوب اول بر نفسده دوست خاکن ٭ دیوب ای دوست ویردی جان پاکن

ولـه ایضًا،

(۱۱۶) مولدِ نبی‌دن (Vol. II, pp. 217—220).

بر گون اول ایکی جهانڭ رحمتی ٭ وارب ایلرکن حراده طاعتی
گوزینه حق ظاهر اولدے ناگهان ٭ آگه روح القُدس گورندی عیان
اول حبیبه مُشْتَلابب دیـدِ اول ٭ جبرئیلم بن طپکدر حق رسول
ساڭه انعامن تمام ایلادے حق ٭ جنّ و انسه هم امام ایلادی حق
هم عطا ایتدی طپوڭه اون خصال ٭ بر نبی‌یه هیچ ویرلمادی بو حال
اول خصالی صوردی آندن مصطفی ٭ شرح اِدِب آنی ددی پیكِ خـدا
بر بو درکم قنـده آگیلـه خـدا ٭ بیلـه آگیلـه محمّـد مصطفی
اُمّتوڭی خیرِ اُمّـت انـدے حق ٭ امر و نهی ایدیجی ملّت اندی حق
خاكِ پاکی آنلـره قلدے طهور ٭ خوش طهارت خوش کرامت خوش حضور
اوّل اُمّت یومغـا بولماسـه آب ٭ قطع اولنمقدی نجس حکمِ کتاب
از بـر اوقرلـر بولـر قُرآن هم ٭ بولمدی بو خصلتی سائـر اُمَم
انمدی توراتِ از بـر اهلِ دَیـر ٭ الّا اوچ موسی و عیسی و عزیـر
برلغادی حق سنوڭ هـر ذنبڭی ٭ مـا تقدّم مـا تأخّـر ذنبڭی
دینکیله نسخ اولندی جملـه دین ٭ گرچه آندن بغلنورلـر مشرکین

هم ملائك نیته كم ربّ الانام ٭ ساكنه ایلرلر صلاتیله سلام

قَالَ ٱللَّهُ سُبْحَانَهُ وَ تَعَالَى إِنَّ ٱللَّهَ وَ مَلَائِكَتَهُ يُصَلُّونَ عَلَى ٱلنَّبِيِّ يَا أَيُّهَا ٱلَّذِينَ آمَنُوا صَلُّوا عَلَيْهِ

هركه استر جاننه آبِ حیات ٭ اول حبیبی آكوب ایده الصّلوة
چون گدردی بو سوزیله وحشتی ٭ دیدی إِقْرَا دیدی بِلْمَن قرأتی
طونب آنی صقدی اول پیكِ خُدا ٭ تاكه واسع اوله قلب مصطفیٰ
دیدی اِقْرَاْ دیدی احمد یا اخی ٭ اُمّیم نسنه اوقومادم دخی
دیدی اِقْرَا صقدی اوچ كز بی امان ٭ بعضلر درلر كه اندے امتحان
اوقادی كندودن چون نسنه اُول ٭ دیدِ اِقْرَا باسم ربّك یا رسول
اوقدے جبریل فخرِ عالمه ٭ سورهٔ وارنجه مَا لَمْ يَعْلَمْه

ولهُ ایضاً،

(۱۱۷) تحفة العشّاق‌دن (Vol. II, pp. 220—223).

بو حال اچره طوررکن فارغ البال ٭ گوزی گوكلی اولوب هر یانه میّال
اچلدی قارشودن بر پرده ناگاه ٭ چقوب اول پرده‌دن یوریدی بر ماه
زهی مه كه جمالی عالم افروز ٭ ایزینه یوز سورر خورشید هر روز
لبونك شربتی جانك طبیبی ٭ صاچی دیوانه قیلور هر لبیبی
زهی ساحردر اول زلفِ مُجعّد ٭ كه هر بیچنده بك بك جان مُقیّد
شولركم گوردی اول موی میانی ٭ عجب می هیچه صاتارسه جهانی
شو دختر در بو وصف ایتدیگم اختر ٭ كه رخسارندن آلور آی و گون فر
جمالی آینه پیرایه دوزمش ٭ سحابی آفتابه سایه دوزمش
گتورمش ایكی دوشنده كمندے ٭ كه اوره خواجه‌نك بوینننه بندے
حرامی گوزلرے اولمش مهیّا ٭ متاعِ عقلنی ایلیه یغما
گتورمش لبلرندن آب حیوان ٭ كه ویره جان ویره‌جك خواجه‌یه جان
نبی باشدن ایاغه گیرمش آله ٭ كه اول ایله گوكل مُلكینی اله
النده جم گبی جام مُروّق ٭ كه هر بر قطره‌سی بك جانه ابلق

یوریوب نازلـه اول سَرْوِ رعنـا * گونش در یاکه صان مـاهِ مجـلاّ
گلوب باش قودی خواجه خدمتینه * اوطردی دز بدز اولوب قاتینـه
صونوب ساغر بو طاوس اول هُمایه * دلن صو گبِ قِلوب آندی هوایه
یوزی صوین ویروب بو باده باده * طونشدی عشق اودینه خواجه زاده
قچان کم صالدی عشق اوسنینه سایه * جمالی بدری دوندی بینه آیـه
[قرا زلفی گبی گنـدی قـراری * جهانـده زار اولـدی اختیـاری]
صراردی گُل یوزی نسرینه دوندی * قِزاردی گوزلری لعلینـه دونـدی
اول آهو چونکه دوشدی درد اِچینه * بو مشكٔ افشان غزل گلدی دلینه

غزل

عشق اودی ایله گوکُل شمعی یاندی
پروانه گبی جان و جگر اودلره یانـدی
گُل گبی جهان گولدی ایروب روز بهاره
بینم یورگم لالـه گبی قانـه بویانـدی
آواره ایکن گوکُلی صیّـادِ محبّت
صید [ایلیوبن] بوینه خوش طاقدی کمندی
واعظ بزه وعظ ایلمـه دیوانه‌لـرز بـز
بند اهلنه گر عاقل ایسه‌كٔ ایلمـه پنـدی
هر شام و سحر حمدی نیجه آگلمه سون کیم
راحت اوبودی درد وغم ومحنت اویاندی

چو دختر گوردی مقصود اولدی حاصل * دِلَدی کم قیله آندن عزمِ منزل
یاپشـدی خواجـه زاده دامنینـه * دیدی ای اود اورن جان خرمنینه
بنی مفتولكٔه مفتون ایدن دوست * صاچی لیلی‌سنه مجنون ایدن دوست
گوکُل مُرْغی اوچارکن فارغ آلبال * دوشوردكٔ عشقكٔ آغینه قیلوب آل
چو صیدكٔ در اونی ترك ایتمه جانا * قویوب دامِ بلاده گتمـه جانـا

دبـارِ دردگـه دوشـدم غـریبم • جمالگ باغنـه ایـردم عندلیبم
گرفتار اولمغـه جانِ غریبان • زنخدانك اولوبـدر چاهِ مهمان
چو یوقـدر اقتـدارم اشتیـاقـه • اسیر ایلمـه زنـدانِ فـراقـه

ولە ایضاً،

(۱۱۸) قیافتنامه‌دن (Vol. II, pp. 223—224).

لونِ احمر دلیلِ خونِ شتاب • رنگِ اسمر دلیلِ فکرِ صواب
رنگی آنك که سُرخِ صافی در • ادبی و حیاسی وافی در
رنگِ روی آدم که صفرت در • قلبی قلب و ایشی خیانت در
اول صرو کم سیاهه مائل در • حق بو در جمله خُلقی باطل در
اعتداله بو در نشان و دلیل • آقی آق اوله و قزیلی قزیل
هرکه آق اوله الّا اشقر اولـه • گوکلگی گوزلرینك اکثر اولـه
خاین و بی حیا و فاسق اولور • خفّتیلـه جهانـده فایق اولور

(۱۱۹) ایضاً قیافتنامه‌دن (Vol. II, p. 224).

قنده بسیار اولورسه خنـده • اومه آنـده موافقت سنـده
چوق تبسّم ادب علامتی در • قهقهه بی حیـا امارتی در

(۱۲۰) ایضاً قیافتنامه‌دن (Vol. II, p. 224).

هرکه خرگوش اولورسه جاهل اولور • گرچه حفظ ایلمکده کامل اولور
کوچك اولسه کدی کبی گوشی • اوغورلقـده اوتانـدرر موشی

(۱۲۱) ایضاً قیافتنامه‌دن (Vol. II, p. 224).

جُنبشی چوق کمسنه خود بین اولور • فحش ایله حیله آگه آئین اولور

مسیحی

(۱۲۲) مربّع (Vol. II, pp. 238—241).

دگله بلبل قصّه‌سن کم گلدی ایّامِ بهار
قوردی هر بر باغده هنگامه هنگامِ بهار
اولدی سیم افشان اکّا ازهارِ بادامِ بهار
عیش و نوش ایت کم گچر قالمز بو ایّامِ بهار

ینه انواعِ شکوفیله بزندی باغ و راغ
عیش ایچون قوردی چچکلر صحنِ گلشنده اوتاغ
کم بلور اول بر بهاره کم اولب کم قاله صاغ
عیش و نوش ایت کم گچر قالمز بو ایّامِ بهار

طرفِ گلشن نورِ احمد برله مالامالدر
سبزه‌لر آنده صحابه لاله خیر الآلدر
هی محمّد اُمّتی وقتِ حضورِ حالدر
عیش و نوش ایت کم گچر قالمز بو ایّامِ بهار

قلدی شبنم گیرو جوهردار تیغِ سوسنی
ژاله‌لر آلدی هوایی طوپلریله گلشنی
گر تماشا ایسه مقصودک بنی اسله بنی
عیش و نوش ایت کم گچر قالمز بو ایّامِ بهار

رُخلری رنگین گوزللردر گُل ایله لاله‌لر
کم قولاقلرینه درلو جوهر آصمش ژاله‌لر
آلدانوب صنمه که بونلر بویله باقی قاله‌لر
عیش و نوش ایت کم گچر قالمز بو ایّامِ بهار

گلستانده گورنن لاله و گل نعمانله
باغده قان آلدی شمشك نشترِ بارانله
عارف ایسه‌ڭ خوش گچور گل بو دمی یارانله
عیش و نوش ایت کم گچر قالمز بو ایّامِ بهار

گتدی اول دملرکه اولوب سبزه‌لر صاحب فراش
غنچه فکری گلشنڭ اولمشدی بغرنده باش
گلدی بر دم کم قزاردی لاله ایله طاغ و طاش
عیش و نوش ایت کم گچر قالمز بو ایّامِ بهار

ابر گلزار اوستنه هر صُبح گوهربار ایکن
نفحهٔ بادِ سحر پر نافهٔ تاتار ایکن
غافل اولمه عالمڭ محبوبلیغی وار ایکن
عیش و نوش ایت کم گچر قالمز بو ایّامِ بهار

بوی گلزار ایتدی شول دکلو هوایی مشك ناب
کم یره اینجه اولور قطرهٔ شبنم گلاب
چرخ اوتاق قوردی گلستان اوستنه گونلك سحاب
عیش و نوش ایت کم گچر قالمز بو ایّامِ بهار

گلستانڭ هر نه‌سن آلدی سیه بادِ خزان
عدل ایدوب بربریله واردی ینه شاه جهان
دولتنده باده‌لر کام اولدی ساقی کامران
عیش و نوشی ایت کم گچر قالمز بو ایّامِ بهار

اومرم بولب مسیحی بو مربّع اشتهار
اولا اهلینه بو چار ابرو گوزللر یادگار
بلبل خوش گوی سن گُل یوزلولرله یوری وار
عیش و نوش ایت کم گچر قالمز بو ایّامِ بهار

وله ایضاً،

(۱۳۴) قصیده (Vol. II, pp. 241—244).

خوابِ غفلتدن اویانماغه عیونِ ازهار
هر سحر صو سپرلر یوزلرینه ابرِ بهار
شویله جانلندیلر اربابِ چمن کم سَرْوِكْ
آیغی باغده اولماسه ایدردی رفتار
باغلر تن گبی در اولمش اڭا آبِ روان
جویلر عمر گبی در که گچر لیل و نهار
گللرڭ انمك ایچون عارضی وصفن تحریر
موجدن مِسْطَر ایدنمش صفحاتِ انهار
قطرهٔ شیر گبی طَمْلَدِ یغنچهٔ شبنم
غنچه‌لر آغز اچار نیته کم اطفالِ صغار
گوشِ ماهی‌یه طقر صنکه گُشَدن حلقه
نازل اولدقجه صو اوزره قطراتِ امطار
سویلدر بلبلی بوی گُلله بادِ صبا
منطق الطّیر اوقودر قوشلره صانکم عطّار
فاخته چونکه النده بویمشدر سروڭ
اوستنه مدح اوقیوب اولسه هواداری نه وار
ماه جاریلری قاچغون دیو زنجیره چکر
گور نیجه نقش چکر آبه نسیم اسحار
غنچه‌دن منظره‌لر آچدی صبا تا آنده
ایلیه شاهدِ گُل بلبله عرضِ دیدار
تابِ خورشید ایله ازهاری گورب صندم کم
شمسی دلبندِ یگیرَ باشلو باشینه اشجار

گُل عروسینڭ اوڭچه یوربوب جوی حباب
باشی اوستنده لکچه گونرر جاریه وار
دکدی چون مشربه سن شاخِ گُل اوزره غنچه
هر طرفدن دِرلوب ناوك آثار اوستنه خار
باغده دِزْنك ایدوب لشکرِ ازهار اولدی
گُل سپر لاله عَلَم سَرْوِ سهی سنجق دار
صور اورلورسه بو گون کسه‌یه ایشدرمز
صوت چون زمزمه‌ساز و سر آغازِ هزار
بشقه بر عالمی وار باغ بهارڭ کأنه
یاسمین روزِ سفید اولدی بنفشه شبِ تار
ژاله گُل صفحه‌لرن مُهْره‌لیوبدر تا کم
یازه رنگین سوزن اول صاحب تمکین و وقار
معدنِ فضل و هنر منبعِ سر چشمهٔ جود
قدوهٔ نوعِ بشر زُبْدهٔ اشرافِ کبار
نورِ اقلیم سخن یعنی نشانجی پاشا
که اره‌مز فضلی نشاننه خدنگِ افکار
خنجری ابنِ حسام و قیلیجی ابنِ یمین
طالعِ اشرف و سعد و نفسی در عطّار
رفعت و قدری سمندی ایده چونکم جولان
بری در گر آرِشهَ خاطرِ گردونه غُبار
کفِ دُرپاشنه بگزردی اوله فی الجمله
ابره باغشلادوغینی بینه آلمسه بحار
سُبْحهٔ نظمی آلدقجه الینه شعرا
دلده تسبیحی اولور هر برینڭ استغفار

* * * * * * * *

* * * * * * * *

مدحنگ گوکلره ار گورسه مسیحی نوله چون
نردبان اولدی آکا اشبو سطورِ اشعار
گلشنِ مدحنگ اچره اوتانوب فضلکدن
بکرِ فکرم گوربنور گُل گبی رنگین رُخسار
دِلکم بو که عزیز اولمیه شول کس که آنگ
اشبو گُل گبی معانی گوزینه گورینه خار
آلمزم آغزمه بن معنئ خائیدهٔ هیچ
دگلم طفل که خائیده ایدینم افطار
تنم ایچنده کی جان عاریتی اولدیغی
درلگمدن ایدرم ایکیده بر غیرت و عار

ولە ایضًا،

(١٢٤) غزل (Vol. II, pp. 245—246).

ساغرندن چشممگ آقر دمادم قانلو یاش
لعلِ میگونگ خیالن قلمغیچون خلقه فاش
گر گوره فرهاد سن شیرین لب ایچون حالی
آسیاوش دوگه آلوب الینه ایکی طاش
قنغی یاگه گیدهیم که شش جهاتم بغلدی
اول اِکی زلف و اکی گوزله ایکی قاش
آن گرك محبوبه که آنی ال اوزره طوته خلق
یوخسه بر خاتمه داخی بولنور گوزیله قاش
گر صنایع صالمسم شعر اچره اولمزدم دری
لا جرم صنعت گرکدر قلمغا کسبِ معاش

گر بو دفتردن مسیحی گیده‌گلمز مثلی هیچ
بیرینه اولدگلو یازلمز اولیجق خط تراش

ولە ایضاً،

(۱۳٥) غزل (Vol. II, pp. 246—247).

سرولرله همسر اولدو غیچون هر بر پلید
کندو کندوبی اورر خنجرلره هر شاخ بید
چین زلفك جنتك باغینه اچمشدر قپو
سحر لفظك غنچه‌نك آغزینه اورمشدر کلید
ای قمر رخ نوزوَش این باری گه گه قبرمه
تیغ هجریله بنی چون بی گناه اندك شهید
آسمانی بر کهن جامه گیَر چرخ گدا
پنبه‌سی در اشبو یر یر گورنن ابر سفید
ای اجل چونکم مسیحی اچمدی آب حیات
خضروش آنی نیچون قلمق دلرسن نا بدید

ولە ایضاً،

(۱۳٦) غزل (Vol. II, pp. 247—248).

سورسه‌م مژه‌می نوله ایتك ایزینه سنسز
گلزار جهان اچره گل اولمز چو دکنسز
بقسون تنگه صویلجق پیرهنگدن
شول کمسه که گورمك دلبه جانی بدنسز
شول دگلو آلشدق بنه درد و غمله کیم
بر لحظه نه ممکن کیم اولا بریسی بنسز
دل خال و خطك مملکتن گزدی سراسر
بر گوشه بولمیادی کاوله مکر و فتنسز

بیچاره مسیحی‌یی شهید اتدی گوزللر
مسکین کشی قودلر اگك صکره کفنسز

و له ایضاً،

(١٢٧) غزل (Vol. II, p. 248).

بندِ زلفکله شها بر بوینی بغلو چاکرز
قوللرڭ ایچنده بو عنوانیله سر دفترز
خیمهٔ عشقی قورب چالدق محبّت طبلنی
شمدلك نوبت بزمدر بزده باشقه مهترز
سن حرامی گوزلویه چونکم یتاقدر جان و دل
غیبت ایلرسڭ سنی بز جان و دلدن استرز
لعلِ نابڭ یادینه دوشدك شرابه شویله کم
هرنه یر بر خمِ می گورسه‌وز کوب دوشرز
بو اولو نعمت دگلمیدر مسیحی بیزه کیم
فقرمزله بونجه ابکار معانی بسلرز

و له ایضاً،

(١٢٨) قطعه (Vol. II, p. 249).

گنمیوب چوق یاندوغن برفلك تعجّب ایتمه کم
طاقِ عالیدن دوشب اعضاسی اولمشدر شکست
کوچله هر حولیسه بگیچری گبی قونوب
اولری اوکینه بوزدن حربه دکدی ضرب دست
مسجدی قویوب اوجق محرابنه یوز طوتدی خلق
ای دریغا اهلِ اسلام اولدی هب آتش پرست
ای مسیحی دویماغیچون شتانك شدّتن
قصدم اولدر کم ایچوب اولم بهار اولنجه مست

و له ایضاً،

(۱۲۹) شهرانگیزدن (Vol. II, pp. 249—251).

گورب نازینی بر سَرْوِ روانڭ * دوشرون سایه‌وش پابینه آنوڭ
هماندم کیم گورم بر ماه رخسار * نجوم اشك اولور چهرمده سیّار
شو دڭلو وافر آغلدم او یوزدن * که آغلامغله یاشم چقدی گوزدن
دُرِ اشکمله چهرم زین اولبدر * یوزم صان مجمع اَلْبَحْرَیْن اولبدر
نه دم عرض ایدم اشکم ماجراسن * یدی دریا یومز یوزم قراسن
گناهه ایلدم شول دڭلو اصرار * که رحم ایدن بڭا اولور گنهکار
بو صوچلرله بنی طرترسه رحمن * قریلور عرصهٔ محشرده میزان
بنم صوچم صوریلورسه تمامت * برینه داخی دکمز آنده نوبت
بڭا بن ایتدیکم ایدرسه داور * یرینه اِصِنهَ دوزخده کافر
خطا دیدم نه وار اولدمسه عاصی * اومارم یارن اولم تڭری خاصی
نیجه کافر گوبی وار ایچی اس پاس * یازیلور دفتر اچره بکلکه خاص
نه دڭلو چوغیسه بو بنده‌ده عیب * ایدر بر نقطه‌جه رحمت آنی غیب
اگر اَنْجُم قدر اولورسه عصیان * گدر چون مِهْرِ رحمت اولا رخشان
خدایا بڭا عشقی رَهْنُما قیل * بو گوزسز عاصی یه لطفڭ عصا قیل
یازوب یاڭیلوب ایتدم سه یاوز ایش * سن آنی یازمه یازلمز چو یاڭلش
بو گون چون هجر اودن ایندڭ نواله * یارین طمو اودن قیلمه حواله
چو کوی یار ایچنده ویرمدڭ جا * ویر ایرته جنّة المأواده مأوا
بو گون ال ویرمدی اول سرو قامت * یارین طوبیٰ‌یی سن ایله عنایت
چو صونلمادی بونده لعلِ دلبر * صونه‌سن یارین آنده آب کوثر
الهی بولدروب سوزومه رغبت * بو شهر انگیزه ویر شهر ایچره شهرت
دیمزون کم بسیطِ خاکه ارگر * ملکلر وصفی در اوله که ایرگر

و له ایضًا،

(١٤٠) شهرانگیزدن .(Vol. II, pp. 251–252)

عجب شهر اول که آنوڭ باغ و راغی ٭ ویرر کیشی‌یه جنّتدن فراغی
ایچنده صولری موزون و رفتار ٭ بولتلر باشی اوستنده هوادار
تماشا ایلر ایسڭ بر مناره ٭ دونوبدر سرو قامت بر نگاره
صویونب تونجیه گیرور گوزللر ٭ اچیلور آق گوکسلر انجه بللر
سیه فوته قوشانر آق دلبر ٭ اولور صان گیجه و گوندوز برابر
فوته‌ده حق قومش بر سرِّ غیبی ٭ که اورتر دامنیله گورسه عیبی
صو اچره بونلره قیلسه‌ڭ نگاهی ٭ گوررسڭ بُرجِ آبی اچره ماهی
بولردن وصل اومان ابداله بکزر ٭ که بونلر صویه دوشمش ماله بڭزر
گوزڭ یاشی مریج اولسه نظرده ٭ نه ممکن بیری قول بوینکه ارده
گورن بو شهری بو رسمه قیامت ٭ صنور بونڭله طوقز اولدی جنّت
زهی جنّت که یرمز گنهکار ٭ گورر عاصی و عابد آنده دیدار
ایچنده وار آنوڭ بر قاچ ملکلر ٭ که مثلن گورمش آنڭ فلکلر

و له ایضًا،

(١٤١) شهرانگیزدن .(Vol. II, pp. 252–256)

١ (احمد)

بو گون میدانِ حسن اچره سرآمد ٭ گوزل درسڭ نعل بند اوغلی احمد
جمالی قبلهٔ اصحاب اولوبدر ٭ دُکانی نعلدن محراب اولوبدر

٤ (قز علی)

بریسی قز علی در اول سمنبر ٭ اولوبدر سکّرے پالوده‌دن تر
شوکم بیڭ جان ویروب ذوقنی سوردی ٭ بو قزلقده آنی اوجوز دوشردے

٧ (یشل ملك)

بری یشیل ملك حُسْن آکه مختص ٭ قومش نسلی دیو کندویه مخلص
یلیدی اولدیغن بو نسل حاصل ٭ قیلوردی آدمه سجده عزازیل

۱۰ (خلیل)

بریسی در خلیل او آفتِ جان * گوگللر ایدنر هر گیجه مهمان
نه سحر ایتمش بوزنده زلف سرکش * که آکه صحنِ گلشن اولدی آتش

۱۶ (عالم شاه)

بریسی شول شهِ عالم علم شاه * که یانجه چکیلور لشکرِ آه
نه گوزل پادشاه اولور بهی یار * که اولمش غمزه‌لر آکه سلحدار

۱۷ (یوسف)

بری یوسفدرر اول شاهِ خوبان * اولبدر مصرِ حسن ایچنده سلطان
گورن کوینده آنك طوندیغم یورت * ددی بر یوسفی اکك صکره بو قورت

۱۹ (محمود)

بری حافظ در اولمش آدی محمود * خدا ویرمش آکه الحانِ داود
یوزی مصحف گبی اولمش مطهّر * عجب می باشنه آند اِچسه اللر

۲۱ (حسن)

برے عطّارلر اچره حَسَندر * صان انفاسی آنوك مسكِ خُتَندر
اقیدوب قانلو یاشوی یقمدن * پُر ایده‌یم دکاننی بغمدن

۳۶ (فتّان)

بری ولاجی شادی اوغلی فتّان * دَگر بر بوسه‌سینه نیجه بڭ جان
یقاسن گوگلوگنك صانمه ولا * گریبندِر قانه اول شوخِ دلآرا

۴۰ (سیدی)

بریسی داخی شول بر ترزی سیدی * لباسِ حسنی دکدی کندي گیدی
تماشا اینسه‌ڭ اول رخسار رنگی * صنورسن آل اطلس در فرنگی

۴۳ (حسن)

نگارڭ بری نقیه‌جی حسن در * قیامتِ وُصله در نازك بدن در
طاتلو در شوقی ایله اپچ وطاشم * دوشر نقیه‌سی دوشدك برده باشم

۴۴ (بخشی)

بری حمامجی اوغلی آدے بخشی ٭ که اولمش لبلری لعل بدخشی
اودِ اورب سینمی حمام اندے ٭ گوزمدن آکه اول ایکی جام اندی

۴۵ (نازك)

بریسی دلسز اوغلی شوخ و نازك ٭ گوکللر آلمه چالاك و چابك
نجه سومیم اول گُل یوزلویی چوق ٭ که غنچه گبی آغزی وار دلی یوق

۴٦ (حسین)

بری حلاجدر کاولمش حسین اسم ٭ آتلمش پنبه در آنده کی جسم
آکنده آهی المسون اول یار ٭ اودیله پنبه‌نگ نه اویونی وار

و له ایضاً،

(١٢٣) شهرانگیزدن .(Vol. II, p. 256)

بهشت اچره قلوب برلحظه سیران ٭ بولر دگلو ملك آرارسه رضوان
برینگ مثلن ایتمیه تماشا ٭ سکز اوچماغی گر طفوز طولاشا
برینی ایتملك استردم محبت ٭ ینه آنگله قیلمادے قناعت
دلردم ایلهیم بریله گوکلم ٭ قناعت ایتمدے بریله گوکلم
اولوب هر جائی گوکلم پاره پاره ٭ یاپشدی هر بریسی بر نگاره
خدایا سن بنی ایلتمه سینه ٭ که قاموسن گورم سینه بسینه
بولاری اکسگی خود یوق خدادن ٭ نه دَیَم بن که یگ اوله دعادن

غزل

الٰهی هر برن پاینده ایلسه ٭ چراغِ رخلرن تابنده ایلسه
چون ایتدگ لبلرینی چشمهٔ جان ٭ بولاری حشره دگین زنده ایلسه
جهان سلطانلغی باگه گرکمز ٭ بنی بولاره تك سن بنده ایلسه
اوشوب بو صحبتن ایتدکلرنجه ٭ دلِ نالانمی سازنده ایلسه
مسیحی مدحی بو دگلو بگردی ٭ بگنمزسه‌گ یوری وار سنده ایلسه

جعفر چلبی

(١٢٣) قصیدهٔ بهاریه‌دن (Vol. II, pp. 277—278).

شاهدِ رعنای لاله گیدے گلگون پیرهن
زینت ایدوب آنی سیمین توکمه‌لرله ژاله‌دن
شاخِ گُلدن قصدِ فصد ایتدی چو نشتر چکدی خار
حاضر ایتدی نرگس زرّین گُلَه چوپ و لگن
گوئیا آبِ روانڭ گوگلنه دوقندی باد
کم بوزن طوردی سراسر چهره‌سی اولدی شکن

. . . .

. . . .

گوردے جاروبِ مُرصّع یاراشور درگاهڭه
دلربالر زلفنه طاقدی عرق دُرِّ عدن

و له ایضاً،

(١٢٤) قصیدهٔ شکاریه‌دن (Vol. II, pp. 278—279).

چونکه هنگامِ شتاده پادشاه کامکار
کوه و دشتی جانور قانندن ایتدی لاله‌زار
طوئدی صف آهولر اوزره ناوکِ دلدوزلر
نوکِ مُژگانیله زین اولدی صناسن چشمِ یار

. . . .

. . . .

اوله‌لی پاے مشرّف دست بوسڭله شها
باز ایاغنی کندینڭ طورمز اوپر لیل و نهار

و له ایضاً،

(١٢٥) غزل |(Vol. II, pp. 279—280).

سومشم بر دلبرِ فتّانی کمدر دیمزم
حسرتندن جان وررسم آنی کمدر دیمزم
گرچه جان بلمز مراد آنسز دل آرام ایلمز
گوڭلمڭ آرامی کام جانی کمدر دیمزم
لاله گبی جانمی یقسه فراوان داغِ غم
اول یوزی بڭلو شهِ خوبانی کمدر دیمزم
شانه گبی جسمی ایلرلریسه شاخ شاخ
زلفنه باش قوشدوغم جانانی کمدر دیمزم
گر قولاغجه قلالر جعفرا هر پاره‌ی
اول قولاغی کوپه‌لو فتّانی کمدر دیمزم

و له ایضاً،

(١٢٦) غزل (Vol. II, pp. 280—281).

سویلمك قصد اندگجه یاره درد و حسرتم
آغلمق دونر بنی گفتاره قلمز قدرتم
گورمدم اول ماه چوق بقدم اشاغه یوقرو
یرده گوکده یلدزم یوقدر گدِبدر دولتم
بن نچون سن شمعِ تابانه روان جان ورمیم
یوقمیدر عالمده بر پروانه دڭلو غیرتم
رشتهٔ جانه طولاشوب قالدی عشقڭ سینه ده
صیدِ عنقا ایتدی دامِ پشّه ایله همّتم
قومزم ای جان المدن تا اولنجه دامنڭ
جوریڭی چکسهم گرگدر طاق اولنجه طاقتم

قاپوکه اِلتوب گتوردی بن غباری خاکدن
واردرر بردن گوکه بادِ صبایــه مِنّتم
روز محشرده دیم مجنونــه جعفر حالی
کم دلوی اول بلور انجق اول اکلر حالتم

و له ایضًا،

(۱۲۷) غزل، (Vol. II, pp. 281—282).

لبوکــه اویکلدن غنچهٔ تــر • صبا خشم ایلیوب آغزینی یِرْتر
هوایــه قدکیلــه سرو گیبی • دلرمش داغلره دوشمش صنوبر
گورنلر خطکی خدکده ایــدر • بنفشــه بیترر برگِ گلِ تــر
ابوککک خطِّ ریحانِ محقّق • خطِ یاقوتدن ترجیح ایــدرلر
مزارنــده بِتــه گللرله لالــه • اولورسه رُخلرک شوقیله جعفر

و له ایضًا،

(۱۲۸) غزل (Vol. II, pp. 282—283).

ساقیــا زر ساغره طولــدر شرابِ نابلــر
چهرهٔ زرد اوزره دوکسون مدّعی خونابلر
گرم اولوب پری لقالر پیرهن چاك ایلیوب
بزمــه آچلسون ینــه خُلْدِ بریندن بابلــر
قاشلرك اوزره مطرّا ایت پریشان طرّه‌کی
کم چلیپالر بــری در کافــری محــرابلــر
سن سِز ای سروِ روان گردابِ خونین در بکا
صو کنارنــده گورونن لالــهٔ سیرابلــر
قِلجه قالمش بر نجه آشفته جان در شوقدن
مو دگلــدر جعفــرا بو زلفِ عنبر تــابلــر

و له ایضًا،

(۱۳۹) غزل (Vol. II, p. 284).

بن نه خذمتکار و نه مخدوم اولیدم کاشکی
گلمییدم عالمه معدوم اولیدم کاشکی
بولدی چون خاکم وجود اولمسه ایدم سیم و زر
طاش و طپراق یا بر آوج قوم اولیدم کاشکی
چون نما بولدم ریاحندن صایلمزسم دخی
بر پیازِ کم بها یا ثوم اولیدم کاشکی
چونکه جان بولدم قالیدم باری حیوانلقده بن
بلبل اولمزسم غراب و بوم اولیدم کاشکی
چونکه انسان اولدم آخر باری لطفِ طبعی یوق
بر گرانجان و دم مذموم اولیدم کاشکی
اولمدم چون اول دخی یا رب بو شوقی گورمیوب
عشقدن بی بهره و محروم اولیدم کاشکی
بو بلالرله دیرلمکدن اولوم چون یگ بگا
جعفرا بر میّتِ محروم اولیدم کاشکی

و له ایضًا،

(۱۴۰) هوس نامه‌دن (Vol II, p. 285).

شولر کم ترکی دلده شهرتی وار • بری شیخی بری احمد در ای یار
اگر شیخی در انصاف ایله بالله • سخن‌ورلکدن اولمش گرچه آگاه
فصاحتده ولیکن کاری یوقدر • کلامینک غریب الفاظی چوقدر
اگرچه واردر احمدده ظرافت • بولونور سوزلرنده هم فصاحت
بلاغتده ولی ماهر دگلدر • کلامک ربطنه قادر دگلدر
سوزینک حسنی واردر آنی یوقدر • نقوشِ دَیْرَه بگزر جانی یوقدر

آهی

(۱۴۱) خسرو و شیرین دن .(Vol. II, pp. 311—312)

مگر بر صبح دم بو زالِ گردون • سپهرڭ دامنن قلمشدی پُر خون
مگر کم وضع حمل اتمشدی ناهید • انوڭچون قان ایچنده طوغدی خورشید
طوغردی صبح دم بانوی دوران • بر التون باشلو صرمه صچلو اوغلان
چو دولت مطلعندن طوغدی اول ماه • مَلَکلر دیدی گوکده زَادَهُ ٱللّه
اون اون بش گونده خسرو بَدْرَه دوندی • صچی بر یلده لیلِ قدْرَه دوندی
ایاغن طورمغه بشلادی سروے • ترنّم قلدی باغبنڭ تذروے
دهانی غنچه‌سینه دوشدی ژالـه • رُخینڭ ده عذاری اولدی لالـه

و له ایضًا،

(۱۴۲) خسرو و شیرین دن .(Vol. II, pp. 312—314)

کماهی کشف ایدوب ماهیّتینی • یزار گون گیبی خسرو صورتینی
مدادڭ قاره قانلرینی ازدی • گهی خالینی گه زلفینی یازدی
گلنجه اول قد و قامت قیامه • قیامتلر قوپاردی صورِ خامه
سرِ زلفن دوکوب مشکین رقمله • میانڭ رسم قلدی قِل قلمله
لبی گویا که شول بر قطره قاندر • که آنده روح حیوانی نهاندر
یازلدی لوحه چون اول نقشِ شیرین • خجالتدن قزاردی صورتِ چین
بُتِ چینڭ تنندن اوچدی جانی • آچلدی کاسهٔ رویڭ دهانی
هزاران چین بُتی بی عقل و بی جان • اوروب دیواره پشتن قالدی حیران
قلم گیبی اوکندن قالدروب باش • الینی نقش ایشندن یودی نقّاش

و له ایضًا،

(۱۴۳) غزل .(Vol. II, pp. 314—315)

صاچلرن چوزسون بلوطلر رعد قِلسون ناله‌لر
قبرم اوزره حشره‌دك یانسون گوینسون لاله‌لر

شاهِ گُل دورانى در بلسون پیرسون بادِ صُبح
شاهدِ سروڭ اياغینه صو دوكسون ژاله‌لر
خسته‌لكدن شويله بيجان اِم بو محنت خانه‌ده
پنبه ايله آغزمه صو طَامْزِرِر نجاله‌لر
قان يودوب اولنلرڭ دردِ درونن يازمغه
بر ورق در لاله‌نڭ باغرنده پُر پَرْكاله‌لر
شول قدر اود ياقدى آهم باشلرينه آهى كيم
گوكلره چيقدى بو گون بندن فغان و ناله‌لر

و له ايضًا،

(١٤٤) غزل (Vol. II, p. 315).

بر حصيرم يوغيكن كلبهٔ احزانمده
بوريا نقشى گوريئور تن عريانمده
مردمِ ديده جگر گوشه‌لرن نيجه پيشير
بسله‌يم كندى يتيمر گبى دامانمده
يدوگم ابرى گدركن سگِ كويڭ له بنم
گورمدم نان و نمك حقّنى يارانمده
بڭا اول نامهٔ اعمال يتير آهى كم
يار خطّيله غزللر اوله ديوانمده

و له ايضًا،

(١٤٥) غزل (Vol. II, p. 316).

يرده قالمز آتشِ آهِ سحرگاهم بنم
طوفنور چرخوكه بر گون اى فلك آهم بنم
سايه وش اُفتاده قوللردن يانجه كمسه يوق
گون گبى تنها گزرسن اى يوزى ماهم بنم

قنده سِن ای مه که هر گون مهرِ رویڭ شوقنه
چرخ طقوز طولانور آهِ سحرگاهم بنم
طورِ موسی دوپمدی انوارِ حُسنڭ تابنه
هی نه طاشدن یورکم وار ایمش اللّهم بنم
اودلره یان آهی کم یاقدڭ جهانی اودلره
اودلره یانسون گورگم نالهٔ آهم بنم

روانی

(١٤٦) عشرت نامه دن (Vol. II, pp. 338—342).

اله آل ساقیا او جام عشقی • بنه مست ایلگل بو نامِ عشقی
یته بر بزمه ویرگل زیب و زینت • که عالم خلقی آندن آله عبرت
او بزمه ماهِ نو ساغر گرگدر • بخور ایچون فلك مجمر گرگدر
کمڭ کم جامله خوش عالی وار • سلیمان گبی الده خاتمی وار
کمڭ حُکمنده اولسه پادشا در • عجب آئینهٔ گیتی نُما در
او در وار ایسه گر مُهرِ سلیمان • کاَنڭ حُکمنده دورر انسله جان
نه بدر اوله که بولدقده کمالی • گتورر بر ارایه بش هلالی
خجل ایلر شعاع ماهتابی • سعادت یلدزی در هر حبابی
الن آلور گوریجك هر فقیری • اولور هر دردمندڭ دستگیری
آنڭچون یوز سوررلر خدمتینه • کمسنه دوپمز ایمش حرمتینه
نه یرده کم اپاق باصسه قدم در • او بزمڭ کاسه بازی جامِ جم در
قدومیله اولور بزم ایچی خندان • خلیله نیته کم آتش گلستان
معنبر بزم ایچی مسکین دمندن • مشرّف اهلِ دل در مقدمندن
نه حسن اولورکه کشف اولور نقابی • گتورر چرخه ماه و آفتابی
خُتَن تاجرلریله آشنا در • آنڭچون دائما نافه گشا در
نه وار دیرلرسه آکه خواجه مرجان • که طولمش حُقّه‌سی لعلِ بدخشان

آنکه کم دیر قدح در یا بو مُل در • بنفشه قوخولو بـر تازه گُل در
اگـر بگزمسه اول گُلعـذاره • آنی چکمزدی عاشقلـر کنـاره
مـلایم سیمتن محبوبـه بگـزر • اوپشمکدن صفالو خوبـه بگزر
گوزل انـدامی وگُل پیرهن در • دوداغی پُنْقه بر غنچه دهن در
گوزللر گبی دونمش قدحلـر • بنگك آلتونلولـر گیمش فرحلر
او در بزم اهلنگ چشمی چراغی • او در عاشقلرك بوراگی یاغی
مغنّیلـر نیتـده خاصّ اولوبـدر • آنگچون بزمـده رقّاص اولوبـدر
اوقونور آدینـه دائم غزلـلر • ال اُسنتـده طوتر آنی گوزلـلر
گوزه روشن گورنمزدی بو ایّام • بو عشرت خانه‌ده اول اولمسه جام
قدحلـر شمسهٔ زرکاره دونمش • ینـه ساقی الی پرکاره دونمش
بو عشرت قاپوسینگ حلقه‌سی در • گوزی اچیقلرك سر حلقه‌سی در
عجائب پهلوان مرد افکن اولمش • مسلمانلر یولنـده رهزن اولمش
مسلمانلاره یاغی اولمش ایـدی • حرامیلر یتاغی اولمش ایـدی
نه گردون در که جمع اولوب نجومی • غمگ شیطاننـه ایـدر هجومی
دِلر دیوِ غمی زندانـه صالـه • آنگچون دائره چیزمش پیالـه
صفا بُستاننگ طولابی در اول • وفا دریاسنگ گردابی در اول
اوقومق اسنسه عشرت کتابن • دخی گورمك دلرسه فضلی بابن
نه دگلو پیر ایسه هر آق صقاللو • یتر گوزلك برینه ایکی طولو
روانی عشرت ایله کامران اول • قوجالق فکرنی قو نو جوان اول

ولـه ایضًا،

(۱۴۷) عشرت نامه‌دن (Vol. II, pp. 342—343).

گل ای سازنـدهٔ بـزمِ زمانـه • که سازگله شرف گلدی جهانـه
طرب بزمنده چون سَن سِن مُغنّی • نه وار اطف ایلیبوب قِلْسه‌گ ترنّی
قو طولسون بزم ایچی آوازه‌لردن • اوقونسون صحبتگـده تازه‌لردن
بیور گلسون نه دگلو وار ایسه ساز • اچلسون مجلس اچره پردهٔ راز

چو هر بری نه‌یه اولورسه قادر • حقیقت کیمی جادو کیمی ساحر
همان سحر ایتمه در چنکک کمالی • که کوکدن ییره اندرمش هلالی
هوایه یلتنور هر لحظه طنبور • اوقوسون دیرسک آنک قولاغن بور
طوته‌مز عودله طنبور پنجه • نه وقت کندوبه ویره شکنجه
قچان تحریره باشلار اوقور افسون • کتابِ عشقه مسطر چزدی قانون
النده مطربک صانمک که دف وار • غم اوقلرینه قارشو بر هدف وار
عجب می عالی طوتارسه نامه • کمانچه اوقلو یایلی بر حرامی
بنی آکمغه مجلسده پیاپی • ینه ایپلك صرار پرماغنه نی
قوپوز کبی قنی بر خوب آواز • که سازک جمله‌سندن اوله ممتاز
کلور آوازه‌دن چون جانه راحت • براشمز سازسزِ بر لحظه صحبت
[اولوبدر نوعِ انسان بوکا قائل • نه انسان بلکه حیوان داخی مائل]

وله ایضاً،

(١٤٨) عشرت نامه‌دن (Vol. II, pp. 343—344).

کرک در بزم اهلی اولسه کامل • کرکمز صحبتک ایچنده جاهل
کرک هر بریسی بر فنده فائق • که سویلنه حقایقدن دقایق
فصاحتدن قچان کم اوره‌لر دم • بلاغت اهلی اوله جمله ملزم
یازالر اوقویه‌لر شعر و انشا • که هر بر سوزلری اوله معمّا
قچان کم بزم ایچنده سویلنه راز • اوله هر بریسی بر نکته پرواز
کرکمز سوزلرنده هیچ زائد • بو بزم ایچنده سویلنمز زوائد
قچان کم جمع اوله بربیره اصحاب • رعایتلر اولونه آنده آداب
بره بربرنه حرمت ایلیالر • کلوب کندکجه عشرت ایلیالر
قدحده ایتمیالر چوق کلامی • اوکنده طوتمیالر الده جامی
صونلدیغی کبی نوش ایلیالر • درونن جرعه‌دن بوش ایلیالر
طولوسز ایله‌مک بزمِ شرابی • کوزللردن دخی قلمک حجابی
نه حاجت ال اوجی ایله کوریشمک • طولو باشینه عادت در اوپشمك

گیجادن کم آکورسز اله راحی * مشرّف ایلکز اول دم صباحی
اوطورمغیلـه بولور بزم رونق * براشمـز صحبت ایچنـده اویومق
گرك صحبتده هرنـه اولسه معذور * نیچون یارینده‌سی اول اوله مذکور
عرب دیلنـده چونکم بو مثل وار * كَـلَامُ اَللَّيْلِ يَمْحُوهُ اَلنَّهَار
ایده‌لر اهلِ دللر بزمـه ترغیب * رعایت اولنه هـر دم بو ترتیب
کشینڭ همـدمی کم اولـه عارف * روانی سوزلری اولور معـارف

وله ایضًا،

(١٤٩) عشرت نامه‌دن (Vol. II, pp. 844—846).

بنـه ساقی اولوبـدر کیمیاگـر * که دائم طونـر الـده پونـه زر
آکـه اولمش میسّر گنجِ قارون * که ایدرمش هر فقیرڭ ایشن آلتون
قچان کم خذمت ایچون ایده نیّت * گرك حُسْنینه ویره زیب و زینت
اولیجق سرووش خذمتـده قائم * گولر یوز گوستره گل گیبی دائم
جمالی گلشنینڭ گللرنـدن * بنفشـه زلفنڭ سُنْبُللرنـدن
ایـده مجلس ایچون تازه گلستان * آنی هر مست گوروب اوله حیران
هلال ابرولرنـده قویمیه چین * شفقدن گوستره بر یڭی آئین
قچان مجلسده اوله طولو پرداز * کیمینه چوق کمینه ویرمیـه آز
نه آرتق اوله ساغرده نه اکسك * که سویلمزسه آنـده ارتغ اکسك
آیاق طولولرن ایچدکجه ساقی * قومیـه جرعه‌دن ساغرده ساقی
نُقُل یرینه ویرسـه بوسه‌لردن * صونه دائم شکر سنبوسه‌لردن
نیز ایچڭك دیوبن ایتمیـه اقـدام * اوگنـده قِلْمیه یارانـه ابـرام
ایدوب ساقیلغی اوطوره اپسم * اوتانه خذمتندن هر بـر آدم
اوپشمکده ایکن ایتمیه نـازی * قاقیوب باصمیـه روے نیـازی
طوروب اول دمده گوستره تلطّف * اوله صحبت اِچنـده بی تکلّف
روانی طواولر ایچمك دمیـدر * صفا و عیش و عشرت عالمی در

و له ایضًا،

(١٥٠) غزل (Vol. II, p. 346).

دائما اولسه مصاحب نولـه دلـداره قپوز
هرنه قلدن که چالارسه اویار اول یاره قپوز
ای طبیبِ دل وجان نبضنی طوت حالنی گور
اِکْلر خسته اولوب دردیلـه او بیچاره قپوز
عاشقڭ گبی قازه دائره‌دن گوکسنی دف
هرنه دم جورڭ الندن که گله زاره قپوز
دوشوروب عشق هواسینه ایکن یلْتَنْمَسون
قِلْدی اول یـارِ پری چهـره‌یی آواره قپوز
یالواروب گاه الن گاه یوزین اوپمزدی
عاشق اولمسه روانی و جفاکـاره قپوز

کمال پاشازاده

(١٥١) غزل (Vol. II, pp. 350—360).

کمسه اغیارڭ الندن آلمـاز یار آتَکِن
قوسه اولمز نه ایدهیم تازه گُلڭ خار آتَکِن
گوزلرم خانه‌سنـه گلـدی جگر گوشـه‌لری
طوتدی قانلو دیه بو دیدهٔ خونبار آتَکِن
خط دگلدر گورونن مسك صاچلمش یوزنیه
سلکیجك بـادِ صبـا زلف سیه‌کار آتَکِن
دامنِ گُلی صانورسین نه در ای بـاد صبـا
نه الڭ وار که چمنڭ اچه‌سڭ یار آتَکِن
دوشیرور دامننی کم صویـه اوغرایـه کشی
چکسه بوز کرّه نولـه زلف سیه‌کار آتَکِن

بیوفالر غمّی چاك ایله‌یلو دل یقاسن
بلـدی قدرینی قومز بـارِ وفادار آنَکِن

و له ایضًا،

(۱۵۳) غزل، (Vol. II, pp. 360—361).

صانمه گلگون اولدی جامم قانلو یاشمدن بنم
نارِ عشقڭ شعله‌سی گورندی طاشمدن بنم
روی زردم صو اِچنده قالدی نیلوفر گبی
بحرِ عشقڭ موجی گلدی آشدی باشمدن بنم
ایکی کوپری در برر گوز نیل و جیحون اوستنه
بر ایـاغ اوزره یاپلمش ایکی قاشمدن بنم
گوننده بڭ گز قانلو یاشم موجی باشمدن اشار
گور نلر گچدی بو عشق ایچنده باشمدن بنم
منزلینـه وارمغـه زورق ایدنـدی مـاهِ نو
گوك کنارنده گچلـمز قانلو یاشمدن بنم
قان روان اولدی طوقشدی کرپگمڭ صفلری
غم چریسی هیبت آلدی بو صاوشمدن بنم

و له ایضًا،

(۱۵۴) غزل، (Vol. II, p. 361).

گلشنڭ سروِ روانی ساڭه اویگونمك نه‌دن
اولدی ایسه نوله گر سنگین دل و نازك بدن
حُسنڭڭ مصرنده روی جاریـه آبِ روان
زلفڭڭ شامنده هندی قول دررِ مسكِ ختن
بلبلڭ آگدیغی گل یوزڭڭ صفـاتی اولمسه
دل اوزانمز سوزه سوسن غنچه‌لر اچمز دهن

سرو و گل دپرنسه گلزار اچره تترر یورگم
گوکلمه شوبله قیلور که اول سروِ گلرخ درگلن
کوهسارِ محنتک هر لالهسی کم اچیلور
رنگی خونِ دلدن اولور داغی سوزِ سینهدن

ولہ ایضًا،

(۱۵٤) غزل، (Vol. II, p. 362).

دُور ایده دوران اگر یوز بیل جمالکدن بنی
هرنه ممکن که آیرَه بر دم خیالکدن بنی
یکی آیه دونمشم باشم کنارنده شنق
تاکه آیرده فلك مشکین هلالکدن بنی
ذکر و فکرم بلك و آغزك خیالی در سنك
شوق بر دم غافل ایتمز قیل و قالکدن بنی
آفتابِ حُسنکه اولدی رقیب ابرِو سیاه
قاره بختم گبی آیرده جمالکدن بنی
اولمشم جانا پریشان خاطر و شوریده حال
آیرلدن قاره بختم زلف و خالکدن بنی

ولہ ایضًا،

(۱۵۵) غزل (Vol. II, pp. 362—363).

کمسه باشه چیقهمز طرّهٔ طرّارکله،
کمسه سوز سویلهیهمز لعلِ شکر بارکله،
عندلیبِ دلی گوردکجه اچیلور گولهرك،
وار بیلشك اثره اول رخِ گُلنارکله،
آشنا اولمغه سعی ایت سگِ کویله گوکل،
ایل نه دیرسه دیه سن یار اولهگور یارکله،

مدّعى زلفنه زُنّار ديدكٔ اول صنمكٔ
هى نه كافرسِن آصبدى سنى زُنّاركله،

و له ايضًا،

(١٥٦) غزل (Vol. II, p. 363).

بر نفس غمدن اولمز خالى * نه عجب در بو عالمكٔ حالى
دنياده حالنى بيلير كشى يوق * عجب ايمش بو دنيا احوالى
طورميوب بر قراره چرخ دونر * بويله طورر بو دُنيا طورالى
جانن اوده آتاردلر دون كون * صويه طپراغه خرج ايدر مالى
اشبو دارِ غروره نهكٔ صيغماز * نكه يتمز بو قُبّهٔ عالى

عذارى

(١٥٧) رباعى (Vol. II, p. 369).

بر يانه كشتيگيرِ عشقِ نگار، * بر يانه آتشِ غم اغيار
بلمزم قنغيسيله طونشهيم، * وَقِنا رَبّنا عذاب النّار[1]

نظامى

(١٥٨) غزل (Vol. II, p. 372).

فصلِ گلدر طلب بادهٔ گلرنگ ادلم * نغمهٔ چنگله عيش ائمكه آهنگ ادلم
اچلم جامِ مصفّى وَرَلِم جانه صفا * نجه بر جهلله عقل آينهسن زنگ ادلم
مطربا طوت نى قانونله عشرت سورلم * حاسدكٔ يوزنى دف قامتنى چنگ ادلم
آغزكه نسبت ادرسه اوزنى تنگِ شكر * عالى باشنه تنگِ شكركٔ تنگ ادلم
بزمِ عشقكده نظامى گر اوره لافِ خرد * آلِلم عقلنى بر جُرْعهايله دنگ ادلم

[1] This quatrain, with an English paraphrase in verse, will be found on p. 31 of Redhouse's *History, System and Varieties of Turkish Poetry*, reprinted from the Transactions of the Royal Society of Literature, vol. XII, part I, 1879.

و له ایضًا،

(١٥٩) غزل (Vol. II, pp. 372—373).

خطّك اول پیروزه در كم لعلِ ناب اوسننده در
لبلروڭ اول لعل كم دُرِ خوشاب اوسننده در
خاك اول ای دل پرتوِ حسنندن استرسڭ نصیب
آفتابڭ پرتوی دایم تراب اوسننده در
چشمِ گریانمده ای‌دلبر خیالی قدّكڭ
بر نهالِ تازه در كم جوی آب اوسننده در
قامتم شول داله دونمشدر كه درد التنده در
گوزلرم شول عینه بگزر كم عذاب اوسننده در
یوزڭ اوسننده وطن طوتسه گوزڭ اولمز عجب
منزلِ مرّیخ چونكم آفتاب اوسننده در
زلف و ابروڭی گورنلر دیر هزاران آفرین
شول معنبر چتره كم مشكین طناب اوسننده در
ای نظامی وصله شاد اولمه و هجرانه ملول
كائناتڭ حالی چونكم انقلاب اوسننده در

گلشنی

(١٦٠) مقالات‌دن (Vol. II, p. 379).

وقتِ نیسان قطرهٔ صلبِ سحاب * انر ایكن گوردی بحری بی حجاب
طول و عرضنه نظر اولدی روان * گوردی كم یوق حدّ و پایان و كران
كندیسینه باقدی بی قدر و محل * اصلی در بر قطره آب پُر خلل
چونكم ایتدی عجز نفسینه قرین * شویله اردی امرِ ربّ العالمین
قعرِ دریادن صدف چقدی روان * اول محاسز قطره‌یه اچدی دهان
دوشدی قطره یومدی آغزینی صدف * گتدی قعرِ بحره ای خیر الخلف

اولـدی اصلِ گوهـر و دُرِّ یتیم • خوارلقدن بولـدی عزّتلـر عظیم
قطره ایکن اولـدی دُرِّ شاهوار • زینت تـاجِ شهـانِ روزگـار
نسبتِ دنـدانِ یـار دلفـریب • رونقِ لطفِ بنـاگوشِ حبیب
مسکنتدن بولدی اول دُرِّ ثمین • بونجه قـدر و قیمتی ای پاك دین
مسکنت تـاجِ الٰهی در بلنـد • ارمز آکه دستِ شومِ خود پسنـد
معجبـا اول قطره‌دن کم سن اگر • ساکه ایتمزسه بو سوزلردن اثـر
بحرِ دهرِ عالَمِ وجودڭ قطـره در • مسکنت گوستر کم اوله قطـره دُر
قومینجه کبر و عجب و نخوتی • بولمش در هیچ سـر اول دولتی

خلیلی

*(۱٦۰) فرقت نامه‌دن (Vol. II, pp. 382—383).

گوزم چون گوردی اول سروِ روانی • گوڭل بنـدن روان اولدی روانی
چو دریا اوکمه گلدی ایلدی جوش • فغانـه باشلادم بلبل گبی خوش
گیجه گوندوز ایشم اغلامق ایـدی • جگر هجـر اودینه داغلامق ایـدی
دلمده ذکرم اولدی نه ایدهیم دوست • دیرم قمری گبی نـه ایـدهیم دوست
شو رسمه چقدی بو دُنیا گوزومدن • بکلّی نـا اُمید اولدم اوزومدن
قمو علم و ادبـدن ایرو دوشـدم • فراق اودینه یانـدم صیرو دوشدم
فلك احوالمی تبدیل قلدے • قمو تحصیلمی تعطیل قلـدے
قنی اول علم و اول زُهدِ تزهّـد • قنی اول ذکر و اول طاعت تهجُّد
قنی اول شوق و اول ذوق و صفالر • قنی اول یـارِ جانی پارسـالر
قنی اول دورلو دورلو صوفلنمق • قنی اول باشلـر اچوبن صلائمق
دریغـا و دریغـا و دریـغـا • که دوشدم جمله‌سندن آیریلغـا

ولـه ایضًا،

(۱٦۱) فرقت نامه‌دن (Vol. II, p. 383).

گدردم یوله دوشوب یانه یانـه • گوزمدن دُر اقیدوب دانه دانـه

بر ایکی گون که چکدم محنتِ راه ٭ عنایت اریشوب راه اولدی کوتاه
لبِ دریایه اردم چون کمینه ٭ اروب بادِ صباوش بر سفینه
قضایه چونکه ویرمشدم رضایی ٭ گیروب دریایه یاد ایتدم خُدایی
چو کشتیبان دوزندی بادبانی ٭ روانه اولدی بو کشتی روانی
ایکی گون داخی دریا سیرین ایتدم ٭ اوچنجی گونده استانبوله یتدم
تماشا ایله‌دم اول شهر ایچینی ٭ دیدم که رومه گلمش شهر چینی
ایچی طوب طولو باغ و گُلستاندر ٭ لبِ دریاسی راحت بخشِ جاندر
خصوصا اول بنالر کم یاپلمش ٭ آنکٔ لُطفیله جان و دل قاپلمش
قپونکٔ سقفِ دیواری مذهّب ٭ جمیعِ شهری مرمردن مرتّب
نه‌یه باقسه‌کٔ گوررسن نقشِ چینی ٭ که حرفن یازه‌مز نقّاش چینی
اگرچه جمله باغی گلشن ایدی ٭ چو یار آنده دگلدر گلخن ایدی

شمسی

(١٦٣) ده مرغ‌دن (Vol. II, pp. 385—386).

وار ایمش اوّلده بر جای لطیف ٭ دلکشا خُرّم مقامی گی شریف
سروی سرکش لاله‌سی نعمان ایمش ٭ اسکی باغ الّا یکی بستان ایمش
بر عجب صحرا ایمش خوش نازنین ٭ گُل شقایق سُنبُل و سوسن زمین
ال ویررمش باغنه انجیرِ لوب ٭ هر یمشلر تازه تازه خوب خوب
الما و امرود و قیسی و انار ٭ بولیمش شفتالویه نه اعتبار
بو العجائب باغ قوشلر کندی در ٭ یا جهانکٔ مثلیدر یا کندی در
بونده قوشلر چوق ولی اون قوش تمام ٭ غیری قوشلر ایری طوتمشلر مقام
ایلمشلر آنده اول قوشلر قرار ٭ نیجه قوشلر هر بری بر درلو یار
کیمی دانشمند کم درویش گچر ٭ کندو زُعمنده قمو بر قوش گچر
بیریسی بایقوش ایمش اول قوشلرکٔ ٭ صوفیسی در زاهدی در قوشلرکٔ
بیری داخی قارغه در یارِ ظریف ٭ قصّه خوان و شاعر و شیرین حریف
بیری داخی طوطی در ملاّ گبی ٭ بیری کرگس در قلندر مشربی

بیری بُلْبُل در بزم گوینده دیـر ٭ بیری هدهد در حکیم بنده دیـر
بیری داخی قِرْلاَ نْغیچ صاحب نجوم ٭ بیریسی طاوس بـازرگانِ روم
بیری ککلك درکه فرهادی ایشڭ ٭ بیری لقلق در نماز خوانی قوشڭ
جمله بونلر اون قوش اولمشلر تمام ٭ اول عجب باغ اچره طوتمشلر مقام

علی

*(١٦٣) بحر الغرائب‌دن. (Vol. II, pp. 389—390).

حکمته صوردم که ای حکمت بڭا ٭ ویـر خبر کم صورارم عقلی سڭا
عقل نه در یا بو جسمڭ نه‌سی در ٭ نفس ایله عقلڭ حالی نیجه‌سی در
اصلی نـه در یری یا قنده اولور ٭ عقل کیمـه دینلور تنده اولور
نفس داخی عقلیله بر در همان ٭ نفسه داخی واری در منزل مکان
عقله می تابع اولور جمله بدن ٭ نفسه می تابع اولور یاخود بو تن
نفس نه درِ عقل نه در بللو بیان ٭ دله‌رم کـه بیله‌یم آنی عیان
فکر و حسّ و رأی [و] تدبیرکم دینر ٭ بو خصائل جمله عقلڭ نه‌سی در
بونلرڭ حالن بیان ایلـه بڭا ٭ حلّ ایده ویر صورارم آندن سڭا

دیدی حکمت صوردیغڭ بربر بڭا ٭ طوت قولاغڭ ایرمیڭ بندن یڭا
بو عقل و نفس و بدن کم جمله وار ٭ جمله حقڭ ویرلگندن در بولار
کمسه آنڭ حکمتـه اولماز حکم ٭ کندوسی بیلور ایشینی بیش و کم
قدرتی وارلغی در اشیـا قمو ٭ عقل و حسّ و فکر و ادراك ای عمو
بو بدن ترکیبِ حق دورر عیان ٭ یعنی کم کندوسنی قیلـه بیان
پس بو تن شهرینی بُنیاد ایلدی ٭ جسم و انسان دیوبن یاد ایلدی
دوندی جسمی جانی طولدردی تنه ٭ عقل سلطان ایلدی تن مُلکنه
پس عقل معرفتی حق دورر یقین ٭ حافظ اولدی جسمی صقلار هم امین
هم امین اولمش دُرر هم پاسبان ٭ جسمی نکلـر ارمیه ناگه زیان
امـرِ حقدر جسمی عقلی گوزَدن ٭ ابو یاوز نیسه گوروب گوزدن

نفس وجودك جمعنه دیرلر یقین * تنك كی یاد اندیشه نفس در همین
پس زائد اندیشه‌لر نفسانی در * نفسه كم تابع اولور شیطانی در
چون عقل معرفتی ربّانی در * عقله كم تابع اولور رحمانی در
كُلّی یاد اندیشه نفس در تنك در * عقل سلطان در بولر هپ بنده در

شریف

(۱۶۴) ترجمهٔ شاه نامه‌دن (Vol. II, pp. 392—393).

مطیع اولمشدی انس و جنّ اوزینه * قولق طوتمشلرایدی هر سوزینه
قیوبن ایشی گوچی بای و یخسول * اولورلردون وگون هپ عیشه مشغول
ایدرلر عیش و عشرت عاشقانه * غلام اولدی او دورانه زمانه
صدای چنگ و عود ایریشدی چرخه * طربدن گوكده زهره گیردی چرخه
اوگوش مدّت بونك اوستینه گچدی * كه تخت اوستنده اول شه بیدی ایچدی
اوزی حکمت ایچنده كامل ایدی * نه علم اولسه بلوردی عامل ایدی
دوزرلر كندوینه حکمتله برجام * كه ظاهر آنده نه اولسه سرانجام
بو افلاك و بو انجم هیئتیله * قمو وضع اولمش آنده حکمتیله
فلكلرده نه وارسه آنده مرقوم * ادر مستقبلك حالینی معلوم
ندگلو كه آندن ایچرلر مدامی * بولورلر طولو اول جامی مدامی
بو در خاصیّتندن بیریسی هم * كه غصّه گورمز آندن ایچن آدم
او در كم دیرلر اكا جامِ جمشید * انكله گچدی خوش ایّامِ جمشید

سلطان سليمان اوّل مُحِبّى

(١٦٤) غزل (Vol. III, pp. 9—10).

اختيارِ فقر ايدن درگاه و ايوان ايستمز
زاد غمدن اوزكه هرگز كندويه نان ايستمز
شوالكه استغنا سريرنده اوتوردى شاه وار
سرنسر اولماغه هفت اقليمه سلطان ايستمز
سينه‌سينه هر كه كسدى نعل يافدى تازه داغ
ايلمز باغه نظر سَبْزِ گلستان ايستمز
شولكه عشق اهليدر اولور كوى دلبرده مقيم
ايليوب ديوانه‌لك طاغ و بيابان ايستمز
اى مُحِبِّى يار الندن بر قدح نوش ايلين
خضر الندن گر اولورسه آبِ حيوان ايستمز

و له ايضًا،

(١٦٥) غزل (Vol. III, p. 10).

خلق ايچنده مُعْتَبَر بر نسنه يوق دولت گبى
اولميه دولت جهانده بر نفس صحّت گبى
سلطنت ديدكلرى انجق جهان غوغاسيدر
اولميه بخت و سعادت دنيه‌ده وحدت گبى
قو بو عيش و عشرتى چونكيم فنادر عاقبت
يارِ باقى ايستر ايسك اولميه طاعت گبى
اولسه قوملر صاغشنجه عمركه حدّ و عدد
گلميه بو شيشهٔ چرخ ايچره بر ساعت گبى

گر حضور اتمك دلرسڭ ای محبّی فارغ اول
اولمیه وحدت مقامی گوشهٔ عزلت گبی

شهزاده بایزید (شاهی)

(١٦٦) غزل (Vol. III, pp. 11—12).

نیچه‌یین ضایع ایدوب طولِ امله نفسی
قالمدی ذرّه قدر دلده بو دنیا هوسی
اضطرابی قو که ای مرغ روان سیر ایله
اسکیوب ایشته خرابه واریبور تن قفسی
کاروانِ روِ اقلیمِ عدم منزلنڭ
طوقنور اولدی دلا سمعمه بانگِ جرسی
غافل اولمه گوزڭ آچ دیدهٔ حق بین ایله گور
خوار گورمه خس و خاشاك ایله مور ومگسی
شاهیٔ بیدل و بیمار و گنهکاره نه غم
سن اولورسن اگر ای لطفِ خدا دادرسی

ابن کمال

(١٦٧) یوسف و زلیخادن (Vol. III, pp. 15—17).

گدوبن کوچ بکوچ منزل بمنزل ۰ یقین التدیلر چون مصره محمل
عزیزِ مصره گلدی مشتجیلر ۰ ددیلر اردی مصره تنگِ شکر
صفا کسب اتدی غایت اول خبردن ۰ نتکیم خسته دل جلّابِ نردن
خبرجیلاره ویروب مژدگانی ۰ یوراکی اوینیوب تالاندی جانی
همان دم بِندی استقباله چقدی ۰ چوزوب سنجق نقاره چاله چقدی
منادیلرله طولوب کشورِ مصر ۰ گلور آت ارقاسینه لشکرِ مصر

. . . .

سراسر شهرِ مصروڭ خاص و عامی ۰ بو استقباله چیقمشدی تمامی
نه دگلو وارِسه تعظیم و تبجیل ۰ ایدرلر جمله‌سین بَر وَجْهِ تفصیل

دوگوب فیل اوزره هندستان شهی کوس ٭ چلردی سنج و صورنا مهترِ روس
هوایی صوتِ رعدِ کوس ایدب فرق ٭ عَلَمِ پیرقلری تاب اوردی چون برق
رخِ گلنار عکسی بیله اول گون ٭ هوانک جامه‌سی اولمشدی گلگون
هوای بوزینه چکدکجه عَلَم سر ٭ دکر اول جامه‌یه زرّین عَلَملر
سما و باد اولوب سقّا و فرّاش ٭ صولانوب سوپرولردی طاغله طاش
اوروب آدم دکیزی هر یکه موج ٭ روان اولمشدی عسکر فوج بر فوج
باشنده هر برینک قبّهٔ نور ٭ صناسن کیم حبابِ عینِ کافور
بقوب صبح آدمک جمعیّتینه ٭ تعجّبدن الین اوروب الینه
علملر بر ایاغ اوزره یوروردی ٭ صچینی توغ چوزمش رقص اوردی
چقوب آت ایاغندن توز هوایه ٭ قتیلدی بر قتی ییروک سمایه
فلکده اولدی خاکی بُرجِ آبی ٭ گونش دوندی یوزه توزدن نقابی
بو غوغادن یولوک طاغی و طاشی ٭ اویانوب اویخودن قلدیردی باشی
چقوبن مصردن بو شوکتیله ٭ یوریدیلر بوله جمعیّتیله
عزیزک خاطری خوش کوکلی مسرور ٭ خیالِ دلبریله کوکلی پر نور
یتشدی جاننه جانان قُخوسی ٭ پُر اولدی کوکلنه وصلت اموسی
یقوبن ایچنی یار انتظاری ٭ اوده دوشمش بکی قالماز قراری
نه وقت اولم دیو یاره مقابل ٭ گیدردی یول سوروب پُر مِهر بی دل
روان صو بیکی ییل بیکی شتابان ٭ چچنجه ییر نیجه طاغ و بیابان

و له ایضًا،

(١٦٨) قصیده[1] (Vol. III, pp. 18—19).

عزمده نو جوان و حزمده پیر ٭ صاحبُ السّیف و صائبُ التّدبیر
هم صف آرایدی هم آصف‌رای ٭ نه وزیر ایسترایدی و نه مُشیر
الی شمشیر ایدی و دلی خنجر ٭ نیزه ایدی قولی و پرمغی تیر

[1] This poem also, accompanied by an English verse-translation, will be found in Redhouse's *History, System and Varieties of Turkish Poetry*, pp. 28—29.

آز زمانده چوق ایش اتمشیدی ٭ سایه‌سی اولمش ایدی عالمگیر
شمسِ عصر ایدی عصرده شمسڭ ٭ ظلّی اوزون اولور زمانی قصیر
تاج و تختیله فخر ایدر بڭلر ٭ فخر ایدردی آنڭله تاج و سریر
گوڭلی اول سورده بولوردی سرور ٭ که چاله چاغریدی تیغ و نفیر
رزم ایشنده و بزم عیشنده ٭ گورمدی پیرِ چرخ آڭا نظیر
چیقسه ایوانِ بزمه مِهْرِ مُنیر ٭ گیرسه میدانِ رزمه شیرِ دلیر
اولیجق دار و گیر اول شیری ٭ آڭسون و قانلر آغلسون شمشیر
حیف سلطان سلیمه حیف و دریغ ٭ هم قلم آغلسون آنی هم تیغ

و له ایضاً،

(۱۶۹) قطعه (Vol. III, p. 19).

سڭا ای نورِ مجسّم نیجه تشبیه ایده‌یم
یوق ایکن وجه شبه تازه نهالِ چمنی
او بولور جامهٔ سبزین ورقله رونق
سن ایسه احسن اولورسن چقاروب پیرهنی

لامعی

(۱۷۰) مناظرهٔ بهار و شتا دن. (Vol. III, pp. 29—30).

گل ای دل ناله قِل بلبللریله ٭ اچل عشرت دمیدر گُللریله
نوالر گوستروب آهنگی گرم ایت ٭ بو آهن دللری آهڭله نرم ایت
قوماغل لاله‌وش جان ایچره داغی ٭ که فرصت الده ایکن طوت آیاغی
بو چاغلر گچمدین داد آل جهاندن ٭ سرودین کسمدین دم رودِ جاندن
صلا در های و هویه دیده قل باز ٭ ایدر سن هی دینجه مرغ پرواز
قُلاغ اول گل گبی کیم مرغ شبخیز ٭ نجا اتمش سحردن ناله‌سین تیز
دوزب هنگامه‌لر مرغانِ پُر های ٭ صولر ایلر تران بلبل چلر نای
سمنلر برگِ ترلردن طوتر دف ٭ چلر شوریده اولب جویلر کف

ایکی قولدن دیزلمش سرو و عرعر • صراقالغر چمنده بادِ صرصر
صولر گزلنج اوینر باغ ایچنده • چیچکلرله یشل پیراغ ایچنده
صبا قاپوب کُلاهِ یاسمینی • قلور صاچ بولمسی درِّ ثمینی
آغجلر اللشور برگِ تریله • چیچکلر بولشور بلبللریله
اوینجی باشی در بادِ سبکبار • قوغالار بربرین اطفالِ ازهار
صبا اوکنجه مانندِ کبوتر • هوایی تقله‌لر اورر گُلِ تر
طونشدقجه شکوفیله چمن ال • ایرب هر بیرنه بغدا کچر یل
شِتَهبدن اود قپر ابرِ گهرریز • گل افشانلق ایدر بادِ سحرخیز
دونب اوینر صولر چنبرلریله • یشل پیراغدن خنجرلریله
طورر دَمَبَستَه قالوب ارغوانلر • یاریشور بادله آبِ روانلر
ریاحیله ریاحین طور طوت اوینر • چنار ال صونر ایلر رقص عرعر
خوش انمش شاخِ شوخی طوندب باد • چمنده جورجنی اوینده استاد
گلِ بادامه نرگسلر گوز ایلر • قرنفل باغه نسرینی بوز ایلر
صولر آیینه منظردر فلک وار • کواکب صورتیدر آنده ازهار
چمنلر گوک نجومی ژاله‌لردر • سمنلر آی و صولر هاله‌لردر
مُحَصَّل هر طرف در محشر آباد • گورنلر حورِ عدنی ایلمز یاد
بقنلر آکه عینِ عبرتیله • عجبمی قالسه رای حیرتیله
قو زُهْدی لامعی اولغل صبا خیز • گُل ایّامی دگل در وقتِ پرهیز

و له ایضًا،

(۱۷۱) مناظرهٔ بهار و شتادن (Vol. III, pp. 30—31).

گل ای شوریده دل سودا دمیدر • هوالر معتدل صحرا دمیدر
گُنش یوسف این میزانه کچدی • زلیخای زمان گنجِ زر آچدی
گُنش گیبی صراردوب چهره ایوا • عنبلر آصدی عنقودِ ثریّا
چمنلر زعفرانیله بویاندی • آغجلر سرنسر آلتونه یاندی
دوکیلوب بیره اوراقِ زر اندود • پُر اولدی ماهیٔ زر برله هر رود

آنگچون در هوادن آتش افشان ۰ طونشدی هر درخت اود اولدی یکسان
مُزَعْفَر لالـه در کیم بغری پر داغ ۰ صرو پیراغ ایچنده هـر سیه زاغ
صچـر آفاقـه سلکندوکجـه پرلـر ۰ اولب هر بر آغج بـر مرغ اصفـر
لجین سیمدن خلخال ایدر جوی ۰ زر آیلـه یازر هر برگِ رز روی
چمنلـر صحنونک دلکش نگـاری ۰ قلـور حنّالیوب دستِ چنـاری
شهاب آتوب زمین دیوین قلور رجم ۰ درختِ سبز اولوب گوک گبی پر نجم

* * * * * * * * * * * *

و له ایضًا،

(١٧٢) ویسه و رامین دن (Vol. III, pp. 32—33).

چو دَوْرِ روزِ روشن آخر اولدی ۰ دلِ آفـاق ظلمت برلـه طولـدی
شهِ مغرب زمین عرض ایلدے رو ۰ قرارب شب فلکلـر چاتدی ابرو
فلک صحنی قنادیلیلـه طولـدی ۰ رُخِ کافوره عنبر پرده اولـدی
نسیم شب دونردی مشک و عنبر ۰ سپندِ شامـه اولـدی چرخ مجمر
سوررلـردی دمِ عیشی قراکـو ۰ شهیلـه قالـدی تنها نیجـه بانـو
سورب اول گُل یُزینی خاک پایـه ۰ بو ویرب بوسـه دستِ پادشایـه
شهنشاهیلـه اولمشلـردے دمساز ۰ اولب هر بیریسی افسانـه پرداز
دم دلکـش لبِ مستانه‌سنـدن ۰ شهنشه بونلروک افسانه‌سنـدن
دلی شوق و طربدن طولمش ایدی ۰ بغایت طیّب اَلْوَقْت اولمش ایدے
گهی دریالین ایـدردی جوشی ۰ گهی یغما قلوردی عقل و هوشی
گُل اندام و سمن بر سیب غبغب ۰ گورر کیم ایچلرنده بـر شکر لب
حیـا ایلر گُنَش رنگ گُلندن ۰ یغـر سوز یرنـه سکّر دلنـدن
صَچنـدن منکسر عـود قماری ۰ نسیمندن خجل بـادِ بهـارے
صچین گورمش گُنَش دیوانه اولمش ۰ رُخی شمعینـه مـه پروانـه اولمش
دم صُبحی قوے شرمنـده ایلـر ۰ نـه دم یوز شرملـه بر خنده ایلـر
اول انجملـر ایچنده بـدره بکزر ۰ جمالی عید و صاچی قدره بکزر

ویرب حسنی دلِ سلطانه سلوت * همان دم ایلدے یانینـه دعوت
صونب دستینـه بر زرّین ایـاغی * ددی ای حسن و خلقڭ تازه باغی
پری میسین نه خوش افسون ایدرسین * آلوب عقلم بنی مجنون ایدرسین
لبڭدن شهد و سکّر یاغدررسین * سزُڭدن بزمه گوهر یـاغدررسین
بنی لطف و کرمدن بندهٔ قلدڭ * تواضعلـر ایدب شرمندهٔ قلدڭ
برو صون دستڭی جانیسه قصدڭ * که دنیادن بنی مهرڭلـه کسدڭ
مرادڭ ملك ایسه یاخود خزینـه * بقن کیم در آنوڭ چوغ و آزینـه
بگـا پـایڭ تُزی او کیمیـا در * که عالم گنجی چشمندهٔ هبـا در
گر اولسڭ بگه دلدار ای دلافروز * شبم قـدر اولـه روزم عیدِ نوروز
سنی سـر تـاج ادینم عالم ایچـره * شراب ایچم الوڭدن هر دم ایچره
شب وروز ایدنوب بانـو سرایم * ویرم دستوڭه ملك و مـال و رایم
شهنشه چون کلامین آخـر اندی * نهانی سوز و سازین ظاهـر اندی
اچوب یوز شرمله او جان دهانی * مکرّر ایلـدے سکّـر بیـانی

* * * * * * * * * * * * *

و له ایضاً،

(۱۷۴) غزل (Vol. III, p. 34).

چاغرشور گوکده ملکلر آه و زارمدن مدد
اودلره یاندم بو آهِ پُر شرارمدن مـدد
قونمسون یار ایشکینـه خاكِ جسمدن غُبار
ای گوزم بالله بو سیلِ اشکبـارمدن مدد
گوزلرم یول گوزلمکده تیره دلدر ای صبـا
نوتیـاے خاکپاے شهسوارمدن مـدد
ای طبیبِ جان دله کار اتمدین بو زهرِ غم
ذرّهجه تریاك شهد لعل یارمدن مدد

لامعی دل زورقن گردابـــه صلدی موجِ غم
بی کنار وصل یاره روزگارمدن مدد

فغانی

(١٧٤) غزل (Vol. III, p. 36).

گوزمڭ قصرین ایدنسه خیالڭ نوله جای
شهِ عالمـدر ایدنسه یریـدر صرجه سرای
شبِ فرقتده گوزم خواب ایله جنگ ایلمکه
مژه‌دن بغلدی ای مه ینه بـر قاره الای
بامِ چرخ اوستنه نالهم چقوبن طفل گبی
آشغه اینمکه قورقر چغروب دیر ای وای
بر نفس ناله‌مه رام اولمغه قومـز دیوبن
گوسترر اللـره پرمغلـه بنی بزمده نـای
آبغی اللـره تقسیم ایدرسن بـزمڭده
نچون ای ساقی فغانی قولڭه دگمیه پـای

غزالی

(١٧٥) تاریخ بر کشیده شدن اسکندر چلبی از خاك و عروج کردن او بجانب افلاك (Vol. III, pp. 39—40).

میر اسکندر اعتباری گوروب ٭ ای گوڭل عبرت آل بو حالتدن
حاصلی نولدی عاقبت گور که ٭ بو قدر عزّت و سعادتدن
دادوبن زهـرِ قهری آغزنـده ٭ قالمدی هیچ اثـر حلاوتدن
اولوبن نجمِ طالعی راجـع ٭ بُعده واردی کمالِ قربتـدن
قوندی تـوز چهرهٔ امانتنـه ٭ صرصـرِ تهمتِ خیانتـدن
رفعنه وارد اولدی حکمِ شریف ٭ ناگهان درگهِ عدالتـدن

چکدیلر سوی آسمانه همان ٭ گونورب آنی خاكِ ذلّتدن
گتدی دونه دونه سماع ایدرك ٭ دارِ انسه دیارِ غربتدن
بوینی باغلو قول اولدی درگاهه ٭ اولدی آزاد بندِ محنتدن
بصمدی یر اپاغی شادیدن ٭ بشی قورتلدی چون مذلّتدن
اغدی معراجه خوش لطافتله ٭ قورتلوب عالمِ کثافتدن
اولوسی دریسی آنوڭ اصلا ٭ اولمدی خالی هیچ رفعتدن
آخرنده دخی امید اولدر ٭ اوله بر عالی پرده جنّتدن
ددی اهلِ سما اکا تاریخ ٭ قِلْدی عزمِ سُمُوّ لطافتدن

اسحاق چلبی

(١٧٦) غزل (Vol. III, pp. 43—44).

هر بلایه صبر ایدردم محنتِ یار اولمسه
یار جَوْری نیلییدے طعنِ اغیار اولمسه
غم دگلدر غمزهٔ خونریزِ فتّان اولدوغی
یولنه جان ویرمك اولوردی دلازار اولمسه
آه و ناله قچن دمساز اولوردے عندلیب
دم بدم گلشنده گُل هم صحبتِ خار اولمسه
دل شکست اولوب پریشان خاطر اولمزدم اگر
زلفِ مشکینكڭ گبی بختم سیهکار اولمسه
خاطرم سیرِ گلستان انمزیدے دوستم
آنده گر بلبل گبی بر یار غمخوار اولمسه
رحم ایدب اسحاقه جانا صورتِ حالن یازب
سکا کیم اشعار ایدردی نظم و اشعار اولمسه

و له ایضاً،

(١٧٧) غزل، (Vol. III, p. 44).

غمدن اولدم ای مهِ نامهربانم قنده سین
گوکلره بوینـدی فریـاد و فغانم قنده سین
گلشنکدن آبـرو آرام ایلمـز دل بلبلی
ای یوزی گُل قامتی سَرْوِ روانم قنده سین
لبلرکله گل شکرریز اول دل و جان بزمنـه
قنده سین ای طوطئ شیرین زبـانم قنده سین
ای بنم روحِ روانم اولمدین گوستر یوزکُ
بولوکه اولسون فدا جسمم و جانم قنده سین
شوقدن اسحاق اولوردی لطف ایله برکز دیسه‌ک
ای بنم شیدا و زار و ناتـوانم قنـده سین

و له ایضاً،

(١٧٨) غزل، (Vol. III, pp. 44—45).

هرکه نظمم گورسه اول لعلِ گهر پاش اوسننه
جان نثار ایده دیوب تحسین و شاباش اوستنه
گُل که لشکر چکدی صحرای چمنده لالـه‌یـه
روم شاهی درکه عزم ایتدی قزلباش اوستنه
توبه ایتمك عاشقه دوشمز مَی و محبوبدن
جامهٔ تقوی برشمـز رِنْـد و قلّاش اوستنـه
لعلکـه بکزر دیـو جامِ شـرابی دوستم
مجلسِ میده صراحی گوزرر بـاش اوسننـه
دردمند اسحاقی آغلك که غریب افتاده در
کمسه‌سی یوقدر قویه اولدوکده بر طاش اوسننه

اصولی

(١٧٩) غزل (Vol. III, pp. 45—46).

وجودِ مطلقڭ بحری نه موجی کم ایدر پیدا
انا الحق سِرّنی سویلر اگر مخفی اگر پیدا
معادندر قمو اشیا ایدر اوز کندو ذاتندن
کمیسی سیم و زر ظاهر کمی سنگ و مدر پیدا
بو باغڭ گر حقیقتده صویی بر باغبانی بر
ولی اولمش حقایقدن نجه یوز بیڭ شجر پیدا
نظر قِل نوعِ انسانه کمی زهر و کمی سکّر
عجب حکمت بر آغجدن اولور درلو ثمر پیدا
دوریلور نجه بیڭ اِشار بوزیلور نجه جنبشلر
نه کارِ بو العجب در بو که اولمز کارگر پیدا
بو طوقوز قُبّهٔ شش سو اِچینه گلدڭ و گتدڭ
نه گلدوگڭ قپو ظاهر نه گتدوگڭ مِمَر پیدا
نجه زحمت چکر کسبِ کمال ایدنجه بر عارف
بلی چوق قان یودر کان ایلینجه بر گهر پیدا
قمو نظّارەده ابکارِ معنی منتظر درلر
اصولی گیبی تا کم اوله بر صاحب نظر پیدا

ذاتی

(١٨٠) غزل (Vol. III, pp. 54—55).

قامتڭ ای بوستانِ لامکان پیرایەسی
نوردن بر سرو در دوشمز زمینه سایەسی
یوسفی گرچه گورنلر اللرینی کسدیلر
گون یوزڭ گوردی سنڭ شقّ اولدی آیڭ آیەسی

منزلگك نیرِ دعاوش ماوراے نُـه سپهـر
قدرگگك عرشِ مُعلّادن معلاّ پایه‌سی
اوّل و آخر نظیرگك یوق سنگك ذاتگدرر
ختمِ جمله انبیا کَوْن و مکانگك وایه‌سی
آخرت بازارینه واردقـده ایلـر فائـده
نقدِ عشقگك در آنگك کم سَرْوَرَا سرمایه‌سی
بـاغِ جنّتـده اُمیـدم بو درر کم ذاتی‌یی
جمله مومنلرله اول سَرْو ایدینه همسایه‌سی

و له ایضًا،

(۱۸۱) غزل (Vol. III, pp. 55—56).

بر سیم تن نراشی گوزل خوب سرتراش
حسن و کمال خلقله آکدردے خلقه بـاش
جسمِ لطیفـده دلِ سنگینی گورینـور
صنمگك طاقپدرر بلنـه اول نگار طـاش
حمّام گیبی بـاشمه چقـدے بخارِ عشق
دوکسه عجبمی دیده‌لرم قورنـه گیبی یـاش
هرگـاه بی تکلّف اوپردے آیـاغنی
حمّامنه آنگك یوزیمز فرش اولدے کاش
بز پا برهنه بـاش اچوق ابدالیوز آنگك
اول صوبدی ذاتیا بزی اول ایلدی تراش

و له ایضًا،

(۱۸۲) غزل (Vol. III, p. 56).

گوربجك حسنگك عنانِ اختیار الدن گیدر
۲۰ تیغِ خشمی لطف ایت ای چابکسوار الدن گیدر

باشکیچون نقش ایدوب آیاغه صالمه عاشقی
رنگ حنّای ملاحت ای نگار الدن گیدر
غرّه اولمه بونجه مرغِ دل شکار اندم دبو
عاقبت شهبازِ حسن ای شهسوار الدن گیدر
ذاتی موره الکدن گلدوکجه ایله لطف
خاتمِ حسن ای سلیمان اشتهار الدن گیدر

و له ایضاً،

(١٨٣) غزل (Vol. III, p. 57).

نولدک آکلرسن فلك هر جایی جانانک می وار
هر مقامی سیر ایدر بر ماهِ تابانک می وار
بکزکی ای بوستان بادِ خزان می اندی زرد
یوقسه باشی طشره بر سَرْوِ خرامانک می وار
اغلیوب فریاد ایدرسن هر سحر ای عندلیب
خارله همسایه اولمش ورد خندانک می وار
بولکه جانم فدا انسم گرک جانا دیدم
بوزمه بیک خشمله بقدی دیدی جانک می وار
زلفِ دلبر گبی ای ذاتی پریشان سن بنه
جور بی حد یوقسه بر یار پریشانک می وار

و له ایضاً،

(١٨٤) شمع و پروانه‌دن (Vol III, pp. 57—58).

چو بولدی شمع ایله پروانه وصلت • طاغلدی خلق ایکیسی قیلدی خلوت
چو گلدی بر ارایه شمع ایله شاه • صان ایتدی اجتماعی مهر ایله ماه
براقمشلر طفوز قات جامه خوابی • براقادقلری رینک یوق حسابی
قومشلر آکا التون نردبانی • ایکیسی جامه خوابه چیقدی آنی
چو چیقدی آکا اول دردک دواسی • طفوز قات چرخه صان مؤمن دعاسی

انی حمامِ نازك بیکی صویدے ۰ چو عریان ایلدی قوینینه قویدے
قوینده یاره‌شور گوردی او برّه ۰ قویوب قوینینه قوچدی نیجه کرّه
پس آندن اوردی شفتالویه دندان ۰ صفالر سوردی ایردی جانته جان
او سینه گوییا بر خرمنِ گل ۰ او شب گل خرمنینه ایردی بلبل
ه شهکك الدن اوچاز مرغِ قراری ۰ دوشر اردینه قالمز اختیاری
ایریشور بر گومش صحرایه اول یار ۰ گورر بر قدرت آهوسی ابزی وار
اول آهو ابزینه چون شاه اوروزال ۰ بولور آلتنده بر دُرج مُقفّل
انی مفتاحِ مرجان ایله اچدی ۰ روان اول جامه خوابه لعل صاچدی

• • • • • • • • • • • •

خیالی

(۱۸۵) غزل (Vol. III, p. 64).

بر ابد ملکینه جانم هجوار اتمك نجه
دولتندن کایناتك جمله عار اتمك نجه
موبه‌لرله جسمی عشق اچره بر مو ایلیوب
کاکلِ دلدارده واروب قرار اتمك نجه
بحرِ سیابیده کی مرغانِ زر پیکرلری
شاهباز همّتم صالوب شکار اتمك نجه
آسمانك بو طغورِ جامِ زمرّد فامنی
بر ارادن نوش ایدب دفعِ خُمار اتمك نجه
چهره‌سن برگِ خزان اندی خیالینك فلك
سن بهار حسنه آنی بر گذار اتمك نجه

ولـه ایضاً،

(۱۸۶) غزل (Vol. III, p. 65).

بنم مجنونِ پُرِ سودای لیلی ۰ باشمده شورشِ غوغای لیلی

بن اول فُلْكِ مخالف روزگارم * كه غرق اندى بنى دریای لیلی
شهیدِ عشقدر قنلو كفنده * بڭا هر لالهٔ صحراے لیلی
ایدر مجنون گوكل ناموسدن عار * اوللدن عالمه رسوای لیلی
بنم پُر حال بر مجنونِ صامت * ولی گوكلمده هوی و های لیلی
قولاغینه گلور آوازِ خلخال * گورنمزی نشانِ پای لیلی
خیالی جان گوزیله بقمیغه * گورنمز صورتِ زیباے لیلی

و له ایضًا،

(١٨٧) غزل (Vol. III, pp. 65—66).

كلامم اهلِ دردڭ دایما وِرْدِ زبانیدر
محبّت عالمینڭ هر سوزم بر داستانیدر
صنملر یادنه دَیْرِ جهانده آهم و اشكم
نواے ارغنونیدر شرابِ ارغوانیدر
بوزلدن صورتِ ارژنگی سن بو نقشِ دلكشله
بنم وصفڭده هر بیتم نگارستانِ مانیدر
واررسڭ قبرِ مجنونه تماشا قِل كه لیلانڭ
مكحّل چشمنڭ هر استخوانی سرمه‌دانیدر
بو گون دَوْرِنده بر دارای جم قَدْر و فلك تختڭ
خیالی عرصهٔ نظمڭ سرآمد پهلوانیدر

و له ایضًا،

(١٨٨) غزل (Vol. III, pp. 66—67).

چمنده هر نهالی گوكدن انمش حوره بڭزتدم
چیچكلر گوردم آنلارڭ یوزنده نوره بڭزتدم
گلستان راهنی گوردم بیاض اوراق زین انمش
بهشتِ عدن عیننده آقن كافوره بڭزتدم

چمنـدر وادئ ایمن شکوفیلـه درختن هم
تجلّی نورنـه مستغرق اولمش طوره بکزرتـدم
بلوب یوسف گُلی مصرِ چمنده جویباری هم
اکا آیینـه ایلتن عاشـقِ مهجوره بکزرتـدم
خیالی سینه‌سن گوردم غمِ اغیـار زبن اتمش
گیاهنده لطـافت یوق زمین شوره بکزرتـدم

وله ایضًا،

(۱۸۹) غزل (Vol. III, p. 67).

لذّتِ درمانی ادراک ایلمز بی درد اولان
بزمِ دردک جامنی نوش ایلمز نامـرد اولان
پخته اولمز آتشِ دوزخله یوز بیک ماه و سال
شول ریانک گرم بازارنده زاهـد سرد اولان
عشقِ یـاریلـه نولا دورنـه گرسم اے فقیـه
گرد بادیلـه یولیدر رقص ایدرسه گرد اولان
هم جناحیـدر بو گون عنقاے عالی همّتک
کاینانک آشیان و دانه‌سنده فـرد اولان
وردی بو باغک خیالی رنگ و بویندن خبر
شول خزان برگی گبی که سبزه‌کاهی زرد اولان

وله ایضًا،

(۱۹۰) غزل (Vol. III, p. 68).

جهان آرا جهان ایچنده در آرایی بلمزلـر
شو ماهیلر که دریا ایچره در دریایی بلمزلـر
خرابات اهلنه دوزخ عذابن آگمه ای زاهد
که بونلر ابن وقت اولدی غم فردایی بلمزلـر

شفق گون قان ایچنده داغنی سیر انسه عاشقلر
گونشده ذرّه گورمزلر فلکده آیی بلمزلر
خمیده قدلرینه رشتهٔ اشکی طفوب بونلر
اثرلر تیرِ مقصودی ندندر یابی بلمزلر
خیالی فقر شالینه چکنلر جسم عریانی
انکله فخر ایدرلر اطلس و دیبابی بلمزلر

و له ایضًا،

(۱۹۱) غزل (Vol. III, pp. 68–69).

دیدی بر گون سِپهرِ عالمتابه ماهِ آسمان
ای نگار نور سیما دلبرِ عالی مکان
جامکک کم جرعه‌سیدر فیض بخشِ خاك و آب
طلعتک انوارنه غرق اولدی ذرّاتِ جهان
گلشنِ خضرا سنک ذاتکله بولدی زیب و فر
نورِ رایکله منوّر در زمین و آسمان
بن نه جرم اتدم حضورکده نه جُرمم وار بنم
یوزکه بقسم او دم رخسارک ایلرسن نهان
بن کمانِ جسمی بر گون سکا عرض ایلسم
سن سپهرِ اوجِ استغناده ایلرسن مکان
شمعِ خورشیده ایرشدی ماهدن چون بو کلام
دیدی ای آیینهٔ صورت نمای انس و جان
هر نچن اولسک کمالِ حسنله منظور سن
خودنمالق صورتن سنده گورر چشمِ جهان
بر نظر زرد و ضعیف و نا توان گورسم سنی
مهرم ارتر ساکه شوقم غالب اولور اول زمان

کندی حسنم نوری برلـه آنی تکمیل ایلـرم
گورسم آکسکلکدن ای عاشق وجودکده نشان
کمکـه مرآتـِ ضمیرنـده گورر نقصاننی
ایلدی تکمیل نفس اولدر شهِ اقلیم جان
ای خیالی دردە اردکسه طفیلـکـدر دوا
گر نوانالق دیلرسڭ ناتوان اول ناتوان

فضولی

(۱۹۲) غزل (Vol. III, p. 91).

دوستم عالم سنڭچون گـر اولور دشمن بڭـا
غم دگل زیرا یترسن دوست انجق سن بڭـا
عشقه صالدم بن بنی پند آلمیوب بر دوستدن
هیچ دشمن ایلمز آنی کـه ایتدم بن بڭـا
جان و تن اولدوقچه بندن درد و داغ اکسك دگل
چقسه جان خاك اولسه تن نه جان گرگ نه تن بڭا
وصل قدرین بلمدم فرقت بلاسن چکمدین
ظلمتِ هجر ایتدی چوق مُبهَم ایشی روشن بڭـا
دود و اخگر در بڭا سرو ابله گل ای باغبان
نیلرم بن گلشنی گلشن سڭـا گلخن بڭـا
غمزه تیغن چکدی اول ماه اولمه غافل ای گوڭل
کیم مقرّر در بو گون اولمك سڭـا شیون بڭـا
ای فضولی چقسه جان چقمن طریقِ عشقدن
رهگذارِ اهل عشق اوزره قِلڭ مدفن بڭـا

ولە ایضًا،

(۱۹۳) غزل (Vol. III, p. 92).

نی کبی هر دم که بزمِ وصلکی یاد ایلرم
تا نفس وار در قورو جسمده فریاد ایلرم
روزِ هجراندر سَوِین ای مُرْغِ روحم کیم بو گون
بو قفسدن من سنی البتّه آزاد ایلرم
وهم ایدوب تا صالمسون اول ماهه مهرین هیچ کیم
کیمه یتسم ظلم و جورندن اکا داد ایلرم
قان یاشم قیلمز وفا گریان گوزم اسرافنه
مونجه کیم هر دم جگر قانندن امداد ایلرم
اینجمن هر نیجه کیم اغیار بیداد ایلیه
یار جَوْرِیچون گوکل بیداده معتاد ایلرم
بیلمشم بولمن وصالک لیک بو امّید ایله
گاه گاه اوز خاطرِ ناشادی شاد ایلرم
لوحِ عالمدن یودم اشك ایله مجنون آدینی
ای فضولی بن دخی عالمده بر آد ایلرم

ولە ایضًا،

(۱۹٤) غزل (Vol. III, pp. 92–93).

دوست بی پروا فلك بی رحم و دوران بی سکون
درد چوق همدرد یوق دشمن قوی طالع زبون
سایهٔ امّید زائل آفتاب شوق گرم
رتبهٔ ادبار عالی پایهٔ تدبیر دون
عقلِ دون همّت صدای طعنه یر بردن بلند
بخت کم شفقت بلای عشق گون گوندن فزون

من غریبِ ملك راهِ وصل پُر تشویش و مکر
من حریف ساده لوح و دهر پُر نقشِ فسون
هر سهی قد جلوه‌سی بر سیلِ طوفانِ بلا
هر هلال ابرو قاشی بر سرخطِ مشقِ جنون
پیله برگ لاله تك تمکینِ دانش بی ثبات
صوده عکسِ سَرْو تك تأثیرِ دولت واژگون
سر حدِ مطلوب پُر محنت طریقِ امتحان
منزلِ مقصود پُر آسیب راه آزمون
شاهدِ مقصد نوای چنگ تك پرده نشین
ساغرِ عشرت حبابِ صاف صَهْبَا تك نگون
تفرقه حاصل طریقِ مُلْكِ جمعیّت مخوف
آه بیلمن نیلیم یوق بر موافق رهنمون
چهرهٔ زردین فضولینك طوتوبدر اشك آل
گور اکا نه رنگلر گچمش سپهرِ نیلگون

ولہ ایضًا،

(١٩٥) غزل (Vol. III, pp. 93—94).

غالبا بر اهلِ دل طُپْراغیدر دُرْدِ شراب
کیم قیلوب حرمت بنالر طوتمش اوسننده حباب
برق و باران صانمه کیم گوردکجه آهِ اشکمی
بیلمزم نمدر بنم آغلر بکا یانر سحاب
ای صورن حالم بو استغنا سؤالدن نه سود
حالم ایلرسن سؤال امّا ایشتمزسن جواب
دشتِ غمده خاكِ قبرم اوزره سَرْو گردباد
چکسه باش اول سرودن صو کسمه ای سیل سراب

یتمیوب وصلینه سن لیلیوشڭ بر عمر در
بن کبی مجنون اولوب صحرایه دوشمش آفتاب
اول بُت ابروسن قیوب محرابه دوندرمن یوزم
قوی بنی زاهد بکا چوق ویرمه تکریچون عذاب
نقدِ عمرڭ بر صنم عشقنده صرف ایتدڭ تمام
ای فضولی آه اگر سندن صورلسه بو حساب

و له ایضًا،

(١٩٦) غزل (Vol. III, p. 94).

صبح صالوب ماهِ رخڭدن نقاب * چیق که تماشایه چیقار آفتاب
رشتهٔ جانم یتر ایت پُر گِره * صالمه سرِ زلفِ سمنسایه تاب
مست چقوب صالمه نظر هر یکا * گورمه روا کیم اوله عالم خراب
کسمه نظر جانبِ عُشّاقدن * نالهٔ دلسوزدن ایت اجتناب
گیجه‌لر انجم صایرم صُبْحَه‌دك * ای شبِ هجرڭ بکا یوم الحساب
دوزخه گیرمز ستمڭدن ینان * قابلِ جنّت دگل اهلِ عذاب
صالدی ایاقدن غمِ عالم بنی * ویر بکا غم دفعنه ساقی شراب
رحم قیل افتاده‌لرڭ حالنه * هیچ گرکمزی سڭا بر ثواب
یار سؤال اینسه که حالڭ ندر * خسته فضولی نه ویررسن جواب

و له ایضًا،

(١٩٧) غزل (Vol. III, p. 95).

قیلدی زلفڭ تك پریشان حالی خالڭ سنڭ
بر گون ای بی درد صورمزسن ندر حالڭ سنڭ
گندی باشڭدن گوڭل اول سَرْو قدّك سایه‌سی
آغله کیم ادباره تبدیل اولدی اقبالڭ سنڭ
زینت ایچون جسم دیوارنده ایمزدم یرین
چکمسیدی عشق جان لوحنده تمثالڭ سنڭ

تیز چکمزسن جفا تیغن بنی اولدرمگه
اولدرر بر گون بنی آخر بو اهمالک سنک
غرقِ خونابِ جگر قلمش گوزم مردملرین
آرزوے خالِ مشکین و رخ آلک سنک
دامگاهِ عشقدن طوت بر کنار اے مُرغِ دل
صنمدن سنگِ ملامتدن پر و بالک سنک
سایه‌وش چوقدن فضولی خاکِ پایک یصلنور
اول امید ایله که بر گون اوله پامالک سنک

و له ایضاً،

(۱۹۸) غزل (Vol. III, pp. 95—96).

حیرت ای بُت صورتک گوردکده لال ایلر بنی
صورتِ حالم گورن صورت خیال ایلر بنی
مهر صالمزسن بکا رحم ایلمزسن بونجه کیم
سایه تک سودای زلفک پایمال ایلر بنی
ضعفِ طالع مانعِ توفیق اولور هر نیجه کیم
التفاتک آرزومندِ وصال ایلر بنی
بن گدا سن شاهه یار اولمق یوق امّا نیلیم
آرزو سرگشتهٔ فکرِ محال ایلر بنی
تیرِ غمزه‌ک آتمه کیم باغرم دلر قانم دوکر
عقدِ زلفک آچمه کیم آشفته حال ایلر بنی
دهر وقف ایتمش بنی نورس جوانلر عشقنه
هر یتن مهوش اسیرِ خطّ و خال ایلر بنی
اے فضولی قیلمزم ترکِ طریقِ عشق کیم
بو فضیلت داخلِ اهلِ کمال ایلر بنی

وله ایضاً،

(۱۹۹) غزل (Vol. III, p. 96).

ای خوش اول گونلر که رخسارڭ بکا منظور ایدی
چشمِ امیدمه چراغ وصلدن پُر نور ایدی
قُرب شوقی عافیت بخشِ تنِ بیمار ایدی
وصل ذوقی راحت افزای دل مهجور ایدی
دولتم شمعی منوّر طالعم عزمی قوی
همّتم حکمی روان عیشم اوی معمور ایدی
دامن اقبالمه گردِ تعرّض یتمیوب
چشم حاسد چهرهٔ جمعیّتمدن دور ایدی
آدم ایدم قرب درگاهنده بولمشدم قبول
منزلم جنّت میم کوثر انیسم حور ایدی
بخت مطلوبم میسّر قلمغه محکوم اولوب
دهر اسبابم مهیّا قلمغه مأمور ایدی
هر دعا قلسم توقّفسز اولوردی مستجاب
هر تمنّا ایلسم اهمالسز مقدور ایدی
هجر وهمندن یتورمزدم کدورت گوکلمه
گرچه دورانڭ مخالف گزمگی مشهور ایدی
نوله گر صالسه فضولینی غمِ هجرانه چرخ
وصل ایّامنده اول غافل ایکن مغرور ایدی

وله ایضاً،

(۲۰۰) مخمّس (Vol. III, pp. 97—98).

ای حریر ایچره تنڭ مطلق بلور ایچره گُلاب
گوکسڭ آبِ روشن اول آب اوزره دوگمکدر حباب

اویله زیبا سن که یوق نظّاره‌گه عالمده تاب
وای اگر ترجك چقوب سریوب لجك صالسڭ نقاب
هیچ شك یوق کم سنی گورکچ اولور عالم خراب

دل چکوب زرّین اوناغڭ ویردی لعلکدن صوراغ
طوتدی اول گفتار ایچون لعل بناگوشڭ قُلاغ
زلفڭه همدم طراغ آشفته بن آندن ایراغ
دیش صالوب هر پیچ و تاب آچدقچه زلفکدن طراغ
رشتهٔ جانمغه رشکندن دوشر یوز پیچ و تاب

ای یوزی گل گوملگی گلگون دونیدر قرمزی
آتشین کسوت گیوب اودلاره یاندردڭ بزی
آدم اوغلندن سنڭ تك طوغمز ای کافر قزی
آی و گوندر حسن دَوْرِنده جمالڭ عاجزی
گوییا آتاڭ مهِ تاباندر آناڭ آفتاب

آل صاچ باغڭده مشکین صاچ پریشان حالیم
سیم ساق اوزره قزل خلخاللرڭ پامالیم
صانمه صاچ باغڭ گبی مهرگدن ای مه خالیم
عارضڭ دَوْرِنده زرّین سلسله‌ڭ تمثالیم
غمزه‌ڭ اوقندن حزین جانمده یوز بیڭ اضطراب

سرمه‌دن گوزلر قرا اللر حِنادن لاله رنگ
هیچ شاهد یوق بو رنگیله که سَن‌سِن شوخ و شنگ
وسمه‌لو قاشڭ یشل تورلو کمان غمزه‌ڭ خدنگ
غمزه و قاشڭغه میل ایلر فضولی بیدرنگ
قوش عجبدر قلمق تیر و کماندن اجتناب

و له ایضًا،

(٢٠١) رباعی (Vol. III, p. 98).

جانان ایسه مطلوب طمعِ جاندن کس
مطلوب ایسه جان امیدِ جاناندن کس
جان سوملك ایله میسّر اولمـز جانان
یا بوندن امید یـا طمع آندن کس

و له ایضًا،

(٢٠٢) ابیات (Vol. III, p. 99).

اولدی اول ماهه روشن یاندیغم هجران گونی
یاندیغن شب تا سحر شمعڭ نه بلسون آفتاب

* * * * * * * *

* * * * * * * *

داغِ دلسوزِ فراقڭ اولدی گون گوندن فزون
نورِ ماه افزون اولور خورشیددن اولدقچه دور

* * * * * * * *

* * * * * * * *

بو نه سِر در سِرِّ عشقڭ دیدن بـر کمسه‌یـه
شهره دوشمش بن سنی سودم دیو آوازه‌لـر

* * * * * * * *

* * * * * * * *

اولدی عالم شاد سنـدن بن اسیرِ غم هنوز
عالم ایتـدی تـركِ غم بنـده غمِ عالم هنوز

* * * * * * * *

* * * * * * * *

هر قید اولورسه محض بلا در که بلبله
گر شاخ گلدن اولسه کدورت ویرر قفس

. . . .

. . . .

ای فضولی قدّمز قیلدی فلك خم یعنی
وقتدر چقمغه دنیا قپوسندن اکلك

. . . .

. . . .

اياغڭ توزينه يوز سورمگه ويرمز صبا رُخصت
يوزين يوز كرّه شبنم يومدن گلبرگڭِ سيرابڭ

. . . .

. . . .

دوزملك اولمز تيغِ بيدادينه شيرين لبلرڭ
گر فلك فرهادوش طاش اينسه عُشّاقڭ تنن

. . . .

. . . .

غنچه قلمز شاد گل آچمز طونولمش گوڭلمی
آرزومندِ رخِ آل و لب خندانكم

. . . .

. . . .

دُر نك ديشڭ صفاتن هر دم اِشِتمَك استر
بحرڭ مدام آنكچون ساحلده در قُلاغی

. . . .

. . . .

وله ايضًا،

(٣٠٢) ليلى و مجنون‌دن (Vol. III, pp. 100—101).

گوردیكه بر آوجی دام قورمش * دامینه غزاللر یوز اورمش
بر آهو اسیرِ دامی اولمش * قان یاشی قره گوزینه طولمش
بوینی بوریلو اياغی باغلو * شهلا گوزی نملو جانی داغلو
احوالنه رحم قلدی مجنون * باقدی اكا دوكدی اشكِ گلگون
گوگلینه قتی گلوب بو بیداد * یومشق یومشق دیدیكه صیّاد
رحم ایله بو مشكبو غزاله * رحم ایتمزی كشی بو حاله
صیّاد بو ناتوانه قیمه * قیل جانكه رحم جانه قیمه
صیّاد صقن جفا یماندر * بلمزمسنكه قانه قاندر
صیّاد بكا باغشله قانن * یاندرمه جفا اودینه جانن
صیّاد دیدی بو در معاشم * آچمن اياغن گیدرسه باشم
قتلنده بو صیدك ایتسم اهمال * اطفال و عیالمه نه اولور حال
مجنون اكا ویردی جمله رختن * پاك ایلدی برگدن درختن
اول طرفه غزالك آچدی بندِن * شاد ایلدی جانِ دردمندن
یوز اوردی اوزینه قیلدی افغان * گوز سوردی گوزینه اولدی گریان
كه ای بادیه گردبادِ ناورد * نازك بدنیله ناز پرورد
سن زینتِ هر گلِ زمین سن * گُل گبی لطیف و نازنین سن
ای سبزهٔ جویبارِ وحشت * رعنا سمن بهار وحشت
تنها قویه منِ زبونی * اولغل بكا دشت رهنمونی
گز بر نیجه گون بنمله همراه * انسان دیوب ایتمه بندن اكراه
یاشم گبی گتمه چشمِ تردن * كسمه اياغك بو رهگذردن
سر چشمهٔ چشمم ایله منزل * سر منزلمزدن اولمه غافل
اولسون ببكم قرارگاهك * اشك و مژه آبله گیاهك
ای چشمِ نگار یادگاری * سهل ایله بكا غم نگاری

قلدِقده خیالِ چشم لیلی • سن وبر منِ خسته‌یه تسلّی
چون اول بشریّتن اونوتدی • آهو هم آنکله انس طوتدی
آنکْ سبیله هم چوق آهو • صحراده آنکله طوتدیلر خو

وله ایضاً،

(۲۰٤) لیلی و مجنوندن (Vol. III, pp. 101—104).

معبودینه عرض قیلدی رازن • بلدردی گوکلنده‌کی نیازن
کای حاکمِ عرصهٔ قیامت • سلطانِ سریرِ استقامت
نومیدلك آتشینه یاندم • بالله بو وجوددن اوصاندم
چون دوست یاننده ناقبولم • بالله بو حیاتدن ملولم
من شمعِ شبِ فراقِ یارم • سوزان و سیاه روزگارم
یاندردی بنی جفای عالم • دکلنمزم اولمینجه بر دم
دیرمکه وجودم اوله باقی • شاید دوشه وصل اتّفاقی
پرتو بُرجنده آفتابم • بیلدمکه وجود ایمش حجابم
یا رب بنی ایت فنایه ملحق • کیم راهِ فنا ایمش رهِ حق
پاك ایدی دعاسی ایتدی تأثیر • فی الحال مزاجی اولدی تغییر
تأثیرِ هوایِ نامناسب • ترکیبنه ضعف قلدی غالب
گلدکجه زیاده اولدی دردی • تبِ لرزه فراغتن گیدردی
محو اولدی تب ایچره اول پری‌وش • بر شمع گبی که گوره آتش
اکسلدی عرقده حُسْن تابی • بر گُل گبی کیم گیده گلابی
ضعفِ تنی اول مقامه یتدی • کیم بستر ایچنده جسمی یتدی
بسترده طلب قیلن نشانن • گورمزدی وجودِ ناتوانن
رفع اولدی علامهٔ سلامت • قوتینه گورندی چوق علامت
خُرّم ایتدی حجاب احترازین • فاش ایتدی انایه گزلو رازین
کای دردِ دلم دواسی آنه • شمعِ املم ضیاسی آنه
غم گزلمك ایله جانه یتدم • تا ممکن ایدی تحمّل ایتدم

حالا كه مقرّر اولدی گتمك ٭ فرض اولدی بو سرّی ظاهر ایتمك
اولسون سكا ای ضعیفه روشن ٭ كیم تیغِ هوا هلاكیم بن
جسمیله یوق درد تابی ٭ الّا غم عشق اضطرابی
من عاشقِ زار و ناتوانم ٭ بر ماه لقایه مبتلایم
سوداسی ایله یوق اولدی وارم ٭ گچدی هوسیله روزگارم
چوق آرزو ایلدم جمالن ٭ بر گون گوره بیلمدم وصالن
حالا گیدرم گوگلده سوزی ٭ الدن نه گلور بو ایدی روزی
انجق دگلم بن پریشان ٭ اول یار غمنده زار و گریان
اول هم منِ زاره مبتلا در ٭ سرگشتهٔ وادیء بلا در
بندندر آنك جنونی افزون ٭ قیس ایكن اولوبدر آدی مجنون
دائم گچورر غمنده ایام ٭ بر گون آكا حاصل اولمدی كام
رسوای زمانه اولدی بندن ٭ آفاقه فسانه اولدی بندن
بیهوده دگل فغان و آهی ٭ یاقمزمی منی آنك گناهی
[من كیم گیدرم بو خاكداندن ٭ دردم بو كه شرمسارم آندن]
ای مونسِ روزگارم آنه ٭ غمخوارم غمگسارم آنه
من دارِ بقایه عزم ایدنده ٭ دنیایه وداع ایدوب گیدنده
بن‌سز چكوب آهلر فغانلر ٭ صحرالره دوشدیگك زمانلر
دوشسه یولك اول اولان دیاره ٭ عرضِ غم ایله اول نگاره
زنهار آكا اولنده واصل ٭ خوش كمسه درآندن اولمه غافل
دوش آیاغنه رضاسن استه ٭ من مجرمِ ایچون دعاسن استه
عرض ایله كه ای وفالو دلدار ٭ جان ویردی یولكده لیلیٔ زار
عشقكده یرینه یتدی لافی ٭ دعویسنك اولمدی خلافی
سویله منِ زارِ مبتلادن ٭ كای عشقده لاف ایدن وفادن
خلوتگه انسه محرّم اولدم ٭ آزادهٔ شاد و خرّم اولدم
سن هم گله گور تعلّل ایتمه ٭ من منتظرم تغافل ایتمه

گر صادق ایسڭ بو یوله سن هم • صبر ایلـه ایلـه تـرکِ عالم
گل گامِ دل ایلـه اولهلم یـار • بر یرده که یوقدر آنـده اغیـار
خوش منزلِ آمنـه یولمشم راه • بی طعنهٔ دوست و جوْرِ بدخواه
بندن سنی ایلمك خبردار • بسم الله اگـر ارادتڭ وار
چون قیلدے وصیتنی آخـر • عزمِ سفر ایتدی اول مُسافـر
یـاد ایلدے یـارِ مهربانن • وصل آرزوسیله و یردی جانن

وله ایضًا،

(۲۰۵) بنگ و باده‌دن (Vol. III, pp. 104—105).

وار ایدی اصفهانده بـر ری کش • بنگ مانـنـد متّصل سرخوش
بر عجب قصرده دوتوب منزل • میه اولمشدی روز و شب مائل
بر گون اول رِند مجلسنده شراب • اولدی مانـندِ کیمیـا نایاب
حاصل اولدی اکا صُداعِ خمار • یـدے دفعینـه ذرّهٔ اسـرار
اثرِ بنگ ایدوب هجومِ تمام • دوتدی مرآتِ قلبی ژنگِ ظلام
شب ایدی لیك ماهِ شب افروز • قیلمش ایدی جهانی غیرتِ روز
رنگ هـر جانبی نمونـهٔ آب • قصر اول آب ایچنده مثل حباب
قصردن رند طشره قیلدی نگاه • صو گورندی گوزینه پرتوِ مـاه
دیدی ای واه اولدی ایش مشکل • سیل دوتمش جهانی بن غافل
صویه چارهم بو در اوزم براقم • طوملدن قصر بـر کناره چیقم
اوزمی قورتـارم سباحتلن • بـر کناره چیقم فـراغتلن
اله بر تختـه پارهسن آلدے • بره مهتاب تك اوزین صالدی
لت گوروب باشی فرش طاشندن • ضربلن بنگ اوچدی باشندن
درد سر گوردی چون گلوب حکما • دیدیلـر دردینـه شراب دوا
سکا بو در هنر که شرح ایتدم • اهلِ ادراکه صور که بن نتدم
بنم اصلم کوکوم تفحص قیل • حرمتم سندن ارتغ اولمغی بیل

ولہ ایضًا،

(٢٠٦) مرثیه‌دن .(Vol. III, pp. 105—106)

* * * * * * *

* * * * * * *

تدبیرِ قتلِ آلِ عبا قیلدڭ ای فلك
فکرِ غلط خیالِ خطا قیلدڭ ای فلك
برقِ سحابِ حادثه‌دن تیغلر چکوب
بر بر حوالهٔ شهدا قیلدڭ ای فلك
عصمت حرمسراسنه حرمت روا ایکن
پامالِ خصم بی سر و پا قیلدڭ ای فلك
صحرای کربلاده اولان تشنه لبلره
ریگِ روانی سیلِ بلا قیلدڭ ای فلك
تخفیفِ قدر شرعدن اندیشه قیلمدڭ
اولادِ مصطفایه جفا قیلدڭ ای فلك
بر رحم قیلمدك جگری قان اولانلره
غربتده روزگاری پریشان اولانلره

* * * * * * *

* * * * * * *

فضلی

(٢٠٧) گل و بلبل‌دن .(Vol. III, pp. 111—113)

ای فروزندهٔ مشاعلِ گل ٭ آتش اندازِ خرمنِ بلبل
لطف بخش هوای روح افزای ٭ عطرسای صبای نافه گشای
تاج بخشای تاجدارِ بهار ٭ شهرت آرای ملکتِ گلزار
نقش بندِ نگارخانهٔ گل ٭ روگشای بتانِ چین و چگل

مجلس آرای بزمگاهِ چمن ٭ زینت افزای صحبتِ گُلشن
عود سوز صبای مجمره‌دار ٭ عود ساز نوای بلبلِ زار
گلِ زیبایه رنگِ رو سندن ٭ بلبلِ زاره گفت و گو سندن
لالهٔ شَوْقکله داغِ غم بر دل ٭ سَرْو عشقکله مست پا در گِل
لطفکله گشاده قلبِ جهان ٭ فیضکله صفاده آب روان
قهرک اولمش بنفشه‌یه همدم ٭ قامتی درد و غمدن اولمش خم
شمع گُلزاری سن اویاندردک ٭ لاله‌یی داغلریله یاندردک
نرگسه بر گدا ایکن گوزی آج ٭ ویردک احسانکیله زرّین تاج
غنچه‌یه لطفله دهان ویردک ٭ سوسنه شکّرین زبان ویردک
اول دهان و زبانله گُلزار ٭ حمدکی روز وشب ایدر تکرار
دل اوزادب چمنده سبزهٔ تر ٭ اسمکی دایما تذکُّر ایدر
کمسه حمد ایده‌مز سکا آلَیق ٭ حمدی سن قل ینه سکا انجق
بو نه قدرت اولور که اولدی عیان ٭ کاف و نون امربیله کَوْن و مکان
رحمتکله جهانی وار ایتدک ٭ کنزِ مخفی‌یی آشکار ایتدک
خاکله آبه امتزاج ویروب ٭ نامی‌یه ایلدک مزاج ویروب
ویردی عدلک عناصره پیوند ٭ چارطاقِ طبیعت اولدی بلند
چار اضدادی بند ایدوب محکم ٭ ایلدک بر طلسمِ اژدر دم
اندک آبِ حیاتی فیض و اعطا ٭ ویروبن مور و ماره نشو و نما
فیض عامّك آچوب خزاین جود ٭ ایلدک مُمکناته بخشِ وجود
دستِ صُنعکله یازدی نوكِ قلم ٭ صفحاتِ عدمده بونجه رقم

وله ایضًا،

(٢٠٨) گل و بلبل‌دن (Vol. III, pp. 113—116).

انس و جنّی براتدک ای رحمان ٭ ظاهر و باطن آشکار و نهان
اندک انسانی جمله‌دن افضل ٭ حسن و خلقیله ایلیوب اکمل
٢٢ وجهِ انسانی ایلیوب مرات ٭ ایلدک نور حسنکه مِشکات

خوبلر حسننی ایدوب مشهور • آفتابِ جمالڭ اندے ظهور
حسنِ خوبانده جلوه گر سَن سِن • نیه کیم ایلسم نظر سَن سِن
نیه زیبا اولوردے هر دلبر • دوشمسه گر جمالڭه مظهر
بر آوجِ خاکده نه قدرت و تاب • که اولا آفتابِ عالم تاب
ایلیوب روی یارے پُر انوار • عاشقڭ خرمنینه اوردڭ نار
دلبری منظرِ جمال اندڭ • عاشقی مظهرِ جلال اندڭ
زلفِ مجنونی بند بند اندڭ • هر قِلِن عاشقه کمند اندڭ
جلوه قلدڭ جمالِ خوباندن • ظاهر ایتدڭ جمالڭی آندن
عینِ عاشقدن اولدڭ اے قادر • بینه کندو جمالڭه ناظر
بینه اولدڭ جمالڭه عاشق • سَنْسِن انجق گیرو سڭا لایق
کمده کم حسنڭ ایلدڭ منظور • اولدی معشوقلغیله اول مشهور
کمده کم اولدڭیسه سن ناظر • اولدی عاشقلغیله اول ظاهر
جمله سن سن اولان حقیقتِ حال • ما سوا آراده خیالِ محال
وَهْم و پندار در وجودِ جهان • عکس آیینه در مثال همان
اولدے اشیا مظاهر اسما • جمله اسماده ذات هو پیدا
صاچدی مهرِ جمالی عالمه نور • بولدے ذرّاتِ کاینات ظهور
قدرتڭده سنڭ خرد حیران • عقل و فهم و ادراك سرگردان
ایدمز کمسه ذاتڭی ادراك • زهره‌سی عقل و فهمڭ اولور چاك
ذاتڭی کمسه اولمدے مُدْرِك • مَا عَرَفْنَاكَ حَقَّ مَعْرِفَتِك
سنی بلمکده عقل طفلِ سبق • بینه سَن سِن سنی بلن انجق
یا الٰهی گناهکار اولدم • نفس الندن ذلیل و خوار اولدم
خوبلر عشقنه اسیر اولدم • نوجوانلر غمیله پیر اولدم
سرِ بی مغزی پُر اندی هوا • نولا دوشسم میه حباب آسا
میل ایدوب جامِ وصلِ دلداره • ساغر اوستینه اولدم آواره

• • • • • • • • • • •

اله آلسم وضو ایچون ابریق • صانورم پُر دُرَر شرابِ رحیق
ال یودم آبدست و طاعتدن • واز گلدم قمو عبادتدن
بومدم یوز نمازه بن عاصی • اولمیه بر بنم گبی قاصی
مسجده صنمه خیر ایچون وارورم • روی دلداری سیر ایچون وارورم
روی محرابه ایلیوب هر گاه • بغلسم ال نمازه بن گُمراه
درِ دلبرده صانورم هر دم • قاوشدروب خدمتنده ال طوردم

• • • • • • • • • • •

گرچه یوق سکّا اطاعتم یا ربّ • لیك وار در اطاعتم یا ربّ
اعتقاد انمشم چو وحدتکه • امتثال انمشم شریعتکه
بکّا گوستر طریقِ توحیدے • قِل میسّر بولکده تفریدے
نورِ وجهکله چشم ایت روشن • ایله علمکله قلبمی گلشن
قوُمَه ظلمتده جانِ گمراهی • نور فیضکله روشن ایت راهی
سا سوا حُبّن ایت گوکلدن دور • قلبم انسون محبّتك پُر نور
سنی گورسون نه یاکه بقسه گوزم • اولسون اسمك سنك دلمده سوزم
شویله طولسون محبّتکله گوکل • پرتوِ سرِّ وحدتکله گوکل
که اولوب کشف جانه سرّ وجود • قنده بقسم سن اولهسن مشهود
قنده قلسه نظر دلِ آگاه • اولا منظوری ثُمَّ وَجْهُ ٱللّٰه
جام عشقکله جانی مست ایت • وارلغم نیست ایلیوب هست ایت
که دیم مستِ عشق اولوب یا هو • لَآ أَرَے فِی ٱلْوُجُودِ إِلَّا هُو
ذکر ایدوب لا الهی دل هرگاه • اولا مشهودے دایم الاّ اللّه
بلکه ایرسون شو دکلو جانه فنا • که اولا بر آکه لا ایله الاّ

• • • • • • • • • • •

ابو السعود

(۲۰۹) مرثیه (Vol. III, p. 116).

گل ای خجسته خصال و مَلَك جمالم گل
دوکندی حسرت ایله طاقت و مجالم گل
سنی بقاده قویوب بن فنا بولەمز دیردم
وجود بولدی اندیشهٔ محالم گل
سنکله مُلكِ وجودم تمام عامر ایدی
ییقلدی جملةً اولدی خراب حالم گل
بو روزگار ایسه ای ابر ایدن یاشڭ سیلاب
بنیمه اغلادان اولدر گل اغلاشالم گل
نیاز و دعوت ایسه ایلدڭ تمام ای دل
او یار گلمدی گل باری بز وارالم گل

یحیی بك

(۲۱۰) شاه و گدادن (Vol. III, pp. 128—129).

سویله ای طوطیٔ گشاده مقال * ایله عشق آتشنده قلبوڭی قال
نقطه‌سی بر کتابدر عشقڭ * ذرّه‌سی آفتابدر عشقڭ
غرق اولور قطره‌سنده کوْن و مکان * گزلنور ذرّه‌سنده ایکی جهان
عشقِ پاکیله آدم آدم اولور * مرشد و کامل و مکرّم اولور
آدمی مهر ایدر ارنلره باش * آفتاب ایله لعل اولور قره طاش
عشقدر چون وسیله معبوده * صانمه‌سن عشقِ پاکی بیهوده
عشقدر نور دیدهٔ عشّاق * عشقدر سالکه همیشه بُراق
دلده عشقڭ ضمیری مضمر در * ذات انسان عشقه مظهر در
هرکیم اولورسه عشق النده اسیر * غیره راجع گرکمز آنده ضمیر
عشق دیوانه ایلر انسانی * کسمك ایچون علاقه‌دن آنی

بو یوله شبهه‌سی اولان گتمـز • خوف ایدن خواجه فابه ایتمـز

قول اولان عشقه شاهِ عالم اولور • غمِ عشقیله شـاد و خـرّم اولور

اولدے زیــرا تعلّقِ دنیـا • مانـعِ نـورِ طـاعـتِ مَـوْلا

عقلِ نفسانی اولمجف موجود • دایمـا ویـررر احتالـه وجـود

٥   عاشـق اولان توکّل اهلی اولور • واره واره مـراتبینی بولـور

برگون اولور که کشف اولور اسرار • عشقله جان گوزین ایدر بیدار

فتح اولـورِ آگـه جملـهٔ اشیـا • آچلـور پـردهٔ جنـابِ خـدا

قلسه بر نقطه‌به اگر کـه نظـر • آنـه جملـه جهانی سَیْر ایلـر

نقطه جامِ جهان نماسی اولور • ذرّه خورشید دلکشاسیِ اولور

١٠   اولدی بو سِردہ عقلِ کُل حیران • نقطه‌ده درج اولور علومِ جهان

نقطه سَیْرِندن اولمابِنجـه خیـر • سگا معلوم اولایِی سـرّ ضیر

ای بصیرت گوزین کشاده ابدن • ای جهان ایچره راهِ عشقه گیدن

ذرّه نورِ بسیطه روزن اولور • قطره بحرِ محیطه روزن اولور

عالم روحی سیر ابـدر تندن • نورِ حقّی گورر بو روزندن

١٥   عشقدن بهرہ‌مند اولام درسك • جانبِ حقّه یول بولام درسك

دكله عاشقلـروك روایتنی • اوفی شاه و گـدا حکایتنی

و له ایضًا،

(٢١١) کتاب اصول‌دن   (Vol. III, pp. 129—130).

بهار ابردی بر دم بو روی زمین • اچلدی نتـه‌کیم دلِ مومنین

درختِ جهان طَوْرِ عرفان ابدی • شگوفه آگا نورِ یزدان ابدے

اولوب نور دیدارهٔ آیینـه دار • چچكلـر نقابینی آچـدی بهـار

٢٠   قلمدان اشجاردن هـر نهال • خروج ایلدی رسم خامه مثال

چراغِن یاقوب پرتو آلدن • یشل گیدی همب شاهدانِ چمن

سعید آلحیات و شهید آلممات • سـر سروران پادشاہِ غزات

٢٢   شو غازیان بعنی غازے مـراد • گلستانه وارماغی قِلدی مـراد

بهارڭ بو رسمه گورب زينتن • تفكر ايدركن حقڭ قدرتن
يانندہ اولان قوللرينڭ بری • قوپارر صونر بر گلِ احمری
ديدی اول قولينه قويسون الك • مماتينه اولدڭ سبب اول گُلِك
دريغا كه تسبيح ايدركن حقی • آڭا مانع اولدڭ بگُون ای شقی
ايدركن گلستانده عرضِ جمال • هلاك ايلدڭ بادِ صرصر مثال
صبای اجل گبی ايردڭ آڭا • وجودی چراغينه ويردڭ فنا
گُل اوجندن اندی هزاران عتاب • خطا ايدنه آچدی راهِ صواب
شو كيم عدل ارماغنی اوزادر • نباتاتی داخی گورر گوزدر
زهی خوفِ مولا زهی عدل و داد • زماننده اولمزدے ظلم و فساد
عدالت ايدن پادشاهِ شفيع • اولور عالمه صانكه فصلِ ربيع
انكله گولر اچلور كاينات • صفابخش و معمور اولور هر جهات

ولہ ايضاً،

(٢١٢) مرثيه برای اعدام شهزاده سلطان مصطفادن .(Vol. III, pp. 131—132)

مدد مدد بو جهانڭ ييقلدی بر يانی
اجل جلاليلری آلدے مصطفا خانی
طوتلدی مهرِ جمالی بوزولدی اركانی
وباله قويديلر آل ايله آلِ عثمانی
گچرلر ايدی گچنده او مَرْدِ ميدانی
فلك او جانبه دوندردی شاهِ دورانی
يالانجينڭ قوری بُهتانی بُغْضِ پنهانی
آقتدی ياشمزی ياقدی نارِ هجرانی
جنايت ايمدی جانی گبی آنڭ جانی
بوغولدی سَيْلِ بلايه طاغلدی اركانی
نوليدی گورميه ايدی بو ماجرايی گوزوم
يازقلر آڭا روا گورمدی بو رايی گوزوم

. . . .

. . . .

او بدرِ کامل و اول آشنای بحر علوم
فنایه واردی تلف ایتدی آنی طالعِ شوم
دوکوندی قالدی همان حسرتیله داغ نجوم
گوبندی شام فراقنده طولدی یاش ایله روم
قرا گیدردی قرامانه غصّه ایتدی هجوم
او ماهی آنجه خیالیله ایتدیلر معدوم
طولاندی گردننه هاله گبی مارِ سموم
قضای حق نه ایسه راضی اولدی اول معصوم
خطاسی غیر معیّن گناهی نامعلوم
زهی سعید و شهید و زهی شهِ مظلوم
بوغولدی بر بوزنده اصلنه رجوع ایتدی
سعادت ایله همان قُربِ حضرته گتدی

. . . .

. . . .

سپهرك آینه‌سنده گوروندی روی فنا
قودی بو کثرتِ دنیایی ایتدی عزمِ بقا
غریبلر گبی گتدی او یوللره تنها
چکلدی عالمِ بالایه همچو مرغِ هُما
حقیقةً سببِ رفعت اولدی دشمن آکا
نصیب اولمسه طکمی بو جیفهٔ دنیا
حیاتِ باقیه‌یه ایردی روحی ای یحیا
شفیعی روح محمّد رفیقی ذاتِ خدا

انيسى اولـه ملكلـر جليسى اهلِ صفـا
زيـاده ايـده يـاشم گيبى رحمتن مـولا
الٰهى جنّت فردوس آكـا دوراغ اولسون
نظامِ عالم اولان پادشـاه صـاغ اولسون

باقى

(٢١٤) قصيده (Vol. III, pp. 147—151).

هنگامِ شب كـه كُنگرهٔ قصـرِ آسمان
زين اولمشيدى شعلهلنوب شمعِ اختران
خيلِ كواكب ايچره ينوب مشعلِ قمـر
صحنِ سماده روشن ايدے راهِ كهكشان
دست اورمشيدى كِلْكِ شهابه دبيرِ چرخ
طُغْرَا نويسِ حُكْمِ خداوندِ انس و جان
بَزْمِ فلكده اورمشيدى زُهْرَه سازه چنگ
عيش و صفاده خرّم و خندان و شادمان
بو چرخِ چنبريده طوتب دَوْر اصولنى
دفّافِ مهر قلمشيدے چهرهسن نهان
بر تيغِ زر نشانلـه گيرمشدے عرصهيـه
شمشير بـاز معركهٔ صحنِ آسمـان
تدبيرِ مُعَظَّمَاتِ امورِ جهـان ايچون
يقمشدے شمعِ فكرتى برجيسِ نكتهدان
بالاى چرخ هفتمـه كيوانِ كهنهسال
اوتورمشيدى نيته كه هندوے پاسبان
آيا بو زيب و زينتِ عالم نـدر ديو
عبرت گوزيله ناظر ايكن دهـره ناگهان

اطرافه صالدی شعشعهٔ گوشه گوشه مهر
اولدے اُفُقدہ مهرِ سلیمان گبی عیان
قلدے بو حالی دیدۂ عبرت مشاهده
طویدی بو سرّی عاقبت الامر گوشِ جان
کم بو نظامی ورمدے عالم سراینه
الّا که یُمْنِ دولت شاه جهان ستان
بالا نشینِ مسند شاهانِ تاجدار
والا نشان معرکهٔ عرصهٔ کیان
جمشید عیش و عشرت و دارای داروگیر
کسرای عدل و رأفت و اسکندر زمان

سلطان شرق و غرب شهنشاه بحر و بر
دارائے دهر شاه سلیمان کامران

اول شهسوارِ مملکت عدل و داد کم
آتی اوگجه اولسه روا خسروان روان
سر کشلك اندی امرنه بگزر پلنگِ چرخ
زنجیرله گتوردے ینه کهکشان کشان
صاحب وجودِ مملکت لطف و جود اوکم
مبذول خوان لطفنه محصول بحر و کان
مشتاق بوے خلقنه عطّارِ نو بهار
محتاجِ دست همّتنه خواجهٔ خزان
دَوْرِکده کمسه جور ستمگردن اگلمز
بی شرع ایدر ایدرسه اگر چنگ ونی فغان
عدلك قتنده جور و ستم دادِ کیقباد
خشمك یَننده لطف و کرم قهرِ قهرمان

لرزنده گورسه خوفڭله تب طوتر صنوبر
بغلر شهاب گردنِ گردونه ریسمان
تیغڭ عدم دیارنه روشن طریقدر
اعدای دینی طورمه قلجدن گچور همان
دریا مثال عسکروڭ ایچره علملروڭ
فتح و ظفر سفینه‌سنه آچدی بادبان
منقارنه دیلرسه آلور چرخی دانه‌وار
عنقای قاف قدرڭه بر طعمه در جهان
چوگان اوربدر آڭا ازل دستِ همتڭ
اولدم بو دمدرر که دونر گوی آسمان
باغِ ثنا و گلشنِ مدحڭده مرغِ دل
بو نظمِ روح بخشی اوقور صو گبی روان

جان اولمیدی اول دهن ای شوخِ دلستان
نیچون اولوردی جان گبی یا دیده‌دن نهان
لعلڭ خیالی حقّهٔ خاطرده وار ایکن
یاقوت نابه اولمشیدی مکان کان
رخسارڭ اوزره طرّه‌لر اولمش گرهِ گره
گویا حجازه بغلدیلر شامیان میان
گورسون نهال سروِ صنوبر خرامڭی
آیرق چمنده بسلمسون باغبان بان
تاریك بیلن اولنلر ایدر قشلرڭ خیال
دندانڭی تصوّر ایدر طبعِ خرده دان
قلدی سجود خدڭه قرشو گل و سمن
اتدی قیام قامتڭه سرو بوستان

مسکن شهِ محبتڭه تختگاهِ دل
منزل خیال لعلڭه خلوت سراے جان
طوتدے جهانی پرتوِ حسنڭ گُنش گبی
طولدی صدای عشقڭله کاخِ کن فکان
افلاکه چقدے ولولهٔ عرصهٔ زمین
اندے زمینه غلغلهٔ آسمانیان

باقی صفت نه بلبلِ رنگین ادا کله
نه اوله طلعتڭ گبی فرخنده گلستان
حسنڭ گُلیله باغِ جهان گلشنِ ارم
هر سو هزار بلبل و صد گونه داستان
درگاهِ حقّه طوتلم بر مزید اوله
جاه و جلالِ سلطنت شاهِ کامران
تا شمعِ آفتابِ جهانتابه صبحدم
دوران اُفُقده وضع ایده بر سیم شمعدان
شمعِ بقاڭی بادِ فنادن امین ایده
دامانِ عفو و عصمتِ دارندهٔ جهان
بزمڭده بختِ ساقی و اقبالِ همنشین
جامِ سپهر ساغرِ پولادِ زرنشان

و له ایضاً،

ای پای بند دامگهِ قیدِ نام و ننگ
تا کی هواے مشغلهٔ دهرِ بی درنگ
آنڭ اول گونی که آخر اولوب نو بهارِ عمر
برگ خزانه دونسه گرك روی لاله رنگ

آخر مكانك اولسه گرك جرعه گبى خاك
دوران الندن ايرسه گرك جامِ عيشه سنگ
انسان او دركه آينه‌وش قلبى صاف اوله
سينكده نيلر آدميسكك كينهٔ پلنگ
عبرت گوزنده نيجه‌يه‌دك غفلت اويخوسى
بنمزمى ساكه واقعهٔ شاه شير جنگ
اول شهسوارِ ملكِ سعادت كه رخشنه
جولان دمنده عرصهٔ عالم گلوردى تنگ
باش اكدى آبِ تيغنه كفّار انكروس
شمشير گوهرينى پسند ايلدى فرنگ
يوز پيره قويدى لطفله گلبرگِ تر گبى
صندوقه صالدى خازنِ دوران گهر گبى

حقّا كه زيب و زينتِ اقبال و جاه ايدى
شاهِ سكندر افسر و دارا سپاه ايدى
گردون اياغى توزنه ايلردى سر فرو
دنيايه خاكِ بارگهى سجده‌گاه ايدى
كمتر گدايى آز عطاسى قلوردى باى
بر لطفى چوق مروّتى چوق پادشاه ايدى
خاكِ جنابِ حضرتى دركاهِ دولتى
فضل و بلاغت اهلنه اُميدگاه ايدى
حكمِ قضايه ويردى رضايى اگرچه كم
شاهِ قضا توان و قدر دستگاه ايدى
گردونِ دونه زار و زبون اولدى صنمكوز
مقصودى ترك جاهله قُربِ آله ايدى

جان و جهانی گوزلرمز گورمسه نولا
روشن جمالی عالمه خورشید و ماه ایدی
خورشیده باقسه گوزلری خلقڭ طولا گلور
زیرا گورنجه خاطره اول مَهْلِقَا گلور

دوکسون سحاب قدّین آکوب قطره قطره قان
انسون نهالِ نارونی نخل ارغوان
بو آجیلرله چشمِ نجوم اولسون اشکبار
آفاقی طونسون آتشِ دلدن چقن دخان
قلسون کبود جامه‌لرن آسمان سیاه
گیسون لباسِ ماتمِ شاهی بتون جهان
یاقسون درونِ سینهٔ انس و پریده داغ
نارِ فراقِ شاهِ سلیمانِ کامران
قلدے فراز کنگرهٔ عرشی جلوه‌گاه
لایق دگلدی شاننه حقّا بو خاکدان
مرغِ روانی گوکلره ایردے هُما گبی
قالدی حضیضِ خاکده بر ایکی استخوان
چابك سوار عرصهٔ کَوْن و مکان ایدے
اقبال و عزّت اولمشیدی یار و همعنان
سرکشلك اتدے توسنِ بخت ستیزه‌کار
دوشدی زمینه سایهٔ الطاف کردگار

اولسون غمکده بخلین زار و بیقرار
آفاقی گزسون اغلیه‌رق ابرِ نو بهار
طونسون جهانی نالهٔ مرغان صبحدم
گُللر بولنسون آه و فغان ایلسون هزار

سنبللرینی ماتم ایدوب چوزسون آغلسون
دامانه دوکسون اشكِ فراوانی کوهسار
آکدقجه بوی خلقنی دردکله لالەوش
اولسون درونِ نافهٔ مشكِ تتار تار
گُل حسرتکله بوللره طونسون قولاغنی
نرگس گبی قیامتەدك چکسون انتظار
دربالر انسه عالی چشم گُهَر فشان
گلمز وجوده سنجلین دُرّ شاهوار
ای دل بو دمده سن سین اولن باکَه همنفس
گل نای گبی ایکلیەلم باری زار زار
آهنگِ آه و نالەلری ایدەلم بلند
اصحابِ دردی جوشه گتورسون بو هفت بند

گون طوغدی شاه عالم اویانمزی خوابدن
قلمزی جلوه خیمهٔ گردون طنابدن
بوللرده قالدی گوزلرمز گلمدی خبر
خاكِ جناب سدّهٔ دولت مآبدن
رنكِ عذاری گتدی یاتور کندو خشك لب
شول گُل گبی که آبرو دوشوبدر گلابدن
گاهی حجابِ ابره گیرر خسروِ فلك
یاد ایلدکجه لطفنی درلر حجابدن
طفل سرشکی یرلره گیرسون دعام او در
هر کم غمکدن اغلیه شیخ و شابدن
یانسون یاقلسون آتشِ هجرکله افتاب
دردکله قاره چوللره گیرسون سحابدن

یاد ایلسون هنرلریڭی قانلر آغلسون
تیغڭ بوبغجه قاره‌یه یانسون قرابدن
درد و غمڭله چاك گریبان ایدوب قلم
پیراهنینی پاره‌لسون غصّه‌دن علم

تیغڭ ایچوردی دشمنه زخم زبانلری
بحث ایتمز اولدی کمسه کسلدی لسانلری
گوردی نهالِ سرْوِ سرفراز نیزه‌ڭی
سرکشلك آدن آكمدی بر داخی بانلری
هر قنده باصسه پای سمندڭ نثار ایچون
خانلر یولکڭه جمله روان ایتدی جانلرے
دشتِ فناده مرغ هوا طورمیوب دونر
تیغڭ خدا یولنده سبیل ایتدی قانلرے
شمشیر گیبی روی زمینه طرف طرف
صالدڭ دمور قوشاقلو جهان پهلوانلری
آلدڭ هزار بتکده‌یی مسجد ایلدڭ
ناقوس یرلرنده اوقوتدڭ اذانلرے
آخر چالندی کوسِ رحیل ایتدڭ ارتحال
اوّل قوناغڭ اولدی جنان بوستانلری
منّت خدایه ایکی جهانده قلوب سعید
نامِ شریفڭ ایلدی هم غازی هم شهید

• • • • • • • •

• • • • • • • •

و له ایضًا،

(٢١٥) غزل (Vol. III, pp. 155—156).

خارِ غمده عندلیب ایلر فغان و زارلر
غنچه‌لرله صالنور صحنِ چمنده خارلر
بندهٔ فرمان اولوب گیسوی کافر کیشکه
خدمته بل بغلیوبدر ای صنم زنّارلر
غنچه‌آسا قانیله طولمش گوکللر آچمغی
لبلرکدن اوگرنور واریسه شیرین کارلر
سنبلِ‌تر زلفکک هندی غلامیدر سنک
خاکساریدر گلِ رخسارکک گلزارلر
فرقتکده طکدی شفتالو دیلرسه جان و دل
میوهٔ بی وقت ایدرلر آرزو بیمارلر
خالِ یارک مشك بر خونین کفن مقتولیدر
آل والایه صروبدر صنمکون عطّارلر
حق بو در باقی نظیر اولمز بو معجز نظمکه
شعره آغاز انسه‌لر شمدنگرو سحّارلر

و له ایضًا،

(٢١٦) غزل (Vol. III, p. 156).

ازلدن شاهِ عشقک بندهٔ فرمانیوز جانا
محبّت ملکنک سلطانِ عالی شانیوز جانا
سحابِ لطفنک آبن نشنه دللردن دریغ اتمه
بو دشتنک بغری یانمش لالهٔ نعمانیوز جانا
زمانه بزده گوهر سزدوکیچون دل خراش ایلر
انکچون بغرمز خوندر معارف کانیوز جانا

مکدّر قلمسون گردِ کدورت چشمهٔ جانی
بلورسن آب روی ملکتِ عثمانیوز جانـا
جهانی جامِ نظمِ شعر باقی گبی دَوْر ایلـر
بو بزمکٔ شمدی بزده جایٔ دورانیوز جانا

وله ایضاً،

(٢١٧) غزل (Vol. III, p. 157).

سکا کویکٔ ایچره اولانه قرین ۔ مَلَك همنشین و فلك شهنشین
گوروب چین ابروی مشکینکی ۔ سیه چشمکی صندم آهوی چین
سجود اندی محراب ابروکه ماه ۔ آنی بلمینلـر صنورلـر جُبین
ایزکٔ توزنه یوزلرین سورمکـه ۔ دوکلدی صچلدی گُل و یاسمین
صوررسکٔ قپوکده شهـا باقئی ۔ غلام کمین بنـدهٔ کمترین

و له ایضاً،

(٢١٨) غزل (Vol. III, pp. 157—158).

پُر هوا در نی گبی عشقکـه طبعِ پُـر هوس
دردِ دلدن آه کم عالمده یوق بـر همنفس
چاك چاك انسون بنی شمشیر غمزهکٔ شانه وش
زلفکه تك عاقبت اولسون میسّر دستـرس
عشقککٔ دریاسنـه نسبت وجودِ کاینات
موج بحر بی کران اوزره بر آوج خـار و خس
عاقل اولـدر کاولمیـه دنیـا متاعندن غرور
مدّتِ دَوْرِ فلك بـر دمـدر آدم بـر نفس
دَوْر الندن باقیا غم چکمـه عالم بویلـه در
گُل نصیبِ خار وخس بلبل گرفتـار قفس

ولە ایضًا،

(٢١٩) غزل (Vol. III, p. 158).

لاله خدلر قلدیلر گُلْگشتِ صحرا سمت سمت
باغ و راغی گزدیلر ایدوب تماشا سمت سمت
عاشقِ دیدار پاککدر مگر کمر جویلر
جُسْت و جو ایلر سنی ای سَرْوِ بالا سمت سمت
لشکرِ غم گلدی دل شهرینه قوندی چوق چوق
قوندی یربر فتنه و آشوب [و] غوغا سمت سمت
گریه‌دن جوی سرشکم سوبسو اولدی روان
بینه قُلْزُم گبی جوش اندی بو دریا سمت سمت
شعرِ باقی سبعهٔ اقلیمه اولمشدر روان
اوقنورسه بیریدر بو نظم غرّا سمت سمت

ولە ایضًا،

(٢٢٠) غزل (Vol. III, pp. 158—159).

نام و نشانه قالمدی فصلِ بهاردن ٭ دوشدی چمنده برگِ درخت اعتباردن
اشجارِ باغ خرقهٔ تجریده گیردیلر ٭ بادِ خزان چمنده ال آلدی چناردن
هر باغدن ایاغنه آلتون آقوب گلور ٭ اشجارِ باغ همّت اومر جویباردن
صحنِ چمنده طورمه صالنسون صبایله ٭ آزاده در نهال بُگون برگ و باردن
باقی چمنده خیلی پریشان ایمش ورق ٭ بگزر که بر شکایتی وار روزگاردن

لطیفی

(٢٢١) غزل (Vol. III, p. 167).

هر دم اهلِ دللرک یاننده یاریدر کتاب
مؤنسِ اوقاتی یارِ غمگساریدر کتاب

نيتكم اكلنجه‌سيدر مال و جاهى جاهلك
اهل عرفانڭ مالى بى شماريدر كتاب
يكدرر بيڭ كان زردن اهلِ فضله بر ورق
جاهل آلمز بر پوله نتسون نه كاربدر كتاب
غنچه‌وش دلتنگ اولانڭ گوڭلن آچر گل گبى
صان گُلِ صد برگِ فصلِ نو بهاريدر كتاب
اول كشى بولدى جهان ايچنده يار بى خلل
اى لطيفى هر كيمڭ يانده ياريدر كتاب

سلطان سليم ثانى

(٢٢٢) غزل (Vol. III, p. 168).

بوزڭدن زلفى سوركشفِ نقاب ايت • جمالڭ مهر و ماهن بى سحاب ايت
نظر قل چشم مستانڭله بر دم • دلى گل شوقيله مست و خراب ايت
ابڭ آمنّم اولورمى خسته جانه • طبيبم گل مروّت قِل جواب ايت
صقن گوز دكمسون حسنڭ گلينه • رقيبِ بد نظردن اجتناب ايت
دلا ظلمتده بو در آبِ حيوان • نهانى شبده نوشِ لعلِ ناب ايت
لب ميگونى صون جانا سليمه • ينه هجران ايله ياشم شراب ايت

وله ايضاً،

(٢٢٣) غزل (Vol. III, p. 168).

خالڭ ايله زلفڭ ال بير ايلمش • دللرے داميله نخجير ايلمش
خُلقله سن بر ملَكسن كيم خدا • صورتِ انسانده تصوير ايلمش
خوانِ وصلڭ خلقه قسمت ايديجك • هجرڭى حق باڭه تقدير ايلمش
صانه‌سن نقّاشِ قدرت قاشڭى • نوندن نور اوزره تحرير ايلمش
عارضِ دلبرده‌كى خط اے سليم • دودِ آهڭ دركه تأثير ايلمش

سلطان مراد ثالث

(٢٢٤) غزل (Vol. III, p. 170).

لطفِ رحمانه استنادم وار * فضلِ حقدن نیجه مرادم وار
چون درست ایتمشم خدایه گوگل * مددِ حقّه اعتمادم وار
لشکر و ماله اتّکا ایتمم * عسکرِ غیبه استنادم وار
چالشڭ ای مجاهدین غزا * دین یولنده بنم جهادم وار
اومارم که دعام مقبول اوله * که قبولینه اعتقادم وار

نوعی

(٢٢٥) مرثیه برای وفات سلطان مراد و اعدام شهزادگان‌دن

(Vol. III, pp. 175—177).

باشلیالدن دوره بو فانوسِ چرخِ پر عبر
باغلیالدن پیکرِ تکوینی رسّام صور
حکمِ آبائیله ایدلدن تقاضای ظهور
اُمّهات چار عنصردن موالید بشر
اولدی منسوب طاس گردش نطع زمین
لعبتِ نردِ قضا شطرنجِ اسبابِ قدر
بویله خصمن بوتمدی هرگز دخی نرّاد خاك
بویله شهمات ایتمدی فرزینِ چرخ حیله‌گر
بویله نه بر واقعه گوستردی مرآت خیال
بویله نه بر شکلِ هائل گوردی حسّاسِ بصر
یازمدی نقّاشلر بویله تماثیلِ عجیب
ویرمدی وصّافلر عین و نظیرندن خبر
قیلدی نقشِ کعبتینْن عالم کَوْن و فساد
بر عجب بازیچه کیم تحتنده مضمر خیر و شر

نائبِ سلطانِ خورشید اولدی وار ایسه زحل
شیوهٔ بهرام ایدی خونِ شفق وقتِ سحر
شفقتِ اولادنی بو زالِ بد مهرڭ گوروب
مرد اولانلر رشتهٔ پیوند زندن ال کسر
اوستنه گرچه دونرسن بر ایکی گون عاقبت
آسیا گبی ایدرسن دانه‌ڭی زبر و زبر
آه الڭدن ای حقیقتسز وفاسز دَهْرِ دون
شاهلر شهزاده‌لر سلطان قهرڭدن زبون

ای فلك جامِ غمڭ نوش ایتمدڭ جم قالمدی
چکمدڭ دَوْرڭدن بر پیمانهٔ غم قالمدی
هر دلی بر درد ایله زار و گرفتار ایلدڭ
عرصهٔ محنتده بر مرد مُسلّم قالمدی
ایلدڭ اول سایهٔ پروردگاری زیرِ خاك
سایه‌سینه واره‌جق بر نخلِ خرّم قالمدی
اول لوای سلطنت گبی اَلِف قد ماهلر
پر خمِ مرگ اولدیلر بر توغ پرچم قالمدی
گوز اچوب یومنجه قالمادی او نورِ دیده‌لر
روزگارڭ قرّة العیننده عالم قالمدی
گردنندن هر بری کسدی تعلّق تارنی
عزمِ قُدْس ایدوب بدن دامنده بر دم قالمدی
هر بری بر زخمِ پر خون آچدی امّا سینه‌ده
یار گتدی یاره‌لر آچلدی مرهم قالمدی
یاش یرینه قطرهٔ انجم دوکلسون چرخدن
دیده‌لر شمدنگرو قان آغلسون دم قالمدی

آه کیم بو عالمڭ آسایشنده یوق بقا
راحت ایچون بر نفس جنّتده آدم قالمدی
خُرّم ایدی اول حرم خالِ رخِ احبابله
آشنادن شمدی خالی قالدی محرم قالمدی
داد الگدن ای عدالتسز فلك فریاد و داد
سن مراد آلدڭ دلِ دنیایی قیلدڭ نامراد

* * * * * * * *
* * * * * * * *

و له ایضًا،

(٢٢٦) قصیدهٔ داریّه (Vol III, pp. 178–179).

قصرِ جنّتمی بو یا باغِ ارم یا گلستان
یا حریم قدس یا بیت الحرم یا آسمان
آسماندر گرچه امّا آسمانِ با ثبات
گلستاندر گرچه امّا گلستانِ بی خزان
سایهٔ سقفِ همایونی هُمایه جلوه‌گاه
طُرّهٔ طاقِ سر افرازی سپهره سایه‌بان
وسعتِ ایوانڭ بُعدی ورای شش جهات
فسحتِ میدانڭ سر حدّی حدِّ لا مکان
هر ستونی جابجا ارکانِ دولتدر مگر
بر اباغ اوزره طورر خدمتده دامن در میان
صنعتِ ابیاتِ موزونن گورن وصّافلر
هر بری ابکارِ افکارین گتورمش ارمغان
پرتوِ مشکاتی بیتِ انوربدن مقتبس
جامنڭ مصرعلری دیوانِ جامیدن نشان

یاپدیلر بر طاقِ عالی قوردیلر بر بزمِ خاص
کیم رواقِ چارمین اول بزمه اولماز شمعدان
آفتاب اول بزم خاصّه گیرمکه یول بولمیوب
روزنندن دوشمکه ایلر شعاعن ریسمان
مجمرنده متّصل عودِ ملبّس یانمدن
جمع اولور بزمنده ارواحِ مجرّد هر زمان
تاجِ دولت ایدینه باشینه هندوی زُحَل
آنسه قصرندن یره کهنه کلاهن پاسبان
قصرینه یول بولمغه شَبْرَوْلِك ایلر گرچه ماه
کنکرِ ایواننه ایرمز کمندِ کهکشان
ای نظام الملك آصف منقبت یوسف لقا
زبدهٔ اهلِ زمین چشم و چراغ آسمان
حضرتِ پاشای روشن رأیِ گردون احتشام
صاحبِ تدبیرِ پیر و مالكِ بختِ جوان
آستانکدر همای دولتك منزلگهی
گرچه کیم مشهور در اولمز هُمایه آشیان
نوعی‌یه لطف ایت مُعِین اول کم ظهیرِ وقت اوله
باقی‌یی سلطان سلیمان ایتدی سلمانِ زمان

عزیزی

(۲۲۷.) شهرانگیزدن (Vol. III, pp. 182—186).

مزیّن قیزی مهمان

بری دخی مزیّن قیزی مهمان ٭ فدا اولسون یولنه باش ایله جان
ایدر غمخانه‌سن روشن چو کوکب ٭ او مه هر کیمه مهمان اوله بر شب
آنوڭ وصلی بکّا گرچه محالدر ٭ قونق اومدوغینی بیمز مثلدر

صچلی زمان

بری محبوبه‌نڭ صچلی زمانـدر • فتی چوق باشلو فتّانِ جهانـدر
زمانه گیبی چوّار و ستمکـار • صچینڭ صاغشی عاشقلـری وار
آلور دل کشورندن زلفی باجی • بنی باشدن چقاردی اکسه صاچی

پنبه عینی

بریسی پنبـه عینی بـر سمنبر • تنی مانند پنبـه نازك و تـر
بوبی جان باغنڭ تـازه نهالی • دهانی چشمـهٔ آبِ زلالی
بڭا یار اوله صاندم دیدی دلدار • اودیله پنبه‌نڭ نـه اوینی وار

قز عایشه

بری قز عایشه بر خوب و رعنا • عذار و حسنلـه مانـندِ عـذرا
جهانه مادرِ چـرخِ پـر اختر • گتورمادی بر آنڭ گیبی دختر
اونتمایوب قولی اولسم بن آنڭ • که اولماز اوغلی قیزی اوتنانڭ

جنّت

برینڭ تنی جنّت لعلی کوثـر • خـدا انسون آنی باڭـه میسّر
نولـه بکزنسم آنی حورِ عِینـه • جمالی طعن ایدر خُلْدِ برینـه
کمکله حشر اولورسه اول قیامت • جهان ایچنده اول در اهلِ جنّت

طاوقجی قزی عایشه

بری طاوقجی زاده عایشـه نام • آنوڭ آلفته سیدر خاص ایله عام
او در باغ جنانـه قمریٔ جان • که خلخال اولمش آڭه طوقِ گردان
نجه سومیه‌یـن اول شیوه‌کاری • تنی آقپنجـه در بومری دواری

جهان بانو

جهان دیرلر بری بر مه لقـا در • جهان گیبی وفاسـز دلربـا در
اگرچه کم وفا گلمـز جهاندن • ولی گچمز گوڭل اول یارِ جاندن
بنمله تك آنوڭ باشی خوش اولسون • جهان بابن طلاق بندن بوش اولسون

لعل پاره

بریسینگ ده نای لعل پاره ٭ فتی گوگللو در چون سنگ خاره
دهانیدر حتی یاقوتِ احمر ٭ لطافتده دشیدر سوزی گوهر
نوله جاندن اولورسم مبتلاسی ٭ که لعلی گوترر مرجان دعاسی

ربیعه بانو

ربیعه در بریسی بر بُتِ چین ٭ لقب اولمشدر آگه آق گوگرجین
یوزندن نقض ایدر بدرِ تمامه ٭ هواسندن اوچر گوك بر حمامه
اگر جانم دیلرسه قوت ایدنمك ٭ ایدنسون غیری یه چفت اولمسون تك

اللری گوزل جمیله

بریسی اللری گوزل جمیله ٭ که بکزر حُسنله حورِ جمیله
نیجه ایرسون مه آنوگ پایه‌سینه ٭ گهر قونماغه دگمز آیه‌سینه
بنی یاد ایدوب ایلر اللری یاد ٭ النذن اول نگارگ داد فریاد

آق عالم

بریسینگ ده نای آق عالم ٭ قره قوللقجیسی در ماه عالم
عجیبی حسنله اولورسه مشهور ٭ بر آق گلدر جهان ایچنده اول حور
شو کم اول ماهه اولدی همدم و یار ٭ جهان بزمندن اوزکه عالمی وار

طوپقلی عایشه

بری طوپقلی عایشه زمانگ ٭ که اولدر شمدی عیّاشی زمانگ
گوزللك باده‌سن نوش ایلمکده ٭ ایاغینی چکر بوقدر فلکده
اگرچه بحر حُسنه آشنا چوق ٭ ولی آنوگ طپوغینه چقر یوق

روحی

(٢٢٨) ترکیب بند دن .(Vol. III, pp. 189—193)

صانمگ بزی کیم شیرهٔ انگورله مستز
١٧ بز اهلِ خراباتدنز مستِ اَلَستز

تر دامن اولنلر بزی آلوده صانور لیك
بز مائلِ بوسِ لبِ جام و کفِ دستز
صدرین گوزه‌دوب نیلیه‌لم بزمِ جهانڭ
پایِ خمِ میدر یریمز باده پرستز
مائل دگلز کمسه‌نڭ آزارینه امّا
خاطر شکنِ زاهدِ پیمانه شکستز
اربابِ غرض بزدن ایراغ اولدیغی یکدر
دوشمز یره زیرا اوقمز صاحب شستز
بو عالمِ فانیده نه میر و نه گدایز
اعلالره اعلالنورز پست ایله پستز
همکاسهٔ اربابِ دلز عربده‌مز یوق
میخانه‌ده‌یز گرچه ولی عشقله مستز
بز مستِ میِ میکدهٔ عالم جانز
سر حلقهٔ جمعیّت پیمانه کشانز

ساقی گتور اول باده‌یی کیم دافعِ غمدر
صیقل اور اول مرآته که پر ژنگِ المدر
دلبسته‌لرز بزدن ایراغ ایله بر دم
اول باده‌یی کیم نورِ دل و دیدهٔ جمدر
ای خواجه فنا اهلنه زنهار اولونمه
درویشی بو ملکڭ شهِ بی خیل و حشمدر
خاك اول که خدا مرتبه‌ڭی ایلیه عالی
تاجِ سرِ عالمدر اوکیم خاكِ قدمدر
گل طوغریله‌لم میکده‌یه رغمنه آنڭ
کیم بارِ ریادن قدِ برگشته‌سی خمدر

می صون بزه ساقی بزز اول قوم که دیرلر
رندانِ صبوحی زدهٔ بزم قدمدر
بو نظمی پیامیدن ایشت حاله مناسب
کیم زبدهٔ یارانِ سخنداں عجمدر
ما رندِ صبوحی زدهٔ بَزمِ اَلَسْتیم
پیش از همه ساغرکش و پیش از همه مستیم

خوش گوشهٔ ذوق ایدی صفا اهلنه عالم
بر حال ایله سورسیدی اگر عمربنی آدم
صحت صوکی درد اولمسه وصلت صوکی هجران
نوش آخری نیش اولمسه سور آخری ماتم
بو عالمِ فانیده صفایی اول ایدر کیم
یکسان اوله یاننده اگر ذوق و اگر غم
دائم اوله همصحبتِ رندانِ قدح نوش
وارین قویه میدانه اگر پیش و اگر کم
صوفی که صناده کچنور مالكِ دینار
بر درهمنی آلسڭ اولور خاطرے درهم
ظاهر بو که آخر یری خاك اولسه گرکدر
گر درهمه محتاج اوله گر مالكِ درهم
می صون بزه ساقی ایچهلم رغمنه آنڭ
کیم جهلی ایله بیلمدیگی بردن اورر دم
هر منکرِ کیفیّتِ اربابِ خرابات
اوز عقلی ایله حقی دیلر کیم بوله هیهات

گور زاهدی کیم صاحبِ ارشاد اولهیم دیر
دون مکتبه واردی بوگون استاد اولهیم دیر

میخانه‌ده استر یقلوب اولمغی ویران
بیچاره خراباتده آباد اوله‌یم دیر
الدن قومسون گل گبی جامِ مِی‌یی بر دم
هر کیمکه بو غمخانه‌ده دلشاد اوله‌یم دیر
بر سرو قدك بندهٔ افکنده‌سی اولسون
عالمده او کیم غصّه‌دن آزاد اوله‌یم دیر
عمرین گچروب کوهِ بلاده دلِ شیدا
برهمزنِ هنگامهٔ فرهاد اوله‌یم دیر
وصل ایستمیوب هجرله خوش گچدیگی بو کیم
مسکین غم جانانه‌یه معتاد اوله‌یم دیر
گزدی یوریدی بولمدی بر اکلنه‌جك یر
من بعد ینه عازمِ بغداد اوله‌یم دیر
بغداد صدفدر گهرے دُرِ نجفدر
یاننده آنڭ دُر و گهر سنگ و خزفدر

اول گوهرِ یکتا که بولنمز آڭا همتا
گلمز صدفِ کَوْنه بر اویله دُرِ یکتا
اول ذاتِ شریفه یاراشور دعوئ همّت
کیم اولدی نه دنیا آڭا مقصود نه عقبا
کیم درك ایدر آنی که اوله ذاتنه معلوم
رمزِ کتبِ مدرسهٔ عالم بالا
اول زاهدڭ آغار بر و گوك حالنه یارین
کیم ایچمیه دستندن آنڭ جامِ مصفّا
بر نقطه‌ده در سرّی دیدی چار کتابڭ
اول چارده در سِرّ کتبخانهٔ اشیا

اول نقطه بنم دیدی دونوب رمزینی سیرایت
یعنی که بنم جملهٔ اسمایه مسمّا
چون حصّه ایمش قصّه‌دن اهلِ دله مقصود
مقصود ندر آڭله بیل اے عارف و دانا
هپ مغلطه و لقلقه در باطن و ظاهر
بر نقطه ایمش اصلِ سخن اوّل و آخر

* * * * * * *

* * * * * * *

چرخڭ که نه سعدنده نه نحسنده بقا وار
دهرڭ که نه خاصنده نه عامنده وفا وار
آلدانمه آنڭ سعدینه نحسندن آلنمه
نحسنده دیمه محنت و سعدنده صفا وار
میل ایتمه آنڭ خاصنه عامندن اوشنمه
عامنده دیمه خسّت و خاصنده عطا وار
جهد ایله همان غیر النه باقمیه گورکیم
بندن نه سکا فائده سندن نه بکا وار
اکننده گوروب غیرلرڭ اطلس و دیبا
غم چکمه که اکمنده بنم کهنه عبا وار
کچ جمله بو افکارلرے عارفِ وقت اول
سرگشته بیل آنی که سرنده بو هوا وار
فردا آلَیمن چکمه می ایچ تَق رخِ خوبه
عاشقلره فرداده دخی وعدِ لقا وار
ال ویرسه صفا فرصتی فوت ایلمه بر دم
دنیا آڭا دگمز که جفاسن چکه آدم

* * * * * * *

* * * * * * *

يوف خارينه دهرڭ گُل و گلزارينه هم يوف
اغيارينه يوف يارِ جفاكارينه هم يوف
هر عيش كه موقوف اوله كيفيّتِ خمره
عيّاشنه يوف خمرينه خمّارينه هم يوف
چون اهل وجودڭ يرى صحراى عدمدر
يوف قافله و قافله سالارينه هم يوف
ذى قيمت اولنجه نيدهلم جاه و جلالى
يوف آنى صاتان دونه خريدارينه هم يوف
عالمده كه بَنْگيلر اوله واقفِ اسرار
سيرانته يوف آنلرڭ اسرارينه هم يوف
عارف كه اوله مُدْبِر و نادان اوله مُقْبِل
اقبالنه يوف عالمڭ ادبارينه هم يوف
چرخِ فلكڭ سعدينه و نحسنه صد حيف
كوكبلرينڭ ثابت و سيّارينه هم يوف
چون اوله حرام اهلِ دله دنيا و عقبا
جهد ايله نه دنيا اوله خاطرده نه عقبا

* * * * * * *

* * * * * * *

ويردڭ دل و جانيله رضا حكمِ قضايه
غم چكميز اوغرارسق اگر درد و بلايه
قويدق وطنى غربته بو فكرله چيقدق
كيم رنجِ سفر باعث اوله عزّ و علايه

دور ایلمدك بر قومدق بر نیجه ییلدر
اویدق دل دیوانه‌یه دل اویدی هوایه
اولدق نره‌یه واردق ایسه عشقه گرفتار
آلندی گوکل بر صنمِ ماه لقایه
بغداده یولك دوشسه گر ای بادِ سحر خیز
آداب ایله وار خدمتِ یارانِ صفایه
روحی یی اگر بر صورر ایستر بولنورسه
دیرلرسه بولشدگمی او بی برگ و نوایه
بو مطلع غرّایی اوقو اسم اول آنده
معلوم اولور احوالمز اربابِ وفایه
حالا که بز افتادهٔ خوبانِ دمشقز
سر حلقهٔ رندانِ ملامت کشِ عشقز

خاقانی

(۲۲۹) حلیهٔ شریفه‌دن (Vol. III, pp. 196—197).

ما حصل اول شهِ ملكِ ازلی ٭ مالكِ سلطنتِ لم یزلی
عالمِ سرِّ خفیّاتِ جهان ٭ واقفِ جملهٔ ذرّاتِ نهان
یعنی سلطانِ سراپردهٔ غیب ٭ حاکم و عادلِ بی علّت و عیب
گنجِ پنهان گبی تا اوّلدن ٭ ذاتی فردیّت ایله قائم ایکن
طاعتِ انس و مَلَکدن یعنی ٭ شانِ اعلاسی ایکن مستغنی
اقتضا ایتدی منزّه ذاتی ٭ سببِ خلقتِ موجوداتی
ایتدی اول دمده همان عشقِ ظهور ٭ اولدی القصّه هویدا بر نور
سودی اول نوری حبیبم دیدی حق ٭ اولدی دیدارینه عاشق مطلق
آڭا تسخیر اولنوب مُلكِ شهود ٭ عزّ و دولتله گلوب بولدی وجود
طولدی آوازهٔ احمدله جهان ٭ ایلدی عشقِ الهی غلیان

نظر ایتدکجه اڭا ربِّ غفور ٭ درلدی شرم و حیادن اول نور
دوکلوب عالمِ ارواحه او در ٭ اولدی هر قطره‌سی بر پیغمبر
ینه بر دفعهٔ اخراده خدا ٭ باقدی افراطِ محبّتله اڭا
ایلدی غرق عرق آنی حجاب ٭ گُل پر ژاله‌یه دوندی او حباب
قطره‌سندن آنڭ استادِ ازل ٭ ایتدی بر گوهرِ شهوار اوّل
بر نظر قیلدی مهابتله اڭا ٭ اریبوب اولدی اول گوهر دریا
ابرِ لطفی اولیجق دریا بار ٭ موجلر ظاهر اولوب چقدی بخار
ایلدی صکره آنڭ ایزد پاك ٭ کفّنی خاك و بخارین افلاك
صولجان یدِ قدرتله همین ٭ گلدی میدانه بو کز کوی زمین

٭ ٭ ٭ ٭ ٭ ٭ ٭ ٭ ٭ ٭ ٭

وله ایضاً،

(۲۴۰) حلیهٔ شریفه‌دن (Vol. III, pp. 197—198).

اتّفاق ایتدی بو معناده اُمَم ٭ ازهر آللّون ایدی فخرِ عالم
یوزینڭ خالص ایدی آغی قتی ٭ رخلری صاف ایدی صافی صنعتی
رنگِ رویی گُل ایله یکدل ایدی ٭ گُل گبی قرمزی‌یه مائل ایدی
قاپلمشدی یوزینی نورِ سرور ٭ سورهٔ نور ایدی یا مطلعِ نور
مصحفِ حسن ایدی اول وَجْهِ جمیل ٭ خطِّ رخساره‌سی نصِّ تنزیل
گون یوزندن اوتانوب آبِ حیات ٭ مَسْکَنِ ایتدی وراء ظلمات
وجهِ برّاقنڭ اصحابِ صفا ٭ حمرتی غالب ایدی دیبر حتّی
گوکده اولمشدی او روی رنگین ٭ شمعِ جمعِ حرمِ علّیّین
اڭا وبرمشدی کمالِ زینت ٭ کاتبِ چهره کشای فطرت
عرق آلود اولیجق اول سلطان ٭ گل پر ژاله‌یه بگزردی همان

٭ ٭ ٭ ٭ ٭ ٭ ٭ ٭ ٭ ٭ ٭

ویسی

(۲۲۱) قصیده (Vol. III, pp. 214—218).

الان ای قومِ اسلامبول بلك تحقیق اولوك آگاه
ایریشور ناگهان بر گون سزه خشم ایله قهر الله
قیامت گونی قوپدی سز بو دنیادن اوصنمزسز
زمانیدر ایره مهدی نزول اتمکده روح الله
یپوب دُنیا آوِین ویران ایدرسز خانهٔ دینی
نه فرعون یاپدی نه شدّاد بنا اتدی بو شکل بالله
نیجه بیچارهنك ظلمًا ییقرسز خاطرین دایم
دگلمی مؤمنك قلبی اظالم یوخسه بیت الله
اگر بیك كرّه فریادی فغانی گوكلره ایرسه
ترحُّم اتمیوب بركز دیمزسز یرده قالمز آه
یتیمه شفقت اتمزسز الورسز گوز گوره مالین
دگلمی خاطرین ناظر بوكا قائلمیدر الله
نه دینه طاپدگز بلم نه مذهب طوتدگز حاشا
امامار قولنه اویمز بیورمز درت كتاب الله
نه شرع اللّهه تابعسز نه خود قانونه قائلسز
جهانی طرلو بدعتله فساده ویردگز بالله
گراك وعظِ خطابتلر گرك درسِ امامتلر
ویرلمز اولسه اجرتلر اوقونمزدی كلام الله
قضات احوالنی دیرسك نه ممكندر بیان اتمك
اگر خصمك ایسه قاضی افندی یاردمجیك الله
قوروب بر دامِ تزویری قومشلر محكمه نامن
فنی سجّادهٔ حضرت فنی احكام شرع الله

بو گون تحقير ايدوب دينى ايدرسز حيلهٔ شرعى
شفاعت ايده‌مى يارين سزه اول حق حبيب الله
مگر منكرمیسز حشره قيامت يوقسه قوپمزمى
سزه يا يا اُمّتم ديرمى بو فعليله رسول الله
زمانه اويدى نسوانه دوشندى تازه اوغلانه
اكابر طپدى هميانه اولوب اكثر عدو الله
سوزينه اويدى حوّانك صيوب امرينى مولانك
سورلدى چقدى جنّتدن گوروك آدم صفى الله
نجه دوستلق ايدر شيطان بزمله ايدر استغوا
بو در مؤمنلره قصدى ايدوبدر كافرين بالله
ستانبول قومنك ظلمى فسادى حددن آشمشدر
بو در خوفم يقينلرده بزه ايره بلا ناگاه
يهودى گيبى ملعونلر گچرلر صدره تكليفسز
قپودن باقسه بر مؤمن ايدرلر آندن استكراه
ندندر بويله خائنلر امانت صاحبى اولمق
عجب هيچ اهل اسلامده بولونمزمى امين الله
چاقلدى فتنه چقماغى طونشدى بس بتون دنيا
نچون اولاشمسون آتش بگم اسلامبوله گه گاه
سپنلرده قلج تيمار زعامت اولدى باشماقلق
وزيرلر خاصيدر اكثرلرى سلطانلرك اى شاه
چاليشور بر طريق ايله سفردن قالمغه هر كس
قنى بر آتلنور گيدر غزايه فى سبيل الله
بش اون آقچه علوفيله سپاهى نيلسون نتسون
اگر يكيچرى ديرسك نه قادر سويلكز بالله

بوزلماسینه دنیانڭ سبب پاشا و آغا در
فساد و فتنه‌یه باعث بولردر شبهه‌سز هر گاه
ایدنمش قلفه ابلیسی رئیس کتّاب و دفتردار
طریقِ شیطنتده اول دگلی بونلره همراه
اگر تحصیلِ احوالده تکاسل انسه‌لر سهوًا
عزازیل وش اولور اِعْزاز ایدر مردودِ هر درگاه
جهانده خرسز و هم یان کسیجی کیمدرر دیرسڭ
عسس باشی ایله صو باشی آنی تحقیق بلڭ بالله
بولردن داخی اظلم در افندم قاضی عسکرلر
جهانی شمدے رشوتله خرابه ویردیلر والله
فقیر عالِملرڭ عمری گچر عزلتده ذلّتله
اولورسڭ مرتشی جاهل بولورسڭ هم عزّت هم جاه
بالق باشدن قوقار دیرلر فسادڭ باشی معلومدر
نه قادر کمسه بر نقطه دیه هذا کتاب الله
عجبدر عزّ و دولتده جمیعًا ارناود [و] بوشناق
چکر دورگده ذلّتلر شها آلِ رسول الله
حضور حقّه واردقده اولورسز اوّلاً مسؤل
سزه تفویض اولنمشدر امانتدر عباد الله
نجه نیجه سلیمانلر گلوب گچدی بو دنیادن
قنی اجدادِ اعظمڭ کمه قالدی بو ملك الله
بوگون عدل ایلیوب خلقه ایدرسڭ لطف و احسانی
یوزڭ آق اولبسر یارین مقامڭ عرش ظلّ الله
خدا صقلر خطالردن عدالت ایلین شاهی
نه غم دنیاده عقباده اولورسه فی امان الله

بر آلای دلسز و مُضحِك و جوجه‌یه قرین اولمه
شیاطین قومنه اویمه دگلدر فعل حکم الله
وزیره اعتماد اتمه بنم دولتلو خنکارم
بولردر دولت و دینه بولردر دشمنِ بدخواه
وزارت صدرینه گچمش اونورمش بر بولوك حیوان
بو دین و دولته خدمت ایدر یوقدر بر آدم واه
عجب گزلندی عارفلر بولونمز اولدی کامللر
سکونه واردیلر شمدی گورنمز اولدی اهل الله
نجه فتح اولیسر بغداد امامار ایلمز امداد
بولردن یوز چورمشدر عزیزم اولیا الله
اگر بر ار ظهور اتسه کرامت گوستروب خلقه
اکا شیطاندرر دیرلر دیمزلر اولیا الله
صراط مستقیم اوزره دگلدر شیخ و واعظلر
صاپنجه رهنما یولدن نجه خلق اولمسون گمراه
همان بر های هوی ایله یقر جامعلری صوفی
قنی اوراد ایله اسما قنی اخلاص ذکر الله
مُرَابیلر طوتوب دهری صنورلر مالیدر دنیا
ولی هر گوشه‌ده واردر نجه‌لر اولیا الله

* * * * * * * * *

* * * * * * * * *

هدایی

(۲۴۲) غزل (Vol. III, p. 220).

درونِ سینه صد چاك اولماغی بز شانه‌دن گوردك
غمکله خونِ دل نوش ایتمکی پیمانه‌دن گوردك

نقوشِ لذّتِ دنیـابی جامِ جمـده سَیْر اندك
فنونِ عشرتی بـز طرزِ استادانه‌دن گوردك
نگارڭ رخلرندن علمِ نارنجاتی اخـذ اندك
رسومِ خطِّ یاقوتی لبـِ جانانه‌دن گوردك
متـاعِ جانی تسلیم ایلدك جانانه‌یـه آخـر
اولنجه قورتلش یوقدر دلِ دیوانه‌دن گوردك
مدام اوله جهانه فیضِ عامی بیت خمّارڭ
نه گوردکسه هدایی بز او دولت خانه‌دن گوردك

ولـه ایضًا،

(۳۴۳) غزل (Vol. III, pp. 220—221).

دریغ اول تازه نهالِ هوا ندر بلمـز ۰ بلای عشق ندر مبتلا نـدر بلمـز
او غنچه گوشنه آلمز هزارڭ افغانن ۰ مقامِ نازده صیت و صدا ندر بلمـز
غریقِ بحرِ فراق اولدی بر بلوك ضعفا ۰ طبیبم تازه هوسدر دوا ندر بلمـز
درونِ سینه‌یه زخم اورمغی بلور انجق ۰ او بی مروّت ایسه آشنا ندر بلمـز
هدایی درگه عالیکـه التجـا ایلـر ۰ قپوکدن اوزگه سنگ ملتجا ندر بلمـز

حالتی

(۳۴۴) رباعی (Vol. III, p. 227).

ای شاهدِ لطفی عالمِ غیب و شهود ۰ وی گلشنِ فضلی سربسر نفحهٔ جود
قل غرقهٔ دریای فنا بـر بردن ۰ انمه بنی سرگشتـهٔ گردابِ وجود

ولـه ایضًا،

(۳۴۵) رباعی (Vol. III, p. 227).

بردم که وبرردی حکمنی بست وکشاد ۰ غم گلسه اگر دله اولوردق ناشـاد
ناگه گورینوب طلسمِ شمشیرِ فنـا ۰ قالمادی گوگلده رغبتِ گنجِ مـراد

و له ایضًا،

(٢٣٦) رباعی .(Vol. III, p. 228)

عقل ایله ایدوب همیشه جنگ و ناورد ٭ غم معرکه‌سنده نامر اتمز نامرد
وادئ بلاده کامرانِ عشقم ٭ اولدی بکا گردباد بر راه آورد

و له ایضًا،

(٢٣٧) رباعی .(Vol. III, p. 228)

ای دردکشِ فراق هر شب آه ایت ٭ حسرت نجه اولور ملکلری آگاه ایت
چون باغِ وصاله ابرمکه یوق چاره ٭ گلزارِ خیالِ یاری نُزهتگاه ایت

و له ایضًا،

(٢٣٨) رباعی .(Vol. III, p. 228)

نورِ سحرِ صدق و صفا در غمِ عشق ٭ آیینهٔ بی روی [و] ریا در غمِ عشق
سعی اتمکیله میسّر اولمز هرگز ٭ بخشایشِ حضرتِ خدا در غمِ عشق

و له ایضًا،

(٢٣٩) رباعی .(Vol. III, p. 228)

درد اهلی او درکه صورمیوب راهِ نجات ٭ یاننده بر اوله خار و گُل هم زهر و نبات
حکمن ویره‌مز بو کارزارِ عشقنگ ٭ شمشیر بلایی بیلمین آب حیات

و له ایضًا،

(٢٤٠) رباعی .(Vol. III, p. 228)

ساقی ینه بزمی رشکِ فروردین ایت ٭ اربابِ دِلک دهاننی گلچین ایت
آچ ساعد و بازولریکی و الحاصل ٭ آیینهٔ جامه دستنهٔ سیمین ایت

و له ایضًا،

(٢٤١) رباعی .(Vol. III, p. 228)

بر عرصه‌ده یز که خونِ اربابِ هنر ٭ خونِ شفقِ سپهروش اولدی هدر
حیفا که جهانه ایتمدك وَضعِ قَدَم ٭ آیینهٔ چرخ اولمدین زنگ آور

و له ایضًا،

(۲۴۲) رباعی (Vol. III, p. 229).

مهوشلر اولوب نشستهٔ ساحلِ ناز • عشاقی ایدر هلاك گردابِ نیاز
اولمزدی نظیری آسمانِ حسنك • خورشیدی اگر اولیدی ذرات نواز

و له ایضًا،

(۲۴۳) رباعی (Vol. III, p. 229).

محزون اولورز نچنکه دلشاد اولسق • ویران قالورز اگرکه آباد اولسق
اول مرغ جفا پرور عشقز بسزکم • دامه دوشرز قفسدن آزاد اولسق

و له ایضًا،

(۲۴۴) رباعی (Vol. III, p. 229).

چرخ ایتدی حواله اوسمه تیغِ هلاك • وقف اولدی الم صاچمغیچون باشمه خاك
اوقاتِ حیاتم ایلدی شورش بخت • چون آنِ وداعِ یار هب وحشتناك

و له ایضًا،

(۲۴۵) رباعی (Vol. III, p. 229).

بو دخمهٔ غم فزاده کی خاكِ ملال • چوق کلّهٔ شاهی ایلدے مالامال
سن گردشِ چرخ نیدوگن بیلمزسن • ای سایه نشینِ شاخسارِ اقبال

و له ایضًا،

(۲۴۶) رباعی (Vol. III, p. 229).

ای واقفِ رازِ شب نشینانِ ملال • وی دردین ایدن کلیدِ گنجینهٔ حال
نقشِ املیله اتمه رسوای بنی • قلمه دلی چو شمع فانوسِ خیال

و له ایضًا،

(۲۴۷) رباعی (Vol. III, p. 229).

اربابِ طریقته طریقت غمدر • اصحابِ حقیقته حقیقت غمدر
تفصیله نه حاجت ای دلِ شوریده • فهرستِ جریدهٔ محبّت غمدر

وله ایضًا،

(٣٤٨) رباعی (Vol. III, p. 230).

هر کم ازلی اولورسه پاکیزه سرشت * آمالنی بُت بیلور درونی کنشت
بـر بارقـۀ عنایت استر دل کم * محْو اوله یاننده جمله انوارِ بهشت

وله ایضًا،

(٣٤٩) رباعی (Vol. III, p. 230).

دل ملکنی دردگله وطن قیل یا رب * چشمِ عدن ایله هم یمن قیل یا رب
بر دستم اولورسه بُت نراشِ اُمّید * بر دستمی ده صنم شکن قیل یا رب

وله ایضًا،

(٣٤٩*) غزل، (Vol. III, p. 230).

صورمـه اربابـِ غمڭ آتشِ نهاننددن
بل همان خوبلرڭ جنبشِ دامانندن
نیجه قان آغلمیم کم جگرم خون اولدے
بـر مسیحـا نفسڭ سوزنِ مژگانندن
بلمك استرسڭ اگر معدنِ الماس نیجه اولور
حسننه آیْلـه نظـر چاك گریبانندن
صحنِ گلزارِ غمڭ شویلـه گرك بلبلی کم
گُللره آبـ ویـره دیـدۀ گریانـندن
زلفِ یار ایله ایدوبـ حالتیـا تعبیرڭ
ذوق آلور اهلِ جنون خوابِ پریشانندن

وله ایضًا،

(٣٥٠) ساقی نامه‌دن (Vol. III, pp. 231—232).

شبانگه گرك شمدی عیش و نشاط * که مُمتدّ اولـه مُدّتـِ انبساط
بولور آنده عشق اهلی معراجنی * اتر آنـده سالك گوکـه تاجنی

ابدم آنه اربابِ دل قطع راه • گلور شوقِ شبکار فرباد و آه
شب و باده شبدیز و گلگون اولور • دو اسبه گیدن بختِ واژون اولور
گل ای ساقی ویر مجلسه آب و تاب • دخی ایتمدن بخت آهنگر خواب
شب غم قپن تاب فرسود اولور • چو شام اجل صبحی بی سود اولور
۵ قارره سه نوله سقفِ کاخِ جهان • بو دگلو چراغه آز اولمز دخان
قویوب نافهسن گتمش آهوی مهر • چقَردی انک مشكِ نابن سپهر
قنی اویله بر اژدهانے دمان • شراری چو اخگر طوره بر زمان
هانکم اولوم آتشی خون تباه • چنر بیشه سندن او شیرِ سیاه

* * * * * * * * *

قنی ساقی اول شربتِ جان نواز • که دقِ بلایه اوله چاره ساز
۱۰ رئیس الاطبّاے پیر مغان • ایته روز و شب نسخه سن حرزِ جان
نه دارو در اول کم ویرر بی درنگ • رخِ خسته درد اندوهه رنگ
چکلسبدی تندن اگر جوی خون • تلاقی ابدر باده لاله گون

خوابه گوز قلب ایسه بیدار ایدی • شوقی ایله دله وله وار ابدے
غافل اولنجه بدنِ خاکسار • پرده یی رفع ایتندے دلِ پرده دار
۱۵ قیلدی بزے قافله بندِ خیال • داخل معموره شهر مثال
طی رهِ مسجد و دیرِ ایلدم • گورمدبگر برلری سیَر ایلدم
اولدی او دم جان گوزینه آشکار • خرقه ده بر پیر فتوّت شعار
نازل اولوب رحمتِ مولی گبی • ویردی سلام اول شفقت صاحبی
ایلدی بن بنده سنه التفات • لطف ایله صوندی المه بر دوات
۲۰ چکدی همان شعله شوقِ علَم • قالبمه صیغمدی قلبم او دم

وله ایضًا،

(۲۵۲) ساقی نامه‌دن (Vol. III, pp. 239—241).

صفت فنای دهر

فنی ساقیا اول مَیِ جانفزا * سپهرڭ بو اوضاعی ویردی فنا
بهار و خزانی دگل بر قرار * زمانه تلوّنده لیل و نهار
نجومڭ دوکنمکده در دانه‌سی * مهڭده پُر اولمقده پیمانه‌سی
ایدرکن خمِ باده گیبی خروش * صاتلدی نیجه غرّهٔ خود فروش
دخی سبز ایکن نو بهارِ امید * قرنفل گبی مویی اولور سفید
بنفشه اولوب سر بزانوی غم * اولور سبزه‌لر عقده دارِ الم
جهان پر کسل وقتِ عیش آز در * فمِ خم ده خمیازه‌دن باز در
نه ممکن که عمره بوله دست رس * حباب اینسه بیڭ کرّه حبسِ نفس
فلك خاكِ جمشیدی قِلْدی سبو * جمڭ منزلنده بتوردی کدو
نلر یوتدی بو دخمهٔ هولناك * دلی اولسه ده سویله‌سه ساکه خاك
مرادڭجه ده دونسه بو آسیا * دوکنمکده در دانه صبح و مسا
عمل مانده بر ششدر انجق جهان * دگل ماه بر زاری وار در میان
اولوب دست فرسودِ درد و محن * آنڭ نقشی ده قالمش اوقنمه‌دن
بو ویرانه بر خانهٔ شومدر * طورن نسر واقع دگل بومدر
چوغ آکلنمز آخر جزاسن بولور * بونك نسری غایت زیانکار اولور
عجب لجّه در بو یمِ هولناك * امل زورقن بر گون ایلر هلاك
دیگر ماه نو آنڭ ایچون نشان * دوکوندیلیدر معبرِ کهکشان
امل تاری پُر عقده در دایما * انی گوسترر تاجِ اهلِ فنا
چکوب هر نفس ساغرِ عشرتی * ال ایردکجه فوت ایلمه فرصتی
دمِ عیش و دمده تکاسل ندن * بلورکن سپهری تغافل ندن
لبالب مَیِ عشقله جام دل * بحمد الله آماده در کامِ دل

و له ايضًا،

(٢٥٢) تسديس بيت فضولى. (Vol. III, pp. 241—242).

آه كيم بغرم يَنه پيمانه گبى طولدى خون
بزم هجر يارده دوشدم بيقلدم سر نگون
غالب اولدى بو دل شيدايه سوداى جنون
وادئ حيرتده قالدم بولدم بى سر رهنمون
يار بى پروا فلك بى رحم دوران بى سكون
درد چوق همدرد يوق دشمن قوى طالع زبون

عالم غربتده اولدى شام محنت بر بكا
اوستمه طوغمز او ماه برج دولت بر بكا
اولدى طالع ساكن برج نحوست بر بكا
گتدى دولت بر بكا باشدن سعادت بر بكا
يار بى پروا فلك بى رحم دوران بى سكون
درد چوق همدرد يوق دشمن قوى طالع زبون

بلبل دل طاكيدر ايلرسه فرياد هزار
بر يوزى گل غنچه دلبردن آيردى روزگار
بن بلا خارنه دشمنلرله عيش ايتمكده يار
بر دگلدر دوستلرم دردم نصل ايدهم شمار
يار بى پروا فلك بى رحم دوران بى سكون
درد چوق همدرد يوق دشمن قوى طالع زبون

دمى وار در كيم بلا بزمنده نالان اولهم
باده اشكم دوكوب آلوده دامان اولهم
بر نفس ممكن مى در نى گبى نالان اولهم
بن نيچه صحبت صوكى گبى پريشان اولهم

یار بی پروا فلك بی رحم دوران بی سکون
درد چوق همدرد یوق دشمن قوی طالع زبون

خدمتنده ایکن ایتدی رد بنی اول پادشاه
سوردی شهرندن گیدردی درگهندن بی گناه
کاکلی هجریله اولدی چشممه عالم سیاه
بی مدد قالدم عطایی وش فراکولرده آه
یار بی پروا فلك بی رحم دوران بی سکون
درد چوق همدرد یوق دشمن قوی طالعِ زبون

حافظ پاشا

(٣٥٤) استمداد (Vol. III, pp. 249—250).

آلدی اطرافی عدو امداده عسکر یوقمیدر
دین یولنده باش ویرر بر مردِ سَرْوَر یوقمیدر
خصمِ بد کیشی اویونده رخ برخ شهمات ایدر
جنگده آت اوینادر فرزانه برار یوقمیدر
بر عجب گردابه دوشدك چاره‌سز قالدق مدد
آشنالر زمره‌سنده بر شناور یوقمیدر
جنگده همپامز اولوب باش ویروب باش آلمغه
عرصهٔ عالمده بر مردِ هُنَرْوَر یوقمیدر
رفعِ بیداده تکاسلدن غرض نه بیلمیوز
دردِ مظلومان سؤال اولمزمی محشر یوقمیدر
آتشِ سوزان اعدایه بزمله گیرمگه
دهر ایچنده امتحان اولمش سمندر یوقمیدر
درگهِ سلطان مراده نامه‌مز ایصاله
باد صرصر گبی بر چاپك کبوتر یوقمیدر

سلطان مراد رابع

(٣٥٥) مذكوره جواب (Vol. III, pp. 250—251).

حافظا بغداده امداد ایتمکه ار یوقمیدر
بزدن استمداد ایدرسن سنده عسکر یوقمیدر
دشمنی مات ایتمکه فرزانه‌یم بن دیرایدك
خصمه قارشو شمدی آت اویناتمغه یر یوقمیدر
گرچه لاف اورمقده یوقدر ساکه همپا بیلورز
لیك سندن داد آلور بر دادگستر یوقمیدر
مردلك دعوا ایدوسن بو مخنّثلك نه‌دن
خوف ایدرسن باری یانکده دلاور یوقمیدر
رافضیلر آلدی بغدادی تکاسل ایلدك
ساکه خصم اولمزمی حضرت روز محشر یوقمیدر
بو حنیفه شهرین اهمالکله ویران ایتدیلر
سنده آیا غیرتِ دین و پیمبر یوقمیدر
بیخبرکن سلطنت احسان ایدن پروردگار
ینه بغدادی احسان ایدر مقدّر یوقمیدر
رشوت ایله جُنْدِ اسلامی پریشان ایلدك
ایشیدلمزمی صانورسن بو خبرلر یوقمیدر
عَوْنِ حقله انتقام آلماغه اعدادن مگر
بندهٔ دیرین وزیرِ دین پرور یوقمیدر
بر علی سیرت وزیری شمدی سردار ایلدم
خضر و پیغمبر دلیل اولمزمی رهبر یوقمیدر
شمدی خالیمی قیاس ایلرسن آیا عالی
ای مرادی پادشاهِ هفت کشور یوقمیدر

نفعی

(۲٥٦) ایلر قصیده‌سندن (Vol. III, pp. 263—264).

صانمڭ که فلك دور ایله شاهی سحر ایلر
هر واقعه‌نڭ عاقبتندن خبر ایلر
بر دوش گبی در حق بو که معنیده بو عالم
کیم گوز یوموب آچنجه زمانی گذر ایلر
بر پرده که آرامه بو مقدار اوله مُهْلَت
اربابی نیجه کسبِ کمال و هنر ایلر
اولمش طوتالم مدّت آرامیده مُمْتَد
عاقل نیجه تمییزِ ره خیر و شر ایلر
تشخیصِ ره خیر و شر اولورمی او دلده
کیم لشکر غم بربرینی بی سپر ایلر
بولمز رهِ حقّی مگر اول کیمسه که آگاه
توفیقنی هادیٔ ازل راهبر ایلر
توفیق رفیق اولمیجق فایده یوقدر
هر کیم بوراده عقله اویارسه ضرر ایلر
عقلڭ هنری وادیٔ حکمتده در انجق
تحقیق ایله حکمت نیجه بر دلده یر ایلر
حکمت گر او علم ایسه که احکامِ فلکدن
اندیشهٔ عقلِ بشری با خبر ایلر
دوشمز دل و طبع اهلی بو اندیشه‌یه زیرا
تشویش دل و طبعی بو داخی بتر ایلر
زعمنجه اولور هر کشینڭ ردّ و قبولی
حق سویلینی صانمه فلکدن حذر ایلر

رندانِ خدا پرور معنی بو محلده
نه چرخه نه قولِ حکایه نظر ایلر
ویرمز فلکڭ دور چپ اندازینه حکمی
فور حکمتی تسلیم قضا و قدر ایلر
گردون مگر آسوده‌میدر کندے کدردن
دوران آڭاده مهرینی بر نیشتر ایلر
گون باشنه بر خلعت دیبا ویرر امّا
داماننی آلودهٔ خونِ جگر ایلر

* * * * * * * *

* * * * * * * *

ولهُ ایضًا،

(٢٥٧) قصیدهٔ بهاریّه‌دن (Vol. III, pp. 264—266).

اسدے نسیمِ نو بهار • آچلدی گللر صبحدم
آچسون بزم ده گوڭلمز • ساقی مدد صون جامِ جم
ایردی ینه اُردی بهشت • اولدی هوا عنبر سرشت
عالم بهشت اندر بهشت • هر گوشه بر باغ ارم
گُل دوری عیش ایّامیدر • ذوق و صفا هنگامیدر
عاشقلرڭ بیرامیدر • بو موسمِ فرخنده دم
دونسون ینه پیمانه‌لر • اولسون تهی خُمخانه‌لر
رقص ایلسون مستانه‌لر • مطربلر ایتدکجه نغم
بو دمده کیم شام و سحر • میخانه باغه رشك ایدر
مست اولسه دلبر سوْسَه گر • معذور در شیخ الحرم
یا نیلسون بیچاره‌لر • آلفته‌لر آواره‌لر
ساغر صونه مهپاره‌لر • نوش ایتمك اولور ستم
یار اوله جامِ جم اوله • بویله دمِ خرّم اوله

عارف او در بو دم اوله ٭ عیش و طربله مغتنم
ذوقی او رند ایلر تمام ٭ کیم طوته مست و شادکام
بر الده جامِ لاله فام ٭ بر الده زلفِ خم بخم
لطف ایله ساقی نازی قو ٭ می صون که قالمز بویله بو
طولسون صراحی و سبو ٭ بوش طورمسون پیمانه هم
هر نو رسیده شاخِ گُل ٭ آلدی الینه جامِ مل
لطف ایت آچل سن داخی گل ٭ ای سروقد و غنچه فم
بو دُرْد و بو صافی دیمه ٭ دونسون پیاله غم یمه
قانونِ دَوْرِ دائمه ٭ اُوی سن ده مَی صون دم بدم
میدر محکِّ عاشقان ٭ آشوبِ دل آرامِ جان
سرمایهٔ پیرِ مغان ٭ پیرایهٔ بزمِ صنم
می عاقلی ارشاد ایدر ٭ عاشقلری دلشاد ایدر
سیله ویرر برباد ایدر ٭ دللرده قویمز گردِ غم
می آتشِ سیّاله در ٭ مینا قدحله لاله در
یا غنچهٔ پر ژاله در ٭ آچمش نسیمِ صبحدم
ساقی مدد مَی صون بزه ٭ جام جم و کی صون بزه
رطلِ پیاپی صون بزه ٭ گتسون گوکلّلردن الم
بز عاشقِ آزاده‌یز ٭ امّا اسیرِ باده‌یز
آلفته‌یز دلداده‌یز ٭ بزدن دریغ ایتمه کرم
بر جام صون الله ایچون ٭ بر کاسه ده اول ماه ایچون
تا مدحِ شاهنشاه ایچون ٭ آلم اله لَوْح و قلم
اول آفتابِ سلطنت ٭ اول شهسوارِ مملکت
جم بزم و حاتم مکرمت ٭ ممدوحِ اصنافِ اُمَم
ابلق سوارِ روزگار ٭ آشوبِ روم و زنگبار
لشکر شکارِ کامکار ٭ بهرامِ افریدون عَلَم

خاقانِ عثمانی نسب ٭ کیم مندرج ذاتنده هب
اسلامِ فاروقِ عرب ٭ اقبالِ پرویزِ عجم
سلطان مراد کامران ٭ اَفْسَرْزِده و کشور ستان
هم پادشه هم قهرمان ٭ صاحب قرانِ جم حشم
شاهنشهِ فرخنده بخت ٭ آرایشِ دیهیم و تخت
بختی قوی اقبالی سخت ٭ اسکندرِ یوسف شیم
شاهِ جهان آرامیدر ٭ ماهِ زمین پیرامیدر
بهرام بی پروامیدر ٭ با آفتاب پُر کَرَم
شاهانه مشرب جم گبی ٭ صاحب قران رستم گبی
هم عیسئ مریم گبی ٭ اهلِ دل و فرخنده دم
٭ ٭ ٭ ٭ ٭ ٭ ٭ ٭ ٭

وله ایضاً،

(٢٥٨) قصیدهٔ بهاریّه در مدح شیخ الاسلام محمّد افندی دن

(Vol. III, pp. 267).

بهار ایردی ینه باغه دوشندی نطع ژنگاری
ینه سلطانِ گل ایتدی مشرّف تخت گلزاری
ینه بادِ صبا اُفتان و خیزان ایردے گلزاره
دمِ عیسی وش احیا ایلدی ازهار و اشجاری
لطافتدن زمین فرشِ منقّش اولدی عکسیله
مرصّع سایبان ایدنجه چرخ ابر گهربارے
ایرشدے پرتوِ فیضِ بهار آیینهٔ چرخه
عجبمی شمدی اولسه ژنگِ ابرِ تیره‌دن عارے
دونوب گردابِ بحرِ خونه هر گُل لاله‌زار ایچره
طولاشدرمغه کشتئ قرارِ بلبلِ زارے

نسیم اول دگلو نازك طرح ایدر آب اوزره امواجی
که لوح سیمه استاد ایدمز اویله قلمکاری
صانور تمغای زرّیندر گورن بر مائی خاراده
میانِ آبه دوشمش عکسِ خورشید پُر انواری
۵ چراغك حُسْننی انکار ایدنلر روز روشنده
سمنزار ایچره گورسونلر فروغ شمع گلناری
آچلدقچه گوربنور مهر آلی خسروِ عشقك
براتِ شوقِ بلبلدر دگلدر غنچه طوماری

* * * * * * * *

* * * * * * * *

ولّه ایضاً،

(۳۵۹) قصیده در مدح مراد پاشادن. (Vol. III, p. 268).

* * * * * * * *

* * * * * * * *

دللر طویاری گورمگه جنگ ایچره نیزه‌سن
۱۰ اول دم که خونِ دشمن اوجندن روان اولور
دوشدکجه خاکه گوی صفت کلّهٔ عدو
پای سمندی طوت که اکا صولجان اولور
اول آتش جهنده که اولدقچه گرمْرَو
پیرامننده گَرْدِ سیاهی دخان اولور
۱۵ صفلر دوزوب هجوم ایدیجك خیلِ دشمنه
دهشتله آسمان و زمین پُر فغان اولور
دارصلدیغجه زلزلهٔ حمله‌دن زمین
۱۸ آشوبِ رستخیز قیامت عیان اولور

گَزِدِ سپهده شعلهٔ شمشیرِ تابدار
گویا سحابِ تیره‌دن برقِ جهان اولور

* * * * * * *

* * * * * * *

و له ایضاً،

(٢٦٠) قصیده در مدح سلطان مراد دن (Vol. III, pp. 268—269).

آفرین لطفکه ای بادِ نسیم ٭ بو قدر انجق اولور فیضِ عمیم
عالی گل گبی آچدی نفسک ٭ ایلدک چهرهٔ آیاغی بسیم
کشورِ چینه می دوشدی گذرک ٭ یا نه در بو نفسِ نافه شمیم
بو قدر نشرِ شمیم ایتمز ایدک ٭ اولمسه‌ک طرّهٔ دلبرده مقیم
عاشقه سنبلین یار اولماز ٭ اولسه یاران ایله پُر هفت اقلیم
زلفِ جانانه گرفتارِ ابد ٭ دلِ سودازده‌یه یارِ قدیم
نیجه در حالِ دلِ آشفته ٭ شانه‌دن چکمز اوله رنج الیم
شانه‌دن وار ایسه آز چوق الی ٭ آه ایدوب چکمسون اصلا غم و بیم
دردمندانه بر آز احوالن ٭ ایلسون ماشطه‌سینه تفهیم
او دخی حالنه رحم ایتمز ایسه ٭ یوقمیدر عدلِ شهنشاه کریم

* * * * * * * * * * *

و له ایضاً،

(٢٦١) ساقی نامه دن (Vol. III, pp. 269—270).

مرحبا ای جامِ مینای میْ یاقوت رنگ
دوری گلسون سندن اوگرنسون سپهرِ بی درنگ
مرحبا ای یادگارِ مجلسِ دورانِ جم
آبِ روی دولت جمشید و آیینِ پشنگ
مرحبا ای شاهدِ عشرتسرایْ میکده
دختر پیرِ مغان همشیرهٔ ساقیْ شنگ

سَنْسِن اُول روحِ روانِ مُژدهٔ اندوه و غم
ساڭه نسبت چشمهٔ آبِ خضر عینِ شرنگ
سنسن اوُل سرمایهٔ بازارِ شوقِ اهلِ عشق
دوشدی فیضڭله کساده جوهرِ ناموس و ننگ
سنسن اُول پیرایهٔ حکمت که فیض کاملڭ
قلدی مرآتِ ضمیرِ اهل دلدن دفعِ ژنگ
جرعه‌ڭه ویرمزدی جان هر عاشق آفسُرده دل
اولمسه‌ڭ تاب افکنِ هر خاطرِ بیتاب و تنگ
می دگل روحِ روانِ مُژدهٔ غمسن هله
عالمڭ جانی دگلسن جانِ عالمسن هله

* * * * * * * * * * * * * * * *

وله ایضاً،

(٢٦٢) فخریّه (Vol. III, pp. 270—271).

بنم اول نفعیٔ روشن دل و صافی گوهر
فیض الور جامِ صفا مشربِ بی باکمدن
آسمان همّت اومر کوکبهٔ طبعمدن
عقلِ کُلّ درس اوقور اندیشهٔ درّاکمدن
همّتم هیچه صایار گنجِ تمنّایی ولی
غمّی دنیایه دکشم ینه امساکمدن
فیضِ حق برق اورر آیینهٔ اندیشه‌مدن
چشمِ جان روشن اولور مشرقِ ادراکمدن
دور ایدر شش جهتی هم ینه سرگرده مقیم
چوق دگلدر بو تجسُّس دلِ چالاکمدن

كعبهٔ معنی‌يه بر يولدن ايلتدی بنی كيم
قدسيان سرمه چكر گردِ رهِ پاكمدن
عالمِ معنی‌يم آزاده قضا حكمندن
كيمسه رنجيده دگل گردش افلاكمدن
قُلزُمِ معرفتم جيب و كنارم پُر دُر
سادلم پاكدر آلايشِ خاشاكمدن
بن بو حالتله تنزّلی ايدردم شعره
نيليم قورتلمم طبعِ هوسناكمدن
بو هوس بويله قالورسه دل و طبعمده اگر
ايشيدلمزسه سوزم سينهٔ صد چاكمدن
بن اولورسم ينه آشفته اولور خلقِ جهان
حسنِ تعبيرِ زبانِ چمنِ خاكمدن

وله ايضًا،

(٢٦٤) غزل (Vol. III, p. 271).

اغياره نگاه ايتمديگك ناز صانوردم
چوق لطف ايمش اول عاشقه بن آز صانوردم
غمزه‌ك دلی رسوای جهان ايلدی آخر
بالله بن اول آفتی همراز صانوردم
سيْر ايلمسم آيينه‌ده عكسِ جمالك
حسنيله سنی مه گبی ممتاز صانوردم
معمور ايدوكن بويله بلمز ايدم خرابات
مستانه‌لری خانه بر انداز صانوردم
سحر ايتديگكی سندن اشتدم ينه نفعی
يوخسه سوزيگی هب سنك اعجاز صانوردم

و له ایضاً،

(٢٦٤) غزل (Vol III, pp. 271—272).

یوقلمزسن هیچ واری دلده داغن یاره‌سن
بویله می گوزلر گوزللر عاشقِ بیچاره‌سن
اه ایله درده بلنمز عاشقِ بیچاره‌نڭ
چاك چاك ایده مگر آهی دلِ صد پاره‌سن
گوردیگڭ اولدرمدر کاری او خونی گوزلرڭ
قومز آنڭچون الندن غمزه‌لر غدّاره‌سن
زلفڭه بند ایتمسون یا نیلسون مجنون گبی
ضبطه قادر اولمین عاشق دلِ آواره‌سن
دردین اظهار ایتمك ایستر دائما نفعی سڭا
سن ده لطف ایت یوقله بر گون دلده داغن یاره‌سن

و له ایضاً،

(٢٦٥) غزل (Vol. III, p. 272).

سویلشلمز چرخله گه شویله گاهی بویله در
منقلبدر بو جهانڭ رسم و راهی بویله در
زاهدا رند اول همان صورتده قالمه عارف اول
عالمِ معناده حکم پادشاهی بویله در
غرق ایدر بر نقطه‌ده نورِ سیاهه عالمی
عارفڭ سرمایهٔ کلكِ سیاهی بویله در
صبح و شامی فرق اولنمز آسمان طبعمڭ
مشرقِ اندیشه‌مڭ خورشید و ماهی بویله در
یالکز نفعی دگل گستاخِ بزمِ معرفت
یوقله‌سڭ جمله ندیمانِ الهی بویله در

و له ایضاً،

(٢٦٦) سهام قضا دن (Vol. III, p. 278).

سعادتیله ندیم اوله‌لی پدر خانه ٭ نه مرجمك گورر اولدی گوزم نه ترخانه
زوگورتلك آفتم اولدی عجبمیدر اینسهم ٭ پدر گبی بورادن بن ده عرضِ جر خانه
پدرده بی عجب امساك خانه‌ی بلسهم ٭ نزاکتیله بونی کیم سؤال ایدر خانه
پدر دکل بو بلای سیاهدر باشمه ٭ سوزم یرنده نوله گوچ گلورسه گر خانه
بنم زوگورتلك ایله اللرم طاش آلتنده ٭ مزخرفاتن او درّ و گهر صاتر خانه

شیخ الاسلام یحیی افندی،

(٢٦٧) غزل (Vol. III, p. 280).

ای زلف خم اندر خمِ قلّابِ محبّت ٭ هب ساکه چکلدی دلِ اربابِ محبّت
دلبرسه گوزل دل سه نهایتده هوایی ٭ حاصل بو که آماده در اسبابِ محبّت
یان آتشه پروانه صفت ایلمه افغان ٭ ای عاشق مسکین بو در آدابِ محبّت
بر بحر ایمش ای عاشقِ شیدا دلِ زارك ٭ آنده بولنورمش دُرِ نایاب محبّت
یحیی حرمِ عشقه گیررسه نوله بی باك ٭ مفتوحدر اربابِ دله بابِ محبّت

و له ایضاً،

(٢٦٨) غزل (Vol. III, pp. 280—281).

اجی سوزلر نیّت ایلرسك ده اولمم بیحضور
چونکه ایلر اول زبان ایله او لبلردن صدور
ارتق اولور بیمِ جان عاشقلره حکمت نه‌در
هر قچان خونی گوزکده خسروِ اولسه فتور
بر جمالِ با کمالك اولمشز مفتونی کیم
بقدوغی مرآت ایدر خورشید گبی فیض نور

فورقرین جنّتده ده عشّاق راحت گورمیه
اوگرنورسه شیوهٔ خوبانِ استانبولی حور
سَرْوِ قدّندن بزی حق ایتمیه یحیی جدا
اوسمزدن سایهٔ لطفِ خدا اولمایه دور

و له ایضًا،

(۲٦۹) غزل (Vol. III, p. 281.)

دفعِ غمده اولمزز محتاجِ جامه جم گبی
عاشقز بز عاشقه اگلنجه اولمز غم گبی
بحر ایسک ده قطرهٔ ناچیز گوستر کندوکی
گوکلنه گیر ای گوکل اول غنچه‌نک شبنم گبی
قنده بر اهلِ کرم وارسه یاشتمز روزگار
یر یوزنده شمدی بر آدم می وار آدم گبی
بحرِ عشقک بر کنارین بولمدی بیچاره دل
دوشدی بر گردابه اول زلفِ خم اندر خم گبی
بکزمز اشعارِ غیره سوزلرکده روح وار
سرّ غیبی طبعمه یحیی سنک مرهم گبی

و له ایضًا،

(۲۷۰) غزل (Vol. III, p. 281—282.)

چشمِ خونینم خیالک شاهنی اعزاز ایدر
هر گلشده بر قماشِ سُرْخ پای انداز ایدر
کیم قچار یلوارمدن دلداره امّا نیلسون
عاشقِ شیدا نیاز ایتدکجه دلبر ناز ایدر
سن همان گنجِ نیازی بکله ای گنجشک دل
شاهبازک چونکه اوجِ نازده پرواز ایدر

سرِّ عشقی بلبلِ شیدا نیجه پنهان ایده
قنده بر آغزی اچق وارسه آنی همراز ایدر
آز چوق نیلرسه یحیی لطفیدر احسانیدر
دیمه اول مهرو جفایی چوق وفایی آز ایدر

و له ایضاً،

(۲۷۱) غزل (Vol. III, p. 282.)

همیشه مردمِ چشمم عذار یاره بقر * گوزم او پنجره‌دن صحنِ لاله‌زاره بقر
زمان گلور ینه زرّین قدح آلور الینه * چمنده نرگسِ شهلا همان بهاره بقر
نسیمِ لطفکه در انتظاری فُلْكِ دِلُڭ * چوغ اولدی ساحلِ محنتده روزگاره بقر
سنی گلور ایشیدوب باغه یاسمن جانا * چقوب او شوقیله دیواره رهگذاره بقر
نه اعتبار ایدر اوضاعه مرد اولان یحیی * نه دولته نظر ایلر نه اعتباره بقر

و له ایضاً،

(۲۷۲) غزل (Vol. III, pp. 282—283.)

اول ماه لقا زلفِ سیهکارینی چوزدی
صان چین و خطا تاجری در بارینی چوزدی
بر آق گُلی ایلدی بر طفلِ پریشان
دلبر که الوب دستنه دستارینی چوزدی
انجم طاغلوب صنمه طلوعِ ایلدی خورشید
اول سیم بدن تکّهٔ زرتارینی چوزدی
مژده ایدیجك ای گُلِ تر باد قدومڭ
هر غنچه همان کیسهٔ دینارینی چوزدی
یحیی دلدی صاریله آگه کمر آسا
اول کافرِ بد کیش که زنّارینی چوزدی

وله ایضاً،

(٢٧٣) ساقی نامه دن (Vol. III, pp. 283—284.)

گل ای نشوهٔ دارِ شرابِ الست ✻ بلا کوچه‌سی ایچره اوکار و مست
درِ میکده باز در قِل شتاب ✻ بحمد الله ایردی دمِ فتحِ باب
نه در حلقه‌سیدر هلالِ فلك ✻ روا اولسه جاروبی پرِّ ملك
ایدر فرشنی پاك جاروبِ لا ✻ قومز ذرّه‌جه انده گَردِ سوا
قپانمز او میخانه هیچ بر زمان ✻ آنك روزه‌سی عیدی بر در همان
اچق دستیاریٔ .مولایله ✻ آنڭ قفلی مفتاحِ الآبله
شو میخانه کیم اوله ساقیسی بار ✻ آنك ویردوگی میده اولمز خُمار
پُر ایت ساقیا جامی رندانه صون ✻ گوزت عهد و پیمانی پیمانه صون
او میدن که تریاقِ اکبر در اوّل ✻ نه تریاق صهبای کوثر در اوّل
[نه صهبا که مستِ مدامی صُهَیب] ✻ نه می کیم آنی ایچمك اوله عیب
قونلمش او صهبایه اسرارِ حق ✻ نیجه مست اولمایه هشیارِ حق
آنك مستیدر غمزهٔ فتنه ساز ✻ انی بلمینلر صانور مست ناز
جم اوّل بادهٔ نابڭ افکنده‌سی ✻ سکندر او میخانه‌نڭ بنده‌سی
شعاعی که هر یاڭه رخشان اولور ✻ نمودارِ مهرِ سلیمان اولور
او جامڭ مئ نابی مِهرِ صفا ✻ آنڭ هر حبابی سپهرِ وفا
حبابنده پنهان آنڭ نه قباب ✻ زهی بارگاهِ رفیع الجناب

ریاضی

(٢٧٤) قصیدهٔ بهاریّه دن (Vol. III, p. 285).

زمانِ عیش و شادیدر دمِ اقبالِ دوراندر
فلك هب ایتدیکی اوضاعه شمدی پك پشیماندر
ینه بر روزِ بازارِ صفا و ذوق و شادیدر
ینه هر گوشه جمعیّتگهِ بزمِ حریفاندر

گُل و بلبل ینه بیری برله ایتدیلر پیمان
چنار و سَرْوِ گلشن ال اله ویرمش خراماندر
نیجه آشفته و زار ایتمسون بلبللری غنچه
که هر بر خنده‌سی بیک پردهٔ ناز ایچره پنهاندر
ینه بزمنده سلطانِ گُلُک قمری ایله بلبل
بریسی بُذْلَه سنج طُرْفه گو بیری غزلخواندر
ینه گُلْبرگِ عشرت شمدی خرمن اولمشدر
گُلِ رعنا اچلدی وقتِ دَوْرِ جامِ رخشاندر
ینه ساقی گل افشانِ گریبانِ قدح اولدی
ینه دَوْرِ زمانه کامبخشِ می پرستاندر
ایرشدی شولقدر نشو و نما اشجار و ازهاره
بوگون طوبی ایله سَرْوِ گلستان دست و داماندر
عجبدر غنچه‌لر گلمزسه طوطی گیبی گفتاره
شو دگلو روحِ نامی فیض بخش جسمِ بی جاندر
صبادن حاملِ روحِ نباتی اولدی هر غنچه
کیم اول جبریلدر بو مادرِ عیسئ عمراندر
نوله فیضِ بهاری اثمزسه شمدی استعداد
یاننده سنگ خارا ایله نخل تازه یکساندر

* * * * * * * *

* * * * * * * *

و له ایضاً،

(۲۷۵) غزل (Vol. III, pp. 285—286).

خانه‌که گلدکجه زیرِ پای خوش رفتارین اوپ
وعدهٔ لطف ایتمزسه امّا لعلِ گوهربارین اوپ

مَقْتَلِ منصوره اوغررسڭ اگر اى بـادِ صُبْح
اُول شهيدِ عشقه تعظيم ايلـه پاى دارين اوپ
دالِ خنجر اولسه گلسه اوستكه اول نخلِ نـاز
قارشو وار دوش آيغينه دستِ خنجر دارين اوپ
خاكپاى ياره يوز سوردكـده اى مسك ختن
گوشهٔ دامانِ مشكين طرّهٔ طرّارين اوپ
نظمِ زيبـاى رياضئ سحـر پردازے گور
نسخهٔ تعويذِ جانـدر رقعـهٔ اشعارين اوپ

صبرى

(٢٧٦) قصيده (Vol. III, pp. 287—288).

بو دمده يوسفِ اقبـالِ دوان كار فرمادر
بو دمده چشمِ يعقـوبِ تمنّـا نور پيمـادر
فلك شمدى ثريّا ريز پـاى خوشه چينانـدر
قضا گنج افگنِ جيبِ تهىِ دستِ تمنّـادر
اولوب شـامِ غريبانِ رجا ظلّ همـاے بخت
ينه مهتـابِ دولت روى طالعـدن هويـدادر
مساعد عيش و نوشه بخت بخت جم گبى شمدى
زمان عهـدِ نشاط و دَوْر دَوْرِ جامِ صهبا در
فلك پيمانـهٔ همّت اُميـد و كام همصحبت
كـرم ساقئ بيمنّت امل بـزم مهيّـا در
ينه هر نـا مرادڭ زيورِ دست و سرى شمدى
گُلْفشَان ساغر جمدر درخشانِ تاجِ دارا در
ينه طوغـدى گونى انجم شمارانِ شبِ يأسڭ
ينه صبحِ كرم خورشيـدِ همّت فيض بخشا در

نه صبحِ فیض اثر پیراهن صد یوسفِ خورشید
که بینایی دهِ یعقوب نا بینای دنیا در
زهی فرخنده روزِ عالم افروزِ مسرّت کیم
دلِ شخصِ عدمده تیرِ شامِ غم سویدا در

* * * * * * * *
* * * * * * * *

وله ایضاً،

(٢٧٧) قصیده (Vol. III, pp. 288—289).

گچدی قلیجدن فتنِ روزگار ٭ سیفِ ید اللّهی اولوب آشکار
نقش بر آب اولدی جهانده ینه ٭ ظاهر اولان فتنه چو خطِّ عذار
شاهدِ ملك اولدی شکفته جمال ٭ حسنِ عدالتدن اولوب بهره دار
خطِّ رُخن ایلدی گویا تراش ٭ سربسر اول تیغ پسندیده کار
طالعِ ایّام اچیلدی ینه ٭ همچو گریبانِ بُتِ باده خوار
اولدی ینه چینِ کدردن بری ٭ جبههٔ بختِ فلك آیینه‌دار
گردِ کدر اولمز ایدی بَر طرف ٭ دفعنه سعی ایتسه نسیمِ بهار
خرّم اولورمیدی چمنزارِ مُلك ٭ چشمهٔ خضر ایتسه‌ده آکه گذار
اولمسه گر قطعهٔ ابرِ ظفر ٭ قطرهٔ باران یرینه سرنثار
صرفِ رهِ دولت و دین ایلدی ٭ آبِ رُخن تیغِ ظفر اشتهار
شمدی نه ممکن که بوله دسترس ٭ دامنهٔ خاطرِ جاهه غبار
یَنْصُرُكَ اللّهُ بِنَصْرٍ عَزِیز ٭ ای گهرین تیغِ قضا اقتدار
حکمِ قضا ساکه بو کیم خونله ٭ روی زمینی ایده‌سن سیلزار
تا اوله گنجینهٔ امن و امان ٭ سیلِ دمِ فتنه ایله آشکار
رخنه‌گرِ ملك سرافکنده به ٭ ویرمه اشرّایه امان زینهار
لشکرِ بد عهد پراکنده به ٭ ایله بد اندیشلری تار و مار

سنسین او اعجاز نمای ظفر * کیمکه سنی چکسه دمِ کارزار
دشمنک اولدم گورینور چشمنه * کندیسی حیدر قلیجی ذوالفقار

* * * * * * * * * * *

وله ایضاً،

(۲۷۸) غزل (Vol. III, pp. 289—290).

فنای روزگاری آکٔ ایکنده عیش و نوش ایتمه
خموش اولسک گرک دریا گبی جوش و خروش ایتمه
بوروب گوشک سنی ده آکلدر مضرابِ غم برگون
بو بزمِ بی بقاده نغمهٔ طنبوره گوش ایتمه
خلاص اول دشتِ غمدن ترکِ اسباب تعلّق قیل
اگر درویشِ عشق ایسک وجودک خرقه پوش ایتمه
خرابات اهلی کرسیدن سنی برگون بیقار واعظ
دوشرسن مرتبه‌کدن ذمِّ پیرِ میفروش ایتمه
صاقین وادیسنه اویکنمه صبری قیس و فرهادک
نه دکلی عاشق اولسک کندوکی بی عقل و هوش ایتمه

فهیم

(۲۷۹) غزل (Vol. III, p. 292).

ایدرسه او بُتِ شیرین دهان رقص * کفِ عاشقده ایلر دین و جان رقص
نه رقّاص آفتِ دَوْرِ قیامت * که رقص اینسه ایدر کَوْن ومکان رقص
زهی جلّاد چابك دست کآیلر * بنانی اوزره تیغ جانستان رقص
اوللدن جلوه گاهِ لفظ نامک * ایدر دایم بیان رقص و زبان رقص
ایدرلر شوقِ شعرکله فهیما * حریمِ آسمانده قدسیان رقص

ولہ ایضًا،

(٢٨٠) غزل (Vol. III, pp. 292—293).

فغان ای مولوی دلبر که چشم فتنه انگیزڭ
بنی اولدرمغه جمع ایلدے مژگانِ خونریزڭ
اولورمش مولوے زنّار بندِ کفر بلمزدم
تماشا اتمسم کافر سنڭ زلفِ دلاویزڭ
سماع ایتدکجه نورِ مهر حُسْن شعله سوزڭدن
اولور خورشید محشر ذرّهٔ بی قدر ناچیزڭ
قیامت فرش راهڭ فتنه در زنجیر زلفڭدر
گلنجه جنبش رفتاره بالاے بلا خیزڭ
حیادن گرچکم بقمازسن امّا چشمِ عشّاقی
تجلّی زار قلدے آتشِ حسنِ شرر ریزڭ
نگاهڭ فتنه پاش اولدقچه دست افشان سماع ایچره
درون جانه خنجرریز اولور مژگانِ سرتیزڭ
شکایت ایتمسون لطف ایت فهیم ای ماه جورڭدن
گیررسه دستنه دامانی فردا شمس تبریزڭ

ولہ ایضًا،

(٢٨١) قصیدهٔ فخریّه‌دن (Vol. III, p. 293).

ایلدم چشمِ گریه طوفانی * غرقهٔ موج چین پیشانی
ایتمسونی یا جُبْهَسن پُرچین * ایلیان چرخِ دونه مهمانی
بنی اول دگلو ایتدی خوار و حقیر * چرخڭ اوضاعِ نا بسامانی
که ایدر حالِ زارمه خنده * دستِ قاتله شخص زندانی
ویلنا آفتابِ بختمه آه * شب گبی روزمر ایتدی ظلمانی
گریهٔ غمله گچدے ایّامر * ایتمدے خنده روے شادانی
یوق یوق استغفر الله ایتدم سَهْو * ایلدم چرخ و بخته بُهْتانی

بکا هب جوری معرفت ایتدی * آل المدن خدا بو عرفانی

* * * * * * * * * * * * *

شیخ الاسلام بهائی افندی،

(۲۸۲) غزل (Vol. III, pp. 296—297).

طاغتدڭ خوابِ نازِ یاری اے فریاد نیلرسن
ایدوب فتنه‌له دنیایی خراب آباد نیلرسن
دلِ مجروحمه رحم ایله قالسون دامِ زلفکده
شکسته بال اولان مرغی ایدوب آزاد نیلرسن
ایدرسڭ گرچه بر درده طبیبم بیڭ دوا امّا
جنونِ اهلِ عشق اولنجه مادرزاد نیلرسن
واروب گیسوی و زلف یاری بیری بیرینه قاندڭ
ینه بر فتنه پیدا ایلدڭ ای باد نیلرسن
شهیدِ تیغِ عشقِ یار در سر جملهٔ عالم
اوروب شمشیره دست ای غمزهٔ جلّاد نیلرسن
گوزل تصویر ایدرسن خال و خطّ دلبری امّا
فسون و عشوه‌یه گلدکده ای بهزاد نیلرسن
بهائی وش دگل سن قابلِ فیض صفا [اولدڭ]
تکلّف بر طرف ای خاطر ناشاد نیلرسن

جوری،

(۲۸۳) غزل (Vol. III, pp. 299—300).

گچدی دل راهِ طلبدن کامِ دنیادن بیله
فارغ اولدے آرزولردن تمنّادن بیله

تشنه لب بیمارم اولسم ده مداوٰی اسمم
خضر و عیسادن دگل لعلِ دلارادن بیله
حاصل اولماز برگ و بارِ آرزو اهله دله
گلبنِ باغِ ارمدن نخل طوبادن بیله
رزقِ دنیادن مذاقِ اهلِ دل محرومدر
تلخکامیدر نصیبی نوشِ صهبادن بیله
ایرمدی سرمنزلِ امیده جَوْرِی تیرِ آه
گچدی امّا نُه فلکدن عرشِ اعلادن بیله

و له ایضاً،

(۲۸٤) غزل (Vol. III, p. 300)

راضیم دوران بنی برلحظه خندان ایتمسون
تك غبارِ غُصّهٔ دهر ایله حیران ایتمسون
یاقمسون گچدم مرادم شمعنی هرگز فلك
تك شبِ تاریكِ غمده زار و گریان ایتمسون
آچمسون دل غنچهسن باغِ جهانده روزگار
خاطرم تك برگِ گل گبی پریشان ایتمسون
هر نه محنت چکدررسه راضیم جوری بکا
تك همان منّتکشِ احسانِ نادان ایتمسون

و له ایضاً،

(۲۸٥) قصیده (Vol. III, pp. 300—301).

عالی بادِ سحر خیز که سیران ایلر
وارسه مُلْكِ یمنه هر نفسن جان ایلر
نه یمن لطفِ هواسیله وزان اولسه صبا
نشرِ بوی دم جان پرور رحمان ایلر

نـه یمن خطّـهٔ پاکیزهٔ بی همتـا کیم
گلشنِ جنّت ایلـه دعوئ رجحان ایلـر
بولسه گَرْدِنْدَه قدر خاکنی حورای جنان
مشك ترکیبی قوبوب قوینـنه پنهـان ایلـر
گورسه آرایشِ ازهـار ایلـه آدم باغن
ترکِ فکرِ هوسِ روضهٔ رضوان ایلـر
اعتدال اوزره اسوپ صیف و شتاسنده نسیم
که گل غنچه‌سنی خرّم و خنـدان ایلـر
اولسه بردم اثـرِ فیضی زمینـه شامل
خاك خشکی چمنستان و گلستان ایلـر
ابرسـه صحرالره آبنـدن اگر بـر قطره
خار و خاشاکی گُل و سنبل و ریحان ایلـر
گچسه اوسنندن اگر ابـرِ شتـا بارانی
کسبِ سرمایـهٔ خاصیّت نیسان ایلـر
حسرت لاله‌ستان در و دشتی هـر دم
خُتَن آهولرینك هب جگرین قان ایلـر
اوغرادقجه یولی وادیسنه گاهی خضرك
جویبارین بدل چشمهٔ حیوان ایلـر
چیقسه تحـریـره قضا مملکتِ دنیـایی
شهـرِ صنعـایی سرِ دفترِ بُلْدان ایلـر
آسمانه نوله اول شهر ایلـه ناز ایتسه زمین
که تماشاسی دلِ عیسی‌یی حیران ایلـر
اولسه بر کشور اگر مظهـرِ صُنْعِ قدرت
کوه و صحراسنی هب معدن ایدر کان ایلـر

جلد ثالث، جوری، وجدی، نائلی، (۲۸۵–۲۸۷)   ۲۱۲

اینسه بر ملکی اگر حفظ و حراست باری

روح وَیْسِ قرنی آكه نگهبان ابلـر

*   *   *   *   *   *   *

*   *   *   *   *   *   *

وجدی،

(۲۸۶) غزل (Vol. III, p. 304).

شبستانِ غم بزمنه شمعِ انْوَرم یوفدر

فنا دنیاده یعنی بر مسلّم دلبرم یوقـدر

سرنه هر کسک بر غنچهٔ سیراب وار شمدی   ٥

بنم باغِ جهان ایچنـه بر برگِ نرم یوقدر

نه بر زخمِ نگـاه و نـه اسیرِ زلفِ مشکینم

آنكچون صفِ سربازانِ عشق ایچره یرم یوقدر

زرِ خالص عیار ایتدی دلی اکسیرِ عشق امّا

اله آلور آنی بـر دلبرِ سیمین برم یوقـدر   ١٠

یانوب هجران ایله شمعِ غم اولدم وصلی یاد ایتم

متاعِ شب پسندم صبحه لایق گوهرم یوقـدر

نیجه فریاد ایدوب چاك گریبان ایتـهم بن کیم

یانمـه ساقئ گلرنگ المـه ساغرم یوقـدر

ستانبوله او رتبه آرزو وار دله ای وجدی   ١٥

اوچاردم بولسم امّا نیلهیم بال و پرم یوقدر

نائلی،

(۲۸۷) قصیده در ستایش شیخ الاسلام صنعی زاده (Vol. III, pp. 307–308).

ای کلكِ سیه جامه اگرچه دو زبانسن

امّا که خَتَكریـز رهِ گُجَرو شانسن   ١٨

جُفْت اولسه زبانڭ سیه اولسه نوله جامه‌ڭ
جاسوسِ سراپردهٔ تحقیق و گمانسن
جارے ایسه حکمڭ نولـه افواجِ سطوره
رایتکشِ معنی عَلَم افـرازِ بیانسن
ایمای مـدیحِ خمِ ابروے نُمـانده
خجلت دهِ انگشتِ هـلالِ رمضانسن
رهیـافتـهٔ گوهـر گنجینـهٔ اسـرار
سرمایـه‌ده چارسوے جوهریـانسن
بینطق ولی خمِّ دوات ایچره فلاطون
خاموش ولی وَلْوَلَه انـدازِ جهانسن
گلسڭ عرفـا بزمنـه برجیس و ارسطو
نا اهلـه قرین اولسڭ اگر هیچ مدانسن
هر جزء تراشیـده سی بر خنجرِ سـر تیز
نـه کشمکشِ چرخ نـه محتاجِ فسانسن
سن جوهر و ریزان دهنڭدن دُرِ معنی
مانـنـد صدف کانِ گهـر گوهرِ کانسن

* * * * * * * * *

* * * * * * * *

ولـه ایضاً،

(۲۸۸) غزل (Vol. III, pp. 308—309).

بلبل آغلر غُنْچه‌نڭ چاك گریبانن گورڭ
گُل شکفته بلبلڭ بیهوده افغانن گورڭ
مهر عصمتدن بیله عار ایله اولسه ژاله پاش
اول حیا گلبرگنڭ پاك دامانن گورڭ

پاکدر خاکسترِ روح اَلقُدسدن دامنی
حجله‌گاهِ حُسْنُکْ اوُل شمعِ فروزانن گورك
مجلسنده اول فروزان شمعِ گُل ماهیتُك
بلبل و پروانه‌نك دست و گریبانن گورك
هر نفس غرقابِ اشك ایلر بو مینا مُجْرَه‌بی
چشمِ یعقوب ابتلانك بیت احزانن گورك
فتنه‌نك زلفنده اول شوخ پریشان کاکُلُك
جمع اولان دللر گبی حالِ پریشانن گورك
نائلینك طبع پاکندن نه جوهرلر چیقر
اول هنر گنجینه سن اول معرفت کانن گورك

ولە ایضًا،

(۲۸۹) غزل (Vol. III, p. 309).

امّید و بیمدن بکا یا رب فراغ ویر
جان و جهانی ترك ایده‌جك بر دماغ ویر
شب زنده دارِ عشقه بو وحشت سرابده
ظلمت زدای حیرت اولور بر چراغ ویر
یوق جامِ مهره رغبتم ای ساقیٔ فلك
گوکلم گبی شکسته بکا بر ایاغ ویر
ذوق آشنای محنتِ ایّوب ایدوب دلی
جانِ صبوره حوصلهٔ درد و داغ ویر
سلطانِ چار بالش عشق اولدی نائلی
ای آه دودِ پُر شررگدن اتاغ ویر

و له ایضًا،

(٢٩٠) غزل (Vol. III, pp. 309—310).

اطلاسِ جاهه که عارفده تحاشی گوریور
جاهلڭ دوشِ تفاخرده قماشی گوریور
زیبِ الوانیله اولمز متلوّن عارف
هوسِ جاهله جاهل متلاشی گوریور
نیلگون چادرِ افلاک که ماتم گهیدر
جاهلڭ چشمنه بر غُرْفهٔ کاشی گوریور
بو کهن دارِ شفانڭ نظرِ دانایه
چرخِ اطلاس دیدوگڭ کهنه فراشی گوریور
نائلی ناخنِ چنگالِ مهِ عید اوزره
عارفڭ لختِ دل سینه خراشی گوریور

و له ایضًا،

(٢٩١) غزل (Vol. III, p. 310.)

بمِ آتشخروشِ دلده اولدقچه سکون پیدا
ایدر هر داغِ حسرت تنده بر گردابِ خون پیدا
بو عالم پای تا سر کوه کوهِ محنت و غمدر
ایدر هر تیشه کار آرزو بر بیستون پیدا
کران اینسون قو دللر تار تار زلفڭ اولسون تك
رُخڭ باغنده نیجه مشکبید سر نگون پیدا
لب شوخ نگاه چشمڭ اولدقچه ترنّم ساز
ایدر هر جنبش مژگانی بر نقشِ فسون پیدا
بو لعبتگاهده ای نائلی بیلمکده در حکمت
نه زیر خرقه‌دندر هفت طاس سرنگون پیدا

و له ایضاً،

(۲۹۳) غزل (Vol. III, p. 311).

سن ویروبسن عاریت بو جان محزونی بگا
سندن آیرلمق همان اولمکدر ای خونی بگا
گوسترر سر گشته جانِ وادیٔ حیرت هنوز
گردبادِ دشت و صحرا روح مجنونی بگا
بن اوزمدن بیخبر مجنون ایکن ویردی خراش
عقل ایدوب شاگردِ ناقابل فلاطونی بگا
اعتبار ایثمه رواجِ کار ایچون برجیس چرخ
چشمکه دیرسه سن اوگرتدگ بو افسونی بگا
نائلی داغم بو حسرتدن که آهم گوسترر
رنگِ خاکسترده پا برجا بو گردونی بگا

نیازی (مصری)،

(۲۹۴) غزل (Vol. III, p. 315).

اسماء الهیّه‌ده بی حد هنرم وار
هر دمده سمٰوات حروفه سفرم وار
گوکلم گوکینگ یلدزینگ هیچ عددی یوق
هر برجده بنم بیگ گونش بیگ قمرم وار
عالمره ابجد خواجه‌سی اولمق اولور عار
الحق گورینن ابجده عالی نظرم وار
عرشی و سمٰواتی علومگ بو در الحق
هم دخی زمیننده توکنمز گهُرم وار
بونگله بر اولدی دم عیسی ایله مصری
گوگلیمه دخی نه گلور نه گیدرم وار

و له ایضاً،

(۲۹٤) غزل (Vol. III, p. 316.)

اول منم کیم واقفِ اسرار علمِ آدم
کاشفِ گنجِ حقیقت هر حیاتِ عالمم
بنده مخفی اولدی غیب آلْغَیْبِکْ اسراری همین
بنده در سرِّ امانت آگه کنز مبهمم
بن جمالِ حقّی جمله شیده ظاهر گورمشم
بو مرایایه آنکچون باقدیغمجه خرّم
هر سوزم مفتاحِ قفل کُنْتُ کَنْز اولمشدرر
هم دمِ عیسی ایله هر بر نفسده محرم
جمله موجوداتی ویردم بن وجودِ واحده
ذات و اسما و صفاتک ایله دالا یکدم
یرده گوکده هر نه که وار باغلو در باشی بکا
آشکاره و نهانه بن طلسم اعظم
بن او مصری‌یم وجودم مصرینه شاه اولمشم
حادثم گرچه ولی معنیده سرِّ اقدم

و له ایضاً،

(۲۹۵) منظومه (Vol. III, pp. 316—317)

بر شهره ایرشدی یولم درت یانی دوز میدان قمو
آگه گیرن گورمز اولوم ایچر آبِ حیوان قمو
بر خوش گوزل یاپوسی وار اوتوز ایکی قپوسی وار
جمله شهرلردن اولو هر یاگه باغ بستان قمو
آب و هواسی معتدل گیرن چیقمز آی و ییل
طاغلری لاله آق قزل باغلر گلِ خندان قمو

بلبللری نالان ایدر جان و دلی حیران ایدر
باغچه‌لری سیران ایدر هر گوشه‌ده خوبان قمو

اشجارده سازلر چالنور داللرده میوه صالنور
سن صونمه‌دن اول بولنور هر امریکه فرمان قمو

کیم سلسبیلدن نوش ایدر رحیق آنی بیهوش ایدر
تسنیم آنی سرخوش ایدر اولور ایچن مستان قمو

بو دیدیگم جنّت دگل انلاره اول منّت دگل
بونڭ صفاسی ذَوْقِنَه اهلِ جنان حیران قمو

شهر حقیقتدر آدی حق سرّینی آنده قودی
اول سرّه واقف اولانی حق ایلدی مهمان قمو

اولمز اولارده هیچ فساد بُغض و حسد کبر و عناد
جمله بیلش یوق اصلا یاد بر بیرینه اخوان قمو

اوزلری جانلردن عزیز سوزلری باللردن لذیذ
یوق آنده سن بن سیز و بیز برلیکله یکسان قمو

اول شهره مُرْسَل گلمدی آنلری دعوت قیلمدی
آنلر یولی یاگلمدی اوصافلری قُرْآن قمو

حق مذهبی مذهبلری دریای ذات مشربلری
حاصل قمو مطلبلری قدر ایچره در هر آن قمو

* * * * * * * *

* * * * * * * *

جان ایلیدر وصف ایتدیگم دردیله تعریف ایتدیگم
بوندن اینوب دوکلدیلر بو تنلره هر جان قمو

گل تنده قوه جانڭی اعلایه چیق بول کانڭی
لایقمیدر انسانه کیم بیری اولا زندان قمو

طوت بو نیازینڭ سوزین بونده آچه گور جان گوزین
بر گون گیدرسن آنسزین گورمز سنی گریان قمو
وار اول حقیقت شهرینه ایر آنده حقّڭ سرّینه
طواسون سنڭه گوڭلڭه دریا اولوب عرفان قمو

و له ایضاً،

(۲۹۶) غزل (Vol. III, p. 318.)

بارك الله گلستانِ بلبلاندر آسپوزی
جنّتی تذکیر ایدر عالیمکاندر آسپوزی
معتدل آب و هوا هم مجمع انواع ذوق
مجمعِ بزمِ صفای عارفاندر آسپوزی
آبِ حیوانی بگنمز خصلتندن دیر مسیح
آقدیغنجه صانکه بر روحِ رواندر آسپوزی
جامهٔ خضراسن ایّامِ ربیعده کیم گیر
شُبْهَه‌سز منزلگهِ خضرِ زماندر آسپوزی
هر طرف بر میوهٔ شیرین لبِ دلبر مثال
بیشل اطلسله طونانمش نو جواندر آسپوزی
بی مداد الماسی اوزره نقش اولور ابیاتِ سرخ
لا جرم صُنعِ خدایه بر بیاندر آسپوزی
اول سببدن اهلی پُر عقل وذکا و معرفت
مخزنِ اهلِ علومِ کاملاندر آسپوزی
جنّته مِنْ تَحْتِهَا الْأَنْهَارُ تَجْرِی دینسه خوب
هٰذِهِ جَنَّاتُ عَدْنٍ دن نشاندر آسپوزی
ای نیازی گر طوقنمایدی هیچ بادِ فنا
کیم دیمزدی آکا فردوس جناندر آسپوزی

نظیم،

(۲۹۷) نعتِ شریف (Vol. III, pp. 320—321).

ای حریمِ خاصِ بزمِ رؤیتِ پروردگار
وجه حقّه ذاتی هم آینه هم آینه دار
نقطهٔ جیمِ جلالِ عزّتی کَوْن و مکان
حلقهٔ دوری محیط عالم هژده هزار
منصبِ قدر و کمالی بَر مزید و مستدام
کشورِ جاه و جلالی بی مُشیر و مُسْتَشَار
خاکروبِ بارگاهی شهپر کرّوبیان
خادمِ درگاهی روح اَلْقُدسدر لیل و نهار
ساکنانِ روضهٔ عالم پناهی انس و جان
عاکفانِ کعبهٔ درگاهی ارواحِ کبار
دوستان قدر و اقبالی عزیز و سر بلند
دشمنانِ عزّ و اجلالی ذلیل و خوار و زار
ریزه سنگِ آستانی گوهرِ تاجِ ملوك
جوهرِ آکسیر ایله خاكِ حریمی همیعار
میهمانِ میزبانِ لطفی سلطان و گدا
حمد خوانِ خوانِ جودی پیر و طفلِ شیرخوار

* * * * * * * *

* * * * * * * *

سنسین اول نورِ هدایت پرتوِ بزمِ یقین
جمعِ شمعك انبیا و مُرْسَلین پروانه وار
عمرم اولدقچه سنك سیّاحِ دَشْتِ نعتکم
اولدم اول صحراده حالا جان و دلدن بیقرار

عجز ایله نقصان ایله بر ذرّهٔ نا چیز ایکن
گُل گبی وصفِ کمالانکٔده بولدم اشتهار
گونه گونه حلّه باف کارگاهِ فیضدر
بکرِ اندیشهم قبول ایتمز جهازِ مستعار
کیفِ صهبای خیالِ دلکشم بی دَرْدِ سر
بادهٔ جان بخشِ نظمِ آبدارم نشوه بار
بو قصیدهم مدحتکٔده روضهٔ اخلاصدر
لون ازهارنده نه رنگِ خزان نه بیمِ خار
جامعِ وصفکٔده هر سطرِ بیانم چکدی صف
خامهٔ معنی صریرم الصّلا خوانِ منار

* * * * * * * * * *

* * * * * * * * * *

و له ایضاً،

(۲۹۸) غزل (Vol. III, pp. 321—322).

فصلِ بهارِ باغِ مرادمه رسیده در
گلدستهٔ حدیقهٔ مقصود چیده در
اولسم عجبی نرگس و گل گبی چشم و گوش
حرفِ وصال کیم دهنکٔدن شنیده در
بر کرّه بوس ایدن سنی اولمز مثالِ خضر
آبِ حیات لعلِ لبکٔدن چکیده در
صد الامان که حیرتِ حسنکله ای پری
مانندِ غُنْچه جامهٔ صبرم دریده در
غمزه‌کٔ خدنگی اولسه نوله دلده جایگیر
پیکانِ نازِ لوحِ نیازه خلیده در

محراب ابروانکه گوکدن سجود ایدر
بیهوده صنمه قدّی هلالک خمیده در
بِسمِلْگهِ غمکده نوله اولسه مضطرب
دل صیدگاهِ عشقده مُرغ طپیده در
سینه‌مده داغِ حسرت اولور ساغرِ نشاط
سنسز شراب ناب بکا خونِ دیده در
عِقدِ لآل دینسه روا نظمکه نظیم
سلکِ بیانه گوهرِ معنی کشیده در

و له ایضًا،

(٢٩٩) شرقی (Vol. III, pp. 322—323).

غیریدن بولمز تسلّی سودیگم * سنده در دیوانه گوکلم سنده در
عاشقم آیله تجلّی سودیگم * سنده در دیوانه گوکلم سنده در

احتراز ایت نالهٔ جانکاهدن * یاندی سینه‌م تابِ سوزِ آهدن
بن وصالک استرم اللهدن * سنده در دیوانه گوکلم سنده در

آز دگل هجرکله اولمشدم ملول * چوقمی بَزمِ وَصْلکه بولسم وصول
سن گرک ردّ ایت گرك آیله قبول * سنده در دیوانه گوکلم سنده در

مسکنم ای یوسفِ گل پیرهن * اولسه‌ده یعقوب وش بیت الحزن
سنسن انجق مصرِ دلده شاه سن * سنده در دیوانه گوکلم سنده در

برقِ رخسارک اولالدن دلفروز * جانله اولدم یولکده سینه سوز
عاشقم عاشق نظیم آسا هنوز * سنده در دیوانه گوکلم سنده در

طالب،

(۴۰۰) غزل (Vol. III, pp. 323—324).

چشمِ انصاف قدر کامله میزان اولمز
کیشی نقصاننی بلمك گبی عرفان اولمز
ظلمتِ جُرمی نوله نورِ کرم مَحْو اینسه
زلفِ شب پردهٔ روی مهِ تابان اولمز
قیْدِ زنجیرِ غمِ دهردن آزاد اولهمز
موجِ دریای می اول مسته که سوهان اولمز
شویله نادم اوله کم زُهْدینه زاهد دم عفو
بی ریا جُرْم ایدن اول دکلو پشیمان اولمز
اکا تر دامنیٔ گریهٔ مستانه گرك
زُهْدِ خُشْك آدمه سرمایهٔ غفران اولمز
غنچهٔ کام آچلماغه زمان وار طالب
لبِ امیّد بو ایّامده خندان اولمز

وله ایضًا،

(۴۰۱) غزل (Vol. III, pp. 324—325).

گُلُك اوراقنی بادِ خزان ایتدی نثار آخر
طاغتدی آشیانِ عندلیبی روزگار آخر
گوکل آیینهٔ اسکندری کور اولدیغن فهم ایت
نشانِ منزلِ اهلِ فنا لوحِ مزار آخر
غم عصره صقلمقله اولور دل پُخْتَه و صافی
کایدر انگوری شیره شیره‌یی صهبا فشار آخر
اغردی چشمِ امیّدم غمِ حسرتله پیر اولدم
بنی همرنگِ یعقوب ایتدی اول یوسف عذار آخر

نهان گوردم اشارت ایتدیکن غیره هلاك اولدم
زبانِ تیغِ ابرو ایتدے جانِ زاره کار آخر
شکستِ عرضِ عشقه قائل اولمز غیرتم یوخسه
شرابِ عشق دلبردن اولوردم توبه‌کار آخر
همان برچیده ایت ساقی بساطِ عشرتی چونکم
گریبانِ نشاطی دوشرر دستِ خمار آخر
عرقریز اولدی خیلی اسب خام فکرم ای طالب
اولنجه ساحهٔ دلده بو نظم آبدار آخر

نابی،

(۲۰۲) غزل (Vol. III, pp. 337–338).

آدم اسیرِ دستِ مشیّت دگلمیدر • عالم زبونِ پنجهٔ قدرت دگلمیدر
بو پرده‌نڭ درونده باق اضطرابی فو • هر محنتڭ وراسی مسرّت دگلمیدر
بذلِ حیات راهِ محبّتده عاشقه • تکلیف اولنجه جاننه منّت دگلمیدر
یوق گرچه صدمهٔ ستمکدن گریزمز • امّا که دست نازکه زحمت دگلمیدر
هب سنی کامیاب اوله‌جقسن زمانه‌دن • ای تنگ چشم کار بنوبت دگلمیدر
محتاجِ رزقِ خالق ایکن سربسر جهان • مخلوقدن نیاز مذلّت دگلمیدر
نابی زبانِ نُطقم ایدن خامهٔ مجاز • مشّاطهٔ عروس حقیقت دگلمیدر

وله ایضًا،

(۲۰۳) غزل (Vol. III, p. 338).

اوّل دلکی سیخ صداقتده کباب ایت • بو میکده‌دن صوڭره تمنّای شراب ایت
ایلر چو گذر نقشِ صُوَر خانهٔ هستی • بیدارلغڭ نامنی حلكّ آیله ده خواب ایت
آدابِ عبودیّتی اشجاردن اوگرن • عکسڭ بله طاعتوَرِ سجّادهٔ آب ایت
تحتندن اولور چهره نما معنیٔ اخلاص • اعمالڭه باق حلكِّ امانیٔ ثواب ایت

رفع ایلـه دعا نیّتنه دستکی امّـا • تقصیرِ عبادتده رخِ شرمه نقاب ایت
نابی برینه بیڭ گتورر تخمِ اُمیدڭ • تسلیمِ توکّل کده جیبِ تراب ایت

و له ایضًا،

(٢٠٤) غزل (Vol. III, p. 339).

تازه خرامه گلمش اول شوخ نورسیده • طاوسِ جنّت اولسون سرتاپپای دیده
بی موج شورش اولمز آسایشی جهانڭ • دریا تعفّن ایلر اولدقجه آرمیده
هر نا قبوله ایتمز زخمِ ستم توجّه • گورمز جفای سوزن کالای نادریده
نو مسلمان عجبمی تقوی فروش اولسه • ایلر فزون پرستش غلمانِ نو خریده
هرسنگ دل هوای قدڭله نازش ایلر • پیشانئ نگینه رونق ویرر کشیده
محو اول که ظاهر اولسون خاصیّت وجودڭ • ویرمز نشاط خاطر صهبای ناکشیده
پیغولهٔ قناعت نابی گوزل محل در • حیفا که یوقدر آنده افراد آفریده

و له ایضًا،

(٢٠٥) غزل (Vol. III, pp. 339—340).

یارڭ اسیرِ خندهٔ خاطر فریبیوز • اول مطلبڭ ولیك عجب بی نصیبیوز
اینسه نه وار غریب نوازی او شاهِ حسن • معمورهٔ عنایتنڭ بر غریبیوز
اولسونمی نبضِ خامه‌دن انگشتمز جدا • بز کیم مزاجِ حُسْنِ ادانڭ طبیبیوز
حمدی سزادر ایلریسڭ خطبهٔ مقال • چون منبر سطور خیالڭ خطیبیوز
گل غنچه‌لر تلاوتِ آیاتِ فتح ایدر • اول باغ معنویده که بر عندلیبیوز
غم چکمزز رقیب بزه دلگران ایسه • انصاف اولنسه بز دخی آنڭ رقیبیوز
رزقڭ توجّهی بزه بزدن فزون ایکن • بیهوده نابیا بز آنڭ بی شکیبیوز

و له ایضًا،

(٢٠٦) رباعی (Vol. III, p. 340).

چوق گورمشز زوالی غدّار اولانلرڭ • هنگامِ فرصتنده دل آزار اولانلرڭ
ذلّتده در قراری اگر صاغ اولورسه‌ده • کوتاه اولور حیاتی ستمکار اولانلرڭ

و له ایضًا،

(٢٠٧) مخمّس (Vol. III, pp. 340—342).

بو گلستانده بنچون نه گل نه شبنم وار
بو چارسوده نه داد و ستد نه درهم وار
نه قدرت و نه تصرّف نه بیش و نه کم وار
نه قوّت و نه تعیّن نه زخم و مرهم وار
بو کارخانه‌ده بیلسم نیم بنم نم وار

وجود جودِ الهی حیات بخشِ کریم
نفس عطیّهٔ رحمت کلام فضلِ قدیم
بدن بنای خدا روح نفخهٔ تکریم
قوا ودیعهٔ قدرت حواس وضعِ حکیم
بو کارخانه‌ده بیلسم نیم بنم نم وار

بو کارخانه‌ده بر بشقه کار و بارم یوق
نه وارسه جمله آنکدر بر اوزکه وارم یوق
جهانه گلمه‌ده گتمکده اختیارم یوق
بنم بنم دیه‌جك الده بر مدارم یوق
بو کارخانه‌ده بیلسم نیم بنم نم وار

زمین بساطِ قدر چرخ خیمهٔ عظمت
نجوم ثابت و سیّار مشعلِ قدرت
جهان نتیجهٔ جودِ خزائن رحمت
صحائفِ صُوَر کَوْن نسخهٔ حکمت
بو کارخانه‌ده بیلسم نیم بنم نم وار

وجود عاریتی در حیات امانتدر
عباده دعوئ ملك ادّعای شرکتدر
قولك و ظیفه‌سی تسلیمدر اطاعتدر
بکا قولم دیدیگی لطفدر عنایتدر
بو کارخانه‌ده بیلسم نیم بنم نم وار

بنم فقیر و تهی دست جود حقّکدر
عدم بنم صفتمدر وجود حقّکدر
ظهور هستئ بود و نبود حقّکدر
تموّجِ یم غیب و شهود حقّکدر
بو کارخانه‌ده بیلسم نیم بنم نم وار

تعیّشم کرم سُفرهٔ عطادندر
تنفسم نفسِ رحمت خدادندر
وظایفم در انعام کبریادندر
رواتبم نعمِ مطبخ قضادندر
بو کارخانه‌ده بیلسم نیم بنم نم وار

نصیبسز آله‌مم رزقی خشك ایله تردن
نه آسمان و زمیندن نه بحر ایله بردن
گلور مقدّر اولان دکلو نقره و زردن
زیاده قبض ایده‌مم رزقی مقدّردن
بو کارخانه‌ده بیلسم نیم بنم نم وار

سطورِ موجِ حوادث رسومِ خامهٔ صنع
جریدهٔ دو جهان نقشِ کارخانهٔ صنع
لباسِ ارض و سما تار و پودِ جامهٔ صنع

شخوصِ نـاس تماثیل شاهنامـهٔ صنع
بو کارخانـهده بیلسم نیم بنم نم وار

صباحی شام و شبِ تیرهیی نهار ایـدهم
هوایی آتش و آب آبی خاکسار ایـدهم
سپهری ساکن و کُهساری بی قرار ایدهم
خزانی کندی مرادمجه نو بهار ایـدهم
بو کـارخانـهده بیلسم نیم بنم نم وار

عدمدن ایتدی بنی قدرتی بر آورده
غذامی ایلدی آمـاده رحمِ مـادرده
نوالِ ظاهر و باطنله ایتدی پرورده
بنملـه چکـدی ظهـورِ جمالنه پرده
بو کـارخانـهده بیلسم نیم بنم نم وار

تجلّیاتِ خـدادر آچلسه چشمِ شعور
تصوّراتِ عوالم تجـدّداتِ امـور
بروزِ گنجِ خفی در بو لجّـهٔ پُرشور
بو کار و بـار الٰهی بو طمطراقِ ظهور
بو کـارخانـهده بیلسم نیم بنم نم وار

گهی تهی و گهی پُر خزاینِ امکان
صُوَر نُمای نوین شیشه خانهٔ دوران
غریب میوه فشانلقـده نابیـا هر آن
بو کهنه باغ پریشان هوای روبخزان
بو کـارخانـهده بیلسم نیم بنم نم وار

و له ایضًا،

(٢٠٨) قصیدهٔ عزلیّه در ثناخوانئ مصاحب مصطفی پاشا

(Vol III, pp. 342—343).

کیمدر اول کیم میِ منصبله اولوب شیرینکام
اکّا خمیازهٔ عزل اولمیه آخر انجام
چند روزه گُلِ اقبالِ چمنزارِ فنا
ایدر البتّه دماغِ دله ایراث زکام
بزمِ اقبالده سرمست اولانڭ حالی بو در
گاه پیمانه چکر گاه خُمار آلام
اولسه آراسته بر دم ینه بر چیده اولور
بر قرار اوزره دگل دَوْرِ طرب گردشِ جام
زَیْنِ خورشید و رکابِ مه اولور چیده ینه
زیرِ ران اولسه اگر توسن چرخ بد رام
چرخ سای اولسه اگر کنگرِ قصرِ اقبال
ینه یوق لوحهٔ طاقنده آنڭ نقش دوام
جیش اختر داغیلور بر گون اولور کاسه تهی
ماه‌وش زیر نگین اولسه اگر خطّهٔ شام
گله‌لی دهره نه مسموع و نه منظور اولدی
جلوهٔ شاهدِ کام اولدیغی بر وَفْقِ مرام
تودهٔ ریگِ رواندر فلکڭ اقبالی
هر زمان غُصّهٔ دیگرده ایدر ضرب خیام
کیمسه آزاده دگلدر رسنمندن چرخڭ
هاله‌سن ماهِ شب آرایه ایدر حلقهٔ دام
بحر پُر شورش دولتده اولورمش کم خیز
هر زمان کشتئ امیده موافق ایام

٭ ٭ ٭ ٭ ٭ ٭ ٭

٭ ٭ ٭ ٭ ٭ ٭ ٭

وله ایضاً،

خیریه دن،

(۲۰۹) مطلب دغدغهٔ پاشا بی (Vol. III, pp. 343—345).

ای طرازندهٔ اقبالِ ابد ٭ وی نوازندهٔ قانون خرد

٭ ٭ ٭ ٭ ٭ ٭ ٭ ٭ ٭ ٭ ٭ ٭

منصب و جاهه هوسکار اولمه ٭ طلبِ عزت ایچون خوار اولمه
اهلِ منصبده بولنمز راحت ٭ حالِ بیعزلده در امنیت
ذلّت عزلنه دکمز نصبی ٭ صرفنه سربسر اولمز غصبی
اولمه پاشالق ایچون آواره ٭ طبل و سرنا ایله گیرمه نارہ
بغلمه طنطنهٔ طبله گوکل ٭ دوردن خوش گلور آوازِ دُهُل
پاشالق عمره سورر محنتدر ٭ حاصلی درد و غم و قسوتدر
نامی بر کوکبه جاهی عالی ٭ لیك دوزخده گچر احوالی
خاطری منصبی گیبی ویران ٭ صورمه هیچ آخرت احوالی یمان
ظلم ایدرسه بیقیلور خانهٔ دین ٭ ایتمسه بولمز اموری تمکین
چکدیگی محنت اولنسه تعداد ٭ دکمز اول محنته مصر و بغداد
های و هوبیله ایدر عمری گذر ٭ حاصلی اشكِ تر و خونِ جگر

٭ ٭ ٭ ٭ ٭ ٭ ٭ ٭ ٭ ٭ ٭ ٭

ایتمسه دائرهسی بسلنمز ٭ سوزی حکم ایلسهده اسلنمز
ایلمز مرتبهٔ صرفه صعود ٭ خاصلر نامنه جوز معدود
قالمامش خاصده ده جای عبور ٭ که ایده صرف ایدهجك انچه ظهور
آنی اسلاف خراب ایتمشلر ٭ هر بری بر بیل آلوب گتمشلر
بولمغه دائرهسی نشو و نما ٭ آڭا لازم قتی چوق باد هوا
منصبی آقچه ایله آلمشدر ٭ بحرِ دَیْنڭ دیبنه طالمشدر

دَیْنِگ امّا نیجه قت رنجینه وار • آنی محتاجِ ادا در ناچار
یرلو یبرنده بساط و آلتی • ناقص اولمز پاشالق آلاتی
منصبگ مصرفی خود نامعدود • هیچ اولنمز آگه تعیینِ حدود
مطبخ و آخور و تعیینِ خدم • داخل و خارج اتباعِ و حشم
سرِکارنده اولنلر خائن • ایشلری جمله اوبونله آیین
لابد ایلر او حرامی زاده • حیله هم مصرف وهم ایراده
با خصوص اولنه تکلیفِ سفر • آگّ یقینی گوزه‌در سمت مفر
سفره گتمگه عسکر لازم • عسکره مصرف ایچون زر لازم
ظلمسز آقچه‌یه دستی ایرمز • خلق ایسه گوز گوره مالن ویرمز
کشمکشله ایدیسر عمرے گذر • بوکه دولتی دینور خاك بسر
بسلنورمی هله گور لیل و نهار • بونجه حیوان بو قدر خدمتکار
قره‌قوللقجیلر اولور عفریت • شیر درّنده اولور هر بر ایت
بیگ نیاز اینسه قبول ایتمزلر • بخشش و راتبه‌سز گتمزلر

* * * * * * * * * * * * *

و له ایضاً،

(۴۰۹) خیراباد دن (Vol. III, pp. 346—348).

(ترتیبِ بزمِ شاهِ جرجان)

بر شب که مشاعلِ ستاره • ایتمشدی دلِ شبی اِناره
امر ایلدی شاهِ شوخ مشرب • بر بزمِ می ایتدیلر مرتّب
بزمه عرق می اولدی ریزان • زین ایتدی زمینی دُرّ و مرجان
گلزارِ جهانده اویله مجلس • گورمش دگل ایدی چشمِ نرگس
اوردی نیجه پرده شمعِ کافور • قصرِ طربه سنونِ بلّور
پیراهن قصر صحنِ گلشن • هر برگِ گلِ سرخ جامِ روزن
حوضه گیروب ایتمگه شناهه • فوّاره کمند آتردے ماهه
پشرووده قره بتاق چالب نی • قوندی لب حوضه بطِ می

آیینۀ حوضِ چشمِ گلزار ٭ فوّارۀ صافی تار انظار
طنبور گبی او تارِ خوشتر ٭ پیدرپی ایدردی نغمۀ تر
طنبور و کمان گلوب خروشه ٭ ویردیلر ایکیسی گوش گوشه
پیمانه اولوب میِ مُغانه ٭ گلمشدی چغانه‌لر فغانه
خواننده‌لر اولدی نغمه پرداز ٭ هب دائره گیردی حلقۀ ساز
ایلردی فصول چاره چاره ٭ رقّاصک النده چاره پاره
پالوده گبی اولوردی لرزان ٭ رقّاصلرک سرینی جُنْبان
گلشن گبی صالدی مجلسه سوز ٭ آهنگِ صبا هوای نوروز
سازنده‌لر ایتدی سازه آهنگ ٭ هرنه دیدیلرسه باش قودی چنگ
نام آور ایکن کرفتله نی ٭ چالدی غلبه کرفته ده نی
گوش ایتمکه ساز و سوزی گویا ٭ گوشنده قومادی پنبه مینا
خواننده دیرایدی گوشنی بور ٭ قانونی تجاوز اینسه طنبور
هر ساز که کشفِ راز ایدردی ٭ تل قیرمه‌دن احتراز ایدردی
نی صالدی بزرگ و کوچگه شور ٭ دفعِ غمه اولدی شاهِ منصور
جیشِ غمه می ویروب هزیمت ٭ تقسیمنی بیلدی نی غنیمت
ساقینک النده جام لبریز ٭ رشک افگنِ گلبن گل انگیز
گردبده ایدوب بنان نازه ٭ ایتمکده ایدی پیاله بازه
پیمانه‌یه باش آکوب سبولر ٭ رنگین سوزه گیردی بُذْلَه گولر
هب ایتدی کناره خارخاری ٭ صهباده‌کی موج خوشگواری
پیمانه‌یه ماه مثال اولوردی ٭ گه بدر گهی هلال اولوردی

(جلد رابعه مندرج اولان اشعار)

ثابت

(۲۱۱) معراجیه‌دن (Vol. VI, pp. 22—23).

خوشا فرخنده اختر لیلهٔ ممتاز و مستثنا
که عنوانِ براتِ قدریدر سر سورهٔ أَسْرَا
شفق روی عروسِ مهره بر گلگون تُتُق اصدی
کواکب صاچی وبردی بی نهایت گوهرِ یکتا
دگل جِرمِ قمر پُر جوش اولوب بحرِ سیاهِ شام
بر آلتون پوللی ماهی طشره آتدی موجهٔ دریا
زمانه گیدی نارنجی قبای زرنگار اوزره
جواهر تکمه‌لرله بر چچکلی عنبرین خارا
یده تسخیره آلمش کشورِ کیخسروِ روزی
ایدر موم شنلگن افراسیاب لیلهٔ ظلما

* * * * * * * * *

* * * * * * * * *

مقامِ سدره‌یه گلدکده قالدی طائرِ قدسی
مگر کیم سدره اولدی آڭا نصّبلنه و مامنّا
بُراقِ آسمان پیاده قالدی ترکتازندن
دگل زیرا آتی اویناغی اول صحرای بیهمتا
او دم اعزازله رفرف گلوب خدمت یناشدردی
فلك گیبی او مِهْرِ حُسْنه ایتدی سینه‌سن مأوی
آنکله صد هزاران پرده گچدی نور و ظلمتدن
قالوب رفرف ده آخر گتدی احمد یکّه و تنها

ایرشدی بربره کیم شش جهتلـه چار عنصر یوق
زمین و آسمان نابود و عرش و فرش ناپیـدا
نه اوّل وار نه آخر بـر عجب عالمدر اول عالم
لسان و سمع و نطق و عقل و فهمک نامی یوق قطعا

• • • • • • • •

• • • • • • • •

وله ایضًا،

(۲۱۲) نعت (Vol. IV, pp. 23—24).

گل ای گوکل اولهلم دل کشود چشم شهود
یتر بو کوری ذلّ و هوای بود و نبـود
اولوب متابعِ نفسِ دغل یتر قلدک
رهِ نشیب و فـرازِ هوای پـا فرسود
نـدر بو گمـرهیٔ وادیٔ طمعکـارے
نـدر بو دغدغـهٔ پیچ و تابِ نـا آسود
شکسته آبلـه پـای طلبدن اوزکه دخی
نیـه مفیـد اوله بو هـرزه تـازیٔ بیسود
دو روزه عمر ایله پا در رکاب رحلت ایکن
ندر بو طول و دراز اهتمام فکر قعود
سنی خطابـرِ قُدْسـه وصولدن آلیقور
بو دامگـهده گرفتـاریٔ دو شـاخ وجود
وضو طراز سرشک ندامت اول ایدهلم
رخ نیازی زمین سـاے خاکدان سجود
تمام درد ایلـه لخت دلی مذاب ایـدهرك
دم اولدی کیم اوله ریزیده اشكِ خون آلود

حریمِ قلبی بُتانِ هوا ینر قلدے
قمامهٔ وثنیّون و سومناتِ هنود
طپیده مرغِ دلی قیدِ ما سوا دیرلر
بر اوزکه دامه دوشورمش هوای نفس عنود
نه احتمال رها نه اُمیدِ آزاده
نه خود مطالب وارستگیٔ دامِ قیود
دلمده سفسطهٔ بی مآلِ طول امل
سرمده مغلطهٔ فکرتِ عقار و نقود

* * * * * * *

* * * * * * *

و له ایضًا،

(٢١٤) قصیده (Vol. IV, pp. 24—25).

صدرِ اعظم آلدی گتدی سنجق پیغمبری
دوشدیلر قدّامنه فتح و ظفر رهبر گبی
روبهِ عیّار چار مسقوے بی اختیار
غاب خذلانه گریزان ایتدی شیرِ نر گبی
بر طرفدن زهر یاغدردی تفنگ افعی مثال
بر طرفدن طوب صاچدی آتشی اژدر گبی

* * * * * * *

* * * * * * *

پادشاهم کاری بتدی مسقوك مرد اولسه ده
هیبتکدن حفره‌سنده لاشه‌سی دترر گبی
بر تفنگکدن گیدر ملعون جهنّم قعرینه
تیغ چکمك حاجت اولمز دشمن آخر گبی

قبضهٔ تیغکده کی خاصیّتِ یاقوتِ سُرْخ
کافری چالمقسزین سوزان ایدر اخگر کبی

* * * * * * *

* * * * * * *

و له ایضاً،

(۲۱٤) غزل (Vol. IV, pp. 25—26).

دبیرستانه آلمق جهد ایدر اول طفلی روز وشب
اوقنسون کندویه دیوانه اولمش خواجهٔ مکتب
هله نوش انسون امرودی قدحدن آبِ رُمّانی
قزل المایه‌دك حکم ایلر اول تفّاحهٔ غبغب
چوزرکن تکمه‌سن بو گیجه یارڭ ساعتده باقدم
صباح اولمش آغرمش اورته‌لق منحلّ اولوب کوکب
بو عشرتگهده ساقی هر کسه مشربجه لطف ایله
جنابِ رندده طوشان قانی می صون زاهده ثعلب
نوله لعلِ مذابِ جانی افراغ ایلسم ثابت
لبِ ساقی مهیّا ایتدی بر یاقوتدن قالب

و له ایضاً،

(۲۱۵) غزل (Vol. IV, p. 26).

سَتْر ایچون زاهدِ آلفته‌منش باده‌سنی
پرده ایلر دَرِ میخانه‌یه سجّاده‌سنی
جامهٔ خوابنده اجل درلری دوکدی عاشق
صویوب اول شوخی چقردنجه گیجه ساده‌سنی
زلفی چنگال صالوب چاهِ زنخدانده آرر
عاشقِ شیفته حالڭ دل افتاده‌سنی

عاشقه باقمدیغی فَرطِ محبّتندندر
صفنور کندی گوزندن دخی دلدادهسنی
کاکلك آچمه دوشورمه او گوزل باشك ایچون
ثابتك قَیدِ غمه خاطر آزادهسنی

وله ایضاً،

(۴۱٦) غزل (Vol. IV, pp. 26—27).

ثقلتی آشکار در کمرك * چوزهلر ساکه بار در کمرك
قدحِ شیر نافکه تشنه * سرفرو برده مار در کمرك
بقعهٔ وصله زینت آصمق ایچون * چنبرِ زر نگار در کمرك
بو شهرده گمش صوبی دیرلر * شُهرهٔ روزگار در کمرك
حلقهٔ چشمزده ضمّ ایدهلم * بلکبه بلکه دار در کمرك
سحرله چفدی کوهِ بللوره * جادوی خم سوار در کمرك
ثابتا بَق مثالِ قوسِ قُزَح * بزه قاچ رنگی وار در کمرك

وله ایضاً،

(۴۱۷) ادهم و هما (Vol. IV, pp. 27—28).

دیدی ای همدمِ مسیح خصال * آخرت حقّن اَبلَه باکه حلال
غارِ عشقنده شوق اولوب مشعل * قتی روشن گورندی باکه اجل
عالمِ عشقه کائنات فدا * بویله بر مَوتَه بیك حیات فدا
بو اجل صنمه باکه اولمکدر * بسترِ وصلته کومولمکدر
اویله آبِ حیاته ویرملك سر * نیجه یوز بیك حیات خضره دکر
ایلسم جانمی یولنده فدا * استخوانم اولور همایه غدا
اولمز ایسه وصالنه مکنت * نمِ هجرانی جانمه منّت
عشقنك باکه انفعالی یتر * وصلتندن بدل خیالی یتر
چشمم ایتدی خیال خالی مکان * گوز ببك بغچهسینه دوندی همان

سنبلِ زلفه شیشه در دلِ صاف * بوگه زنبق صغرْیِ قیل انصاف
جیشِ فرقتله جنگه جان چکیور * تنده هرموی بر سنان چکیور
سینه‌مه پیرِ عشق ایتدی نفس * استخوانده غم هُمَایه قفس
همتڭ واریسه بڭا حالا * روحمڭ قبضی ایچون آیلَه دعا
مسلکمده مریدِ خاص اوله‌یم * ویره‌یم دینی خلاص اوله‌یم
قنده در تیغ اشته بن حاضر * قتلی پیراهنم کفن حاضر

ولهُ ایضاً،

(۲۱۸) ظفر نامه (Vol. IV, pp. 28—29).

گل ای رخشِ کلکِ سخن گیر و دار * جدلگاهِ معنایی قیل پُر غُبار
فضای بلاغتده بر طوز قوپار * چمنخیز اندیشه‌دن سوز قوپار
گُل و سوسنڭ ما جراسن گیدر * سپردن قیلجدن گتور بر خبر
بتر پیچشِ طرّهٔ مشك بند * آتوب طوتمق ایستر کمان و کمند
یتر وصفِ زلفِ گِرِه در گِرِه * گوزمز حلقه‌لندے مثالِ زره
یتر غمزهٔ کافر ایله ستیز * او دعوایی فصل ایلسون تیغِ تیز
یتر مدحتِ یال و بالِ بُتان * خرامنده اولسون نهالِ سنان
سوارانِ میدان شناسِ خیال * بو وادیلرے ایلسون پایمال
کُهَندِر بو بنیادِ خاطر خراش * خراب اولدی قالمادی طاش اوزره طاش
بو دعوا که بیڭ کرّه مسموعدر * آنڭ استماعیده ممنوعدر
نیچون وصفِ قیسه اولور بسته دل * گوڭل منّت اللّهه مجنون دگل
اوروب نظمِ لیلی و مجنونه آل * دلی‌یه سوز آتمه صاقین واز گل
ندر کار و بارڭ بر ارغاد ایله * باشڭ درده اوغراتمه فرهاد ایله
او سنگِ بلادن ایدوب گفتگو * دلی‌یه طاش آتدرمه‌در اِشتَه بو
نیدرسڭ گوروب قصّهٔ وامقی * نه شیطانی گور ده نه لا حول اوقی
صاقین اورمه اوصافِ پرویزه دست * یاقار آدمی اوبله آتش پرست
لسانه آلوب شیرینڭ آدینی * بوزارسڭ مدد آغزیڭڭ دادینی

سن ای خامه اوغرانمامش سمت بول * آیاق یاصمه‌دق یرده جولانگر اول
زمین بول که هیچ باصمه‌یه یاد آیاق * نه مجنون قویه ال نه فرهاد آیاق

ندیم،

(٢١٩) غزل (Vol. VI, pp. 38—39).

ایلدی بر ایکی پیمانه‌یله سرگردان بزی
آه او صهبا صانیجی عقل آلیجی کافر قزی
سینه‌سی دستنده‌کی پیمانه‌دن برّاق و صاف
رُخلری دستنده‌کی صهبای تردن قرمزی
گرم اولوب اوغلان بزه بر بوسه اقرار ایلمش
دون قزکده چکندی ای پیر می اول ساقزی
خانه تنها الده صهبا کلّه گرم و یار نرم
آه ای صبر و تحمّل بعد ازین یاهو سزی
وارمیدر بلمم ندیما بر دخی آنک گبی
دین و دل خصمی ریا جلّادی تقوی خرسزی

و له ایضًا،

(٢٢٠) غزل (Vol. IV, p. 39).

هر طرّه‌سنده بیک شکنِ دلرُباسی وار
هر بر شکنجِ طرّه‌ده بیک مبتلاسی وار
بر پُر نمك کرشمه‌سی بر طاتلو خنده‌سی
بر شکّرین تکلّمی بر خوش اداسی وار
سیْر ایت بیاض فسده او زلف معنبری
شببویی گور که برگِ سمندن قباسی وار
کیم وصفنی نه بن دیه‌یم خود نه سن ایشت
امّا بر آز وفاجغی ناقص شوراسی وار

بر چشمی وار که بر نیجه یوز بیڭ لسان بیلور
بیڭ همزبان و همدمی بیڭ آشناسی وار
بلسڭ بگم ایدردے سنی رشك بیقرار
شمدی ندیمڭ اویله‌جه بر ما جراسی وار

وله ایضاً،

(۲۲۱) غزل (Vol. IV, pp. 39–40).

گردنِ صافی بیاض اویله که کافور گبی
چشم و ابروسی سیاه اویله که سمّور گبی
شعلهٔ حسننه گوزلر قماشور باقدقچه
گاه و بیگاه گلوب شویله طوره نور گبی
جسم پاکڭ دیدیلر هم تر ایش هم برّاق
دپه‌دن طرنغه‌دك گل گبی بللور گبی
نگهڭ بویله ندن خسته در ای شوخ سنڭ
گوزلرڭ بزمِ ازلدن برے مخمور گبی
سوءِ ظنّ ایلیه‌مم غیریلره سلطانم
درد عشقڭله ندیما هله رنجور گبی

وله ایضاً،

(۲۲۲) غزل (Vol. IV, p. 40).

مست نازم کیم بویندی بویله بی پروا سنی
کیم یتشدردی بو گونه سرْودن بالا سنی
بویدن خوش رنگدن پاکیزه در نازك تنڭ
بسله‌مش قوینندە گویا کیم گلِ رعنا سنی
گلی دیبا گیدڭ امّا قورقرم آزار ایدر
نازنینم سایهٔ خار گل دیبا سنی

بر الکده گل بر الده جام گلدك ساقیا
قنغیسن آلسم گلی یاخود که جامی یا سنی

صاندم اولمش جشنه بر فوّارهٔ آبِ حیات
بویله گوستردی بکا اول قدِّ مستثنا سنی

صاف ایکن آیینهٔ اندامدن سینهم دریغ
آلمدم بر کرّه‌جك آغوشه سرتاپا سنی

بن دیدکجه بویله کیم قدیکی قیلدی ناتوان
گوسترر انگشت ایله مجلسده‌کی مینا سنی

ولە ایضاً،

(٢٣٣) غزل .(Vol. IV, pp. 40—41).

رواقِ مهری شکست ایتدی سینهٔ صافکك
عمودِ صُبْحه خلل ویردی ساقِ شفّافکك

طونار گوبك بوریسی غنچه‌یی آچلدقچه
شکافِ پیرهنکدن او گل گبی نافکك

طوبقلریکك گوریجك مست اولوب صفاسندن
پاپوج گبی آچیلوب قالدی آغزی خفّافکك

مگر لبکك سخن تازه مشق ایدر که بنه
شکر تراشه‌لرندن پُر اولمش اطرافکك

ایچنده بر گومُش آینه جلوه ایتمیجك
نه‌در صفاسی ندیما قبای زربافکك

ولە ایضاً،

(٢٣٤) غزل .(Vol. IV, p. 41).

عشقه دوشدم جان و دل مُفْتِ جوانان اولدی هب
صبر و طاقت مصرف چاكِ گریبان اولدی هب

آچمش اولـدم سینه‌سن برکرّه آرام و سکون
سینه‌دن بلمم نـه حالتدر گریزان اولدے هب
خالِ کافـر زلفِ کافـر چشمِ کافـر الامان
سربسر اقلیم حسنڭ کافرستان اولـدی هب
گردننـدن سینه‌سنـدن بوسه‌لـر ایتمشدی وعـد
جمله‌سنـدن نیلیم کافـر پشیمان اولـدی هب
بـر نزاکتلـه آچوب فس گوشه‌سندن پرچمن
شویله گوسترمش که کیم گوردیسه حیران اولدی هب
سن دیمش سن کم کیمڭ دردیلـه گریانـدر نـدیم
هی مروّتسز سنڭ دردڭلـه گریان اولـدی هب

و له ایضاً،

(٢٣٥) غزل (Vol. IV, pp. 41—42).

زلف و کلاهی ویردی خلل مغربی فسه
چشمِ کبودے صالدی آقن ملكِ چرکسه
گلمش خطِ سیـه رخنـه آه ای گوڭـل
سمّور خوش یاقشمش او گل پنبه اطلسه
چاك ایتمسونی جامهٔ سبزین گورنجـه گُل
باق شول یشل مقدّمـه اول قرمزی فسه
نَیْزَن بزمـده مطربـه همواره کج بَقَـر
بلمم میانلـرنـده نـدر بو منافسـه
ابرولـر اوسننـه دوکیلوب کاکل نـدیم
تصویر چینی یازمش او طاق مقرنسه

و له ایضاً،

(٣٢٦) غزل (Vol. IV, p. 42).

ساق و سرین و غبغب و لب مشربججه‌در * سرتاپای حاصلی هب مشربججه‌در
برجام برده لعل لبن صوندی مغبچه * پیرِ مغان اولاسی عجب مشربججه‌در
بَدْرِ تمامـه نظرڭ دگمسون فلك * مجلسِ عیش و نوش بو شب مشربججه‌در
ساغر گبی بهانـهٔ نوشِ شرابلـه * بوسِ دهان یاری طلب مشربججه‌در
بزم شرابدن گچه‌م طوغریسی نـدیم * عشرت طبیعتجه طرب مشربججه‌در

و له ایضاً،

(٣٢٧) غزل (Vol. IV, pp. 42—43).

تحمّل ملکنی یقدڭ هـلاگو خانمیسن کافـر
امان دنیـایی یاقدڭ آتشِ سوزانمیسن کافـر
قیز اوغلان نازی نازڭ شهلوند آوازی آوازڭ
بلا سن بنـده بلمم قیزمیسن اوغلانمیسن کافـر
نه معنی گوسترر دوشکنده‌کی اول آتشین اطلس
که یعنی شعلـهٔ جانسوزِ حُسْن و آنمیسن کافـر
ندر بو گزلی آهلـر بو چاك گریبانلـر
عجب بـر شوخه سنـده عاشقِ نالانمیسن کافـر
سڭا کیمیسی جانم کیمی جانـانم دیو سویلـر
نه سن سن طوغری سویله جانمیسن جانانمیسن کافر
شراب آتشینڭ کیفی رویڭ شعلـه‌لندرمش
بو حالتلـه چراغ مجـلس مستانمیسن کافـر
نیچون صیق صیق باقرسن بویلـه مرآتِ مُجَلّابـه
مگر سن داخی کندی حسنڭه حیرانمیسن کافـر
نـدیم زاری بـر کافـر اسیر ایتمش ایشتمشدم
سن اول جلّادِ دین اول دشمنِ ایمانمیسن کافر

و له ایضًا،

(۲۳۸) غزل .(Vol. IV, p. 43)

ساقیا هوشم آلان زمزمهٔ چنگیدر
یوخسه دستکده‌کی پیمانهٔ گلرنگیدر
نغمه‌گه تیز نگه پیشرَو اولمقده مگر
مطرب ابروده کمانگله هم آهنگیدر
لعلِ نابکمی یاخود کوچهٔ ورد ترده
دستِ تاراج صبادن چوزیلن دنگیدر
پردهٔ شرمی گیدردک رخ پر تابکدن
قصد او گلچهره‌یه ای دخت عنب رنگیدر
بر نهانیجه تبسّمده می صغمز جانا
سویله بالله دهنک تا او قدر تنگیدر
لذّتندن نیجه آب اولمدک اول لعلِ ترک
مدد ای ساغرِ یاقوت دلک سنگیدر
نه بو نو نقش طرازنده ندیما یوخسه
اوستاد قلمک خامهٔ ارژنگیدر

و له ایضًا،

(۲۳۹) غزل .(Vol. IV, p. 44)

سر زلفکده فغان ایلمك آیین اولدی
نالهٔ دل جرس قافلهٔ چین اولدی
آب حیواندن ایکی جدول اولوب افسرده
شوخ سیمین تنمه ساق بلورین اولدی
عقدهٔ خاطری بز حلّه شتاب ایتدکجه
او بت سرکشك ابرولری پر چین اولدی

صفوت طبعمز آرتردی غرور حسنک
مست نازم باقوب آیینه‌یه خود بین اولدی
سوز عشق اولمدی دردیمه دوا حیف ندیم
بخت خوابیده‌یه داغم گل بالین اولدی

وله ایضاً،

(٢٤٠) شرقی (Vol. IV, pp. 44—45).

بر صفابخش ایده‌لم گل شو دل ناشاده
گیده‌لم سرو روانم یوری سعدآباده
اشته اوچ چفته قایق اسکله‌ده آماده
گیده‌لم سرو روانم یوری سعد آباده

گله‌لم اوینیه‌لم کام آله‌لم دنیادن
ماء تسنیم ایچه‌لم چشمهٔ نوپیدادن
گوره‌لم آب حیات آقدیغن اژدرهادن
گیده‌لم سرو روانم یوری سعد آباده

گه واروب حوض کنارنده خرامان اوله‌لم
گه گلوب قصر جنان سیرینه حیران اوله‌لم
گاهی شرقی اوقیوب گاهی غزلخوان اوله‌لم
گیده‌لم سرو روانم یوری سعد آباده

اذن آلوب جمعه نمازینه دیو مادردن
بر گون اوغرلیه‌لم چرخ ستم پروردن
دولاشوب اسکله‌یه طوغری نهان یوللردن
گیده‌لم سرو روانم یوری سعد آباده

بر سن و بز بن و بر مطرب پاکیزه ادا
اذنڭ اولورسه اگر برده ندیمِ شیدا
غیری یارانی بو گوڭلك ایدوب ای شوخ فدا
گیده‌لم سَرْوِ روانم یوری سعد آباده

و له ایضاً،

(٣٣١) شرقی (Vol. IV, pp. 45—46).

سینه‌ی دلدی بو گون بر آفتِ چارپاره‌لی
گُل یکاقلی کلکلی کراکه‌لی مور خاره‌لی
چفته بکلی سیم گردنلی گُنَش رخساره‌لی
گل یکاقلی کلکلی کراکه‌لی مور خاره‌لی

بر جوان قاشی صاریق صارمش افندم باشنه
سرمه چکمش عطر شاهیلر سورنمش قاشنه
شمدی گیرمش داخی تخمینمجه اون بش یاشنه
گل یکاقلی کلکلی کراکه‌لی مور خاره‌لی

شهنشینلر زینتی آغوشلر پیرایه‌سی
داخی بر بیلدر یانندن آبریلالی دایه‌سی
سودیکم گوکلم سروری عمریمڭ سرمایه‌سی
گل یکاقلی کلکلی کراکه‌لی مور خاره‌لی

شیوه‌سی نازی اداسی خنده‌سی پك بی بدل
گردنی پوسکرمه بکلی گوزلری غایت گوزل
صیرمه کاکُل سیم گردن زلف تل تل اینجه بل
گل یکاقلی کلکلی کراکه‌لی مور خاره‌لی

اول پری رویڭ جفای چشم جلّادین دیم
درد عشقیله ندیمڭ آه و فریادین دیم
طرز و طورین سویلسم مانع دگل آدین دیم
گل بکاقلی کلکلی کراکه‌لی مور خاره‌لی

و له ایضًا،

(٣٢٣) شرقی (Vol. IV, pp. 46—47).

گلزاره صالن موسمیدر گشت و گذارڭ * ویر حکمنی ای نخل چمن کهنه بهارڭ
دوك زلفگی سمّور گبی عارضڭ اوزره * ویر حکمنی ای نخل چمن کهنه بهارڭ

بلبللرڭ استر سنی ای غنچه دهن گل * گل کتدیکنی آگمیه‌لم گلشنه سن گل
پامالِ شتا اولمدن اقلیم چمن گل * ویر حکمنی ای نخل چمن کهنه بهارڭ

صال خط سیه‌کارڭ او رخسارهٔ آله * سمّوریگی قاپلت بو سنه قرمزی شاله
آل دسته آگر لاله بولنمزسه پیاله * ویر حکمنی ای نخل چمن کهنه بهارڭ

جنّت گبی عالم ینه هر میوه فراوان * سن میوهٔ وصلڭ دخی ایتمزمیسن ارزان
عشّاقه برر بوسه ایدوب گزلیجه احسان * ویر حکمنی ای نخل چمن کهنه بهارڭ

بر مصرع ایشتدم ینه ای شوخ دلارا * بر خوشجه‌ده بلم نه دیمك استدی امّا
معقول دیدی ظن ایدرم آنی ندیما * ویر حکمنی ای نخل چمن کهنه بهارڭ

و له ایضًا،

(٣٢٤) شرقی (Vol. IV, p. 47).

ای شهِ خوبانم آیله اول قدِ موزونه سن
رنگِ گلدن جامه بوی یاسمندن پیرهن
سَرْو سِن ساگه یشل شالی گرگدر نیمتن
رنگِ گلدن جامه بوی یاسمندن پیرهن
باغه گل ای گُلبَدَن آچل گل ای غنچه دهن

موميانم پك گوزل ياقشدى بلدارى سڭا
هم موافق دوشدی بو دستار خنکاری سڭا
غنچه سن سویله صبایه ایلسون باری سڭا
رنگِ گلدن جامه بوی یاسمندن پیرهن
باغه گل ای گلبدن آچل گل ای غنچه دهن

کاکلکدن پرده چکمش سن رخ تابانڭه
آفرین ای غنچهٔ باغِ ادب عرفانڭه
ناز پرور سن ایدرلرسه سزا در شانڭه
رنگِ گُلدن جامه بوی یاسمندن پیرهن
باغه گل ای گلبدن آچل گل ای غنچه دهن

گیمش اول روح مصوّر قرمزی جانفس قبا
جسم پاکینه مناسب گلسه اولوردی سزا
لالهوش گوردم سحر آچلدی گلشندن بڭا
رنگِ گُلدن جامه بوی یاسمندن پیرهن
باغه گل ای گلبدن آچل گل ای غنچه دهن

و له ایضًا،

(۴۲۴) مخمس (Vol. IV, pp. 48—50).

خوش گلدڭ ایا خدیوِ اکرم * لطفڭله گوڭللر اولدی خرّم
شاد اولدی مکارمڭله عالم * هر گونه مآثرڭ دمادم
آرایشِ عرصهٔ جهاندر

ای صدر گُزینِ پُر جلالت * وقتڭده جهان مثالِ جنّت
بر چاکر مقبلڭ سماحت * چون بندهٔ درگهِ عزّ و دولت
پروردهٔ خاكِ آستاندر

رأیکله ایدر زمینی تسخیر • گردونِ کهن دیدکلری پیر
کیم سنده‌کی پاك رأی و تدبیر • چرخك الینه کشیده شمشیر
بازوسنه آهنین کماندر

ای آصفِ پر شکوه و دانا • زالِ زر و رستمِ توانا
تشبیه اولنورمی ساکه زیرا • عالمده اثرلرك هویدا
انلرسه بر ایکی داستاندر

بولدی بو جهانِ کهنه یکسر • جود و کرمکله زیب و زیور
تحقیقنی اهل فهم آکلر • بر کهنه حکایه درکه دیرلر
جعفر کرم اهلیدر فلاندر

بابِ کرمك جهانه مأوی • فخر ایتمده خدمتکله دنیا
ای صدر گزینِ عالم آرا • تشریفك ایله بو صدر والا
مغبوطِ فرازِ آسماندر

دامادیکه لطف ایدوب فراوان • قیلدك آنی مقدمکله شادان
چون اولدی بو لطفِ خاصّه شایان • شمدنگرو نجم بختی هر آن
خورشیدِ سپهره همعناندر

شایسته اوکنجه چرخِ گردان • خورشیدی چو مجمر ایده سوزان
برجیس طوته یانجه دامان • هم قالدره پرده ماهِ تابان
کیم پرده‌کشالق آکا شاندر

بونلر ایدیجك ادای خدمت • پیر فلکك دگلمی نوبت
کیم ایلیوب اول دخی جسارت • بر تازه زمینِ نو عبارت
عرض ایلریسه همان زماندر

گلدی بنه زهرهٔ شکر خند ٭ دستینه کمان ایلدی بند
بر طرفه نوایه اوردی پیوند ٭ آغازه‌سی گرچه کیم نهاوند
امّا که قراری اصفهاندر

پاینده اوله بو بزم و نادی ٭ خدمتده طوره سرور و شادی
اقبال و حبور و بَر مرادی ٭ هر لحظه‌سی بیڭ نشاطه بادی
اللّهه شکر که رایگاندر

آخر قلم اولوب مرخّص ٭ قیلدی بو خطابی باڭه مختص
آیریلمه بو بابدن آیاق بص ٭ انجق بو جهانده ساڭه مخلص
بابِ همِ خدایگاندر

وله ایضاً،

(۲۲۵) مثنوی (Vol. IV, pp. 50--53).

(اوصافِ باغِ وفا در ضمنِ ستایشِ قپودان مصطفی پاشا)

قنی ساقی اول جامِ فیروزه ونگ ٭ دگلدر دگلدر زمانِ درنگ
اگر عمرم ایسکده آیلمه شتاب ٭ که فرصت گوررسن که پا در رکاب
نه صبر و تحمّل نه تاب و توان ٭ یمان اولدی حالم امان اَلامان
او مستِ تغافل او خونی نگاه ٭ او مخمورِ فطرت او چشمِ سیاه
بنی قیلدی تا بویله مستِ خراب ٭ که مست اولور ایشنسه جامِ شراب
سنی کیم گوروب اولمدی مُبتَلا ٭ بلا سن اظالم بلا سن بلا
همان‌دم که دوش اولدی ساڭه گوزم ٭ نه دیسم گرکدی اونتدم سوزم
بر از طور افندم که فکر ایلیم ٭ هله جانی صونده ایشت سویلیم

٭ ٭

گل ای عزّ و نازڭ جگر پاره‌سی ٭ گل ای دردِ داغ درون چاره‌سی
بری گل که بر لحظه ای شوخ و شنگ ٭ هم آهنگ اوله‌لم چو طنبور و چنگ

سکا بر عجب داستان سویلیم * قولاق طوت که سحر و بیان سویلیم
بو گون بر گلستانه دوشدی یولم * که اولدی شعورم تحیّرله گم
نه گوردمکه بولمش جهان زیب و فر * دگل بو جهان بر جهان دگر
نشیب و فرازی یمین و شمال * بتون عزّ و اقبال و جاه و جلال
سراسر گُل و سنبل و یاسمن * چمن در چمن در چمن در چمن
بنی آلدی حیرت بو گلشن ندر * بو زیبنده معشوقِ پُر فن ندر
کیم ایتدی بو گلزاری رشکِ بهشت * کیمک حاصلیدر بو کار و بو کشت
ندر نامی کیمدر طرازنده‌سی * کیمه آچلور روی نازنده‌سی
اولورکن بو فکرتله هر سو دوان * بو ابیاتی گوردم یازلمش عیان
خوشا نزهت آبادِ جنّت سرشت * که خاکنده مدغم مزاجِ بهشت
چمنی بو یاخود گلستانمیدر * دکانِ تبسّم فروشانمیدر
هواسی مسیحای طبع نزار * تماشاسی تریاق خواب خمار
مصفّا در آبی چو چشمِ خروس * گُلِ آلی دلکش چو شرمِ عروس
او سَروِ بلند او فضای جمیل * چو عیش عریض و چو بحرِ طویل
زمیننده گسترده دیباجِ هور * فضاسنده جاروب گیسوی حور
گُنَش خاکه افتاده بر ژاله‌سی * مهک هاله‌سی بر قزل لاله‌سی
بهار اویله ایتمش فضاسنده جوش * صنوبرسن که گردونه ایرمش خروش
دیزلمش نهالانِ گل سو بسو * قطاریله گلمش مگر رنگ و بو
بوی بیرن ایتمش چو خوبان کنار * گلستان و بوستان و باغ و بهار
لبِ حوضی ماهِ نَوِک پاره‌سی * ثریّا فشان آب فوّاره‌سی
رخامنده اول دکلو وار فر و تاب * که یاننده چون شمع روز آفتاب
اولور آبِ بَر جَسْتَه چرخه مماس * که اوستنده گردون آصلمش چو طاس
ایدر طبعی فوّاره‌سی در کمند * اورر موجی عمرک ایاغینه بند
گلستانه فوّاره جدول چکر * یاخود حدّه‌لردن گمُش نل چکر
خوشا دلکشا حوض برّاق و صاف * جواناننده واری بو صفوتده ناف

با اول سلسبیلِ صفا دستگاه * که هر موجی بر تار نور نگاه
گُلُكْ خنده‌سی شویله پُر وَاْوَلَه * که سبزه نه ممکن که در خواب اوله
گُل و لاله بر بیرینه عشوه ساز * هزار ایله قُمْرِی هم آواز ناز
گورندی چیقوب طارمه یاسمن * طلوع ایتدی صاندم سُهَیْلِ یمن
درخشاندر شول سنبلكْ طرّه‌سی * مگر شانه اورمش مهكْ غرّه‌سی
درونده وار بر طرازنده قصر * که ویرمش در و بامی افلاکه عصر
اونورمش او قصر اوزره صدرِ گزین * خدیوِ هنرپرورِ کاربین
جهان صدر ذیشان گردون شکوه * مظفّر سپهدار انجم گروه
خدیوِ خردمند رسطو غلام * خداوندِ داراتِ ناموس و نام
جبیننده نورِ اصالت مبین * نگیننده فرّ و جلالت رهین
قپودانِ دریا سپهرِ علا * سمیّ نبیّ گزین مصطفی
حریمنده نسرِ فلك هیچ کس * نگاهنده سیمرغ پرّ مگس
کرم بزم وصلنده خنیاگری * همم اوده طوغمش کمین چاکری
بو گلزاری قیلدی او صدرِ دلیر * جهان ایچره ذاتی گبی بی نظیر
گلی التفاتی ایدوب خنده روی * بهارانه اخلاقی بخش ایتدی بوی
اولوب پرچم رخشی سنبلفشان * علمداری ایتدی بو سَرْوِ روان
بو گلزار نو کلکی انشاسیدر * بنفشه او انشانكْ امضاسیدر
زمینه ایدوب لطفِ طبعی اثر * بو قدّی نهال گل آندن چکر
الٰهی بحقِّ بهشتِ برین * بو گلزاری اَیْلَه خزاندن امین
قیلوب صاحبن دائما بر قرار * گلستانن اَیْلَه همیشه بهار
دلِ دشمن اولسون حسدله دو نیم * ایدوب وصفِ ذاتن همیشه ندیم

و له ایضاً،

(۲۲۶) قصیده (Vol. IV, p. 54).

گل ای فصلِ بهاران مایۀ آرام و خوابمسن
انیسِ خاطرم کامِ دلِ پُر اضطرابمسن

دهانِ غنچه‌یی باز ایت زبانِ سوسنی تر قیل
شکستِ توبه‌یه دخل ایدنه حاضر جوابمسن
گلستانده نمایان اول چو معنای بلند ای سَرْو
بو موزون قدّ ایله حقّا که بیتِ انتخابمسن
آچل ای فصل دی سن گلستانلردن اچلسون گل
ترنّم ایله بلبل مطربم چنگم ربابمسن
صالندقڭ شویله که یاقدقڭ بنی ای عرعرِ آزاد
سنی گوردکده صاندم دلبر عالیجنابمسن
گُلم شویله گُلم بویله دیمکدر یاره معتادم
سنی ای گُل سور جانم که جانانه خطابمسن
مدام ای لالهٔ خاطرکشا دور اولمه گلشندن
سنکله نشئه تحصیل ایلرم جام شرابمسن
نه حالتدر سکا باقدقچه اے چو عمرم اکسلمز
مگر زنجیر بند پای عمر پُر شتابمسن

* * * * * * * * *

* * * * * * * * *

ولَه ایضاً،

(٤٤٧) قصیده (Vol. IV, pp. 54—55).

قصرِ روح افزا دگل حسن و بها مأواسیدر
جنّتِ اعلا بونڭ فرشِ جهان آراسیدر
سَیْر ایدوب طرحِ جدیدِ سقفِ عالیسن دیدم
وار ایسه بو روے ارضڭ عالم بالاسیدر
روحِ افلاطون دیدی یوق یوق خطا ایتدڭ خطا
عالمِ جاه و جلالڭ بو یکی دنیاسیدر

دارِ خُلدڭ بر مصنّع بینیدر یاخود دیدم
دیدی کیم رضوان بو بیتی جنّتڭ معناسیدر
دارِ محتندر جهان امّا بونڭ خاكِ دری
اول قیاسڭ صورتِ الّای استثناسیدر
طاقِ کسری قصرِ شیرینڭدر پدر مادر آڭا
بو ایکیسینڭ دخی بر طفل نو پیداسیدر
کوه و دریا ایکی جانبدن در آغوش ایلمش
صانکه دریا دایه‌سی کُهسار ایسه لالاسیدر
کوه صاقنمقده رخسارین طوغر گوندن آنڭ
بحر ایسه آیینه دارِ طلعتِ زیباسیدر
حبّذا ساحلسرا کیم رنگ و بوی نو بهار
گلشنِ پر فیضنڭ بر غنچهٔ رعناسیدر
طینتِ پاکنده‌کی دلجوی بوی آشنا
ملکتِ باغ و بهارڭ حضرتِ عیساسیدر
حبّذا گزارِ پر فیض تماشای غریب
کیم بهشتِ هشت آنڭ بر گوشهٔ تنهاسیدر
آڭه تنهاگوشه تعبیر ایتمك ای کِلكِ بسیم
حق بو کیم غایت خطانڭ ذروهٔ اعلاسیدر
هیچ تنها بر قالوری اول جلالت خانه‌ده
کیم جناب آصفڭ منزلگه و مأواسیدر

و له ایضًا،

(۲۲۸) قصیده (Vol. IV, pp. 55—56).

ای عالمِ مثالڭ سیّاحِ هوشیاری
هیچ قصر صورتنده گوردڭمی نو بهاری

گل گورمدکسه سَیْر ایت امّا صفین غلطدن
تابنده غُرّه صانمه اول جُفْت زرنگاری
ابرولرین زراندود ایتمش عروسِ فیضک
مشّاطهٔ کمالک کِلْکِ خجسته کاری
باق اول زمینِ خوب و دلجوی مشکبویه
سَیْر ایت او سقف پاك پُر نقش و پر نگاری
گویا ایدوب طبیعت گوی زمینی تسطیح
نبّت اشاغی دوشمش چین و ختن بوقاری
اول دکلو ساحه سنده فیض و نساط وار کیم
اولسیدی گر زمانك آسایشِ وقاری
دیردمکه گلمش آنده طرحِ اقامت ایتمش
جمشیدِ کامکارك ایّامِ خوشگواری
دیوارِ تابدارین ظن ایلمه منقّش
دوشمش بهشتك آکه عکسِ شگوفه زاری
اولدی عجب عجب کم ترکیب خُلْدَه قابل
بز بویله بلمز ایدك بو عنصرِ چهاری
بر یاکه لاله زاره کِشْتِ پیالهٔ جم
بر یاکه گلستانی کانك خزینه داره

* * * * * * * *

* * * * * * * *

وله ایضًا،

(۴۲۹) رباعی (Vol. IV, p. 56).

ساقی نگهك تمام کار ایتدی بکا * حیرتله جهان بوزبنی تار ایتدی بکا
صهبایه بهانه بولمه واللّه باللّه * نتدیسه او چشم پُر خمار ایتدی بکا

و له ایضاً،

(۳٤۰) رباعی (Vol. IV, p. 56).

اربابِ دل اولدی هب جوانه مفتون * هیچ قالمدی بر زن الفتندن ممنون
اکثر شعرای عصر قوللنمزلر * بکر اولدوغیچون سخنده تازه مضمون

و له ایضاً،

(۳٤۱) رباعی (Vol. IV, p. 57).

رقّاص بو حالت سنگ اوینوکده میدر * عاشقلریکگ گناهی بوینوکده میدر
طویم شب وصلکه شب روزه گبی * ای سیم بدن صباح قوینوکده میدر

سامی،

(۳٤۲) غزل (Vol. IV, p. 62).

ندر سودی بو بازارِ فناده جَلْبِ اموالگ
غنا ویرمز متاعِ مستعارے دوش دلاّلگ
حباب آسا گریبانِ صماخ زهدی چاك ایتدی
شکستِ نوبه‌دن آواز نوشانوشی شوّالگ
گران جانانِ زهد اعمال ایله اوچمق امید ایلر
اولوری ماکیانه لطف پروازی پر و بالگ
سر ہمّ ابره ایرسه قطرهٔ باران ظهور ایلر
اولور ادبار البت ما وراسی فرطِ اقبالگ
ایدر خار مژهم آزرده پای نازکگ شاید
دگلسم ای گلِ نَوْرُسْتَه معذور اوله پامالگ
چکلمز وضعِ ناسازی سکوت ایلرسه ده نادان
اشاراتی بدلدر گفتگویه مردم لالگ
تمیز نیك و بد عینِ ضرر در خرده بینانه
بو دقّت جسمنی سوراخ سوراخ ایتدی غربالگ

تحمّل محنتـه سرمایـهٔ امـرِ تعیّشـدر
اولور نفعی فزون باری گران اولدقچه حمّالک
نه ممکن پیرو اولمق نائیٔ استاده ای سامی
سواد نابجا در مشق شعری کلكِ اطفالک

و له ایضًا،

(۲۴۳) غزل (Vol. IV, pp. 62—64).

موج خیز اولدی بنـه اشكِ نرم سیل گبی
هر کمین قطرهسی سرمایهٔ صد نیل گبی
غرق ایدر فُلْكِ دلی جوششِ سیلابِ سرشك
شعله پاش اولسه خیالِ رخی قندیل گبی
چشمِ نادانـده معـانیٔ سوادِ کلکم
نـزدِ اعمیٰده جـلا دشمنیٔ میل گبی
بر اولور افسرِ شاهی ایلـه کچکولِ گـدا
سر نگون اولسه اگر صورتِ اکلیل گبی
بوریا جنسی ایکن جایی اولور مسندِ دوش
نان مهمانی ایدن تهیئـه زنبیل گبی
قوجدم اول موی میانی دیو لاف اوردی رقیب
بللی بوق صحّتی ضعف اوزره سوزی قیل گبی
سرِ نمروده نـه کار ایلدی گور اے مغرور
پشّهنك نیشنی خرطوم سـر فیل گبی
گلِ رنگین مضامین ایله سامی قصدك
بو سكـز بیتی بهشتـه بنـه تمثیل گبی

وله ایضاً،

(۲۴۴) غزل (Vol. IV, pp. 64—65).

بزمِ پاكِ حُسْنه زیور در او زلف و خال و رخ
دود عنبر مجمر زر در او زلف و خال و رخ
گردنِ بللورك اوزره گویا بر شیشه‌ده
سنبل و شبّو گل تر در او زلف و خال و رخ
داغِ غم سودای سرتاب جگر گتمك محال
دله كیم دائم مصوّر در او زلف و خال و رخ
شمعِ شب پیرایه وِ پر سوخته پروانه وش
متّصل گرم آشنالر در او زلف و خال و رخ
شعلهٔ آهه سپند اولمق سویدای درون
باده گلدكجه مقرّر در او زلف و خال و رخ
گلشنِ حسن ایچره دام و دانهٔ آشوبله
مرغِ جانه قیْد دیگر در او زلف و خال و رخ
سوزِ حسرت مردمِ چشمی پریشان خواب ایدر
تا كه زیب روی دلبر در او زلف و خال و رخ
قیلدی حسن شاهد نظمی دو بالا سامیا
چون ردیفمده مكرّر در او زلف و خال و رخ

وله ایضاً،

(۲۴۵) غزل ناتمام (Vol. IV, p. 65).

مَدْحِ كوثرله گوگل صانمه دوشر مأموله
واعظا وصفِ دهن بوسی گبی مقبوله
باد لعلیله اگر ایچسم اولور تنباكو
نارگیل شیشهٔ ی سنبل مشكین لوله

خاکنگ بیل شرف و قدرینی کیم ادرنه‌نگ
کعبه‌دن اوّل اولور سجده‌سی استانبولـه

و له ایضًا،

(٢٤٦) ترکیب بند در نظیرهٔ روحی (Vol. IV, pp. 65—66).

صوفی گبی ظنّ ایتمه بزی سبحه بدستز * بز دانـه شمارِ گهـرِ عَقْـدِ الستز
اربابِ ریانگ سرنـه جرعه نثارز * پیمانـهٔ سرشارِ مئ عشقلـه مستز
کحلِ اَلبصرز سایه گبی دیـدهٔ مهره * خاكِ قدمِ اهل ملامتـده که پستز
کعبیله صنمخانـه‌ده یکرنگِ سجودز * بز خانقـه دلـده که الله پرستز
بیلمزسه نوله قدریمزی زاهد خودبین * اول آینه‌یز کیم کف زنگیده شکستز
سرگشته‌لرز دور اوله‌لی منبعمزدن * سیلاب صحاری گبی بیجای نشستز
گمکرده سراغ ره حیرانئ عشقـز * خضر ایله او وادیده که بزدست بدستز
ساغر بکف میکـدهٔ عشق خدایز * فرق فلکه جرعه فشان طرفه گدایز

راشد،

(٢٤٧) غزل (Vol. IV, pp. 67—68).

خود فروشانه هنر مایهٔ اقبال اولماز * جامهٔ زر سببِ عزّتِ دلّال اولـماز
خاکسارئ هُنَر پیشه‌یی ذلّت صانمـه * پَرْتَوِ مهر بره دوشسه ده پامال اولماز
حرف پیر اولدوغنه سَهْمِ کمانِ تأثیر * اَلِفِ قامتِ خمگشته گبی دال اولماز
خالص اولمزسه زرِ ناب گبی اصلِ مقال * گیرسه بیگ پونهٔ تعبیره ینه قال اولماز
راشدا توبهٔ امساكِ مـهِ روزه نه غم * مانعِ گردش جام مـهِ شوّال اولماز

مُنیف،

(٢٤٨) قصیده (Vol. IV, p. 70).

خامهٔ امرِ کُن اولدقده رقم سنج بکون * جمله شی اولدی بهم بستهٔ احکامِ شئون
چکدی مسودهٔ تحویل براتِ عدمه * خطّ بُطلانِ قلم صُنْعِ خدای بیچون
اولدی بر داشته حیلولتِ دیجورِ عما * ساحهٔ بهن بروز اولدی زوایای کمون

پرده پیرای مظاهر اولوب استاد ازل • جلوه ریز اولدی پیاپی صور گوناگون
منفصل گرچه که پیوندِ تصاویرِ ظهور • متّصل یکدیگره لیك تماثیل بطون
کلكِ مانیٔ قدرلــه صفحاتِ عالمر • اولدی همگونهٔ روی ورق انگلیون
چشم باریك نگاهانه گورینور یك رنگ • بو نقوش عجب انگیختــه بو قلمون

و له ایضًا،

(۲۴۹) غزل (Vol. IV, pp. 70—71).

فروغِ مهــر مرآتِ دلــه زنگــار در سنسز
حریرِ پرتوِ مــه دوشِ جانــه بــار در سنسز
نوله خلخالِ ســاقِ عرش اولورسه حلقــهٔ موجی
فلك اشكِ فراوانگله طوفان زار در سنسز
دگل خاموش اولورسه جای حیرت هر گورن خامهم
المده خامــه میلِ سُرمــهٔ گفتــار در سنسز
مدادی حلقهٔ مردمدن اولماز پــا برون هرگز
نگــه چشمده همچون گردشِ پرگار در سنسز
اگر آئینــهٔ شوقــ اولسه هر بــر ذرّهٔ عالمر
بگــا عکسم دخی هم صورتِ اغیــار در سنسز
کمنــدِ وحــدتیلــه شُعلــهٔ جوّالــهٔ شمعی
عبــادت خانــهٔ اندیشمــه زُنّــار در سنسز
گهر خورشیــد گچسه شمعیلــه فکــرِ مُنیفادن
گذرگاهِ خیالی شویله تنگــ و تــار در سنسز

حامیٔ آمدی،

(۲۵۰) غزل (Vol. IV, pp. 72—73).

دل ینــه پُر شرحهٔ آلامر مانــنــد نگین
متّصل طونسم المده جام مانــنــد نگین

ویرمك استرسه‌ڭ جهانــده نام مانند نگین
مرکزڭــده گوستر استحکــام مانــند نگین
فصّ خاتم وش ویروب زینت یاقشمشدر تمام
خانهٔ زینــه او سیم انــدام ماننـدِ نگین
اول بُتِ سنگین دلی آغوشه چکمك استین
سیم و زردن قورمق استر دام ماننـدِ نگین
کاوشِ حکّاکه صبر ایتمك گرکدر ایلین
سیم و زر تحصیلنــه اقــدام مانـنـدِ نگین
بی خراشِ سینه شاهِ نامــدار ایتمش دگل
تختِ زرّین اوزره وضعِ گام ماننـدِ نگین
هم چقار نقشڭ بیاضه هم اولور رویڭ سیاه
ایتمه رازڭ هرکسه اِعْلام مانـنـدِ نگین
خاتمِ بی فصّه بکْزر اول که چکمز سینه‌یــه
بر لب لعل و گوزی بادام مانند نگین
خاتمِ بی فصّ ایله بی خط گبی اولمه عقیم
خلقه قیل آثارِ لطفڭ عام مانــنـد نگین
آل گرو بوز قراسی در حامیــا تحصیلڭــز
اولمشز فرضا که صاحب نام مانند نگین

فریبی رحمی افندی،

(٢٥١) رباعی (Vol. IV, p. 73).

شت محو اولور همیشه که نجم سحر طوغار
انجامِ انهزامــده مهــر ظفــر طوغار
آبستن صفــا و کــدر در لیــال هب
گون طوغمه‌دن مشیمهٔ شبدن نلــر طوغار

و له ايضاً،

(٣٥٣) غزل (Vol. IV, p. 74).

ضعفدن كنج عناده كم دلِ شيدا ياتور
گر اجل گلسيدى گورمز شويله نا پيدا ياتور
جوشه گلسه كم حبابى در رسومِ كائنات
عشق در نامى فضاى دلده بر دريا ياتور
وار فنا دشتن تماشا ايت اچوب عبرت گوزڭ
نيجه اسكندر تُراب اولمش نيجه دارا ياتور
شاهِ عالم گلسه چكمز پاينى داماننه
كُنجِ استغناده رحمى شويله بى پروا ياتور

عاصم،

(٣٥٤) غزل (Vol. IV, pp. 76—77).

غم عشقِ دل آشوبى زمين و آسمان چكمز
شكايت اولمسون بن چكديگم بارى جهان چكمز
بهار ايردى نيچون زحمت چكر رندان بو موسمده
كيمڭ عقلنده خفّت وار ايسه رطلِ گران چكمز
پريشانلق نظامِ حال قيدندن گلير يوخسه
اُميدِ سودِ نا بود ايلين بيمِ زيان چكمز
جهانده كج منشدن راست كيشڭ رنجى افزون در
بو منزلگه‌ده تيرڭ چكديگى جورى كمان چكمز
جوان مردانڭ ايمن در فلك زخمِ زبانندن
بلى رستم نهادان ژاله تيغِ بى امان چكمز
دماغِ خواهشم غايتده نازك در بنم عاصم
زكام آلود اولور يأس ايله بوى امتنان چكمز

وله ایضًا،

(۴۵٤) غزل (Vol. IV, p. 77).

دم اولمز کم بو شیون خانه ده آه و انین اولمز
سپهرڭ بازگون طاسی سرشارِ طنین اولمز
محلده قابلیّت شرط در بارانِ نیسانڭ
تماشا قیل که هر بر قطره‌سی دُرِّ ثمین اولمز
خداجولر بهشت و دوزخی یاد ایلمز هرگز
درونِ عشقبازان جایگاهِ این و آن اولمز
دلِ سخته نصیحت کار قلمز مومدن فهم ایت
که تا نرم اولمدقجه قابلِ نقش نگین اولمز
عروس پردگیٔ نظم دلجو شیوه‌مه عاصم
جنابِ میر عزّت گبی دامادِ گزین اولمز

وله ایضًا،

(۴۵۵) غزل (Vol. IV, pp. 77—78).

انجمن گاهِ ازلده عشقه قابل در دیو
آتشِ سوزان قومشلر سینه‌مه دل در دیو
خاکساران نشوه یاب اولمزمی فیضِ عشقدن
شیرهٔ انگور قونمز می خمه گِل در دیو
سینهٔ چاکمدن دلِ پُر خونمی عرض ایلدم
اول بُتِ مُغبچه‌یه صهبایه مائل در دیو
ارالمه مژگانلرڭ ای غمزهٔ خونی بتش
طوتمق استرلر او چشم مستی قاتل در دیو
چقدی عینمدن نیجه‌دم در که باقم حالنه
سیل خونینِ سرشکڭ نامی سائل در دیو

خال صانمه نقطه قویمش کاتب دیوانِ حسن
مطلعِ ابروی یاره حلّی مشکل در دیو
نیك و بد نقشِ دو عالم جلوه‌گر در آئنه هپ
سینه‌مه آئینه قویمشلر مگر دل در دیو
جوش ایدر خونِ شهیدِ عشق طورمز دم بدم
فتنه گنسه طوتمق استر یار قاتل در دیو
خواستکارانه مبارک اولسون آنجق عاصما
استم بن دولتِ دنیایی زائل در دیو

و له ایضًا،

(٢٥٦) رباعی (Vol. IV, p. 78).

یا رب بو معنایی بِلِر هپ عالم * کم عبده سزا جرم و عطا در سڭا هم
بن بڭا دوشن اشده قصور ایلمدم * حاشا که جنابڭ ایتمیه لطف و کرم

نحیفی،

(٢٥٧) غزل (Vol. IV, p. 83).

کمسه‌نڭ سرمایهٔ آرامی غارت اولمسون
کمسه‌لر آوارهٔ دشتِ ملامت اولمسون
بر سرآمد داربا گوردم دیدڭ گلزارده
گوردیگڭ ای بادِ صُبح اول سرو قامت اولمسون
کاسه کاسه زهرِ غم نوش ایلدم عشقڭله بن
دستِ جورڭدن نه‌لر چکدم شکایت اولمسون
غم یمه بر گون آررسڭ وصله دیرسڭ بڭا
موعدِ وصلڭ صاقن روزِ قیامت اولمسون
اولقدر آماده در چاكِ گریبان ایتمگه
چشمِ شوخڭدن نحیفی‌یه اشارت اولمسون

و له ایضاً،

(۲۵۸) ترجمهٔ مثنوی دن .(Vol. IV, pp. 83—85)

دگله نیدن کیم حکایت ایتمه ده ٭ آیریلقلردن شکایت ایتمه ده
دیر قامشلقدن قوپاردیلر بنی ٭ نالشم زار ایلدی مرد و زنی
شرحه شرحه ایلسون سینهم فراق ٭ ایلیم تا شرحِ دردِ اشتیاق
هرکیم اصلندن اوله دور و جدا ٭ روزگارِ وصلی ایلر مقتدا
بن که هر جمعیتک نالانیم ٭ همدمِ خوش حال و بد حالانیم
هر کشی زعمنجه باکه یار اولور ٭ صحبتمدن طالبِ اسرار اولور
سرّم اولمز نالشمدن گرچه دور ٭ لیك یوق هر چشم و گوشه فیضِ نور
بر برندن جان و تن پنهان دگل ٭ لیك یوق دستورِ رؤیت جانه بیل
اولدی آتش صیتِ نی صانمه هوا ٭ کیمده بو آتش یوغیسه حیف اکا
آتشِ عشقیله در تأثیرِ نی ٭ جوششِ عشقیله در تشویرِ می
یاردن مهجوره همدرد اولدی نی ٭ چاکسازِ پردهٔ مرد اولدی نی
نی گبی بر زهر و تریاق اولمز ٭ نی گبی دمساز و مشتاق اولمز
نی ویرر بر راهِ پر خوندن خبر ٭ عشقِ مجنون قصّهسن تقریر ایدر
بیدلان در محرم اسرارِ هوش ٭ یوق زبانه مشتری الّا که گوش
دردمزدن روزلر بیگاه اولور ٭ روزلر چوق سوزیله همراه اولور
غم دگلدر گونلر ایلرسه گذر ٭ سن همان باقی اول ای پاکیزه تر
ماهیِ بحر اولمز سیراب ساز ٭ روز بی روزی اولور غایت دراز
پُخته حالن هیچ فهم ایتسو نمی خام ٭ اختصار اوزره گرك سوز و السّلام
بندیکی قطع ایت اول آزاد ای پسر ٭ تا بکی پایکده بندِ سیم و زر
بحری افراغ ایلهسك بر کوزهیه ٭ غالب اولمز قسمتِ یك روزهیه
کوزهٔ چشم حریص اولسونمی پُر ٭ بی قناعت اولمز اصداف ایچره دُر
عشقله اول جامه کیم چاك اولمدی ٭ چركِ حرص و کبردن پاك اولمدی
خرّم اول ای عشقِ شیرینکارمز ٭ ای طبیبِ علّتِ اطوارمز

اے دوای نخوت و ناموسمز ۰ سَنْسِن افلاطون و جالینوسمز
جسم خاکی عشقله اولدی بلند ۰ کوه گلدی رقصه اولدی نشوه مند
طوری پر نور ایتدی چون نورِ لقا ۰ بو خبردر خَرَّ مُوسَی صَعِقا
گر بولیدم همدم و دمسازمی ۰ نی گبی افشا ایدردم رازمی
همزبانندن اوکیم اولدی جدا ۰ بی زباندر اینسه ده صیت و صدا
گتدی گل ذوق گلستان قالمدی ۰ بلبلِ نالانده افغان قالمدی
جمله معشوق اولدی عاشقدر حجاب ۰ زنده در معشوق و عاشق مرده تاب
هرکیمڭ عشقیله سوز و سازی یوق ۰ مرغِ بی پر در آنڭ پروازی یوق
عقل و هوشه بر قالوری بر نفس ۰ نورِ جانان اولیه تا داد رس
کاری عشقڭ میل کشف راز اولور ۰ صاف اولان مرآته باق غمّاز اولور
ایلمز مرآتِ جانڭ کشفِ راز ۰ صفوتنده زنگدن یوق امتیاز
زنگ و آلایشدن اولسه گر جدا ۰ برق اورردی نورِ خورشیدِ خدا
نوله اولسه زیبِ گوشِ راستان ۰ اولدی وصفِ حالمز بو داستان

نیلی،

(۲۵۹) غزل (Vol. IV, p. 88).

نطق جانبخشِ لبکدر مایهٔ عشرت بکا
سویلمز ساقی دهان ساغر صحبت بکا
ایلدم گلشنده تحقیقِ ریاضیّاتِ صُنْع
اولدی اوراقِ گلستان نسخهٔ حکمت بکا
گوشهٔ هجره اشارتدر او شوخڭ غمزه‌سی
بویله آفتدن نیجه مأمول اوله وصلت بکا
دامنم گردِ غمِ خواهشدن ایلر شُست و شو
جوی تسنیمِ صفادر مشربِ همّت بکا

تنگنای دهر ایلردی بنی افسرده دل
اولمسه نیلی زمین شعرده وسعت بکا

و له ایضًا،

(٢٦٠) غزل .(Vol. IV, pp. 88—89)

اگر جان گورمك استرسه‌ڭ بدنسز * گور اول روح روانی پیرهنسز
چمنده ناسزالرله او شوخڭ * حرام اولسون خرامِ نازی بنسز
گوڭل اغیار ایچون ایجنمه یاره * گل اولمز باغ عالمده دیکنسز
آلورمی حبّهٔ نا چیزه عاشق * جهانڭ گنجنی اول سیم تنسز
اگر هر ذرّه بر مهر اولسه دنیا * گوزم نورے گورنمز بکا سنسز
نه در جُرْم دیش خوبانه نیلی
النسز گوڭلمی هم ویرمینسز

رضا،

(٢٦١) غزل .(Vol. IV, p. 92)

دیارِ دلده بکا هم زبان بولنمادی هیچ
لسانِ عشقی بلور ترجمان بولنمادی هیچ
سمندِ شوقی سوق ایلمك نه ممکن در
اکا بو عرصه‌ده بر هم عنان بولنمادی هیچ
بو رهگذارِ توکلده شیخِ ارشاده
عصای پیر اوله‌جق بر جوان بولنمادی هیچ
بمان بلدیگمی بخشی اکلادم شمدی
اوزمدن اوزکه جهانده یمان بولنمادی هیچ
بو کارخانهٔ غبراده خواجهٔ املمه
قماش عرض ایده جك بر دکان بولنمادی هیچ

همای طبعِ بلند رضایه شایسته
بو مرغزارده بر آشیان بولنمادی هیچ

راغب پاشا،

(٢٦٢) غزل (Vol. IV, p. 100).

سبك سامانِ تقلیده حقیقت جلّه پوش اولمز
هوادن موجهٔ تصویر دریاده خروش اولمز
گران گلمز وقاره اهلِ فیضك مستمندانه
سبوی باده میخواران شوقه بار دوش اولمز
فروزان در چراغِ شهرت پروانه تا محشر
زبانِ شعلهٔ آوازِ خاموشان خموش اولمز
قدر کارن ایدر سن خواه غافل خواه هُشیار اول
حریفِ زور بازوی قضا تدبیر هوش اولمز
خیال ایت نسبتِ رنگینی حسن و عشقی دقّتله
صدای آتشینِ بلبله گُل گیبی گوش اولمز
بزرگانه همیشه تركِ آرایشله در زینت
قبای چرخ اطلس ساده در آنده نقوش اولمز
زمان اولمز مساعد یا مکان یا ساقئ دوران
بو عشرت گهده دلخواه ازره راغب عیش و نوش اولمز

و له ایضًا،

(٢٦٣) غزل (Vol. IV, pp. 100—101).

خراباتی گورنلر هر بری بر حالتن سویلر
لطافت نقل ایدر رندان و زاهد ثقلتن سویلر
سرآغاز ایلدکجه بحثه بلبل رونقِ گلدن
بزمده قلقلِ مینا مُلك کیفیّتن سویلر

تجلّی نشأه سن اهلِ شکم ادراك قابل می
بهشت آكدنجه زاهد آكل و شُرْبك لذّتن سويلر
نه ضبطِ حاكمِ عقلی نـه حكمِ ضابط شرعی
جنون اقليمنی گشت ايليئلر راحتن سويلر
ميانِ گفت و گوده بد منش ايهام ايدر قبحن
شجاعت عرض ايدركن مرد قبطی سرقتن سويلر
موافق در ينـه البت مزاجـه شيوهٔ حكمت
طبيبك اولسه‌ده كذبی مريضك صحّتن سويلر
پريشانئ خاطر نكتـهٔ سر بسته وش قالـدی
نه كمسه حكمتن آكلار نه راغب علّتن سويلـر

و له ايضًا،

(٤٦٤) غزل (Vol. IV, pp. 101—102).

آزادگـانِ قيـدِ امل سرفـراز اولور
ناز ايلـه سون سپهره اوكم بی نيـاز اولور
شمشيـرِ ابـروانـه سيـه زاغ فتنـه در
چشمك نه دم كه سُرمه كشِ خواب ناز اولور
كُنجِ درونی خانـهٔ بی منّت ايلمـش
واری انيسه غم گبی بـر دلنواز اولور
بـاقی هنـوز نشـوهٔ فيضِ دمِ مسيح
آب و هوای ميكـده ناسـاز سـاز اولور
يكسان بلن بهـار و خزانك بو گلشنك
مانـنـد سرو قامت عمـری دراز اولور
سالك پُلِ هوادن ايـدر ابتـدا گـذر
آخـر رهِ حقيقتـه مبـدا مجـاز اولور

راغب سمندِ نفسِ حرونڭ زبون ایدن
بو عرصدده شهامت ایلـه یكه‌تـاز اولور

و له ایضًا،

(۲٦٥) غزل (Vol. IV, p. 103).

مُباهات ایلمز رندانه مشرب هر خصوصنده
مگركم بـادهٔ گلفام ایلـه ساغر خصوصنده
اساسِ معرفتله خانهٔ دل بولسون آرایش
تكلّف بَر طرفـدر بالش و پستر خصوصنده
عجبمی دعوئ عشقڭله پُر داغ ایلسم سینه‌م
گركـدر نقشِ خاتم كثرتی محضر خصوصنده
نه چاره قوللانلسه خدمتِ دیگرده چار ابرو
هله جائز دگل دلاّكله بربـر خصوصنـده
اگر مقصود اثردر مصرعِ بَر جسته كافی در
عجب حیرتده‌یم بن سدِّ اسكندر خصوصنده
اولوری چشمِ حسرت حسنِ عالمسوزدن بسته
باقلمز خاطرِ احبابـه هیچ دلبر خصوصنـده
وحیدِ نكتـه سنجه راغبا ال ارقه‌سی پرده
خصوصا بو زمین تازه طرح و تر خصوصنده

و له ایضًا،

(۲٦٦) غزل (Vol. IV, pp. 103—104).

مطلبڭ ذلّیله مخلوقه مدارا ویرمز • ویرن الله درای دل بگ و پاشا ویرمز
برتجلّی ایدی موسی یه‌ده كم ال ویردی • شجر طور همیشه یدِ بیضا ویرمـز
بیلرم عشقدن آزاده‌لغه عاشق سن • سكا بو رخصتی امّا دل شیدا ویرمز
آبیارئ سرشك اولمسه سرسبز اولمز • میوهٔ خواهشه هر خُشك نمنّا ویرمز

فیضی یوقدر نقدر اولسه ده زیبا تقلید * گلبنِ باغِ مصوّر گلِ بویا ویرمز
زخم تیغ و نبره گرمسه گوکس مغفر * باشی اوزره یری شجعان آکا بیجا ویرمز
مو شکافان نه قدر اینسه‌ده قیل و قالی
نسخهٔ خطّکه راغب گبی معنا ویرمز

وله ایضًا،

(۲٦٧) غزل (Vol. IV, pp. 104--105).

پیچ و تابِ سینه‌دن افکار کندین گوسترر
جوهرِ آئینه‌دن ژنکار کندین گوسترر
اضطراب نا بهنگام اسنه‌مز تحصیلِ کام
موقعنده بی تکلّف کار کندین گوسترر
پردهٔ ناموسه صیغمز برقِ عالمسوزِ عشق
بی محابا نشأهٔ سرشار کندین گوسترر
کمسه‌یی محروم فیض ایتمز تجلّی زارِ حسن
جُنْبشِ کُهسارده دیدار کندین گوسترر
امتیازِ نیك و بددن مانع اولمز امتزاج
سایهٔ گلده کم اولمز خار کندین گوسترر
خوب و زشت آثاری در آئینهٔ کردار خلق
هر نه صورت طرح ایدر سحّار کندین گوسترر
جلوهٔ حسنه مرایای مظاهر در نفوس
هر کمه اینسه اشارت یار کندین گوسترر
شویله در راغب مجازاتِ عمل کما فی المثل
صورسه‌لر مغدورنی غدّار کندین گوسترر

وله ایضًا،

(۲٦٨) غزل (Vol. IV, p. 105).

کُنجِ فراغه گرچه که همّت قومز سنی * سودای جاهه دوشمه که راحت قومز سنی

شایانِ قُرْبِ حضرت اولور برخلوصه باق • یوخسه بهشته زاهد عبادت قومز سنی

زیرِ نقابِ شرمدن ای ماه‌باره چیق • وادئ انزواده بو شهرت قومز سنی

البتّه بر مهك اولور آواره‌سی دلك • هیچ کندی حالك بو طبیعت قومز سنی

دشمندن اخذِ ثارِ گبی وارمی بر صفا

راغب بو ذوقه آه مروّت قومز سنی ٥

ـــــــــــ

ولە ایضًا،

(۲۶۹) غزل (Vol. IV, pp. 105—106).

صائمه منشورِ خرد یا عفّت و تقوی یورر • بزمِ جم در بونده حکمِ جامِ غم فرسا یورر

بیستونی زورِ فرهاد ایلدی سائر مثل • همّتِ عشاق اولنجه کوهِ پا بر جا یورر

امتیازِ ثابت و سیّاری مشکل در خیال • ظنّ ایدر سُکّانِ کشتی ساحل دریا یورر

گچسه ده ذمّ رقیبی خوش گچر تا یبرده • عاشقك حقنه ظالم آه بی پروا یورر

عالمِ آبك هواسی معتدل ایّلام در • موسم صیف و شتاده زورقِ صهبا یورر ۱۰

هر متاعك بر رواجی وار بو بندرگاهنه • گه تحمّل گه نیاز و گاه استغنا یورر

طوندی شرق و غربی سرتاپا صدای لمعتی

مدحنه اول مهوشك راغب دکل دنیا یورر

ـــــــــــ

سیّد وهبی،

(۲۷۰) قصیده (Vol. IV, pp. 110—112).

شاهنشهِ عالی نسب سلطان ممدوح الحسب

فرمانـــهِ روم و عرب خان احمـــدِ کشورکشا ۱٥

عدل و کرامت منبعی شمس ولایت مطلعی

درگاهنك هر مصرعی شهبـــالِ سیمرغ و هما

ذاتی ملوکه آب روی شمشیری باغِ فقـــه جو

گزار ملک ویردے صو میزاب کلکی دائما ۱۹

هم پادشه در هم ولی ذاتنده اولمش منجلی
عدلِ عمر جودِ علی خلق محمّد مصطفا
دستنده دولت خاتمی قلمش مسخّر عالمی
حق رسمِ اسمِ اعظمی نقشِ جُبین ایتمش آکا
حیرت ویرر صد قیصره غالب هزار اسکندره
حکمی روان هر کشوره فرماندهِ شاه و گدا
هم حامیٔ بیت الحرم هم خادم شاهِ اُمَم
روم و عرب ملك عجم محکومی در سرتا بپا
اولدی امام المسلمین ظلّ خداوند معین
بالنّصّ قرآن مبین امرینه واجب اقتدا
شهلر آکا کشور ویرر اول شهلره افسر ویرر
سیفینه دشمن سر ویرر اولدقجه توغی سرنما
اول منبع جوی مرام اول مقسم رزق انام
اولسون الی یوم القیام شاهانِ دهره ملتجا
اسکندر ایدوب جستجو ظلمتده گزمش سوبسو
باب همایونده بو ایتدی روان آب صفا
بو طرح پاك خُرّمی سوق ایتدی صدر اعظمی
داماد خاصّ اکرمی همنام جدّ الانبیا
اولدی او دستور جلیل بو خیرِ جاری‌یه دلیل
خلقه ایدوب زمزم سبیل جلب ایتدی اول شاهه دعا
اول شهربار زر نثار بذل ایتدی مال بی شمار
یاپدی سبیل و چشمه سار مأجور اوله روز جزا
بو موقعی آباد ایدوب بو طرحی نو ایجاد ایدوب
روحِ حسینی شاد ایدوب ایتدی سبیل آب صفا

بو عینه ای صافی درون دستینی کوثر گبی صون
هر قطرهٔ صفوت نمون اولمقده بر عین شفا
آبی زلاله ما صدق طاقی فلکله یکطبق
گوك قبّه‌نك آلتنده بَق واری بو رسمه بر بنا
اولدقجه بَرْ جا مهر و ماه زیب سریر اولسون او شاه
صدر گزینك یا اله ایتمه رکابندن جدا
ای خسروِ عالی تبار آثاریکه یوقدر شمار
امّا بو دلجو چشمه سار اولدی عجب حیرت فزا
بَقْ سیم و زردن طاسنه آب حیات افزاسنه
بگزر گمش سقّاسنه بکلر قپوك صبح و مسا
یاپدك سرای میدانِنه قیلدك صلا عطشانِنه
جنّتده کوثر یاننه گویا که قصر ایتدك بنا
آلتون صوین ایدوب سبیل یاپدك عیون سلسبیل
بیرینه بِك اجر جزیل ویرسون جناب کبریا
مَدْحنده خامهم اولدی لال اظهار عجز ایتدی مقال
او صاقن ایلرکن خیال هاتفدن ایردی بر ندا
وهبی خموش اول بسته‌لب حدّك دگل ایله ادب
سندن مقدّم اولدی هب شاعرلره بردن صلا
وصفنده ایدوب گفتگو چوق کمسه دوکدی آب رو
ایلدی آخر سرفرو اول خسرو شوکتنما
تاریخ ایچون دانشوران حیرنده ایکن ناگهان
بولدی شهنشاه جهان بر مصرع عالمبها
هر لفظی بحرِ مَوْجزَن معناسیدر درِّ عدن
گورملك دیلرسن آنی سن ای تشنهٔ حسن ادا

تاريخى سلطان احمدڭ جارى زبانِ لوله‌دن
آچ بسمليله ايچ صوبى خان احمد ايلـه دعا

و له ايضًا، ١٢٢٤

(٢٧١) تخميس نديم (Vol. IV, pp. 113—115).

بنت العنب كه گل گبى زنگين بگزلى در
بر ذوق اسيرى جاريـه درِ انگليزلى در
هر مشربـه موافق و ياران آغزلى در
ظنّ ايتمـه دخترِ رزى رنديلـه گزلى در
آنگلـه شيخ افنـدى ده بابالى قيزلى در

رز دخترى اولنجـه پسِ جامـدن عيان
ساقيله قانى قايناشوب اولدى بدنله جان
اولسه عجبمى دافىِ شن رمزى دُر ميان
دختِ عنب كه مغبچه‌نڭ طبقى در همان
بر مشربى كشاده‌جه قز در ساقـزلى در

گوردكجه جلوهٔ فرسِ بـاد پايڭى • سير ايلدكجه جنبشِ طاقت رُبايڭى
كحل ايليوب غُبارِ رهِ جلوه جايڭى • گچمز يولگدن اوپمجك نقش پايڭى
افتاده‌ڭ اى نهال چمن يوللى ايزلى در

مخمورلقله شيخڭ اولوب دستى مرتعش • تخصيص نُقلڭ آدينى پرهيز ايلمش
صورتده بيمِ حقّى ايدوب مايهٔ طپش • زاهد ساقزشرابنى پنهان چكوب ديش
بيگانه ايچمسون بو صودن كم ساقزلى در

عشق ايتدى چشمِ عاشقِ مشتاقى بحرِ اشك
قيلدى حبابـ كندبسنه طاقى بحرِ اشك

غرق ایلدی سفائنِ آفاقی بحرِ اشک
قیلدی سفید دیدهٔ عشّاقی بحر اشک
او قیچ لوندی شوخی مگر آق دکزلی در

مشّاطهٔ بهار ایدوب فیض خرّمی ٭ دار السّرور ایلدی گلزارِ عالمی
قویوب نشانِ ژالهدن الماس خاتمی ٭ بلبل آغزلق ایتسه نوله نقد شبنمی
ابکارِ غنچه خیلی چمنلو جهزلی در

خون اولدی سر نوشتی دلِ بی تحمّلک ٭ چیقمز درونمزدهکی سودای سنبلک
آتشزن اولسه خانهٔ جانه تغافلک ٭ خاکستر اولسه تن ینه اسرارِ کاکلک
مانند جوهرِ آئینه دلده گزلی در

وهبی سپاهی سویله سوزک کم دل سلیم ٭ قادرمیدر که نظم ایده بویله دُرِ نظیم
نامی طقوزه چقسهده ماننده‌ٔ کلیم ٭ بو هشت بیت پاکیله حقّا که ای ندیم
امضالیٔ بلاغت کلککْ سکزلی در

ولو ایضاً،

(۲۷۲) غزل (Vol. IV, p. 115).

باقمز او غرّه مست بها جان سپارینه
بیهوده پایمال اولورز رهگذارینه
دوشندهکی ملکلری گورسه دمِ نماز
ویرمز سلامِ طرف یمین و یسارینه
بویله گدرسه حشرهده ناز ایلر اول پری
رضوان دعوت ایلسه کوثر کنارینه
مستِ شرابِ سیلِ خروشِ غرور ایکن
گلمز خلل عجب که بنای وقارینه

سر گرمِ نخوت اولمسون اول شاه چوقده کم
دگمـز نشاطِ بـادهٔ کیفی خمارینـه
باقمزمی دلبران کهن سالك اول پری
عشّاقـه ریش خنـد اولەرق اعتذارینـه
وهبی زوالِ دولت حسنك اول آفتك
ابتـدك حواله فتنهٔ خط و عذارینـه

و له ایضًا،

(٢٧٣) غزل (Vol. IV, p. 116).

دو شمش محبّته دخی نورس جوان ایکن * اولمش اسیر پادشهِ حسن و آن ایکن
پامالِ اسپِ نخوتی اولمش بر آفتك * بر طفلِ نیسوارِ محبّت ندان ایکن
اولمش زلالِ وصلتنه تشنه بر مهك * سر چشمهٔ محبّته آبِ روان ایکن
برنخل ایله صارلمق ایچون گریه ناك ایمش * مانندِ تاكِ تازه یتشمش فدان ایکن
برنجمِ حُسْنِی گورمگه اولمش رصد نشین * داغِ درونِ مهر و مهِ آسمان ایکن
چارپمش اوله کندی گبی بر پری وشه * آلدرمش عقلن عقل آلیجی دلستان ایکن
مفتونی اولمش اول دخی وهبی بر آفتك * آشوبِ دهر و فتنهٔ آخر زمان ایکن

و له ایضًا،

(٢٧٤) غزل (Vol. IV, pp. 116—117).

ممکنمی بندِ زلفِ سیه تابکـدن خلاص
قابلمی مرغِ جانه او قلّابـدن خلاص
دل گورسه تابِ عارضکی چاك چاك اولور
کتّان اولورمی پنجهٔ مهتابـدن خلاص
کم بولدی جوْرِ گردشِ افلاکـدن رهـا
قابلمی در کشاکشِ گردابـدن خلاص
انسانی زورِ مرگ ایـدر پست عاقبت
عصفور اولورمی پنجهٔ عقابدن خلاص

وهبیٔ زاری لطفکله ایلـه یـا الـه
جورِ عدوّ و منّت احبابدن خلاص

بلیغ،

(٢٧٥) غزل (Vol. IV, p. 123).

اول ال فس کاکُل اوزره برگِ گلدر سُنْبُل اوستنده
عذارنده عرق گویا که شبنم در گل اوستنده
دوشلدن ساغر لبریزه عکسِ غبغبِ ساقی
حباب باده آسا گوزلرم قالدی مُل اوستنده
گره بند ایلمش گیسوی مسک آلوددن سیر ایت
شمامه ایله طورر گویا که عنبر کاکل اوستنده
سلوك اربابی سرعتله گچر عشقِ مجازیدن
جهانده کیمسه منزل اتّخاذ ایتمز پُل اوستنده
بلیغا اسپِ خامه صفحهده جولانه گلدکجه
انامل حیدرِ کرّاره بکزر دُلْدُل اوستنده

و له ایضاً،

(٢٧٦) غزل (Vol. IV, pp. 123—124).

باقمه دهرِ بی ثباتك منزل و مأواسنه
گردبادِ تیزرَودن خیمه قور صحراسنه
جاهلك دائم مرادنجه دونر چرخ فلك
اعتبار ایلر گدا فرزندِ نابیناسنه
جلوهٔ شوقِ نسیم یاردن جوش ایلیوب
چقدی سروك سیل موج بوبی گل بالاسنه
حیرت افزا دردیله نظّارهسی اول آفتك
عکس ایدر شکلِ حواسّ آئینهٔ سیماسنه

جُبّـه و دستاريله نادانـه ايتمم التفات
رغبت ايلر لفظكٔ ارباب سخن معاسنـه
فارغ اولمـز گردشِ مستانه وضعندن فلك
سنگِ طعنِ اهلِ دل كار ايتميور ميناسنـه
عكسِ خالكٔ بينش افروزِ چراغ چشم اولور
مهرِ رخشان مردمك در ديدهٔ حرباسنه
اسم و رسمن لوحِ طبعمده گوزل يازسون او شوخ
حُجّتكٔ هر كس نگـاه ايلـر بليغ امضاسنـه

ولهٔ ايضاً،

(٢٧٧) غزل (Vol. IV, pp. 124—125).

هوای فيضِ مهـرِ عشقله شبگير ايـدر مهتـاب
كه جامن سلسبيلِ نوردن پُر شير ايـدر مهتـاب
ايدوب در پوته موجِ پرتو شمسِ جهان تابی
نجومِ چرخه مشقِ صنعتِ اكسير ايـدر مهتـاب
گيوب بر آل انكلك هالهدن ميدانه عزم ايتدی
سماده مولوی آيينی تصويـر ايـدر مهتاب
فلكده گوئيا بـر پهلوانِ ناوك افگن در
شعاعـده تير برّان هالهسن زهگير ايدر مهتاب
النده خامـهٔ زرّينی مولانـای رومی وش
گيجه آثار شمس شوقيلـه تنظير ايـدر مهتاب
اولور همواره مظهـر كيميـای فيضنـه شمسكٔ
كه هاله چلّهسنده صبحهدك شبگير ايدر مهتاب
سيه طبعان اولور روشن دلانكٔ دشمنِ جانی
كه دزدِ تيره روزی دائمـا دلگير ايدر مهتـاب

نيجه ترك ايلسون شب زنده داران وادئ عشقى
تنِ پُر ضعفه موجِ شعله‌دن زنجير ايدر مهتاب
بو شب رونق فزاى بزم مهتاب اولمسون اول شوخ
كه گرميتله جسمِ پاكنه تأثير ايدر مهتاب
اگر وار ايسه جزئى فنّ شب رَولكده نقصانڭ
سنى كوينده يارڭ عالمه تشهير ايدر مهتاب
بليغا رانبِ آصف نظيرڭ بزمِ خاصّنده
بو نظمى خامهٔ زرّين ايله تحرير ايدر مهتاب

وله ايضًا،

(٢٧٨) غزل (Vol. IV, p. 126).

اله آلدقجه او چنگى گوزلى چار پاره
رشكدن مهر ايله مه گورسه اولور چار پاره
رقصه آغاز ايدیجك صبر ايده‌مم ما حصلى
دل آنكله بله اوينار بايلور نظّاره
داغ بر دل نيجه اولمايه گوروب آنى قمر
آل انكلكدن ايدر هاله‌يى اول مه پاره
حركات و سكناتنده نه جنبش در بو
تنى سيماب كبى لرزش ايدر همواره
جنبش قامت ايله طبل قيامت قوپارر
دف دوگر سينه‌سنى جلجله باشلر زاره
خواهشِ نقدِ روان ايله گلنجه او پرى
دفّنه كندين آتار بولسه اگر صد پاره
طونانوب آل ايله هنگام طونانمه‌ده بليغ
جانمى ياقدى بنم اول بُتِ آتش پاره

وله ایضًا،

(۲۷۹) حمّام نامه‌دن (Vol. IV, pp. 127—129).

اویانوب ایلدی اول فتنهٔ خوابیده قیام
رهِ گرمابه‌یه هنگامِ سحر قلدی خرام
صاندیلر آنی ایکز طوغدی گونش خاصّله عام
جامه کانه گلیجك طوندی پری گبی مقام
تابشِ گردنِ بلّوری ایله نرله‌دی جام
سوقِ اُمیدِ در آغوش ایله قیزدی حمّام

صاودی عاشق گبی باشدن کُلهِ معتبرین
جامه‌دن شیوه ایله چوزدی مقامِ کمرین
گل گبی ایلدی قات قات چیقاروب جامه‌لرین
پیرهن رفع اولیجق صاندی گورن سیمبرین
پرده‌دن اولدی برون آئینهٔ سیم اندام
قشربنی آندی حرارتله یا شیرین بادام

تابِ نظّاره‌دن اندامی حرارت قاپدی
دفع ایدوب غیری‌یی حمّامجی صغوقلق یاپدی
شاشدی دلّاك گوروب آنی یولندن صاپدی
وضعِ نعلین ایدرك اول بُته آخر طاپدی
صاریلوب فوطهٔ مشکین بلینه وفق مرام
منخسف اولدی ینه نصفنه‌دك ماه تمام

تازه دلّاك اولیجق خلوتِ خاصّه رهبر
ایتدی بر بُرجده گویا که قِران شمس و قمر

تنی پالوده گبی کم دفونرسه تترر
گوردی کم گلمز اوغشدرمغه اول غنچهٔ تر
آلدی دلاکی حرارت بایلیرکن ناکام
صو ینشدردی آکا طاسیله بر تازه غلام

استدی کیسهٔ مسکین سورنه دلبره چون
پیچ و تاب ایلدی لیف آکا ازلدی صابون
شیشه بازیٔ حبابیله بر آز قوردی اویون
کُنج خلوتده گوروب صانمه او شوخی موزون
کلفن یایقدی حمّامه گیروب بدرِ تمام
نیجه پرتو ویره‌جك بزمه گوررسك اخشام

آقدی صو پاینه اول سَرْوِ صنوبر بویك
تازه تازه صولادی کاکلِ سنبل مویك
یورگی اوینادی بر حالته واردی صویك
طاسِ لبریز ایچنه عکس ایده‌جك مهرویك
غیرتِ تابِ عذارکله همان پارلدی جان
دوندی اول دم کُرهٔ نارہ قبابِ حمّام

صجاغی گچدیگی معلوم اولیجق حمّامك
چیقمه گلدی دلینه اول مهِ بی آرامك
تاب رخساری یوزی صوبنی دوکدی جامك
سلدی بیرونه چقوب آئینهٔ اندامك
معناوش البسهٔ فاخره‌یی گیدی تمام
ویردی مصراع گبی اول قامت موزونه نظام

طوغ شاهی گبی گیسولرنیـه صو بـرادی
اچدی امواجِ هوا سنبلِ موین طردی
طویدی نطر فوقوبی اودیلـه عنبر آرادی
زلفِ دلداری او دم شانـه آرایوب طردی
اوجلرنـدن دوكلوب هر طرفـه عنبر خام
نفحـهٔ بوی صفـا آوریلـه طولـدی مشام

قهوه فنجـانی طوقندی لب دلـداره مگـر
سرپلوب گل صوبی جوش ایتدی یاقلدی مجمر
چونکه حمّامـه گیرن کمسه بلیغـا ترلـر
مُزْدِ حمّامـه دوکوب آقچه‌لری اول دلبر
سینهٔ آئینـه‌بی پـاره‌لیوب ایتـدی قیـام
گتدی آتش گبی اول مه طوکّه قالدی حمّام

و له ایضاً،

(٢٨٠) خیّاط نامه‌دن (Vol. IV, pp. 130—133).

صبحـدم بـر بُتِ نرزی بچـهٔ شیرینکـار
گومش اندازه گبی قـدّ ایله قلدی رفتـار
کالهٔ حُسْنن ایدوب زیبِ دکانِ بـازار
رُبْعه‌دك طوتدی رُخن زلف گره کردهٔ یار
غمزه مقراضِ بـلا سوزن مژگان خونبـار
کاله رازینی اچنجه کسوب بچـدی نگـار

ایگنه‌دن ایپلگه‌دك حالِ دلی یاره دیدك
چاكِ پیرهندن بدنگ گوردم ایلك
دوگمه اوکسوزجه در ایلرسه دخی سرکشلك
یاقه‌سن دوشروب اول آفتی صیقمه دیبه لك

اوبدررسه پيشنه وصلهٔ يارے اغيار
صڭره يانندن ديكش طوتمز او اپيسز بيكار

خيلى شلوارلو شناور در او ابروسى كمان
تيرِ نظّارهٔ دلدوزه يللك در مژگان
جامهٔ حسن آكا بوبنجه ديكلمش قفتان
نيمتن صيقمه گومش سينهسى دائم عُرْيان
گوزڭ اچ ساده نگاه ايله نگاره زنهار
قاپمه فرُجْه بولورسه بينش ايلر اغيار

مستِ مى شويله كه چاقشير گبى اول مهرو
اولمش آويزه ميان اوزره بر آرشين گيسو
اچ طوننـدن قوچانركن او سرُين و زانو
مو ميانه طولهمه قولڭى يازق در بو
صيقمه عنترى گبى پنبه در اندامِ نگار
چكهمز ثقلتڭى بلكه تگللر دلدار

تنگِ وُصْلى ياكْلوب چوزمه چيقار هجرانى
بار اولور خاطره كيم صڭره شربتلر آنى
هله زور ايلمه يپ يپ قيريلور غيطانى
ابريشم اولسه دخى طرّهٔ مشلك افشانى
لائق اولدر او مهڭ خط شعاعِ انظار
اوله كراكسنه سمسهسنه رشتهٔ تار

جُبّهلى بويله قاوشدرمه گل اى سيمين بَر
صرمهلى فرمهلبى چاكِ قبادن گوستر

دخی ییرتوب دکه‌مز باشلی باشنه دلبر
نیز طوت اُستا بو کُزدیه حسینی استر
چرپی‌دن چیقمز ایسه آکا ایپ ایلرسکا یار
سوز عشق عالمنک کاری دگل بی هنجار

یاره معهود ایکی طونلق چوقه‌وار آماده
صوفی بر خرقه و دستار ایله اولمز ساده
مشتری بویله قماشی بوله‌مز دنیاده
صندل اولمز آکا نسبت بلاقوز دیباده
پنبه اطلس گبی اولکرلی او رنگین رخسار
سویله زاهد ذنبم گوردک ایسه بویله نگار

ایشلری جمله قبور یکّلی لباده بر دوش
هر عباپوشه نمد گیدرر اول خارا پوش
دستگاهنده بزهِ ایش کسیور عشوه فروش
نقدِ جان ویر که بو اثناده صاتلمز قونتوش
نشئه‌یی لوحنه یازدقجه طباشیرله یار
روی مومِ اوتولر آتشِ غیرت ناچار

زده‌لر حسمی بوکسوك گبی سوزن بازم
آلمز اوستنه خطایی یینه اول طنّازم
خلعت استر بکّی پوسکورمه شهِ ممتازم
دون بلیغ اجدم او جانانه متاعِ رازم
آنی تخمینیله اولچوب بچه‌رك آخر کار
گوردی کیم چیقمدی صنعتله تکلّندی او یار

نورس،

(۲۸۱) غزل (Vol. IV, pp. 136—137).

نوله خاك اولديسه تاج وتخت كاوس و كيك
مبدأئى لا بُدّ اولور آخر معادى هر شيئك
نغمه سنج سرِّ توحيد اولديغن بلمز هنوز
نيديكن فهم ايتمَمش در واغظ خودبين نيك
تلخئ ايّامدن فرياد ايدرمش بيلمدم
گريه‌سن قهقهه صاندم ايدى ميناى ميك
شدّتِ دم سردئ ايّام مَى تسكين ايدر
زائل ايلر آتشِ سوزان بلى حكمن دَيك
نورسى شب تا سحر انجمُ شمار ايتمش نى
دوستلر الله ايچون دلداره احوالن ديك

و له ايضا،

(۲۸۲) غزل (Vol. IV, p. 137).

نه گُللر گُل نه خود گُلزارلر گُلزار در سنسز
بكّا جنّت دخى اى يار تنگ و تار در سنسز
انيسم هم جليسم غم ايشم صُبح و مسا ماتم
گوزم پُر نم دلم پُر آهِ آتشبار در سنسز
وداع ايتدى تمدن جان و دل هپ جملةً شمدى
يانمده آشنالر دوستم اغيار در سنسز
نه قابل شمدى گلزارِ عذار غيره نظّاره
بكّا مژگانلرم خارِ سر ديوار در سنسز
سرِ بالينه رؤياده اولسون بارى اى وحشى
يتش بيچاره نورس پك ياتور بيمار در سنسز

و له ایضًا،

(۴۸۲) ترکیب بند (Vol. IV, pp. 138—139).

نه مشکل ایمش اهلی وطندن آیرلمق
نه ایمش آگلادم ارواح تندن آیرلمق
جزا کدر چکه ای عندلیبِ دل سکا بو
نه لازم ایدی او گل پیرهندن آیرلمق
حیاتی نه ایلیهیم ذلّتِ جُداگی ایله
اولوم دگلمی هزاره چمندن آیرلمق
عجب مُیسّر اولورمی که اونیایوب گلهرك
گدوب نگاره شو بیت الحزندن آیرلمق
امان امان آبنم جانم آگلادم بیلدم
که خیلی مشکل ایمش بکا سندن آیرلمق
بو آیریلق بنی محصور ایدرسه بویله نوله
گورنسه روحهده بُرْجِ بدندن آیرلمق
گوگل صفایه ایرر می عجب محن دیهرك
شو غُرْبت ایلهٔ قالورمی وطن وطن دیهرك

فنی او دم که انیسِ فراشِ وصلت ایدم
او ماه رو ایله هم خوابهٔ فراغت ایدم
فنی او دم که شرابِ وصالی نوش ایدرك
سزاے عاطفتِ ساقیٔ محبّت ایدم
فنی او دم که ستانبولك آهوانیله
رفیقِ باده و همدستِ دشتِ اُلفت ایدم
زیاده چکمش ایدم غربتك غمن اوّل
لسانه آلمغه غربت الینی حسرت ایدم

هنوز بولمش ایدم علّتِ فراقه دوا
که آشنای طبیبِ لبیبِ صحّت ایدم
هنوز گلمشدِم تنگنایِ غُربتدن
هنوز رو بره وادئ اقامت ایدم
قضا ینشدی بنه در عقب غریب ایتدی
دلِ فلك زدهٔ آه بی شکیب ایتدی

دیارِ غُربته چیقدم چقالی ساطانم
کدردن اولمادی آسوده قلبِ ویرانم
گیجه صباحه‌دك آفاقی سرنگون ایلر
لهیبِ نائرهٔ آهِ آتش افشانم
خیالِ عارضڭ ایله ایدر بنی غرقاب
خروش دم بدمِ اشكِ چشمِ گریانم
مثالِ حلقهٔ در قالدی گوزلرم یولده
پیامِ صحّتڭه منتظر اولوب جانم
نه حالِ زاری صوردڭ نه گوڭلی آلدڭ
سنڭله بویله می اولمشدی عهدِ پیمانم
روامیدر اوله‌سن سن فراشِ ناز ایچره
خراش جان ایله صد چاك اوله گریبانم
سزابی سن اوله‌سن خنده ریز خوش حالی
بن آه و واه ایله نالان اوله‌م بنم جانم
عجب مروّتی یوق دلرُبا ایمش سڭ سن
آسودیگم هله پك بی وفا ایمش سڭ سن

قاشڭ گبی بلمی بوکدی شدّتِ هجران
گوزڭ گبی بنی دلخسته ایتدی دَورِ زمان

داغتـدی عقلمی زلفڭ گبی پریشانلق
اوچردی راحتمی فکرڭ ای شهِ خوبان
بنم بو حالمـه بـالله طاغلـر آغـلار
دگل فلکـده ملك یرده فرقـهٔ انسان
یانكـده ذرّه قـدر هیچ رغبتم یوغمش
آ بی وفا بونی بن بیلدم ایله‌دم اعلان
نه نامـه یازدڭ و نه بر پیـام گوندردڭ
نتیجه ایتمـدڭ اجراے حقِ نعمت نان
بزمـده هیچ دیمدڭ بـر غریبمـز وار در
عجب نه یاپدی نه ایشلر او خستهٔ هجران
او بی وفا دگل اول مه‌لقا کـه آگا سنی
همان تحمّل ایدوب جوره یان آ گوڭلم یان
خدای عالمیـان مرحمت ایـدوب البت
اولور او گون کـه تمام اوله مدّتِ غربت

حشمت،

(۲۸٤) غزل (Vol. IV, p. 147).

اولمش کبارِ دولتە وِرْدِ زبان دروغ ٭ حسرت چکر لسانِ فقیره همان دروغ
سر چشمهٔ صداقتِ دُنیادن ال بودق ٭ مانندِ نهرِ عاصی جهانه روان دروغ
نقشی گُم اولدی خاتمِ صدق و صداقتڭ ٭ ویردی کبارِ عصرمزه نام و شان دروغ
شعرڭ کسادینه علّلِ مستقلّـه در ٭ خلقدن زبانِ شاعره دوشمز برآن دروغ
حشمت نِفاقه خورد و بزرگ ایلمش هوس ٭ سرمایهٔ صغیر و کبیرِ جهان دروغ

و له ایضًا،

(۲۸۵) غزل (Vol. IV, p. 148).

جام جهان نُمای طرب هرنه دم بورر ٭ طرنا گوزی شرابیله دل عالی گورر

بو در مآلِ پرورشی باغِ عالمک • نخلِ املہ بارِ مرام اولمہدن چورر
بو صیدگاهِ دشتِ تمنّاده هپ تهی • فتراكِ اسپِ تازئ خواهش ایپك سورر
باران ایدر سرشكِ جهانی سحاب وش • دود سیاهِ آه نـه دم عالمی بورر
سن گورمدکسه وصلتِ جانانی حشمتا • طرنا گوری شرابیله دل عالمی گورر

و له ایضًا،

(۲۸٦) غزل .(Vol. IV, p. 148)

سینه پُر داغ اولمسه گیرمـز الـه مطلوبلـر
صید اولنماز ای گوکل نقدینه‌سز محبوبـر
بوسهٔ لعلی طوتار انجق دهانِ شکوابی
مومِ سُرخ ایلـه مهرلنمکـده در مکتوبلـر
عرضِ کالا ایتمه اربابِ بصیرتدن صاقن
رونُمـا دن دوربینِ دقتـه معیوبلـر
جای ذلّت در محل دهرڭ سُفاطه چینینـه
گوشـه‌گیرِ جایگـاهِ مـزبلـه جـاروبلـر
باده در بـرقع کُشاے شرمساریٔ وصال
التجاے سایـهٔ سـاغـر ایـدر محجوبلـر
سایه‌سنده غم یر اکثر حسرت اول نان پاره‌یه
بلدیگم حشمت کبـارِ دولتـه منسوبلـر

و له ایضًا،

(۲۸۷) غزل .(Vol. IV, p. 149)

دلمـده داغ داغِ حسرتی سوز آشنا در هپ
بو گلشنگاهِ عشقڭ گُللرے آتش نُما در هپ
آقتدم صو گبی بـر سَرْو قدّه گوکلم اوّل
بنی گریان ایدن شمدی او اسکی ما جرا در هپ

ایدن تحصیلِ نشأهٔ دلده اربابِ سکونت در
حباب آسا دوشن جامِ مبه اهلِ هوا در هپ
گوکل مجنون گبی دلبسته اولمه زلفِ لیلی‌یه
سنی صحرا نورد عشق ایدن زیرا خدا در هپ
زبانک رنگِ صهبای ازلدن می یرانمش حق
بو کیفیّت نه در حشمت سوزک رنگین ادا در هپ

و له ایضًا،

(۲۸۸) غزل (Vol. IV, p. 149).

ابروانک چینِ استغنادن ای مه‌پاره اچ
تیغ جوهردارِ حُسنکله دله بر یاره اچ
بر نظر ایله فضای سینهٔ پُر داغمه
روزنِ نظّاره‌یی گل عرصهٔ گُلزاره اچ
اولیم درسه‌کک نشسته فُلْكِ تضییقِ هوا
زورقِ صهبایی سن دریای استغفاره اچ
بر نگاه اِیلَه خُمار آلودِ هجری آیلَه مست
اچ گوزک میخانهٔ نازی دل غمخواره اچ
وسمه چکمه ابروانه زاغِ حسنک اکا بس
ایتمه پاس آلود تیغک دیدم ای غدّاره اچ
باری شفتالو ایله دل سیرِ وصل ایت حشمتی
قالماسون خوانِ جمالکده دلِ بیچاره اچ

و له ایضًا،

(۲۸۹) غزل (Vol. IV, pp. 149—150).

دلده یك داغِ هَوَسله عشقِ یار اولماز پدید
بر چیچکله موسمِ تابِ بهار اولماز پدید

رازدان استر کلیم آسا زبانِ شعله‌دن
یوخسه هر نور آشنایی طوره نار اولماز پدید
جوهرِ دل قطعِ پیوندِ علائقدن چیقار
برگ و شاخن کسمه‌دن موجِ چنار اولماز پدید
ایلر آثارے شکسته عالمی بك لحظه‌ده
دلده حشمت گرچه نقشِ انکسار اولماز پدید

فطنت خانم،

(۲۹۰) غزل. (Vol. IV, p. 155).

گُللر قزارر شرمله اول غنچه گولنجه
سُنبُل خم اولور رشکله کاکُل بوکولنجه
عنقا دخی اولورسه دوشر غنچهٔ عشقه
صیدے دله شهبازِ نگاهڭ سوزلنجه
اول غنچهٔ نشگفته اولور گُل گبی خندان
شبنم گبی اشك دل شیدا دوکولنجه
هر تار برر مار اولور گنجِ حسنده
رخساریڭه زلفِ سیهڭ شانه بولنجه
جان ویرمك ایسه قصدڭ اگر عشقله فطنت
خاكِ درِ دلداردن ایرلمه اولنجه

ولها ایضًا،

(۲۹۱) غزل. (Vol. IV, pp. 155—156).

اولمه‌ده دللر ربوده غمزهٔ جادوسنه
دشتِ حُسنڭ صید اولورلر شیرلر آهوسنه
رنگ و بوده زلفِ جانانه مشابه اولمسه
کم بقار گلزارِ دهرڭ سُنبُل و شبّوسنه

صد هزاران فتنه مفتون بر نگاهِ شوخنه
بڭ دلِ هاروت بسته هر خمِ گیسوسنه
چلّهٔ سختن چکر هر دم کمان ابرولرڭ
آفرین اربابِ عشقڭ قوّتِ بازوسنه
جسمی خاك ایت اول سهی قدڭ یولنده فطنتا
نائل اولمق سه مرادڭ دولتِ پابوسنه

ولها ایضاً،

(۲۹۲) غزل (Vol. IV, pp. 156—157).

پُرشوق و طربِ بزمِ دلارای قناعت * یوق دردِ سرِ بادهٔ حمرای قناعت
پژمرده ایدر بادِ فنا غنچهٔ کامی * آسوده خزاندن گُلِ رعنای قناعت
هر قطرهٔ پاکی عرقِ شرم و حیانڭ * بر دُرِّ گرانمایهٔ دریای قناعت
بر پارهیه آلمزسه نوله اطلسِ چرخی * اول کم اوله سوداگرِ کالای قناعت
نامِ شرف و عزّتِ راحت چقر آندن * تدقیق ایله حل اولسه معمّای قناعت
بر لقمه ایچون ایتمه صاقن منّتِ دونان * گسترده ایکن سفرهٔ نعمای قناعت
واسع گورینور عرصهٔ اقبالدن البت * فطنت نه قدر تنگ ایسه پهنای قناعت

و لها ایضاً،

(۲۹۳) غزل (Vol. IV, pp. 157—158).

چرخِ دنیدن ایتمه رجای عطا عبث * پیمانهٔ نگوندن اُمیدِ صفا عبث
ذاتڭ دُرِ کمالیله تزیینه آیله سعی * یوخسه لباسِ دولت ایله اتّقا عبث
جای کنارِ بام خطرناك در صاقن * بالینِ جاهه آرزوی اتکا عبث
معجونِ لعلِ یارده در صحّت ای طبیب * دلخستهٔ محبّته ایتمه دوا عبث
سندن گلن جفایی گوگل هپ وفا بیلر * شوخ ترك ایت ایلمه جوری بکا عبث
ایلر کناره شرطهٔ لطفِ خدا رسا * بحرِ امل سفینه‌سنه ناخدا عبث
کوی حقیقته چقر البت رهِ نیاز * فطنت طریقِ عشقه اولور رهنما عبث

وله ایضاً،

(٢٩٤) مسدّس (Vol. IV, pp. 158—159).

سحابِ نوبهار عالمه گوهر نثار اولدے
ایدوب عرض جمال ازهار جمله آشکار اولدی
زمان عیش و عشرت موسم گشت و گذار اولدی
نشیمن دلبرانه شمدی نخل سایه‌دار اولدے
افندم سیره چیق عالم سراپا سبزه زار اولدی
آچلدی لاله‌لر گُللر ینه فصلِ بهار اولدے
نگاه ایت گللره بگزر همان رخسار خوبانه
مشابه سنبلِ تر زلف مشکین جوانانه
کنارِ جوده باق سرو مثال قدِ جانانه
محصّل هر طرف بر ذوق بخش ایلر دل و جانه
افندم سیره چیق عالم سراپا سبزه زار اولدی
آچلدی لاله‌لر گُللر ینه فصلِ بهار اولدے
اولوب اشگفته ازهارِ چمن هپ خنده در گُللر
نوا پردازلقده سو بسو شوریده بلبلر
نه خوش دوشمش کنارِ باغه شبّولر قرنفللر
صارلمش سروه بر بر یاسمنلر صچلی سنبللر
افندم سیره چیق عالم سراپا سبزه زار اولدی
آچلدی لاله‌لر گُللر ینه فصلِ بهار اولدی
عجایب ذوق وار شاهم بیور صحنِ چمنزارڭ
نواسن استماع ایت شاخِ گلده بلبلِ زارڭ
قزارسن خجلتندن وردِ تر گوردکجه رخسارڭ
خرامِ نازیله گل باغه گوستر سرو رفتارڭ

افندم سیره چیق عالم سراپا سبزه زار اولدی
آچلدی لاله‌لر گللر ینه فصلِ بهار اولدی
یتر جور ایتمه عشّاقه وفا ایّامیدر شمدی
کنارِ جویده ذوق و صفا ایّامیدر شمدی
همان آل دسته جام دلکشا ایّامیدر شمدی
اوقو بو مطلعی گل فطنتا ایّامیدر شمدی
افندم سیره چیق عالم سراپا سبزه‌زار اولدی
آچلدی لاله‌لر گللر ینه فصل بهار اولدی

کانی،

(٢٩٥) قصیده‌دن (Vol. IV, pp. 167—169).

ای قد یار شیوه‌لرک یوقمیدر سنک
ای نو نهال بر ثمرک یوقمیدر سنک
ای باد نیم خیز اسرک یوقمیدر سنک
ای آهِ بی مجال اثرک یوقمیدر سنک
سمتِ وصاله هیچ اگلمزمیسن دخی
ای پشتبانِ ناز اگرک یوقمیدر سنک
جان قلبجه قالدی چون سنی گوردی برهنه‌تن
ای مومیان امان کمرک یوقمیدر سنک
لعلِ لبک که جانه دگر هر لطیفه‌سی
ای جوهرِ حسن دیگرک یوقمیدر هنوز
ای روزِ روزه عیدگهک دیرِ رسی در
ای شبستانِ غم سحرک یوقمیدر هنوز
خاکِ رهِ نگاره نثار ایلمزمیسن
ای چشمِ پُر نم گوهرک یوقمیدر سنک

یوق در برم دیو بمه غم دار ایکن فراق
ای غم درونِ دلده یرک یوقمیدر سنک
ایا نه در بو سفسطه جسرِ مجازدن
سمتِ حقیقته گُذَرک یوقمیدر سنک
نازم چکرمی وار دیو ایتمه مژهٔک گره
ابروارک یاین چکرک یوقمیدر سنک
ای دوحهٔ اُمید نه بو خُشک ساللر
سبز اولدقمی برگ و برک یوقمیدر سنک
چشمِ حباب سُرمه‌سز اولمق نه‌دن عجب
ای دُختِ رز نیجه اولدی ارک یوقمیدر سنک
سر منزل نشانـلامقدن غرض نه در
ای تیرِ آه ریش و پرک یوقمیدر سنک
[آیا نیچون شو دوزخِ هجران سویمسون
عاشق سویند چشمِ ترک یوقمیدر سنک]
شیرین مذاقِ بوسهٔ لعلِ لب اولمدق
شو حُقّه ده عجب شکرک یوقمیدر سنک
چون دانه باشک اوزره دگرمن چویردی چرخ
دور ایچره باشکه دونرک یوقمیدر سنک
بر گل عذار سمتنه پرواز اینسکه
ای عندلیب جان و پرک یوقمیدر سنک

* * * * * * * *

* * * * * * * *

افسانهٔ نسیمی و منصوری نیلیسم
بر بللی باشلو دار و درک یوقمیدر سنک

* * * * * * * * *

طفلِ دلکٔ دلن کس امان الامان ینش
ای خال دل سیَه ببرکٔ یوقمیـدر سنکٔ

* * * * * * * * *

ولە ایضًا،

(۴۹۶) غزل (Vol. IV, pp. 169—170).

ای دخترِ ستوده شِیَم نـه ایچون بو نـاز
کار ایلمـزمی هیچ سکـا سودیکم نیـاز
آلدکٔ گوکلمی بنی قویدکٔ زبون و زار
ایتـدکٔ خُلاصـه آتش عشقم صبر گـداز
شهبـازِ حُسن پنچەسنه دوشمسون گوکل
الله ایتمسون ینـه بابِ قضایی بـاز
قـدّکٔ هواسنـه دوشەلی راحت اولمـدم
اولدی بو قصّه گیدرك ای سرو قد دراز
آجی سوزه نـه بورجی وار عاشقکٔ بکم
گاهیجـه ایستمزمی دلِ زار بـر پیـاز
اچ سینەکی گورنسون او آئینۀ طلسم
بوم گوزلرکٔ اچلمسون اول دخمەگاهِ نـاز
کانی او شوخ گرشمەلر اول خوش چقندیلر
ایتدی بنی اسیرِ تلاش اول غریمِ نـاز

ولە ایضًا،

(۴۹۷) غزل (Vol. IV, pp. 170—171).

پرچم قوفـر رقیب مغنّل فس اسنمـز
ذوقِ وصالی دل دخی پك فل فس استمز

خط در طوتن دلی ایکی تللو قباغیلـه
زن تك رجال آینـهٔ املس استمـز
سوداسی صاردی عاشقِ زارڭ او پرچمه
گرچکدن اولسه شاهِ دیـارِ فس استمـز
ایلك طبیعت اهلنـه ایتمك گرك ینـه
شگرده ویرسـه‌لر بیگی کرگس استمـز
داغِ درونی سینه‌لرڭ شرحه سن بڭـا
آگمه امان افندم بڭـا کس کس استمـز
بوی شمیم کاکلنی آل گتیر بڭـا
ای باد استر اسمه سن استر اس استمز
بر کرّه یاری رام ایـده بیلسڭ بڭا فلك
بوندن زیـاده لطفنڭ بس در بس استمز
عریان تن اوللی بدنِ روح اچقدن
باشی قیچی اچق گزینور جانفس استمـز
المه کسندی‌یه بزی ای زاهـد حرون
استرسه مدح ایت استه او ماهه کس استمز
سس چقماز اوللی حرمِ عفّتِ بُتان
اسرار عشق عاشقِ صادق سس استمز
اسکی عسسلری یتیشیر جان و دل گبی
کوی محبّتـه یکی‌دن عسس استمـز
بس در بو شرحه‌لر نیـه لازم بو داغلـر
گور خانـهٔ درون اچق منفس استمـز
[اوز کس ایدرسه کسلك ایدر کانیا سڭا
نا کس‌دن اول وفایی گوڭل اوز کس استمز]

و له ایضاً،

(۲۹۸) غزل |(Vol. IV, pp. 171—172).

طاول چالسه‌ڭ اویانمز غافل انجق اویقوسن گوزلر
آنی بیلمز که قان اغلایه‌جقدر یارین اول گوزلر
اویارسڭ ناخنِ حسرتله بغرڭ فائده ویرمز
اچلسه سینه‌ده دلده سراپا داغلر گوزلر
اولورسن گوزلمه بزمِ نشاط افزاے ابلیسه
و بریان خنده ایلر آتشِ حیرت سنی گوزلر
اویان یاندقجه‌سن بارِ گناه ایلر سنی قنبور
نه دڭلو یول آلور فکر ایله بر کرّه عجب گوزلر
یتارسن سن اشکلر گبی آدڭ ایسه انسان در
هله صحرایه باق بر قالقمشلر اوتلر او گوزلر
سکا هیچ سوزی تأثیر ایلر ای کانی که سن خوبان
مثالِ اخترِ تابنده دکمش اسمان گوزلر

و له ایضاً،

(۲۹۹) غزل (Vol. IV, p. 172).

بش اون گون‌لك مُسافر در تنکده جانڭی خوش طوت
قفس‌ده چارپنن مُرغِ دلِ نالانڭی خوش طوت
حواسّ ظاهر و باطن سکا امداد ایدرلردے
ایدوب انصافِ لا بُد سن دخی یارانڭی خوش طوت
بلـه اوشدے سنکله بالْمعیّه قالدے بو اعضا
مدارِ وُسعتِ دَوْر سر و سامانڭی خوش طوت
چون آیرلسه‌ڭ گرك بالاضطرار البت احبّادن
جفا گورسه‌ڭ ده یوسف وار سن اخوانڭی خوش طوت

امانت ایتدم اللّهــه سنی اے گوزلرم نورے
قریب اَلْعهد یولجی در افندم کانیگی خوش طوت

و له ایضًا،

(۴۰۰) غزل (Vol. IV, p. 173).

طوتر بالاے گردونده قمــر بــر معتبر کشکول
دگل چسپان اگرچه بو قلندرلقلــه زر کشکول
فلك امشب هلالِ هاله پیرایی ایدوب دَر دست
همانا دوندی اول درویشه طوتمش بر کمر کشکول
سپهرگ دون همّت اولدیغن بوندن قیاس ایْلَه
که طوتمز آشکارا عارفِ صاحب نظر کشکول
مقابل دوشدــے ماه یکشبــه خورشید مشرقــده
طوتر بر پیرِ نورانی‌یه صان بر سیمبر کشکول
همــه در پوشِ اســرارِ گدایان شرمخو در
آنگچون کانیا الدن الــه دائم گزر کشکول

و له ایضًا،

(۴۰۱) غزل (Vol. IV, pp. 173—174).

گوردم ساقــز قزینی یناقلــر قزل قزل
گوزلر سِیَه و لعل دوداقلــر قزل قزل
یالگ ایاق گوکس باغر اچق جبین کشاد
ساقی الــده جام ایاقلــر قزل قزل
چفتش بلینه بلکه‌ده تــا سینــه نشأه‌لــر
گلگون کمر مثال قوشاقلــر قزل قزل
میلر غُلُوّ ایدوب حرم خمــده طاشسون
اولسون سراچلرلــه سوقاقلــر قزل قزل

مُغْبچه دُخْتِ رزله کشاکش مین چکوب
پیرِ مغانده اوغل اوشاقلر قزل قزل
بمنش صباوتیله سورروب دهن درد آل
اطفالِ شهری ایتدے قزاقلر قزل قزل
الده مثالِ خنجرِ مرّیخ تیغِ ناز
کانئ زاره اولدی قیاقلر قزل قزل

غالب،

(٤٠٢) حسن و عشقدن (Vol. IV, p. 198).

بو طائفه‌نگ اچنده بر شب * بر حالت گورندی غایت اغرب
بر برینه گیردلر فلکلر * آغلار کبمی گولر ملکلر
بر ولوله سقفِ آسمانده * بر زلزله سطحِ خاکدانده
بیگ شوق و طرب هزار قورقو * ناقوس و نقّاره بانگ یا هو
گه ظلمت اولوردی نوی بر تو * گه نور یغاردی سوی بر سوی
هپ سجده‌یه واردی برگِ اشجار * حیرتله اریدی اقدے انهار
[گه ظاهر اولوب هزار تهدید * گه موج اورردے بیم و اُمید]
انجم آراسنده اقترانات * باران فرح تگرگِ آفات
ظلمتله مخوف چوق صدالر * آوازِ بلندِ آشنالر
گُم گُم اوتر آسمان صدادن * گُم گشتی زمین بو ما جرادن
هر کسده بو اضطراب سارے * دل شادلق امرِ اعتبارے
دهشتله طولوب هوا و اجرام * طوغدی اوشب اچره بگ سرانجام

وله ایضاً،

(٤٠٣) حسن و عشقدن (Vol. IV, pp. 198—199).

ای ماه اوبو اویو که بو شب * گوشکده یر ایده بانگِ یا ربّ
معلوم دگل اگرچه مطلب * اویله گورینور که حکمِ کوکب

سجنِ ستمه کباب اولورسن
ای غنچه اویو بو آز زمان در • چرخك سكا مقصدى يمان در
زيرا قتى تُنْد و بى امان در • لطف ايتمه‌سى‌ده ولى گمان در
خوفم بو كه پك خراب اولورسن
ای نرگس عشق خواب ناز ایت • دامانِ قضايه دوش نياز ايت
بك خوفيله چشمِ جانى باز ايت • انجامِ بلادن احتراز ايت
بازیچهٔ انقلاب اولورسن
گل مهدِ صفاده راحت آیْلَه • بر قاچ گیجه‌لك فراغت آیْلَه
فكر ايله صوككن عنايت آيْلَه • سود يرينه قانه عادت آيْلَه
پيمانه كشِ عتاب اولورسن
مهد اچره اويو كه اى سمنبر • قالمز بو رَوِشده چرخ چنبر
بر حال ايله گردش ايتمز اختر • سير ايت سكا آز وقتده نيلر
سيلِ غمه آسياب اولورسن
بيدارلق ايله ايتمه معتاد • اويخودن اولور اولورسه امداد
بر زهره صونوب بو چرخِ جلّاد • غالب گبى كارك اوله فرياد
بزمِ المه رباب اولورسن

و له ايضاً،

(٤٠٤) حسن و عشق‌دن (Vol. IV, pp. 199—201).

بر پیر جوان ضمیر عیّار • اولمشدے او پرده میهماندار
نامى سخن و عزيز ذاتى • مسبوق ايدى چرخدن حياتى
ماهيّتِ حسن و عشقه عارف • خاصيّت گرم و سرده واقف
انديشه‌سى شب چراغِ عرفان • سِرْداشِ ضميرِ جان و جانان
هم مسئله هم كتابِ مُنْزَل • هم معجزه هم نبىّ مُرْسَل
اضلال و هُداده مثلى نادر • هر وجهيله قبض و بسطه قادر
قصد ايلسه بى سلاح و جوشن • ايلريدى صُلْحى جنگه رهزن

ايلردى ايدنجه لطف و احسان * مركبله حياتى جان و جانان

كه ديو اولوريدى كاه پرى * كه بحرى اولوردى كاه برّى

كمّرهله خضرِ راه اولوردى * بيكسلره پادشـاه اولوردے

كه عالم اولوردى كاه شاعر * كه زاهد اولوردى كاه ساحر

فرماننه يأس و شوق محكوم * اُميد و رجـا يانـے مظلوم ٥

امريله اولور روان دمادم * كه اشكِ سرور و كاه ماتم

مسرور ايدر ايدى سوگوارى * مخمور ايدر ايدى هوشيارى

اوصافِ ذكاسى سويلنلمـز * معنالرى وار كه كمسه بلمز

محتاج آكا جملـه خلقِ عالم * آنكه بولور حياتى آدم

روشنكرِ حُسنِ ماهرويان * خاكسترِ چشمِ كامجويـان ١٠

دلشاداره انيس و خوشدم * بيمـارلـره لبـاسِ مـاتم

افكـاره كوره ويرر نسلّى * مرآتـه كوره ايـدر نجلّى

قصد ايليجك ايدر نه منّت * بـر آنه ضدّے ضدّه علّت

كاه اولمش اسيرِ چاهِ محنت * كاه اولمش عزيزِ مصرِ دولت

شانِ سخنه بو پايه دون در * اوصافِ دروغدن افزون در ١٥

ولـه ايضًا،

(٤.٥) حسن و عشق دن   (Vol. IV, p. 201).

بر دشتِ سيَهده اولدى كمراه * يلداى شنـا بلاى نـاكـاه

بر دشت بو كم نعوذ باللّه * جنلر جريد اوينار آنه هركاه

بر برينه يأس وخوف لاحق * كه قار ياغار ايدى كه فراكلنى

ديجور ايله برف ايدنجه اُلفَت * بر قالبه كيبردى نور و ظلمت

سرمادن اولوب فُسُرْده مهتاب * شبنم يرينه دوكلدى سيماب ٢٠

آهوبى سفيهه دوندى ديجور * صحرا طولى مشك ايچنه كافور

بر باقه برف ايچنه ديجور * ماننـدِ سوادِ ديبـه محصور

بوزدن قيربلوب سپهرِ مينا * دوشدى يره ريزه ريزه كويا ٢٢

و له ایضًا،

(٤٠٦) حسن و عشق دن (Vol. IV, pp. 201—202).

گوش ایتمش ایدی او سرگذشتی * آتش یمنی اوزره موم کشتی
چقدی یولی اوزره شمدی ناگاه * اول قلزمِ آتشین جگرگاه
مومدن گمیلر ایدوب هویدا * قلمش نیجه دیو اول بحری مأوا
چون آتش او قومه ایتمز آزار * آزُرْدَه اولور می ناردن نار
کُشتیلری بر هوا طونارلر * چوق آبیله بی نوا طونارلر
کشتی ولی نخلِ سوره بگزر * کالبدی سُرْخ شُعْله پیکر
گویا که جزیرهٔ فلاکت * بر سوز بلا قزل قیامت
هر بری مثالِ کوهِ سُرْخاب * طوپ طولو ایچنده دیو [مُرتاب]
تابوت ایدی لیك کشتیٔ موم * اولمز گیرنگ مزارے معلوم
اول فُلكْ و او نارِ پُر فلاکت * هپ شمعِ مزاردن عبارت

و له ایضًا،

(٤٠٧) حسن و عشق دن (Vol. IV, pp. 202—203.

اول بر آلای سپید خلعت * رشك آورِ فیض صُبْحِ وَصْلَت
همچو دم آهوانِ اسفید * هپ جامهٔ صُبْح ایچنده خورشید
زرّین قبا هزار عسکر * زرپوش زر افسر و سراسر
یکپاره قنادلو حور سیما * باشدن باشه هر بریسی کیمیا
بر جانبی لاجورد پوشان * دریا گبی اولدیلر خروشان
زرپوشلر اولدی آنده نایاب * گردونده مثالِ نجم پُرتاب
دیگر نیجه سُرْخ پوش پُرجوش * هر بری بهشت ایله هم آغوش
هر بریسی مهر و ماهه همسر * جنّت ولی شعله زاره بگزر
بر جانبی بر گروهِ ممدوح * یك پاره زمرّد ایدی ذی روح
بر جُنْدِ شریفِ سبز دریا * امواجِ حیات جان بخشا
بر جانبی هپ سیاه پوشان * لیل ایچره چو انجمِ درخشان

تعریفه دگل بریسی محتاج * شام ایدی و لیك شامِ معراج
الوانلـه هـر گروه یکتا * انوار مجسّم ایـدے حقا
پرتولری قلدی رنگ در رنگ * انوارِ خیالی جنگ بـر جنگ
امّا كه زمینِ قلعهٔ پاك * آینه ایدی چو عقلِ درّاك
هر عكسدن اول زمین پُر نور * گوستردے هزار روح محشور

و له ایضًا،

(٤٠٨) غزل (Vol. IV, pp. 203—204).

بونده مادام عاشقان ایلـر سماع * ماه و مهر و آسمان ایلـر سماع
سرِّ عشق افلاکی سرگردان ایدوب * حالیا کون و مکان ایلر سماع
چشمِ گریان گوئیا گرداب در * کف زنان گوهر فشان ایلر سماع
دور ایـدر میخانـه‌یی مغبچه‌لـر * کعبه‌ده صان حاجیان ایدر سماع
نی صفیرِ شوق اوروب مرغانِ قُدْس * چون کبوتر پر زنان ایلر سماع
بن او قیسِ سر سری سیْرم که گاه * باشم اوزره آشیان ایلـر سماع
نور بخش اولدقجه غالب شمسِ عشق * مولویلر ذرّه سان ایلـر سماع

و له ایضًا،

(٤٠٩) غزل (Vol. IV, pp. 204—205).

بزمده جامِ میله جُسْت و جولر هپ سنکچون در
میانِ مطربانده گفت و گولر هپ سنکچون در
گلِ مقصوده آیْلَهِ بر نظر ای مهرِ عالم تاب
مهیّـا شبنم آسـا آبرولر هپ سنکچون در
تنزّل آیْلَه درویشانه تشریف ایت نه وار شاها
اولان بو خانقاه‌ده های و هولر هپ سنکچون در
صدف وش دُرِّ شادابِ کلامكْ ایتمگه اصغـا
کشاد اولمقده گوشِ آرزولر هپ سنکچون در

نه ممکن دامنِ مطلوبه تنها دسترس بولمق
بکا مژگان و خنجردن عدولر هپ سنگچون در
سفالِ تاك اولوب که گاه میخوار اوله فکریله
شکستی و دُرُستیٔ سبولر هپ سنگچون در
سلوکنده اگرچه شُبْهَه یوقدر غالبك امّا
همان پیرِ مُغانه سر فرولر هپ سنگچون در

و له ایضاً،

(۴۱۰) غزل (Vol. IV, p. 205).

بالله یف بو شعبدهٔ هیچ کاره یُف * یُف قَدْرِ جاه و طنطنهٔ اشتهاره یُف
پاشا که بولمیه سرِ مقطوعنه کفن * اول طوغ طمطراق علم اعتباره یُف
بادِ اجل که سوندره قندیل جاننی * باشی اوجنده بیهُده شمعِ مزاره یُف
کرّاتله صحیفهٔ عالمده چکمشم * بو صورتِ مکرّرِ لیل و نهاره یُف
برخانه کم بناسی اوله عالی اشکدن * یازق او آب و رنگه او نقش و نگاره یُف
ترله ایده ظهور فرونِ شکنجه‌دن * هر بر او لعلِ ناب و دُرِ شاهواره یُف
گمنام یادِ خیر اولن اربابِ منصبه * سویلر صدای کُم کُمِ طبل و نقاره یُف
سورِ عروس کم اوله ماتم نتیجه‌سی * یف شمعِ بزمه مشعلهٔ شعله واره یُف
غالب پناهِ فقره گیر ابدال مشرب اول * آل کرّنایی دستکه چال روزگاره یُف
اولدقجه سویلرم درِ مولاده کامیاب * دنیا غمنده چکدیگم آه و زاره یُف

وله ایضاً،

(۴۱۱) غزل (Vol. IV, p. 206).

واردق درِ سعادتنه یارے گورمدك
گیردك بهشته حیف که دیداری گورمدك
گتدك سپهرِ چارمه دك چاره خواه اولوب
دردا که عیسیٔ دلِ بیماری گورمدك

باق دَوْرِ واژگون فلك نیلدی بزه
جم مجلسنده ساغرِ سرشارے گورمدك
اولدق حریم کعبه‌یه مجنون وش روان
گچدی دعای خیرمز آثارے گورمدك
مرآته گردی عکس گبی محو اولوب گوڭل
حیرتده ام که صورتِ دلداری گورمدك
بو طالع ایله خواهشِ فیض ایلمز دخی
خاورِ زمینده مِهْرِ پُر انواری گورمدك
غالب نخوانده قالدی بزم عرضحالمز
دیوانِ عشقه گلدك و خُنْكاری گورمدك

اسرار دده،

(٤١٢) غزل (Vol. IV, p. 209).

نازنینِ عشقه می دوش اولدڭ آیا ای صبا
بوی دلبر وار سنڭ نفحه‌ڭده زیرا اے صبا
کاکلِ خم در خم دلداری ایتدڭ تار و مار
ایلدڭ عشّاقی در زنجیرِ سودا ای صبا
فتحی در قیدِ نسیمڭ در سنڭ بالاتّفاق
گزلمش غنچه دلنده بر معمّا ای صبا
گلستانِ قُدْسدن آلمش گلیر گلبرگ در
فیضِ انفاس اخذ ایدوب سندن مسیحا ای صبا
خاكِ پای حضرت مولایه می دوشدی یولڭ
ایلدڭ اسراری بر نفحه‌له احیا ای صبا

و له ایضًا،

(٤١٣) غزل (Vol. IV, pp. 209—210).

هپ کون و مکان عاشق یا رب بو نه حالت در
عیّوقه چقار فریاد گویا که قیامت در
اول یارِ جفا پیشه لطف ایلمش اندیشه
عالم بو مسرّتله ممنونِ شطارت در
مجلس اولوب آماده اورتەده طورر باده
میخواره و دلداده سرمستِ عنایت در
پیمانەلری لبریز انوارِ جمالیله
نه جُرْعەلری خونِ منصور حقیقت در
هر ساغرِ سرشاری بر نهر جنانی در
هر رطلِ می افشانی بر بحرِ کرامت در
هر جلوەسی ساقینڭ بڭ نکته بیان ایلر
قرآنِ محبّتدن هر طوری بر آیت در
بر نکته در عشق امّا تکمیلی محال انجق
سربندِ نهایتی حیرانِ بدایت در
فقر عینِ غنا اولمش درد عینِ دوا اولمش
عارف ایکیسندن ده مستغنیٔ اُلْفت در
میخانهٔ عشقنده رندان قدح نوشه
گستاخ رَوِشلك هپ آئینهٔ طاعت در
آثارِ تجلّی در صورتنده نموداری
بی سایەلرڭ اسرار عصیانی اطاعت در

و له ایضًا،

(٤١٤) رباعی (Vol. IV, p. 211).

سینەمده ینار نار تجلّی در بو * تکریم اولنان آدمِ معنی در بو

فتحنه فلاطونِ خرد عاجز در * دل نامنه بر نکتهٔ غرّا در بو

و له ایضًا،

(٤١٥) رباعی (Vol. IV, p. 211).

اولدم مَیِ عشقڭله خراب ای ساقی * سر تا بقدم غرقِ شراب ای ساقی
می ویر غمِ فردایی اسانـه آلـمـه * عینمده دگل روزِ حساب ای ساقی

خواجه نشأت،

(٤١٦) غزل (Vol. IV, pp. 216—217).

حسرتله گوزم یاشی که زیبِ چمن اولدی
روم ایللری کُهْسارِ بَدَخْش و یمن اولدی
بر خانـه بـدوش بلبلِ مهجورِ خیالم
غُرْبَتده بڭـا زیرِ جناحم وطن اولـدی
یعقوبِ غم و یوسفِ کنعانِ فراقڭ
عالم بڭـا زندان ایلـه بیت الحزن اولدی
قاله گلـه تـا غربت و فرقتدهکی حالم
سینهمـده بنم شرحهلرم هپ دهن اولدی
وادئ فراق اچره که یعقوبِ حـزینم
یوسف منشان نامهلری پیرهن اولدی
بیلسهم بڭا می یوخسه بو دم جمله جهانڭ
شوق و طربی رنجِ بـلا و محن اولدی
نشأت وطنم خانهٔ زین یـار هم آغوش
سیفی دینلیر نامنـه بر سیم تن اولدی

و له ایضًا،

(٤١٧) غزل (Vol. IV, p. 217).

١٨ آدابِ عشق عاشقه انجق نیاز ایمش * آیینِ شوق دلبرِ طنّازه نـاز ایمش

گردن فرازِ خواهشی مرغان دولتڭ • اوجِ همهٔ اوچسه دخی بینه قاز ایمش
کبك خرامی دامنِ کُهسارِ عشوه‌نڭ • نخچیرگاه جان و دله شاهباز ایمش
چوق حسن و آن جاذبه‌سی اولنڭ دریغ • ایمان و دین و مرحمتی غایت آز ایمش
پروانهٔ تجلّیٔ دیداری شمع آنڭ • سوز و گدازی اکلادیغم هپ نیاز ایمش
بگزر که صورِ بانگِ خروسِ سحرگهی • یا رب فراق شامی نه طول و دراز ایمش
بو نشأ نگه ده نشأتِ ناکامه دادِ حق
مستِ محبّت اولمغیله امتیاز ایمش

پرتو افندی،

(٤١٨) غزل (Vol. IV, p. 219).

بی نقاب و با نقاب عرضِ جمال ایلردی یار
گه هلالی بدر و گه بدری هلال ایلردی یار
گه تغافُل گه تجاهُل گه جفا گاهی عتاب
ایتدیگی جوری گهی بندن سؤال ایلردی یار
گاه گستاخانه حرف اندازِ وصل اولدقجه بن
دستِ نازن پردهٔ رخسارِ آل ایلردی یار
گاه تشویقِ وصال و گاه تنبیهِ فراق
گه فراغِ عشقله امرِ مُحال ایلردی یار
گلمز ایدم گه وفا مانند پرتو یادینه
گه بنمچون غیرله جنگ و جدال ایلردی یار

و له ایضاً،

(٤١٩) غزل (Vol. IV, p. 219).

بادهٔ نخوت قچان سرخوش مثال ایلر سنی
هر گورن جانا شرابِ اِچمش خیال ایلر سنی

دوکمه پرچم بویله چوق چوق دوشسه ای نورس نهال
بار اولوب خوفکٔ بو درکه بی مجال ایلر سنی
سَنْدَه بو سِنْده بو حسن اولنجه ای ابرو هلال
شُبْهه یوقدر کم مهِ بدرِ جمال ایلر سنی
خانهٔ دل جلوه گاهکٔ اوله‌لی ای کینه جو
جمله حسرتکشلرکٔ بندن سؤال ایلر سنی
پرتوِ حیرانی تعییب ایلمه ای رشکِ حور
سنده گورسه‌کٔ حُسْنکی آشفته حال ایلر سنی

اندرونی فاضل بگ،

(۴۲۰) زنان نامه‌دن (Vol. IV, pp. 238—241).

ای کلیسای بلا ناقوسی * ملّتِ عیسوی‌نکٔ ناموسی
زنه مائل ایسه‌کٔ عمرم واری * سودیگکٔ روم قزی اولسون باری
مشربِ اهلِ صفاده زیرا * دخترِ رومه اذن وار جانا
جلوه گنجینه‌سی روم قزلری در * هپ نسانکٔ دخی فائزلری در
نه در اول اینجه میانِ نازک * نه در اول غنچه دهانِ نازک
نه در اول ناز و کلام دلکش * او تمایل او خرامِ دلکش
نه در اول قامت سَرْوِ والا * نو فدان چمنِ صُنْعِ خُدا
آنده اول جُنْبَشِ بیگانه نه در * آنده اول غمزهٔ مستانه نه در
آکا مخصوص او تغافل او ادا * آکا موقوف او تکلّم او صدا
دِل اوجیله او حروفی اجرا * شیوه‌لرله او کلامِ زیبا
دُرِّ شهوارِ کلامی دیزیلور * صانکه آغزینه گلنجه ازیلور
دلنه گلسه ده بر حرف ثقیل * فمِ پاکی آنی ایلر تحلیل
دهنی تربیه ایلر سخنی * که مُربّای سخن در دهنی
هر بری ناطقه‌لی طوطی در * قوشِ دلی آنلره مشروطی در

دیه بگ ناز ایدرك غنچه لبی * حسرتڭ باده اچرسن سَلَبی
طولولر بوس اوله بوسلر طولسون * سن همان ایچ پاسام عسق اولسون
جان قاتار نـاز و اداسی جانـه * طوغریسی بویلـه گرگ جانانـه
اسکی مُغَلِم داخی اولسه قاپلور * گورسه اول کافری زنپاره اولور
قطعهٔ جسمی سراسر موزون * صانکه بر مصراعِ رعنا موزون
چالشیر آنلـری تقلیده زنان * یراشور آنلـره فخـر و عنوان
نه در او قامتِ والا و خـرام * جمله سنـده او تناسُبِ انـدام
سورینور یـرله برابـر یاقـه * دلِ عشّاقنی تا کیم یاقـه
او پریشانی حُطُوز بـر یانـه * او روش او قرلمش مستانـه
او روشلـر نولـه گوگلم واری * ایکی انگشت ایله اول رفتاری
بولنـه صانکه دوشردی آتش * یانه‌جق می ایاغڭ ای مَهْوَش
صانه سن راهنـه قلبِ عشّاق * دوکلوب ایلیه‌جکـدر احراق
نقـدر فائق ایسه نسوانی * اوقـدر خویسز اولور غلمانی
لیك غلمانی اولور اهلِ عنـاد * بونلر امّا که ایدر عاشقی شاد
باصیلور هرنه قدر سرکش ایسه * صوبی یومشاق نه قدر آتش ایسه
!مان ای غنچه دهن گُل ممه‌لی * عاشقڭ اغلار ایکن گولمه‌ملی
کیمه چقدڭ عجبا ای خورشیـد * کیمه صارلـدڭ ایا نـارِ امیـد
قنغی بولاشغـه چامور اولدڭ * قنغی کارخانلـره نور اولدڭ
قنغی بازوده یازلمش اسمڭ * قنغی دللرده چیزلمش رسمڭ
اورته مالی میسن ای روحِ روان * کیمه در اورتـه‌ده بو گنجِ نهـان
آه کم چقـدی بو قز قلّه سنـه * کیملـر اوغرادی طوپ گُلّه سنه
قنغی دامڭ بو غزالیسی عجب * کیمـه در عرصهٔ خالیسی عجب
طوته‌لم اسمنـه دینیلور قوقونـه * یا او صاچنده‌کی خوش بو قوقو نه
خاكِ پایـه سوریلور قوشاغڭ * اول دخی بوس ایده‌جك ایاغڭ
قنالی دستنـه ایلـر غبطـه * ال ال اولـدی قزل یمورطه

فتنه سن هوش رباسن کافر * بن ده بلمم نه بلاسن کافر
روح سِن یوخسه پری سن بلمم * مریمک سنده نه‌سی سن بلمم
غنچهٔ مریمِ عمرانی سِن * شعلهٔ خامِ رهبانی ی سِن
بکزمز ملّتِ رومه جنسک * حوری سن اکلادیغم یاجن سک

و له ایضاً،

(٤٢١) زنان نامه‌دن (Vol. IV, pp. 241—242).

ای که خالِ سیهی هندستان * طرّه‌سی ملکتِ افرنجستان
انگلیزک زنی خوش سیما در * خوش ادا خوشجه رَوِش زیبا در
رُخِ آلی گُله صد رنگ ویرر * دهنی بلبله آهنگ ویرر
جمله‌سی پاک طبیعتلر در * مائل زیور و زینتلر در
نه در او طنطنهٔ آلایش * سرلرنده نه در اول آرایش
طلسمِ گنجِ نهانی بوزیلور * اکا ال اورمه‌دن اوّل چوزیلور

سُنبلزاده وهبی،

(٤٢٢) غزل (Vol. IV, pp. 260—261).

کشتئ کامه دور گورندی کنار حیف
نوندن تونه آثار بنی بو روزگار حیف
بر ایکی قطره ژاله‌یه دل تشنهٔ اُمید
قالدم مثالِ لاله همان داغدار حیف
گلچینِ بی امان قوپاروب گتدی گللری
صد ناله ایتدی بلبلِ شیدا هزار حیف
دشت طلبده اردینه دوشمشدی عاشقان
بر سگ نهاده اولمش او آهو شکار حیف
کانِ معارف اولسه‌ده وهبی گهر گبی
قالدی درونِ سنگده بی اعتبار حیف

ولە ایضاً،

(٤٢٣) غزل (Vol. IV, pp. 261—262).

عرقچیننده اولمش طرّهٔ دلدار پیچاپیچ
یانور البت درونِ لانەسنده مار پیچاپیچ
میانی حدّەدن کچمش دبو سررشته ویرمکدن
او شوخِ سیمکش دستنده اولدی تار پیچاپیچ
دوشر اژدر گبی گویا که گنجِ شایگان اوزره
طلسمِ محکم اولمش عقدهٔ شلوار پیچاپیچ
نه ممکن طوغری چقمق ذروهٔ جاهِ معلّایه
طریقگ رسمی مانندِ رە کُهسار پیچاپیچ
رجالگ باشی باغلو اولدیغندن امرِ شاهی یه
خراسانی ده اولمش هیئتِ دستار پیچاپیچ
منارآسا اگرچه استقامت گوسترر زاهد
درونی یوقلادم امّا او ناهموار پیچاپیچ
بو جسمِ ناتوانم نارِ هجرِ یارله وَهْبی
مثالِ موی آتش دیده در هر بار پیچاپیچ

ولە ایضاً،

(٤٢٤) غزل (Vol. IV, pp. 262—263).

عُشّاقی عیدِ وصلکه قربان آلورمیسن
جانا بو دمده بوسه ویروب جان آلورمیسن
بَر دوش ایدوب او پای مُحنّایی گیزلەجه
زاهد بو گونه بوینگه سن قان آلورمیسن
آلدم خبر بهاسنی کم نقدِ جان ایمش
کالای وصلِ دلبری ارزان آلورمیسن

اهلِ هُنَرله داد و ستد ایتمه ای فلك
بر پوله ویرسه جوهرِ عرفان آلورمیسن
وهبی غریب دوشدی سر کویکه ینه
خلوت سرای وُصْلَته مهمان آلورمیسن

و له ایضًا،

(٤٣٥) غزل (Vol. IV, p. 263).

گهی دربانی منع ایلر گهی اغیار اولور مانع
بزه بو بابده البتّه بر بدکار اولور مانع
مُغیلان تازه گل در ره نورد کعبهٔ عشقه
برهنه پالره صانمه بو بولده خار اولور مانع
کمربندن چوزوب چکسهم او شوخی بسترِ وصله
ینه حلِّ مرامه عقدهٔ شلوار اولور مانع
بلایه اوغرادم زاهد گلوب بو سمته یرلشدی
عصاسیله چقوب ده ذوقمه هر بار اولور مانع
قضایای امل مُنْتِج دگلدر بلدم ای وَهْبِی
تصوّر ایلسهم ترتیبنی درکار اولور مانع

و له ایضًا،

(٤٣٦) غزل (Vol. IV, p. 264).

کُهْنه شراب ویر بکا تازه بتازه نو بنو
تازه‌لە کیفی ساقیا تازه بتازه نو بنو
طفل ایسه‌ده او عشوه‌کار یوقدر الده اختیار
پیره جوان ایمش سزا تازه بتازه نو بنو
غنچه مثال تازه‌لر سینه‌ده داغی تازه‌لر
صحنِ چمنده رونما تازه بتازه نو بنو

نیلر ایدوب نغمه‌لری آگدره اسکی دملری
ایلـه نوایی مُطربـا تـازه بتـازه نو بنو
وادئ کُهنه مُبتَذَل گل گبی اولمالی غزل
تـازه زمینـده وَهبِیَا تـازه بتـازه نو بنو

و له ایضًا،

(٤٣٧) قصیدهٔ طنّانه‌دن (Vol. IV, pp. 264—265).

نوله شیرازی ویرسم بن او خالِ عنبر افشانه
بولنماز هند و کشمیر و خُتَنده بویله بر دانه
عدنده گورمدم دُر دانه دندانگ گبی لؤلؤ
لبِ لعلن نظیرن بولـمدم گتدم بدخشانه
بو حسن و جذبه‌لر افتاده ایلر ماهِ کنعانی
عجب می ماه نخشب دوشسه اول چاهِ زنخدانه
مصادف اولمدم فرخار و چین و سند و کابُلده
سیه خال و سیه‌مو بویله بر کاکل پریشانه
قزل المـایی سیبِ غبغبه بخش ایلـدم امّا
نه چاره پورتقال اولمز بدل نارنج پستانـه
شکر گفتارئ قند لبِ شیرینگـه وهبی
سمرقند ایله ملك قندهاری ویردی شکرانه

سروری (هوائی)،

(٤٣٨) قطعهٔ تأریخ (Vol. IV, pp. 274—275).

ضحکی قویسون ظُرفا گریه‌دن اورسون دم کم
اولدی هم بزمِ خموشان او لطافت کانی
شهری دور ایتمش ایدی دف چاله‌رق سور گبی
رقصی قیلمشدے گـذر دائـرهٔ امکـانی

چوق هوابیلری وار ایدی که یازلسه بتون
بوش قالور بونجه مرکّبجیلرڭ دُکّانی
ابنِ سینایی ایدنمشدی شمار اوغلانی
اکثری شاشقین اولورکن نوقادڭ تُرکانی
لا اُبالی ایدی صحبتده ولی قیلسه سکوت
خلقی شرمنده ایدردی ادبڭ ارکانی
رغبت ایتمزدی شو دنیا دینلن مرداره
دارِ عُقبیده بوله مرتبهٔ پاکانی
طوتدی تب لرزهٔ موت ایتدی یرندن تحریك
خلدی حق اینسون آنڭ جایگهِ اسکانی
اوردی گوی کُرهٔ ارضه آنی اولدیغیچون [1]
قدِّ خم گشته‌سی دستِ اجلڭ چوگانی
سنگِ منزلگهِ قبرین گوریجك حسرتله
ناوكِ آهمزڭ طاشه گچر پیکانی
ای سروری دیسون ارباب سخن تأریخن
هر سوزی معدنِ جوهر ایدی گندی کانی

و له ایضاً،

(٤٢٩) غزل (Vol. IV, pp. 275—276).

ظهورِ صُرّهٔ زر صوفئ جرّاری گولدردی
نه خاصیت در اول کم زعفران غمخواری گولدردی
مخادیم اولمسونمی دولتِ دنیا ایله خندان
اویانجق چهرهٔ صبیان لعبت کاری گولدردی

١ بشقه نسخه‌لرده بو مصرع بویله در:—
اورسه گوی کُرهٔ ارضه نوله اولمش ایدی،

نوله اینسه شبِ وصلتده عاشق گریهٔ شادی
تجلارکن در آغوش ایتدیگی دلداری گولدردی
دلگُ آدی آگلدقجه نوله رحمت اوقورلرسه
جهانی خواجه نصر الدّین قدر آثاری گولدردی
بو وادیلرده طبعم پی روانی ایلدی خندان
خرامانیٔ زاغان کبكِ خوش رفتاری گولدردی
تبسّم قیلدی نشأت خواجه مضمون سروری به
سلیمان درکه مورِ کمترگُ گفتاری گولدردی

و له ایضاً،

(۴۳۰) غزل (Vol. IV, p. 277).

دمادم عرصهٔ عالمده آهیله دوانز بز
عجب آوارهیز دنیاده حقّا یلقوانز بز
مسافر اولمامش عقل و فطانت بزده بر کرّه
گذرگاهِ جهانده گرچه کم ماننده خانز بز
میانِ چارسوی معرفتده کارمز یوقدر
کنار شهرلرده روز و شب ایت طاشلیانز بز
بزی سرگشته ایلر هر نفس بو نفسِ امّاره
کفِ طفلِ فلاخُن بازده صانکم صپانز بز
هوائی تلخ کام اینسهگُ عجبمی دانش اربابن
جهالت طرلاسنده حاصل اولمش بر صوغانز بز

و له ایضاً،

(۴۳۱) غزل (Vol. IV, pp. 277–278).

یاتوب قالمز اولور بو قارلر آب آهسته آهسته
ایریدر آتش آسا آفتاب آهسته آهسته

چکشده دخی لازم در تأنّی کم اورر صکره
خرلدی ایلیوب اوّل کلاب آهسته آهسته
طریقِ غمده بیتاب اولدم اولسه شمدی بر مرکب
رکوبن ایلریدم ارتکاب آهسته آهسته
یاتورکن تکیه‌سنده شیخ افندی طویماسون دیو
مُریدِ اَمْرَدین اوپ شاب شاب آهسته آهسته
سزی گوزلر گلوب شاید هوایی سزمسون اغیار
او یارڭ ایله آردنجه شتاب آهسته آهسته

و له ایضاً،

(۴۲۲) غزل (Vol. IV, p. 278).

بلبل گبی رقیبلر اوتمش غُراب ایکن
بیقوش آشیان جهان خراب ایکن
اوچمش او کبك حسنی گوروب باردن گوڭل
حیفا که آوینی آله‌مامش عقاب ایکن
آکسکی در بزم اوده وزلدی عنکبوت
آغن فوروب حریصِ شکارِ زباب ایکن
ای خواجگی سنگله بدستانده مشتری
آلش ویرش ایدرمی هر ایشڭ دولاب ایکن
هی استا قالدم آل دیو شاگرد اباق باصر
یارم پاپوچله گیدیکی اسکی چوراب ایکن
اولدم بنه هوایی قشمرله امتحان
خبط اولدی قالدی مسخره حاضر جواب ایکن

واصف اندرونی،

(۴۳۳) شرقی .(Vol. IV, pp. 285—286)

کیم گورسه اول لعلی ملی * اولور اسیر کاکلی
اولسم سزادر بلبلی * آچلمش بر ساقز گلی
بوق مثلی شوخ ایبجه بل * غایت اداسی بی بدل
اطواری کندندن گوزل * آچلمش بر ساقز گلی
رنگِ رویک گبی گل آز * گل پنبه‌یه مائل بر آز
گللر آچلمدن بو یاز * اچلمش بر ساقز گلی
بلبل گلک افکنده‌سی * بلبل گلک نالنده‌سی
دنیا دگر بر خنده‌سی * آچلمش بر ساقز گلی
دون گلستانده واصفا * بلبل خبر ویردی بکا
شمدنگرو مژده سکا * آچلمش بر ساقز گلی

و له ایضاً،

(۴۳۴) شرقی .(Vol. IV, pp. 286—287)

رو نُما اولدی بو شب بر ماهتاب * ابرِ زلفن روینه قیلمش نقاب
گورمدم مثلن مثالِ آفتاب * حسنی پرلانطه گبی پُرآب و تاب
روز در رخساری گلزار در شبی * قیرمزی یاقوتدر لعلِ لبی
گوردم اول شوخ ظرافت مشربی * حسنی پرلانطه گبی پُرآب و تاب
ایشلدوب مندیلنه زرین اویه * عارض نایابنه ویرمش فویه
دون تماشا ایلدم طوبه طوبه * حسنی پرلانطه گبی پُرآب و تاب
شعله‌ناك الماس وش سیمین بلك * بویله سن سیر ایتمش چشمِ فلك
نازنینم صانکه بر جوهر چیچك * حسنی پرلانطه گبی پُرآب و تاب
گیمش اول مه زمردی شال عنتری * سروِ دونمش قامتِ ناز کتری
واصفا نازنده نازك هر بری
حسنی پرلانطه گبی پُرآب و تاب

و له ایضًا،

(۴۲۵) شرقی (Vol. IV, p. 287).

بر ایغجه بَلْسن پك بی بَدَلسن • وصفه محلسن غایت گوزلسن
رخسارِ آلكْ گُلدر جمالكْ • یوقدر مثالكْ غایت گوزلسن
گل دلپسندم اول سینه بندم • سوز یوق افندم غایت گوزلسن
رنگین اداسن پك دلرباسن • وصفه سزا سن غایت گوزلسن
ای قدِّ بالا حسنكْ دلآرا
قیلدم تماشا غایت گوزلسن

و له ایضًا،

(۴۲۶) شرقی (Vol. IV, pp. 287—288).

چونكه ای شوخ فدائی • گوكْلی ایتدكْ هوائی
ایلمه بارے ادایی • سورهلم ذوق و صفایی
نوش ایدوب مجلسده سن مُل • رخلركْ اولدقجه گُل گُل
بن گوروب ماننـدِ بلبل • ایلرم زار و نوایی
نوله ای ورد سمن تن • گاه تنها بزمه گَلْسن
دگلمز سن نیلیم بن • سن آهرجا بی رجایی
عیده ای گلبرگ نازم • برگِ گلدن جامه لازم
ساكه زیرا سرفرازم • بار اولور تللی سوایی
اشته واصف ساكه عاشق • جوری قو لطف ایله یازق
عاشقه ایتمك نه لایق
بویله وضع نا روایی

و له ایضًا،

(۴۲۷) شرقی (Vol IV, pp. 288—289).

بر دلبرِ پُر آب و تاب • ایتدم جهانده انتخاب

لعلینه رشك ایلـر شراب • پك دلربـا در ماهتاب
گردن بیاض و سینه صاف • آلمق دیلرسڭ سینه صاف
آلتون ویر اولمز اویله لاف • پك دلربـا در ماهتـاب
دل ویرن اول ایجه بلـه • یانسون مثـال مشعلـه
مجبورڭ اولدم بن هلـه • پك دلربـا در ماهتـاب
چیق چیق ایدر چار پاره‌سی • هر دلـده وار در یاره‌سی
جان سودی وارمی چاره‌سی • پك دلربا در ماهتـاب
اولمزسه اول روم دلبری • اولـمز دوگونڭ هیچ فری
خلق آڭه گلور اکثری
پك دلربا در ماهتاب

و له ایضاً،

(۴۲۸) رباعی (Vol IV, p. 289).

او گل انـدام بر آل شاله بورنسون یوریسون
اوجی گوڭلم گبی آردنجـه سورنسون یوریسون
آلوب آغوشـه بوجاغنـده او نازك بـدنی
صاران اول سرو قدی واصف اوکنسون یوریسون

و له ایضاً،

(۴۲۹) مخمّس (Vol. IV, pp. 289—297).

قز دڭله نصح و پندیمی قولڭده صادق اول
گوزله رضای قاین آتایی قول خلایق اول
کیم دیر سڭا که بر چاموره وار بولاشق اول
نه کثرتیلـه زاهـده نه پکـده آچیق اول
اولمه صوقاق سوپرگه‌سی قادین قادنجق اول

قز یشماغلـه چیقمه صوقاغه گورر بـری
آشرمـه قولاك آشیر آوه كاه پرپری
دلبازلق ایتمـه اوتور آغرله مسافـری
برلر نظرله سنی احاسبه دبری دیـری
اوله صوقاق سوپرگه‌سی قادین قادنجق اول

چیقوب پگـاره قالمـه بكر باشه‌دن گبه
بكرله پاك و پاكیزه سن اولمـه ثیبّـه
اول گیرر بوزر صگره گتورمز سگـا ابـه
كیرلنمه پاك پندیمی قیل گوشكه كوپـه
اوله صوقاق سوپرگه‌سی قادین قادنجق اول

هـر مردم شبابـه طاقلمه سوبلك گبی
هر گوردیگكگك اوستنه دونمه كوپك گبی
هـر بوصمه‌لی گورنجه یایلمـه دوشك گبی
گیدوب قنا گیجه‌سینه سورتك تولك گبی
اوله صوقاق سوپرگه‌سی قادین قادنجق اول

بر نو جوان قوجایه واروب ایت دید كلرین
بش آلتی پاچه كسدیـر گور یدیلكلرین
اكسكلولرگك ار دوزر اكسك گدكلرین
یارم پاپوشله گیوب آپوسطال چدكلرین
اوله صوقاق سوپرگه‌سی قادین قادنجق اول

بویله قلقلـه گورسه آقز اویناشگك شاشار
بر كز آلان میانگی آغوشـه بیگك یشار

حاصلسز اولمه اول حمارات اوده ایش بشار
فاکیر بورکجی دکره سنی هر آلان بوشار
اولمه صوقاق سوپرگه‌سی قادین قادنجق اول

دستگاه قورمه آلوب اوه تازه بر اوشاق
بز چوز گوجیکده چوزمه قزم کمسه‌یه قوشق
وای باشکه اولورسک اگر یوزی یومشق
ایلر بریسی گوبکیکدک آلتن ایکی شق
اولمه صوقاق سوپرگه‌سی قادین قادنجق اول

باق بیوك آبلاک اولدی کوچك توبه ده گلین
سزده باجکله دایه دادی بر یره گلین
ال برلکیله ینگه قادنلر طوتوب الین
وار بر کبار زاده‌یه صاردیره گور بلین
اولمه صوقاق سوپرگه‌سی قادین قادنجق اول

گوروب گیملی ایللری یوکسنمه ای دودك
البت بجر سگاده صاغ اولسون قوجه کونك
صویسزلق ایتمه غیری دگلسن قزم کوچك
اولدک شکر یتشدرنه اشته بوسبیوك
اولمه صوقاق سوپرگه‌سی قادین قادنجق اول

اولدی گلن باق عانکه داریسی باشنه
تا قز طاشنده گیردی برینگ فراشنه
دوشمه پك اویله چنگی چغانه تلاشنه
گیردک آدلباز ارتق اون اوچنجی یاشنه
اولمه صوقاق سوپرگه‌سی قادین قادنجق اول

باباڭ ویربدی سنی بولایكم موالی یه
سایه‌ڭده بزده طاشینورز باری یالی یه
بالدیری چپلاق آلوب اونورتدرمه خالی یه
نه پرپری‌یه ایله میل نه پاشالی‌یه
اوله صوقاق سوپرگه‌سی قادین قادنجق اول

پوللر دیزوب ابریشم ایله طرف طرپوشه
ایپ طاقمه صاقین اپیسز ادبسز سرخوشه
یان چیز قوپارمه دستملن اللرڭ بوشه
باشڭ طونر یتر یوریلورسڭ قوشه قوشه
اوله صوقاق سوپرگه‌سی قادین قادنجق اول

نیمش پانسته تللی پانه کونه یوق دوه
ساڭه سوایی کسدیرزه‌یم گی سوه سوه
گیجه یاریسی گزمه دونوب دُزْدِ شَبْرَوَه
قوغلر باباڭه قومشو قونو هایده گل اوه
اوله صوقاق سوپرگه‌سی قادین قادنجق اول

نا محرمه آچیلمه چوزوب سینه بندینی
ایتمه دوشنك اسیری قوجاڭڭ دردمندینی
رسوای عالم ایلمه‌دن کندی کندینی
قومشی باباڭڭ اویوب الن دڭله پندینی
اوله صوقاق سوپرگه‌سی قادین قادنجق اول

دستگاه اوگرن ایللرڭ آلدانمه آلنه .
دیسون گورنلر ایشڭی په په کمالنه

الوبرمز ایسه پنبه خانم چوزمه حالنه
طوقوپه‌ق حلالیسی گیدر حلالنه
اولمه صوقاق سوپرگه‌سی قادین قادنجق اول

قز قاچ یانمدن ویزلمه سبوری سکسك گبی
فنك اورمه ایکی یانکه قرنق کوچك گبی
بره گچر عارندن ارك کوستبك گبی
آیاق باغیله صبکره قالورسن اشك گبی
اولمه صوقاق سوپرگه‌سی قادین قادنجق اول

ساکه دوشری قومشودن ات اتمك استمك
طوپار حریفه ساکه چکر بر ایو کوتك
گیر بسمله یله آش اوینه سنده چك امك
اوتور حاضرله اخشامه بر قاچ صحن یمك
اولمه صوقاق سوپرگه‌سی قادین قادنجق اول

بولدك بلاکی دکلمدك چونکه صحبتم
دوکسون قوآحاسبه اوخ مهل اولسون نه حاجتم
گورسون نه حالی وارسه ایلك ساکه منتم
منکوس گوش فاخره قیل بو نصیحتم
اولمه صوقاق سوپرگه‌سی قادین قادنجق اول

شبنم مثال آغلمه ای گلنهال تر
خواجه قادینك اوردیغی یرلرده گل بتر
اوقومش اول که دو گمیه قلفه‌ك داخی بتر
حیلاز قالمه منلا خانم گل یتر یتر
اولمه صوقاق سوپرگه‌سی قادین قادنجق اول

بوز صويى دوكمه كيمسه يه يوق شمديدن تزى
آلـدر باباكـه عنتريلك مائى بر گزى
گلدى تمـام بـر حريفـه وارسـه مركزى
غيرى عيبدر اويلـه بورنوب نمـاز بزى
اولمه صوقاق سوپرگه‌سى قادين قادنجق اول

الله يتشمه اولمغلـه قـز بويله يـاره‌مـاز
گلدگك يتشدگك اشته آقوص اوصلو دوز برآز
پلك آله بـارده قوپدگك آحاسبـه آدلنواز
طوطى سن اوتور اوده قپار سنى شاه باز
اولمه صوقاق سوپرگه‌سى قادين قادنجق اول

ارلـرله ايتمه پنجره‌لردن آلش ويـرش
دادكه گاهى ياردم ايدوب سنده گوركه ايش
ياغ باغلسون يوره‌كى ننه‌كگك قارش قارش
نك طور كوچكدن اوده اوتورمقلغه آلش
اولمه صوقاق سوپرگه‌سى قادين قادنجق اول

يك تخته‌دن گورنمـه ايلر تخته پرده‌دن
گلمكـده هر گون اشته گوريجى نومن نومن
ياغلق بويامه چوره كيسه حاولى پيرهن
باصدرقو سروى صندوغه ديز جهيز چمن
اولمه صوقاق سوپرگه‌سى قادين قادنجق اول

قاصدر قاصندى دزرى‌يه وير آل جانفسه
صار بـر دگرمى پوللى يمنى فينو فسه

بز ویرمه صفین ارشوننه گوره هـر کسه
گاه ترکی ایرله گاهی نقش ایشله گه کیسه
اولمه صوقاق سوپرگه‌سی قادین قادنجق اول

دیك چوجغڭ باشنه چورك اوتی صارمساق
سوسینلر اویخو نسخه‌سی آلوب بشیکه طاق
سوندر کومر که کونو نظردن اوله اوزاق
گزمك سنڭ نگه گرك اوتور ایشه بـاق
اولمه صوقاق سوپرگه‌سی قادین قادنجق اول

دعوت ایدوب اویگـه بکوجیله باقیجی
یوم یورمه اویلـه اوستینه خلقڭ آقشقجی
اویله اوقورقه اویز آنڭ طیشنه ایچی
آزدرمسون سنی صفین اول فرتاغڭ پیچی
اولمه صوقاق سوپرگه‌سی قادین قادنجق اول

چکدیر چیچکلی عنتریگه تللی بر شریت
اقرانلریگه پاچه گونی گیـده گورلك ایت
کاکللریگی باغله صاچی دوکوبنه گیت
آلور سنیـده بلکه بو گونلرده بـر یگیت
اولمه صوقاق سوپرگه‌سی قادین قادنجق اول

کیرلن گوله گوله قادینم هایده یون ارین
خانم قادینڭ اوغلی بوزك گوندرر یارین
طاق المـاسم جواهریگی گیده شلوارین
حمد اولسون اشته سلسله مز پاك یدی قارین
اولمه صوقاق سوپرگه‌سی قادین قادنجق اول

بيون آلتونيكى گردنگه طاق ديزم ديزم

زندوستانى صالان اوغوندر صيزم صيزم

ايتمه هوس سويچيلگه گل قادين قزم

گوروب بچاقله صكره اورر سنى بالدبزم

اوله صوفاق سوپرگسى قادين قادنجق اول   ٥

های های بارى يور دامكه گولهم بر آز

طورپ صيفهيم ظرافتكه فوص چوغه بو ناز

گل طوزلهيه قوفه سنى واى زواللى قاز

بيگ كره ساگه ايتمديمى سود ننهك نياز

اوله صوفاق سوپرگسى قادين قادنجق اول   ١٠

دبك باشلى قحبه يانصلهيوب گتمه دبكه

پاى ويروب اويله طاش باشنه ننهمك ديه

يازق دگلى آبو چكيلان امكه

صكره سنى حريفلر اوموزلرسه كيم كيمه

اوله صوفاق سوپرگسى قادين قادنجق اول   ١٥

دل دوك ييانه سويلهيوب دورمه همچو بوت

ايچم صفلدى خورتلابه سى معنوى اويوت

كيمسه دن ايلك اومه داود گوگلگى آووت

آل ايلدن اورنك اشله گيجن فوت لا بوت

اوله صوفاق سوپرگسى قادين قادنجق اول   ٢٠

واصف شكسته ايلهدن چله باغى

گوسترمه خلقه گ طونك اورنوب بچاغى   ٢٢

دل اولمه غیری قاپه قوطونك قپاغنی
گوش ایتمدگمی دونکی اولان باش باغنی
اولمه صوقاق سوپرگه‌سی قادین قادنجق اول

و له ایضاً،

(۴۴۰) جوابنامهٔ پسندیده اثر از دهان دختر زیبنده گهر

(Vol. IV, pp. 297—304).

پند ایلر ایسه بر دخی آغاچه صاره‌یم
یانمش اودونله باشینی گوزینی یاره‌یم
باشلی باشمه بن دخی بر ایش باشاره‌یم
بر آشنایه یلواره‌یم صڭره واره‌یم
اون بش یاشنده کندیمه بر اویناش آره‌یم

سوزڭ طوترسم ای بونامش گر یتشمه‌یم
سن یات بابامله هر گیجه‌ده بن سوشمه‌یم
بر دخی بنده نافله مطبخده پشمه‌یم
بر بلدیگمه اوغرامیم هیچ آلشمه‌یم
اون بش یاشنده کندیمه بر اویناش آره‌یم

باق سوزلرینه جوص دیو ویرسون آقوص عجب
گنج ایکن اوده تنها اوتوردگمی بی سبب
گندی عربه‌یله قونو قومشی سیره هب
شعبان اولوب آدادی امان گلمدن رجب
اون بش یاشنده کندیمه بر اویناش آره‌یم

چیقرق مثال دیرلایه‌جغکه می اوزان
گیر دستگاهه دوقو بزڭ پاره‌جق قزان

بازاری دیرلر آ بو حرامزاده در بوزان
صاتوب صاوبده ینه صحن تجره قزان
اون بش یاشنده کندیمه بر اویناش آره‌یم

ایکیده برده دیر سکا قز گورینور قوجان
چغلقجی اولمه حاسبه گوتوره‌سی افاجان
قوجامده سنده هی قورویوب اولدك قوچان
چیقوب صوقاغه تنده ایکن حاصلی بو جان
اون بش یاشنده کندیمه بر اویناش آره‌یم

طرناغم اولدی کور یومه‌دن بولاشقلره
بابام باشیکه چالسون او چمشیر قاشقلره
اوّل طوبوبوب اوه گلن آلشقلره
صکره دوزلدوب اوطه‌ده‌کی قارشقلره
اون بش یاشنده کندیمه بر اویناش آره‌یم

دیدی قودبلـه گچدی بتون یازیلـه قِشم
دعواجی گتدی بورسه‌یه یوق غیری هیچ ایشم
یاپشدی قالدی بـر برینـه ایکی آپشم
چیقمزدن اوّل آبو آقز بگری یاش دیشم
اون بش یاشنده کندیمه بر اویناش آره‌یم

گلسه گوریجی قوجه‌یجق اللی گره‌جك
دیر بو رنجیله آغزی بیوك دیشی سیره‌جك
یوق یوق یاشیده اکلایشم فرقنی گیجك
صرف ایلیوبده واری یوغی باری شمدیجك
اون بش یاشنده کندیمه بر اویناش آره‌یم

درت اوسنبولی گیجه‌ده ویر میله قابالـه
اشلرمیسم اویومیوب آوجگی یالـه
ایو واردم اوپناق اولدم ایسه باق شو پوسطاله
قویویر الیمی طوتمـه بنی قاچ جانم خالـه
اون بش یاشنده کندیمه بر اویناش آره‌یم

بن استدکجه بیرامـه آندن بلا قوزه
دیر بکا تحبـه ساکـه یازق اکیلن نوزه
یازق دگلی گجلگمـه باق شو یللوزه
گیرمزدن اوّل آبلاجغم یاشم اونوزه
اون بش یاشنده کندیمه بر اویناش آره‌یم

آلمش پاره‌یلـه صانکـه خلایق گبی بنی
صوققاقلق استر آش اوینـه گیدـه کُلخَنِی
یاغلی پچاوره گیبی آتوب بن دخی سنی
یارین آلوب الاجـه قارانلقده روشنی
اون بش یاشنده کندیمه بر اویناش آره‌یم

لازمیدر کـه اوگرنه‌یم چامشور یومق
بن بو پمق الملـه آقوص صاره‌م یومق
باکه دوشرمی اپلك آگیروبده بز قومق
طورسون موصندره‌ده هله اورکه طراق
اون بش یاشنده کندیمه بر اویناش آره‌یم

یوفقـه مقرنـه آچمسنی آچمیگ بکا
بن بیلم اویلـه خامور ایشی صامسه بقلوا

یاپوب بر ایکی درلو یمه‌جك قبا صبا
دعوت ایچون قوناغه چیقوب یارین ابتدا
اون بش یاشنده کندیمه بر اویناش آره‌یم

چوق یاشه‌یتی بیلور ایش یوخسه چوق گزن
تا گزمدکجه اوله‌مدم بن بوزق دوزن
تحسین ایدر جمالی گوردکجه مرد و زن
کندیمه ویروب آیینه‌ده بر چکی دوزن
اون بش یاشنده کندیمه بر اویناش آره‌یم

کندی کسر گوبکینی اوکسوز اولان صاول
یانشق قارشمه دردر ایدوب قاله‌یمی ظول
ایش ایده‌یمکه ساکه گوروب صاچلریکی یول
قومشو قاپوسن آچوب الله اصول اصول
اون بش یاشنده کندیمه بر اویناش آره‌یم

گور واره‌یمده نسبتمه بن بر اشبهه
ایب طاقمسون فلکده گورن مهریله مهبه
دیسون گورن ادای روشن اهه اهه
طور خرامر قامتی شایسته په پهه
اون بش یاشنده کندیمه بر اویناش آره‌یم

یازوب یوزیمی اسما خانم کا کلمی کس
بر آشنایه واره‌جغم سن چیقرمه سس
پك پوص بیقلی پرپری‌یه ایلمز هوس
درت قاشلی بوصمه شوخ جهان تازه دال قس
اون بش یاشنده کندیمه بر اویناش آره‌یم

بر ال اولاغی جاریه آل بشبوزی صولـه
رقص اوگرت ویرده امینه طوطی‌یه قوله
قالیونجیلرڭ اوطه‌سنـه ایتمـه مولـه
گیچوب قایقلـه یاغ قپانندن استانبوله
اون بش یاشنـده کندیمه بر اویناش آره‌یم

واروب قوجایه آلم اوڭ ایچنه ارکك قوین
کسمز بچاقله استر ایسه‌ڭ گل دریم صوین
آنجق قومشوننـه بنی حالمـه قوین
اللر قنارسه اوغر اولسون ایدوب اوین
اون بش یاشنـده کندیمه بر اویناش آره‌یم

صانوب یمکدن اولدی اوڭ ایچی طام طاقر
دنرر گورنجـه بر اری ایچم صاقر صاقـر
قالوبده بویلـه اولمه‌دن آلتون آدم باقر
اخشام اولنجه بـاری گزوب بایر ایله قـر
اون بش یاشنـده کندیمه بر اویناش آره‌یم

سودام صارلدی چرپی‌ده‌کی پنبه‌زار بزه
یانـدم گونشده بزدم اوصانـدم گزه گزه
آلوب قایقـده دستمـه بـر ترشـه یلپزه
بر باش چکیلوب ایلتم ایلـه سوی کورفزه
اون بش یاشنـده کندیمه بر اویناش آره‌یم

بن گلستانِ شیوه‌ده بـر نخلِ نو رسم
باغلرده ترکی سویلمه‌دن قالمـدی سسم

گیوب باشمه پول دونادوب نوظهور فسم
گیروب قوچینڭ ایچنه اویله قیرق کسم
اون بش یاشنده کندیمه بر اویناش آره‌یم

یلواره‌یم طوطیدن آلوب سافز آلینی
اینجه بلیمه صارینه‌یم صاری شالینی
ماتوف بابامڭ ال ایله صابون صفالنی
مانندِ سَرْو ناز اویله صالینی صالینی
اون بش یاشنده کندیمه بر اویناش آره‌یم

گتدی بزمکی خدمتله بو گون آیدینه
قیز چیدم اوسته دوستلریمه قوش کوز آیدینه
اصلی نه تخته پوشه دوشه کیمی یایدینه
اون دردی اولدی بوگیجه حاضر آی آیدینه
اون بش یاشنده کندیمه بر اویناش آره‌یم

قاپو چالندی باقسه‌ڭزا آبو کیمدر او
چك ایپی گلدی باجی قادین خورا طه‌بی قو
ساڭه نه موتلو قز چلبڭ دیمیور شو بو
قال صاغلجقله دگله‌مم آرتق اونو بونو
اون بش یاشنده کندیمه بر اویناش آره‌یم

بر آفتابه گچدیکه هیچ صورمه صیجاغم
یاندی اریدی عشقی ایله سینه‌ده یاغم
گچدی صوغوق صو باشمه بلم صولم صاغم
عهد ایلدم بو شرطیله که گچمدن چاغم
اون بش یاشنده کندیمه بر اویناش آره‌یم

باش قورنه حقی ناطره ویرمدی طاس تمام
شربتلك ایچون اوسته‌لره وار بیوك طاسام
حمام اناسی گبی گلوب گر یولوز قوجام
طاسی طراغی صالله اوموز ایمه‌دن جدام
اون بش یاشنده کندیمه بر اویناش آره‌یم

صوبه گلورسه صارنجه یارین مرین قرین
اوروب باشینه صاپلاغی یا دستی سن قرین
زیرا که حظی بوق او قدر پکده ظرظرین
گوش ایتمیوبده قاین انامڭ غیری در درین
اون بش یاشنده کندیمه بر اویناش آره‌یم

اذن آلمه نیمش اردن آقیزلر دخی نه‌لر
ایچ گویگیسی دارغین اولوری یا بو قدر
یوخسه یکی می چیقدی بو قانونِ نو اثر
آردندن ایتوب آنی قوبویه تکر مکر
اون بش یاشنده کندیمه بر اویناش آره‌یم

بیلدم نکن دگلدر او ایچنده مزبله
دیدم نو نو نو اوچ کز او بر شیلره هله
بوقی بریسی اورتالغی سوپره گله
بن ینه طاقوب آردیمه بر سورو خر گله
اون بش یاشنده کندیمه بر اویناش آره‌یم

بو گیجه بشده گل آپاشام دییوب شو بو
دی شهنشینڭ آلتنه گلدکده پنبه هو

حایقرمه پکده طوپسون امّا خانی طوطو
بند ایلدکجه اول گوزه بن اینی قونو
اون بش یاشنده کندیمه بر اویناش آره‌یم

غوغایی کسسون ایله ننه واصفه سؤال
گور ایمدی سنی فاحشه یوخسه بنی مال
آکه قالورسه دیر ایکیگزده قوری قوال
یاز گلدی غیری اوده اوتورمه نه احتمال
اون بش یاشنده کندیمه بر اویناش آره‌یم

عزّت ملّا،

(٤٤١) گلشنِ عشقدن (Vol. IV, pp. 312—314).

ای طراوت نمای گلشنِ عشق * وی حرارت فزای کلخنِ عشق
جمع اضداده قدرتگ جاری * اشته دل اشته یار ای باری
یاره بو یاقشی ویرن سَن سِن * آتشه یاقشی ویرن سَن سِن
آتشِ سینه‌دن ویروب مجرا * سَن سِن اشكِ تری ایدن اجرا
گلِ داغی ایدرسن ای مولا * اشكِ آتش مزاجله اروا
هرنه استرسن آنی ایلرسن * بنی محجوب ایدوب ده نیلرسن
عاشقك حالنی بیلورسِن سَن * ازلی عشقِ نورِ احمددن
عشقی معشوق و عاشقه تعلیم * ایلین سَن سِن ای خدای علیم
زار ایدن مبتلالری سَن سِن * بینه یا رب دوالری سَن سِن
معنئ عشق حبِّ ذاتك در * آغلادن گولدرن صفاتك در
گریهٔ عاشقان جلالك در * خندهٔ دلبران جمالك در
یا رب احوالمز دگرگون در * دردمز عمرمزدن افزون در
یا الهی نه در بو آتشِ عشق * آنی فهم ایتمیور بلاکشِ عشق
گرچك آتشمی بشقه بر شی در * یوخسه جامِ ازلده کی می در

یاقدی یاندردی خاندانمزے * اولهلم آل الٰهی جانمزے
مبحثِ عشقی ایلیوب دُشوار * امتحان ایتدك آنلری اے یار
کیمی لیلی دیدے کیمی مولا * لفظی دیگر مآلی بر معنا
کیمیسی دوسنه آلوب تیشه * هدمِ کُهساری ایلدے پیشه
کیمی بلبل گبی فغان ایتدے * کیمیسی دردینی نهان ایتدے
کیمی زنجیره گیردے شیر گبی * کیمی صحرایه دوشدی تیر گبی
کیمی میخانهده شراب آشام * کیمی خونِ جگرله مستِ مدام
کیمی ویرانهلرده صاقلاندے * عشق او دیوانهلرده صاقلاندی
کیمی آغلار کیمی گولر یا رب * نه بو ماتم نهدر بو شوق و طرب
یا الٰهی بحقّ حضرتِ قیس * بترابِ سیاه تربتِ قیس
یا الٰهی بحقّ مهر و وفا * بخرابیٔ وامق و عذرا
بسرشكِ دو چشم خون افشان * بفغان کاریٔ دلِ نالان
دل خرابم الٰهی معمور ایت * گه یقارسن ده گاهی معمور ایت
[عاشقانڭ بلاسی حرمتینه * دلبرانڭ جفاسی حرمتینه
بنی زار ایتدیگڭ گبی شاد ایت * ییقدیغڭ خاندانی آباد ایت]
بنی پروانه یارے شمع ایله * یاقمدن آتشیله جمع ایله
هرنه ایلرسن ایله یا الله * بڭا چکدیرمه هجرِ یاریله آه

وله ایضاً،

(۴۴۲) محنت کشاندن (Vol. IV, pp. 315—316).

رفیقم ایدے بر سخنور کشی * بڭا محرم اولسونی یا هر کشی
عجب شاعرِ پاكِ عذب البیان * سخندانِ سحر آفرین زمان
ادیب و نطوق و ظرائف شناس * لبیب و خلوق و لطائف شناس
بو عالمده آنجق هنرور او در * نظیرم بنم وار ایسه گر او در
مشابه بڭا صورت و سیرتی * هنرده همان آگدرر عزّتی
اوزون بویلی کوسنج جسیم الوجود * جهانده عدیلی عدیم الوجود

او بکا بن آکا ایدوب سر فرو * بر آغزدن ایلر ایدك گفتگو برابر بقاردے نگاه ایلسم * باقوب بر حرامه گناه ایلسم آنی دخی نفی ایلمش پادشاه * مگر ایتمشز ایکیمز بر گناه باقوب آکا مرات گردونه ده * آجردم گوکلدن او مجنونه ده ایدردی بن آه ایلسم اول ده آه * او بن بن اویم صانکه بی اشتباه آنك مخلصی دخی عزّت ایمش * هیولی ایدم بن او صورت ایمش قلم کم غزل نظم و تحریر ایدر * همان اول ده عینیله تنظیر ایدر بیلنمز آنك می بو رنگین غزل * یاخود بن می طرح ایلدم مرتجل

غزل

صور بر ظلِّ زائل اولدیغن تقریر ایدر مرات
لسانِ حالله اول مجتنی تنویر ایدر مرات
تکدّر ایتمز اصحابِ صفا عکسِ مظاهردن
مرادِ اهلِ حالی دائما تحریر ایدر مرات
آچوب ابحاثِ شیخِ گلشنی وش سرِّ وحدتدن
مألِ کلُّ شیءٍ هالکی تفسیر ایدر مرات
فرین پاك ایدر می خلقتِ اصلیّهسن تغییر
بو سرِّ مُبْهَمی اربابنه تعبیر ایدر مرات
حماقتدر سپهره حسن و قُبْح خلقی عزو ایتمك
جمال خوب و زشتی صانمه کیم تغییر ایدر مرات
اثر قالمز جهانده میهمانك خوب و زشتندن
مسافرخانهٔ دهری نه خوش تصویر ایدر مرات
باقوب دیوانِ حُسْنه مطلع ابروے جانانی
مثالِ طبع عزّت دَرْ عقب تنظیر ایدر مرات

و لها ایضًا،

(۴۴۳) محنت کشاندن (Vol. IV, pp. 316—318).

قلم کاف و نونه اولوب واسطه • ظهور ایتدی اشیاده هم رابطه
تهی آیتنده ایدرمی قسم • طرازندهٔ خامهٔ وَ ٱلْقَلَم
قلم اولمسه نقطه بخشای نون • بیلنمزدی سرِّ و ما یسطرون
او ظلمتده پنهان در آبِ حیات • مدادنده جوشان در آب حیات
دگلدر او آبِ بقا لذّتی • اولور اولمز اسکندرڭ قسمتی
جمالی اگرچه سیه گون در • کمالی گونش گبی افزون در
جهان گردِ گیتی نشاندر قلم • گزر دهری بر داستاندر قلم
اولور زیبِ بزمِ شهانِ جهان • بیلر هر لسان استمز ترجمان
گزر ملكِ غیری او محسودِ جم • ولی پای تختی دیارِ عجم
او در حاکمِ حاسمِ هر دیار • موالی آنڭله ایدر افتخار
اودر معنوی بر ولیّ النعم • دو شقّ زبانندہ لا و نعم
دهانن کشاد ایلمز نا کسه • مگر کیم بر اهلِ معارف کسه
اگر از قضا آلسه نادان اله • ویرر رعشه‌سی صفحه یه زلزله
رهِ معرفتده ویرر گرچه باش • ایدر دستِ جاهلدن آنجق تلاش
مزاجنده وار در تلوّن بر آز • ایدر بحثی گه قصر و گاهی دراز
گچوب ظلمتِ وصفِ گیسوبدن • ایدر گاه رنجیده بر مویدن
کمالاتنه هیچ اچلمز دهن • باقر آغزینه آنڭ اهلِ سخن
بتون فاضلانه معاصر در اول • جمیعِ مباحثده حاضر در اول
زبان نارسا وصف تألیفنه • عقول ایرمز اعدادِ تصنیفنه
بو رتبه کمالاتی مشهور ایکن • جهان آبِ لطفیله معمور ایکن
قورر چشمه‌سارِ مدادِ سیاه • اولور قطرهٔ آبه محتاج گاه
قالور تا ایدنجه بر آز نوشِ آب • مداد ایچره پا در گلِ پیچ وتاب
او بیچاره آنجق چکر زحمتی • آلور صفحه آغزنده کی نعمتی

دهانندہ قالورسه بر پاره آب * لبِ کاتب آندن اولور حصّه یاب
بر آزن دخی نوش ایدر دستمال * بو در اشته روزیٔ اهلِ کمال
فللّه دَرّهُ چه خوش گفته است * که سعدی در این معنی دُر سُفته است
بشهر این مثل شهرهٔ عالم است * که هرکس هنر بیش روزی کم است

و له ایضاً،

(٤٤٤) محنت کشاندن (Vol. IV, pp. 319—320).

دیدی دائما لطفکز وار اوله * هنر دشمنانِ زمان خوار اوله
نه حاصل بزم گبی بر چوبدن * نه در فرقمز چوب و جاروبدن
اگر تربیت ایتمسه قابلان * نه قابلدی اولمق کشاده زبان
نیستاندہ قالسق دی خوار و زبون * اولورمیدی دل واقفِ هر فنون
نیم بن که حاشا اوله قدرتم * بنانِ افاصل ده در قوّتم
بنم شهرتم آنلرکٔ نطقی در * جهانگیر او خاقانلرکٔ نطقی در
بنی نوعمزدن نیجه دردمند * زنانکٔ اولور نارِ جَوْرنده بند
سبب ایلدی حق تعالی سزی * خلاص ایتدکز اول جفادن بزی
مدادِ محوله ایدوب سر فرو * او آب کرامتله ایتدك وضو
اولوب جبهه‌مز لایقِ سجده گاه * پرستشده قیلدی موفّق اله
وضویه محول اولمسه ابتدا * نه ممکندی مسّ کلامِ خدا
هنر پرورانه ایدوب انتساب * دخی اولمدق هیزمِ هر کباب
اولوب جسممز مستعدّ لهب * یاقردی بزی جاهلانِ بی تعب
نیستاندہ وارمیدی آبِ حیات * نیچون بولمدق تشنه‌لکدن نجات
دخی طفلِ نوساله ایکن هنوز * یاقردی دل و جانی تابِ تموز
چایر چایر ایتمش ایدك التهاب * گلوب ویرمدی کیمسه بر قطره آب
محوله نوله ایله‌سك سر فدا * بزه اولدیلر خضرِ آب بقا
اگر ایتمسك انتسابِ کبار * بنردی بزه کودكِ نی سوار
اولور ابعضمز مولوی یه نفیر * موالی یه بندن صغیر و کبیر

بزه اهلِ دل محرمِ راز در • گورنلر صانورلر که بـر ساز در
بزی تربیت قلدی اهلِ کمال • ایدوب محرمِ مجلسِ حال و قال
خـدا آنلری بـر دوام ایلیـه • بـزی جاهلانـه حرام ایلیـه
کرم ایلیوب دم بدم اهلِ حال • بزمله ایدرلر خفی قیل و قال
قالوردق اگر اولمسه عالمان • بو مرغانِ بی نان و بی آشیان
دواتی ایدرلـر معـاذ و مآب • بولور آنده اطفالمز خورد و خواب
نیز بـز اولـه بزده لا و نعم • بینـه عالمان در ولیّ النّعم

وله ایضاً،

(٤٤٥) محنت کشاندن (Vol. IV, pp. 321—322).

ایشتمش ایـدم مفتیٔ ارگنـه • قوجه‌لقده بگزر ایمش ارگنـه
نصیب اولمامش لحیا سُنّتی • جوانلقده قالمق ایمش نیّتی
بولوك باشیلر گبی باشنده شال • ایدرمش آنگ ایلـه سترِ کمال
صقالسزلغن فکر ایدوب مو بمو • جمالن گوگل ایلدے آرزو
ایدوب بو رباعیمزی نامه‌زیب • آراردم مناسب بریـدِ ادیب
ای مفتیٔ بی ریشِ کرامت اندیش • بو عزّتِ دلریشدن اولکمز آگاه
دیدارگی اوزلر سنی گوزلـر دائم • اولدی شو کشانه گله‌لی برقاج ماه
تصادف ایدوب عزمنه طلعتگ • بریدی اولوب نامـهٔ اُلفتگ
عجب منهل العذب اولوب خامه‌مز • ایرشدی اوزون کوپری‌یه نامه‌مز
واروب نامه‌مز شهر شعبان ده • قدوم ایلدی مـاهِ غفران ده
نه گوردم او اعجوبـهٔ روزگـار • صالوب شالنی باشنـه تار و مار
اوطوردی گلوب نوجوانلر گبی • بیقلرلـه قاشلـر کمانلـر گبی
میاننده سیفِ عـدو التقـام • ویـرر رستمِ داستاندن پیام
او سیمین طاقم ارناود پشتوی • یرنـده هلاك ایتمـه‌ده مسقوی
کلام ابـدی شاهـدِ بهره‌سی • آنی گرچه تکذیب ایذر چهره‌سی
خبردارِ هر فنّ ایدی طوغریسی • دگل صورت و سیرتگ اوغریسی

رفاعیلرک مرشدی شیخِ کُل * طریقنده هادئِ خیرِ سُبُل
فقاهت ایله ایلمش امتزاج * ولی صورةً لا اُبالی مزاج
اولوب ایکی اوج گیجه جلك میهمان * اوزون کوپری‌یه اولدی آخر روان
گورلمش دگل اویله ذات و صفات * حقیقتده اضحوکهٔ کائنات
گتورمز آنک بر مثیلن فلك * نه ممکن گوروب شکلنی گولمك
آنی گوش ایدن اهل عرفان کشی * اگر یوقسه‌ده روم ایلی‌ده ایشی
طانشمز همان میر و پاشاسنه * گدر اول عزیزک تماشاسنه

عاکف پاشا

(٤٤٦) قصیدهٔ عدم‌دن (Vol. IV, pp. 330—331).

جان ویرر آدمه اندیشهٔ صهبای عدم
جوهرِ جان می عجب جوهرِ مینای عدم
چشمِ امعانیله باقدقجه وجود عدمه
صحن جنّت گورینور آدمه صحرای عدم
غلط ایتدم نه روا جنّته تشبیه ایتمک
بشقه در نعمتِ آسایشِ مأوای عدم
طونه‌لم آنده‌ده اولمش نعمِ گونا گون
اویله محتاجِ تناول می در آلای عدم
[کمسه ایجنمدی وضعندن آنک ذرّه قدر
بسلدی بونجه زمان عالمی بابای عدم]
وار ایسه آنده در انجق یوغیسه بوقدر بوق
راحت استرسه‌ک اگر آنَلَه تمنّای عدم
نه‌غم و غصّه نه رنگ الم نه بیم و اُمید
اولسه شایانِ جهان جان اویله جویای عدم

[یوق دیدکجه وار اولور یوقی غرابت بونده
نام هستی می نه در حلِ معمّای عدم]
اینسه بر کرّه تلاطم هپ ایدر کونینی
غرقهٔ موی فنا جوششِ دریای عدم
[مادرِ دهر موالیدی که طورمز طوغرر
در کنار ایتمك ایچون در آنی بابای عدم]
چرخك اولادینی باشدن چیقارر دایهٔ دهر
ایتمسه تربیه صیق صیق آنی لالای عدم
[هر کسك قسمتی یوقدن گلیر اما بیلمز
بری وار عالمه من ایلسه سلوای عدم
مردی نشأت آدمده یوق اولدی گتدی
وجهی وار دینسه بنی آدمه انبای عدم
ایکی کاغذدن عبارت نسخِ کون و مکان
بری ابقای وجود و بری افنای عدم
سلبِ ایجابِ تعیّن ایدرك عالمدن
بر نتیجه ویرر البتّه قضایای عدم
میمِ امکانی محو ایلسه مولا اوّل
یوخسه نفی ایتمسه ده آخری در لای عدم
شیخه باق کتمِ عدمدن دیو تقریر ایلر
بلمز امّا که نه در معنای اخفای عدم]
صیغمز اول دائرهٔ کون و مکانه نه بیلیر
گچمین عرشی نه در ملكِ معلّای عدم
یوق یره زاهد اورر دعوای هستیدن دم
یاقەسن طوتمش ایکن پنجهٔ گیرای عدم

[صانیرم مصرف و ایرادی گلیر هپ باشه باش
اولدی سرّای وجوده گوره ضرّاے عدم
زیدِ وارد ایله صلح اولمدی عَمْرِوِ عائد
بوغیسه عالمڭ اصلی نه بو غوغای عدم
قیس و لیلی‌سی دخی زیدیله عَمْرِوی گبی رر
دیه‌جك اولسه‌م اولور اول دخی اسمای عدم
فرقی گویا بو ایکی صورتڭ عقلنجه بنم
بریسی حُبِّ فنا در بیری بغضای عدم]
نقشِ نامقله عجب نامق اولوری خاتم
وار گبی بونده وجود اهلنه ایمای عدم
[شیخ افندی سکّا دیرمیدی که وارکْدن گچ
وارلغڭ اولمسه‌ده سدرهٔ مأواے عدم
خدمت ایت سن اکّا وارکْله که تا همّت ایدوب
ایله‌سن اول ده سنی عارف معنای عدم]
چکمه دنیالق ایچون غمِ دلِ نا بودی ده
وار ایکن ما حصلِ رزق عطایای عدم
هر کسه بارِ بلا کندیسنڭ وارلغی در
غم و آلامدن آزاده برابای عدم
صرف ایدوب واریکی عقلڭ وار ایسه وار یوق اول
راحت استرسه‌ڭ اگر ایله تمنّای عدم
بز بو محنت گهِ هستی‌یه کوچکدن گلدك
یوخسه کم ایلر ایدی ترکِ کهن جای عدم
[طورمسه بویله فلك باری بیقلسه گنسه
بر زمان اولسه یسری خیمهٔ بالای عدم

* * * * * * * *

طوغربسی راحت ایدردك گدوب عالم عدمه
برینه گلسه آنڭ ساحۀ پهنای عدم

* * * * * * * *

* * * * * * * *

چاك چاك ایلر ایدم جیبِ قبای عمری
اولمسه ذیلی طرازندۀ طمغای عدم
بن او بیزارِ وجودم که دل غمزده‌مه
اُنسِ موطن گورینور وحشتِ صحرای عدم
شفقِ صبحِ بقا در نظرمده گویا
موجۀ بحرِ سیاه شب یلدای عدم

* * * * * * * *

* * * * * * * *

اخترِ مطلعِ آفاقِ فلکدن طوغمز
گونده بڭ شی طوغرر لیلۀ حبلیٔ عدم

* * * * * * * *

* * * * * * * *

بوڭا طاقتمی گلیر یا بوڭا جانمی طیانور
مگر امداد ایده هستی ده اجزای عدم

و له ایضاً،

(٤٤٧) حفیده‌سی حقنده مرثیه. (Vol. IV, pp. 331—332).

طفلِ نازنینم اونوتمم سنی * آیلر گونلر دگل گچسه ده ییللر
تلخکام ایلدی فراقڭ بنی * چیقارمی خاطردن او طاتلی دیللر

قبلیه مز ایکن اوپمگه تنگ * شمدی نه حالده در نازك بدنڭ
آگدقجه گلشنده غنچه دهنڭ * یانسون آهم ایله گلِ اولسون گللر

تغیّرلر گلوب جسمِ سیمینه ٭ دوکلدیمی سیاه ابرو جبینه
صیرمه صاچلر یاپیلدیمی زمینه ٭ طاغلدیمی قوقلادیغم سُنبللر

فلکك کینه‌سی یرین بولدیمی ٭ گل بناغك رنكِ رویی صولدیمی
عجبا چوریدی طوپراق اولدیمی ٭ اوپوب اوقشادیغم او پاموق اللر

پرتو پاشا،

(٤٤٨) شرقی. (Vol. IV, pp. 333–334).

گلشنده ینه مجلسِ رندان دونانسون
گل دورده در الده مَی گلگون طولانسون
بز ذوق ایده‌لم جامِ جمك آغزی صولانسون
اول غنچهٔ سرمست صباح اولدی اویانسون
آئینهٔ مُل گل یوزینی گورسون اوتانسون

نرگس نگهِ چشمِ سیه مستنه حیران
سنبل سکن پرچم سربستنه حیران
شاخِ گلِ تر ساغر در دستنه حیران
اول غنچهٔ سرمست صباح اولدی اویانسون
آئینهٔ مُل گل یوزینی گورسون اوتانسون

آشفته ادا پرچمی چیقدقجه فسندن
شوریده‌لرك آه چیقار هر نفسندن
جان بلبلی فریاده گلیر تن قفسندن
اول غنچهٔ سرمست صباح اولدی اویانسون
آئینهٔ مُل گل یوزینی گورسون اوتانسون

اولدق بو گیجه بز بزه نی می ایله دمساز
نی دردیمه محرم ایدی می آهمه همراز

پرتو ایده‌لم بلبل ایله نغمه‌یه آغاز
اول غنچهٔ سرمست صباح اولدی اویانسون
آئینهٔ مُل گُل یوزینی گورسون اوتانسون

و له ایضاً،

(٤٤٩) مستزاد (Vol. IV, pp. 334—335).

حسرتله بو شب گاه اویودم گاه اویاندم • هپ اول مهی اکدم
ایلنجه ایدوب خواب و خیالن اویالاندم • تا صبحه طیاندم
قان آغلادم ایچدکجه می بزمِ فراقی • بی منّتِ ساقی
پیمانه گبی گاه طولوب گاه بوشاندم • هر رنگه بویاندم
ویردم بو گیجه شمعیله پروانه‌یه حیرت • پُر سوزشِ حسرت
یانوب یاقلوب گاه طوروب گاه دولاندم • آتشلره یاندم
دردِ المک چکمگه یوق تاب و توانم • ای روحِ روانم
دل ویردم ایسه بن سنی انصاف ایدر صاندم • جانمدن اوصاندم
نقدینهٔ جان الده گزوب دهری طولاشدم • چوق شوخه صاتاشدم
پرتو دلِ بیچاره‌یه بر چاره آراندم • بڭ درد قزاندم

عینی

(٤٥٠) ساقی نامه‌دن. (Vol. IV, pp. 338—340).

یرم اولدی سرای لوحِ محفوظ • بو کیفیّتله اولدم مست محفوظ
گوروب بزمِ طبائعده حرارت • برودتله رطوبتله یبوست
گلوب کاشانهٔ عرشِ برینه • نگاهِ مستله باقدم زمینه
بر آز خدمت ایدوب پیرِ مُغانه • اوطوردم کرسی اوزره داورانه
گوروب اون ایکی مینای بروجی • اونوتدم مست اولوب راهِ عروجی
ایدوب سبع سماوانی گذرگاه • او دم سرمست ایدم اولدم دل آگاه
اولوب کیوان ایله هم بزمِ اُلفت • بر آز ایتدم آنکله عیش و عشرت

انیس مجلس برجیس اولوب بن * نجومی ایلدم سرمست و روشن
ایدوب سیّاره‌دن مرّیخی سرخوش * سپهرِ پنجمی قیلدم قدح نوش
آلوب پیمانهٔ خورشیدے دستہ * تحسّر ایلدم بزمِ اَلَسْتَه
نگار زهره‌یی خنیاگر ایتدم * سماء ثالثی رقص آور ایتدم
عطارددن ایدوب تحصیلِ عرفان * گهی عالِم گهی اولدم سخندان
ایچوب جامِ هلالی خوره دوندم * فروغِ نشوه‌سندن نوره دوندم
کُرَهٔ آتشی میخانه صاندم * شرارِ شوخنی پیمانه صاندم
هوایی فیض یابِ نشوه ایتدم * خروشِ مایی راهِ عشوه ایتدم
گلوب بزمِ سحابه مست و حیران * ندیم خاصّ اولدے فیضِ باران
گوروب مستانه نادۂ زمینی * سیه مست ایلدم طینِ مُبینی
درونِ حبّه‌ده اولدم قدح نوش * اوطوردم آنده نه گون مست و مدهوش
بولوب نشو و نما در ساقِ گندم * درون حنطه‌یی کندیم بگندم
ایدوب ممزوغ نقلِ بادهٔ ناب * گلوب کیموسه اولدم چوق صفا یاب
دمِ غلظتده دُردِ باده اولدم * دمِ رقّتده راحِ ساده اولدم
برے کیموسدن حاصل جگرده * لطیف اولدی دگر صلبِ پدرده
نهایت بادهٔ نطفه اولوب بن * و خمر رحم ایتدم بزمِ مأمن
دوشوب زندان رحمه ساقیا آه * نه قان یوتدم نلر چکدم طقوز ماه
چقوب بو غُربته نه اینسم گرکدر * وطن سمتن طونوب گتسم گرکدر

ولہ ایضًا،

(٤٥١) ساقی نامه‌دن (Vol. IV, pp. 340—341).

اوله ساقی ادیب و صاحب اسرار * مَلَك خو ماه سیما مهر رخسار
اوله طور و اصولِ بزمه عارف * مزاج و مشربِ رندانه واقف
کیمیسی صرف ایچر صهبای نابی * کیمیسی جمع ایدر آتشله آبی
قز اوغلان قز اوله زیّ پسرده * بر اشی اولمیه جنسِ بشرده
ایده عرفانی بنده خاصّ و عامی * ابوسی اولمامق اُمّی و عامی

بهر نوعِ شراب و سازه عالم * عیوب ظاهریدن پاك و سالم
اچیق مشرب شکرلب طاتلی دللی * اون اوچ اون دُرت یاشنده مثللی
اداسندن بوله مجلس شطارت * صداسندن گله رندانه حالت

* * * * * * * * * * *

گومش بازو النده جامِ بللور * عَلَی نُورِ عَلَی نورِ عَلَی نُور
گلنجه ماهوش بزم شرابه * ویره رونق جمالی آفتابه
ایدوب طاوس وش بڭ درلو عشوه * دوکه بزم شرابه رنگِ نشوه

* * * * * * * * * * *

خرام اینسه آیاق اوزره او آفت * قوپه بزم شراب ایچره قیامت
قدح نوش ایلەدکجه چشمِ نازی * شکار ایلر اوچارکن شاه بازی

لیلی خانم،

(٤٥٢) غزل (Vol. IV, pp. 345—346).

قیل مجلسی آماده نه دیرلرسه دیسونلر
ایچ دلبریله باده نه دیرلرسه دیسونلر
عنبر گبی کاکُللرینی بر گیجه عاشق
شمّ ایلدی رویاده نه دیرلرسه دیسونلر
بند ایتدی دلی سلسلهٔ زلفنه دلدار
حالا بن او سوداده نه دیرلرسه دیسونلر
غمی بو گون ایلرسه احبّا بنی تعییب
بر بر چیقار عُقْباده نه دیرلرسه دیسونلر
بو قاره یوزم آق اوله دهٔ روز جزاده
شمدی بکا دنیاده نه دیرلرسه دیسونلر
فرقی نه در عالمده بکا مدح ایله ذمّك
صاغ اولسون احبّاده نه دیرلرسه دیسونلر

ليلى او پرى رويه بر آز عرض خلوص ايت
دوش پاينـه تنهاده نـه ديرلرسه ديسونلـر

و لها ايضًا،

(٤٥٣) غزل .(Vol. IV, p. 346)

ايچ باده‌يى گلشنـده نه ديرلرسه ديسونلر
عالمده سن ايلن ده نه ديرلرسه ديسونلر
شبنم مى صاتير سيلِ سرشكم او جفاجو
گل گبى ايدر خنـده نه ديرلرسه ديسونلر
عاشق قولكڭ صادقكڭ بنـده‌كڭ اى شوخ
تا حشره قدر بنده نه ديرلرسه ديسونلر
گير قوينمه يانكـده اگر وارسه‌ده اغيار
نسنه نه در اوف سنده نه ديرلرسه ديسونلر
ليلى او قمر طلعت ايله ذوق و صفا ايـت
عالمده سن ايلن ده نه ديرلرسه ديسونلر

و لها ايضًا،

(٤٥٤) شرقى .(Vol. IV, p. 347)

پُر آتشم آچدرمه صاقن آغزمى دوگار * ظالم بنى سويلتمه درونمـده نه‌لر وار
بلمزميم ايتدكلركى ايلـه انكـار * ظالم بنى سويلتمه درونمده نه‌لر وار

عشقكله بورك يارەلرم ايشلر اوكلمز * ميدانِ محبّتده بو هجران اونودلمـز
عاشق سكا چوقسه بكا دلبر مى بولنمز * ظالم بنى سويلتمه درونمده نه‌لر وار

بد چهـره رقيبى عجب آدمى صانورسين
بر گون اولور آندن دخى اى شوخ اوصانورسين
ايتدكلركـه نـادم اولورسين اوتانورسين
ظالم بنى سويلتمـه درونمـده نـەلـر وار

هر دردکه بن صبر ایده‌یم شوخِ جهانم • لیلی‌یه جفا عادتڭ اولسون ینه جانم
تأثیر ایدر البت سڭا بو آه و فغانم • ظالم بنی سویلتمه درونمده نه‌لر وار

و لها ایضاً،

(٤٥٥) مخمّس باقی (Vol. IV, pp. 347—348).

بنی سرمست و حیران ایلین اول یارِ جانم در
طراوت بخش ایدن باغه بنم سروِ روانم در
محبّت گلشننده مرغ گوڭلم باغبانم در
رُخڭ عکسیله صحنِ دیده باغِ گلستانم در
خیالِ نخلِ قدّڭ خیلی‌دن خاطر نشانم در

جهانده چشمه زندان اولوبدر سودیگم باغلر
سنڭ عشقڭله پیدا ایتدیگم هپ سینه ده داغلر
فراقڭله گوزم یاشی دمادم صو گبی چاغلر
گوڭل اِکلر غمڭدن دمبدم روح روان آغلر
بو باغڭ چشمه ساری هپ بنم اشكِ روانم در

بلورکن نار عشقڭله بنم حالِ پریشانم
نگاهِ مرحمت قیلمزمیسین ای ورد خندانم
ترحم ایله بر کرّه گوروب بو آه و افغانم
تماشای گل و گلشنده آرام ایله‌مز جانم
سرِ کوینده جانانڭ غرض آرامِ جانم در

لیالِ غمده یاد ایتدکجه بن اول قدِّ شمشادی
اونوتدردی فسانهٔ قصّهٔ مجنون و فرهادی
او رنبه چکدم افلاکه انینِ واهِ فریادی
شرارِ نارِ آهمله سپهرڭ طاس پولادی
دونر هر دم بلا بزمنده جامِ زر نشانم در

گتور هر دم خیالِ خاطره اول چشمِ فتّانی
سرشكڭ وار ایكن یاد ایتمه لیلی بحرِ عمّانی
سنڭ سایه‌ڭده پیدا ایتدیگم درهپ جگر قانی
یاشم دریادر ای باقی ایچنده شاخ مرجانی
خیالِ نخلِ بالاے نهالِ ارغوانم در

ولها ایضاً،

(٤٥٦) مستزاد (Vol. IV, pp. 348—349).

دُنیایی طونشدرمده افلاكه چیقوب آه * یار اولمدی آگاه
حالِ دلِ زاره ینه رحم ایتمدی اول شاه * یاندم بوكه بالله
كاكُللری سوداسی بنی ایلدی مجنون * چشمی ایدوب افسون
دوشدی یكڭدن دشته ینه بو دلِ گمراه * امداد ایده الله
قان آغلیورم یادِ لبڭله ینه جانا * سن طویمدڭ امّا
یوق راهِ محبّتده بڭا هیچ مدد خواه * نه یار و نه همراه
اینسم او مهی كلبهٔ احزانمه دعوت * ایلردی اجابت
بر اولمیه‌جق پرده می آخشاملدی اول ماه * صُبح اولمده ایواه
لیلی‌یی هلاك ایلدی بر گوزلری آهو * بر زلفی سمن بو
اگلنجه بڭا شمدی همان آه سحرگاه * تا صبحه قدر واه

عارف حكمت،

(٤٥٧) غزل (Vol. IV, pp. 355—356).

گلشن كه فیضِ نوریله سیراب در بو شب
هر غنچه بر كلیچهٔ مهتاب در بو شب
بیدار ایدرمی بانگِ نیازم سپیده دم
بختِ سیاه روز گرانخواب در بو شب

مست ایتدی هوشی بزمِ چراغانِ ماهتاب
لاله پیاله ژاله مئِ ناب در بو شب
شام اولکه سیله چرخی چراغ ایتدی ماهتاب
کم زینبِ دوشی فروهٔ سنجاب در بو شب
آئینهٔ جمالِ هنر بختِ تیره در
ظلمت مدارِ تابشِ شبتاب در بو شب
حکمت بو آتشین سخن دلفروزیله
روشن چراغ مجلس احباب در بو شب

و له ایضاً،

(٤٥٨) غزل (Vol. IV, pp. 356—357).

گلگون شرابِ جامِ صفا شرِّ آب در * تنشیطی شرِّ آب دگل سرِّ آب در
عُشّاقی آبِ تیغنه دل تشنه ایلین * سوزِ غمکله سینه ده کی التهاب در
بزمِ امید نشئهٔ عالمده دم بدم * هرکس بر رخیال ایله مستِ شراب در
ماهه قصوری عضو ایده‌لی فیضِ مستعار * معیارِ تربیت نظر آفتاب در
اولمه حضورِ اهلِ هنرده غلط نویس * زیرا غلط مصحّحِ اهلِ حساب در
یك نفخه نه قُبابنی بر دمده محو ایدر * بحرِ حوادث اوزره فلك کم حباب در
چشمم گورردی عالی بر گلستان او دم * عمرڭ بهار موسمی عهدِ شباب در
حکمت شناس کثرت بحث معارفه
خیرِ جلیس گوشهٔ وحدت کتابدر

شناسی،

(٤٥٩) مناجات (Vol. V, pp. 35—36)

حق تعالی عظمت عالمنڭ پادشهی
لا مکان در اولەمز دولتنڭ تختگهی
خاص در ذاتِ الهیسنه مُلْكِ ازلی
بیحدود آنده اولان کوکبهٔ لم یزلی
اثرِ حکمتی در یرلە گوگڭ بنیادی
طولی بوش جمله یدِ قدرتنڭ ایجادی
عزّت و شأننی تقدیس قیلار جمله مَلَك
اکیلور سجده ایدر پیشِ جلالنده فلك
امری اوزره یر ایلر گیجه و گوندز حرکت
دگیشور تازەلنور موسمِ فیض و برکت
پرتوِ رحمتنڭ لمعەسیدر آیلە گونش
تابِ خشمندن آلور آلسه جهنّم آتش
شررِ هیبت علویەسیدر یلدزلر
آنلرڭ شعلەسی گوك قُبّەسنی یالدزلر
کیمی ثابت کیمی سیّار بتقدیرِ قدیر
تڭرینڭ وارلغنه هر بری برهانِ مُنیر
وارلغن بلمه نه حاجت کُرَهٔ عالم ایله
یتر اثباتنه خلق ایلدیگی ذرّه بیله
گورەمز ذاتنی مخلوقنڭ عادی نظری
حِسّ ایدر نورینی امّا که بصیرت بصری

وحدتِ ذاتنه عقلجه شهادت لازم
جان و گوكلمله مناجات و عبادت لازم
نشئهٔ شوق ایله آیاتنه طاپمق دیلرم
اكله وار خالقمه غیری نه یاپمق دیلرم
ای شناسی ایچمی خوفِ الهی داغلر
صورتم گرچه گولر قلب وگوزم قان آغلر
ایدر عصیانمه گوكلمده ندامت غلبه
نیلهیم یوز بولهمم یأس ایله عفو طلبه
نه دیدم توبهلر اولسون بوده فعلِ شَر در
بنم عذرم گنهمدن ایكی قات بدتر در
نورِ رحمت نیه گولدرمیه. روے سِیَهِم
تكرینكك مغفرتندنده بیوكی گُنَهِم
بی نهایه كرمی عالمه شاملی دگل
یوقسه عالمده قولی عالمه داخلی دگل
قولنكك ضعفنه نسبت چوغیسه نقصانی
یا آنكك قهرینه غالبمی دگل احسانی
سَهْو ینه اولدے سبب عجزِ طبیعی قولنكك
هم او در عالمِ معنیده شفیعی قولنكك
بنی عفو ایلمكه فضلِ الهیسی یتر
صانمه حاشا كرم نامتناهیسی بِتر

و له ایضًا،

چقدی بر باغكك ایچندن بوله بر یاشلو حمار
نقل ایچون بلده یه یوكلنمش ایدی روی نگار

دیرکن آچ قارنینه بر تلکی گورنجه گلدی
بویله بر تازه‌اوزوم حسرتی بغرین دلدی
اونه‌کی چفته‌یی آتدی بو یانشدقجه بر آز
صکره لیکن آرادن قالقدی بتون ناز و نیاز

(تلکی)

گلسه‌م اولمزمی حضوره آبنم آرسلانم
تا یقیندن باقه‌یم حسنکزه حیرانم
دائم اولسون بگمك سایهٔ لطف و کرمی
گل بتر باصدیغی یرلرده مبارك قدمی
بگزر اول خوش قوقولو قویروغی اعلا مسکه
قوقلرم بورونمه اورمزسه افندم فسکه
ایلر عرفانی ایما او سخنگو گوزلر
یاقشور آغزینه موزون و مقفّی سوزلر
اشك افراطِ نشاطندن آگردی دیرکن
صانکه قارپوز قابوغی گوردی یاخود تازه دِکن

(تلکی)

جانمه ایشلدی گتدی بو فرحناك هوا
سز سکوت اینسه‌کز امّا بینه وار بشقه صفا
چونکه بلبل ایشدوب نغمه‌کزی سرقت ایدر
چاغرر بلکه گلیر دگله‌ینه حزن و کدر
تلکی بویله نیجه دللر دوکه‌رك ذوق ایتدی
اشگی بر قیونك باشنه‌دك سوق ایتدی

(تلکی)

بوراده بر گوزل آخور ایله یملك وار در
نه ایلیه‌م یوکله گرلمز قپوسی پك طار در

اویویوب تاتلی گبی ذوق و صفا چوق آنده
صو ایچوب یم یه‌دن غیری جفا یوق آنده
آنده ساکن دیشیلرده او لطافت بشقه
هله بر کره باقڭ دوشمیه‌ڭ امّا عشقه
یاقلشنجه اشك آیینهٔ آبه باقدی
یوزی عکسی سزه‌رك آغزی صویی پك آقدی

(اشك)

واقعا گورمه‌ده‌یم دلبر و نازك بر باش

(تلکی)

چاغرڭ تیز آنی گلسون سزه اولسون اویناش
بورایه گل دیه فریاد ایده‌رك طاشدی حمار
قیودن عکسِ صداسن ایشدوب شاشدی حمار

(تلکی)

گوردیگڭزی سزی شمدی ایدیورلر دعوت
بو ضیافتده عجب یوقمی بکا بر خدمت
بونده قالسون یوکگز تك اینکز سز آشاغی
آرقه‌گزدن گلرم اولمغه طویله اوشاغی
اشك آندی بوکنی برلره کندین قیویه
تلکی میرات یدی تا آکا رحمت اوقویه

و له ایضاً،

(٤٦١) عرضِ محبت (Vol. V, pp. 38—39).

اشی یوق بر گوزلی سودی بگندی گوڭلم
قیصقانور کندی گوزمدن یینه کندی گوڭلم
سینه‌سنده یاقشور اول ممه‌لر کیم گویا
بر فدان اوزره ایکی قار طوپی اولمش پیدا

گاهی حسرت ایکن اول سینه‌یه سینه‌م قاووشور
صانمه گوکلمده اولان دردِ محبّت صاوشور
یاسمیندن بیله نازك در او بوی و بوس آنده
صارمشق واری صارلسه‌م آکیلیر اول آنده
جاندن اُلفت ایده‌لو اویله جوان دلبر ایله
ایستمم غیریسنی حور و ملك اولسه بیله
مست اولوب نشئهٔ شهوتله او گوزلر بایپلیر
سرپنجه یوزینه گوز یاشم امّا آیپلیر
باغرم ایرمزی سوزلدکجه او بایغین گوزلر
بنی امرندرر آغزنده‌کی طاتلو سوزلر
کندی حسنندن اوتانمش ده قزارمش یناغی
یوزن اورتوب قاپه‌مش صاچلری باشدن آشاغی
اوغرادم زلفی خیالیله قرا سودایه
بویله مجنون دخی دوشکونمی ایدی لیلایه
جان چکشمکدن ایسه جانمی ویرسه‌م باری
جان فدا ایلمه بر ایشمی سونجه یاره
بن شهید اولمه‌دن عشقیله مزارم قازه‌یم
طاشمی گوزلرمك قانلو یاشیله یازه‌یم

ولـه ایضاً،

(٤٦٢) تناسخ حکایتی (Vol. V, p. 39).

یاپمه بر فیلسوف نا مشهور * کندینی زعم ایدردے فیثاغور
اعتقادے تناسخِ ارواح * اعتمادے تفسّخ اشباه
دیدی کیم قوبروغی دیکن حیوان * بولور البتّه صورت انسان
دکلیوب بر سخنور اول اوکوزی * آغزینه طِقدی اوت گبی بو سوزی
نصل ایتمم بو مذهبه ایمان * سن اولورکن نمونه و برهان

و له ایضًا،

(٤٦٣) بر مصوّرڭ زوجه سنه خطاب در .(Vol. V, p. 39)

سزادر گوڭلمه ایتسهم خیالِ صورتڭ ارقام
نته کم لوحه‌یه روی مالك تصویر ایدر رسّام
عجب نورِ جمالڭمی یاخود حسنِ خصالڭمی
دلِ اهلِ تماشایه ایدن فکرِ مُنیرِ الهام

و له ایضًا،

(٤٦٤) قطعه .(Vol. V, p. 40)

گورن صاچڭ آراسندن یوزڭ پارلدیسنی
صانور که قرا بلودڭ ایچنده گون طوغمش
یانکه قان ایله یاش ایچره قالدیغم گوروب ال
دیمزمی کیم برینی صو قیزی صویه بوغمش

و له ایضًا،

(٤٦٥) رباعی .(Vol. V, p. 40)

زینتِ روضهٔ جنّت ایده حق عزّ وجل
میوهٔ قلبڭی کیم خاکه قودی دستِ اجل
نه اجل بگزر او ربجه کیم اسوب نا بمحل
قوپارر غنچه‌یی نخلندن ایدر وقفِ وحل

و له ایضًا،

(٤٦٦) بیت .(Vol. V, p. 40)

وارلغم خالقمڭ وارلغنه شاهد در * غیری برهانِ قوی وار ایسه ده زائد در

و له ایضًا،

(٤٦٧) پارسده نظم اولندی .(Vol. V, p. 40)

١٤ نه غم اوچوب وطنمدن بعید دوشدم سه * یاپار غریب قوشڭ آشیاننی الله

ضيا پاشا،

(٤٦٨) ترجيع بند (Vol. V, pp. 87—95).

بو كارگاهِ صُنْعِ عجب درسخانه در * هر نقشی بر كتابِ لَدُنْدن نشانه در
گردون بر آسيابِ فلاكت مدار در * گويا ايچنده آدمِ آواره دانه در
مانندِ ديو بچه‌لرين التقام ايدر * كهنه رباطِ دهر عجب آشيانه در
تحقيق اولنسه نقشِ تماثيلِ كائنات * يا خواب و يا خيال و ياخود بر فسانه در
مُنجّر اولور اُمورِ جهان بر نهايته * صيفڭ شتايه ميلی بهارڭ خزانه در
كسبِ يقينه آدم ايچون يوقدر احتمال * هر اعتقاد عقله گوره غائبانه در
يا رب ندر بو كشمكشِ درده احتياج * انسانڭ احتياجی كه بر لقمه نانه در
يوقدر سپهر بو قُبّهٔ فيروزه فامده * ذرّات جمله تيرِ قضايه نشانه در
اصلِ مرادِ حكمِ ازل بولمه‌ده وجود * ظاهرده كی صواب و خطا هپ بهانه در
بر فاعلڭ مآثريدر جمله حادثات * نه اقتضای چرخ و نه حكمِ زمانه در

سُبْحَانَ مَنْ تَحَيَّرَ فِی صُنْعِهِ ٱلْعُقُول
سُبْحَانَ مَنْ بِقُدْرَتِهِ يَعْجِزُ ٱلْفُحُول

اجرامِ بی نهايه ايله پُر در آسمان
نسبت اولنسه ذرّه دگلدر بو خاكدان
بيڭ شمس تابدار و هزاران مه مُنير
يوز بيڭ ثوابت و نيجه سيّارهٔ عيان
هر شمس ايدر توابع مخصوصه‌سيله سير
هر تابعه توابع اخری ايدر قران
هر شمس ايدر لواحقنه نشرِ فيض خاصّ
هر لاحقڭ طبيعتی امثالنه نهان
هر جمله مركزنده ايدر سير بی وقوف
هر قطعه مِحْوَرنده بولور فيضِ جاودان

هر جملهٔ وسیعه‌ده مبسوط بیڭ وجود
هر قطعهٔ فسیحه‌ده مشهود بیڭ جهان
هر بر وجود مصدر اولور بیڭ وجود ایچون
هر بر جهان هزار جهاندن ویرر نشان
هر ذرّه‌ده طریقهٔ مخصوصه اوزره فیض
هر جسمده طبیعت مخصوصه اوزره جان
هر عالمڭ سنین و تواریخی مختلف
هر بر زمینده بشقه حساب اوزره در زمان
پیوسته در سواحلی گرداب حیرتـه
بر بحر در که حاصلی بو بحر بیکران
سُبْحَانَ مَنْ تَحَيَّرَ فِي صُنْعِهِ ٱلْعُقُول
سُبْحَانَ مَنْ بِقُدْرَتِهِ يَعْجِزُ ٱلْفُحُول

بر ذرّه در که ذرّهٔ تا منتهای خاك * بر ذرّه خارجه ایده‌مز آندن انفکاك
لُبّی لهیب نار ایله بر گوی آتشین * قشری مجاریٔ یم و نهر ایله چاکچاك
نسبتله قشری حجمنه اول لُبِّ آتشڭ * شول قبّه در که فرش اولنه آنده برگِ تاك
بو قشر در که جملهٔ حیوانه روز وشب * احضارِ رزق و توشه ایچون ایلر انهماك
گاهی تنفّس ایلیجك اژدرِ زمین * کوهِ شرر فشانلر ایدر ارضی لرزه‌ناك
اول ذرّهٔ جسیمه‌یی فانوس شمع وار * اولمش محیط توده بتوده نسیمِ پاك
کیم روز و شب او سفرهٔ عالم شمولدن * هر نفس رزقن آلمده بر وَجْهِ اشتراك
بو نقطه در یمین و شمالی بیان ایدن * ایلر جهانه عقل بو مرکزدن انسلاك
ذرّات کون بونده بولور نشوهٔ حیات * افـرادِ خلق بونـده چکر جُرعهٔ هلاك
خُشْپیدهٔ فراشِ امانـدر نفوس هپ * برطوپ شعله‌ناکده بی قید و همّ و باك
سُبْحَانَ مَنْ تَحَيَّرَ فِي صُنْعِهِ ٱلْعُقُول
سُبْحَانَ مَنْ بِقُدْرَتِهِ يَعْجِزُ ٱلْفُحُول

دندان شیره لقمه اولور آهوانِ زار * برگوسفندی طعمه قیلر گرگِ جانشکار

بی جُرْم ایکن غذای عناکب اولور مگس * معصوم ایکن کبوتری شاهین ایدر شکار
عاجز ایکن عقابه گرفتار اولور کشف * غوك ضعیفی قوت ایدینور بی وسیله مار
بی جنحه ماکیان بچه‌یی چاك ایدر زغن * بی سابقه دوپاره ایدر موشی موشخوار
گُنجشكِ زاری باشهٔ پرّان هلاك ایدر * ایلر تذروی پنچهٔ غدرنده باز خوار
مارِ زمینه لقمه اولور مرغ تیز پر * مرغ هوایه طعمه اولور ماهیٔ بحار
غوّاصی حرصِ گوهر ایدر لقمهٔ نهنگ * کبکی امیدِ دانه ایدر تلّه‌یه شکار
دُردانهٔ درونی ایچون چاك اولور صدف * آوازیدر قفسده ایدن بلبلی نزار
بید سترگ هلاکنه خایه اولور سبب * قتلِ سمورِ زاره اولور پوستی مدار
غالب زبونی قاعده در ایلمك تلف * برده هواده بحرده جاری بو گیر و دار

سُبْحَانَ مَنْ تَحَيَّرَ فِي صُنْعِهِ ٱلْعُقُولُ
سُبْحَانَ مَنْ بِقُدْرَتِهِ يَعْجِزُ ٱلْفُحُولُ

گه آفتاب و گاهی کواکب گهی جماد
اولدی الٰهِ معتقدِ زمرهٔ عباد
گه عجل و گاه آتش و یزدان و اهرمن
گه نور و ظلمت اولدی قضایای اعتقاد
عقل و جمال و عشق اله اولدی بر زمان
بُتلرله طولدی بر نیجه ییل جملهٔ بلاد
انجام ایردی نوبتِ توحیدِ ذاتِ حق
گلدی ظهوره بونده ده بیك فتنه بیك فساد
گه عین و گاه غیر صانوب خلق و خالقی
گه جمعه گاه فرقه عقول ایتدی اعتماد
اولدی هزار ذات دینوب که صفاته عین
بر اصلده گهی نیجه اصل ایتدی اتّحاد
هر شخص نفس عنصرینه نسبت ایلیوب
عقلنجه بر الٰهِ مشخّص ایدر مراد

یکدیگره نه رتبه مخالفسه شخص و عقل
عالمده اولقدر مختلفدر اعتقاد
حکمت بو درکه آخرینه خصم اولور بیلوب
هر قوم کندی مسلکنی منهج سداد
امّا بو اختلاف ایله مقصودی جمله‌نک
بر خالقه خلوص ایله ایتمکدر انقیاد
سُبْحَانَ مَنْ تَحَيَّرَ فِي صُنْعِهِ الْعُقُولُ
سُبْحَانَ مَنْ بِقُدْرَتِهِ يَعْجِزُ الْفُحُولُ
گللر گولر فغانله گچر عُمْرِ عندلیب
بیمارِ احتضارده اُجْرَت دیلر طبیب
مانندِ لاشه نعش توانگر ذلیل و خوار
کرگس مثال وارث و غسّالِ ناشکیب
بالینِ نازه خواجهٔ شهر ایلر اتّکا
خاکِ مذلّت اوزره یاتور آچ بر غریب
پرتو فروزِ بزمِ طرب شمعِ خنده ریز
پروانهٔ شکسته پَر افتادهٔ لهیب
ثوم و بصل چو نرگس و لاله گشاده لب
محبوسِ کُنْجِ محفظهٔ تنگناده طیب
بستر نوازِ عزّ و صفا احمقِ خسیس
کُلْخن نشینِ ذلّ و هوانِ عاقلِ حسیب
گه دولتِ جهاندن ایدر جهل بهره یاب
گه لقمهٔ عشادن ایدر عقل بی نصیب
مقبولِ بزمِ صحبت اولور مُفْسِدِ لئیم
منفورِ طبعِ عالَم اولور ناصحِ مصیب

گاهی محقّرِ جُهَلاَ شاعرِ بلیغ
گاهی مسخّرِ حُمَقَا فاضلِ ادیب
بر عاجزڭ معیشتی نقصان پذیر اولور
بر ظالمڭ اموری ایدر کسب فرّ و زیب
سُبْحَانَ مَنْ تَحَیَّرَ فِی صُنْعِهِ ٱلْعُقُول
سُبْحَانَ مَنْ بِقُدْرَتِهِ یَعْجِزُ ٱلْفُحُول

یا رب نه‌در بو دهرده هر مردِ ذو فنون
اولمش بلای عقل ایله آرامدن مصون
یا رب نیچون بو عرصه‌ده هر شخصِ عارفڭ
مقدارِ فضلنه گوره دردی اولور فزون
هر قنغی سویه عطفِ نگاه اینسه بی حضور
هر قنغی شیئه صرفِ خیال اینسه عقلی دون
ممکنمیدر حقیقتِ اشیایه وزن و درك
میزان عقله دِرْهَمِ تعدیل ایکن ظنون
گنجینهٔ بصیرت اولورمی بو عجز ایله
حیثیّتِ حوادث و کیفیّت شئون
گویا که بونجه محنت و غم آز گلوب اولور
برده تحکّم جُهَلاَ ایله بغری خون
بیلممکه مقتضای نظامِ جهانمیدر
دائم جهانده جاهل اولور مسعدت نمون
جاری جهان جهان اوله‌لیدر بو قاعده
بر احمق دنی‌یه اولور اهل دل زبون
نادان فرازِ عزّ و سعادتده سرفراز
٢٤ دانا حضیضِ عجز و مذلّتده سرنگون

نادانی کامپرور ایدر طالعِ بلند
اهلِ کمالی سائل ایدر بختِ واژگون
سُبْحَانَ مَنْ تَحَيَّرَ فِي صُنْعِهِ ٱلْعُقُول
سُبْحَانَ مَنْ بِقُدْرَتِهِ يَعْجِزُ ٱلْفُحُول

دوشدی خدا نعیمِ صفادن ابو البشر ٭ اولدی خلیله تجربه‌گه گردنِ پسر
یعقوبی قیلدی فرقتِ فرزند اشکبار ٭ اولدی جنابِ یوسفه چاهِ بلا مقر
ایّوبی علّتِ بدن ایکلتدی زار زار ٭ منشاره ایلدی ذکریّا فدای سر
باشی کسلدی غدریله یحیای مُرْسَلک ٭ دوشدی هزار محنته عیسیٰ بی پدر
طائفهٔ نعلی لعله دونوب اولدی هم شکست ٭ یومِ اُحُدده دُرّهٔ ناب پیامبر
طاش باغلادی مجاعه ایله بطنِ پاکنه ٭ دنیایه رغبت ایلمدی سیّد البشر
تأثیرِ سمله ایلدی صدّیق ارتحال ٭ اولدی شهیدِ تیغ قضا عاقبت عمر
انجام ایردی جامعِ قرآن شهادته ٭ آخر جنابِ حیدره ده ایتدی تیغ اثر
مسموماً ایتدی ذاتِ حسن عدنه انتقال ٭ مظلوماً اولدی شاهِ شهیدان بُریده سر
هر کیمده عشقی غالب ایسه قرب حضرته ٭ اول دکلو آنده درد و بلادر فزونتر
سُبْحَانَ مَنْ تَحَيَّرَ فِي صُنْعِهِ ٱلْعُقُول
سُبْحَانَ مَنْ بِقُدْرَتِهِ يَعْجِزُ ٱلْفُحُول

کیمدر بو عجزی خاص قیلان نوعِ آدمه ٭ کیمدر بو نوعی اشرف ایدن جمله عالمه
شیطان و نفسی کیمدر ایدن آلت شرور ٭ کیمدر قویان زبونِ هوایی جهنّمه
منصوری کیم دوشردی انا الحق دیارینه ٭ کیم ویردی حکم قتلی ایچون شرع اکرمه
کیمدر شرابی حرمت ایله تلخکام ایدن ٭ اعمالِ جام و باده‌یی کیم اوگردن جمه
کیمدر یهودی منکرِ اعجازِ حقّ ایدن ٭ کیمدر مسیحی نفخ قیلان ذات مریمه
کیمدر ویرن جسارتِ شرّ و فضاحتی ٭ سفیانه جعده‌یه شمره ابنِ مُلْجَمَه
کیمدر نصیر طوسی هلاکویه سوق ایدن ٭ مستعصمی کیم ایتدی قرین ابنِ علقمه
کیمدر ویرن علیله تداوی‌یه احتیاج ٭ کیمدر قویان مزیّت اصلاحی مرهمه
زنبور کیمدن ایلدی تحصیلِ هندسه ٭ بلبللره کیم ایلدی تعلیم زمزمه

کیمدر بو کارگاهه چکن پردهٔ خفا * کیمدر ویرن تصوّر تفتیش آدمه
سُبْحَانَ مَنْ تَحَيَّرَ فِي صُنْعِهِ الْعُقُول
سُبْحَانَ مَنْ بِقُدْرَتِهِ يَعْجِزُ الْفُحُول
ایتمش کیمیسی راحتن اقبال ایچون فدا * اولمش کیمی بلیّهٔ ادبـاره مبتـلا
اولمش کیمی توانگر دوران ایکن ذلیل * اولمش کیمنه دولتی سرمایـهٔ عنـا
طوپلر کیمیسی وارث و حادث ایچون نقود * ایلر کیمیسی ثروت ایچون عمرینی هبا
دوشمش کیمی تجسّسِ کبریتِ احمره * اولمش کیمنه موجبِ افـلاس کیمیا
ایتمش کیمی حریصِ قتال آرزوی شان * قیلمش طمع کیمیسنی جاندادهٔ وغا
اولمش کیمی مسخّر افسونِ چشمِ یار * اولمش کیمی مقیّـد گیسوی دلرُبا
ایتمش هوای لاله کیمی داغدار غم * اولمش کیمنـه دردِ گل و یاسمن بلا
تفریق ایچون کیمیسی اوقور رقیهٔ فسون * تسخیر ایچون کیمیسی یازار نسخهٔ دعا
اولمش کیمی صفا ایله رند پیاله کش * اولمش کیمیسی حرص ایله افتادهٔ ریا
ایتمش خلاصه بر امل خاص بی لزوم * هر شخص حرّی قیدِ اسارتلـه مُبتلا
سُبْحَانَ مَنْ تَحَيَّرَ فِي صُنْعِهِ الْعُقُول
سُبْحَانَ مَنْ بِقُدْرَتِهِ يَعْجِزُ الْفُحُول

مظلومه ظالم ایلر ایکن ظلم و غدر وآل
کارنـده آثم اولدیغنی ایلمـز خیـال
اموال خلقی سارق آلوب سارقم دیمـز
قاتل وبالِ قتلـه دخی ویرمـز احتمال
بر وجهِ حق بیان ایـدر البتّه فعلنـه
هر قنغیسندن ایلر ایسک ابروجه سؤال
بر مملکتـده صلب اولنور قاطعِ طریق
بر یرده موجبِ شرف و فخر اولور بو حال
بر بلـده ده حجاب زنان عیب اولور بنه
بر شهرده بو حالت اولور باعث جمال

مشرب اولور شرابه ایچوب حرمتن بیلور
مذهب اولور حقوقِ عبادی گورر حلال
بر عاقل مسلّم الاطواره محرم اول
مشوار و طوربنی نظرِ اعتباره آل
سیر ایت نه‌دکلو وضعِ غریبی ایدر ظهور
کیم هر بری جنونه اولور بشقه بشقه دال
وا بسته در خیالنه افعالی هر کسک
کیمسه امورینه ایده‌مز نسبت حلال
عقد جنونی باطل و حقّی بیان ایچون
یوقدر جهانده حیف که میزان اعتدال

سُبْحَانَ مَنْ تَحَيَّرَ فِي صُنْعِهِ الْعُقُولُ
سُبْحَانَ مَنْ بِقُدْرَتِهِ يَعْجِزُ الْفُحُولُ

ایلر صباح شامی و لیلی بهار ایدر • صیفی قیلر شتا و خزانی بهار ایدر
نزع حیات حیّ ایدر اموانه جان ویرر • ایلر غباری آدم و جسمی غبار ایدر
جسم خلیله ناری ایدر نور قدرتی • نوری کلیمه حکمتی همرنگ نار ایدر
لیلئ حُسْنی چشمنه شیرین گوستروب • فرهادی درد عشقیله مجنون زار ایدر
دملرجه بر طمعله قیلر قلبی بی حضور • ییللرجه بر امله دلی بیقرار ایدر
بر ملکی بر حریص ستمکار ایچون ییقر • بر قومی بر منافق ایله تار مار ایدر
بر جسمی عزّ و نازیله صد سال بسلیوب • انجامِ کار پنجهٔ مرگه شکار ایدر
یوز ییلده بر وجودی قیلوب گنجِ معرفت • آخر برین نشیمن خاکِ مزار ایدر
عارف اودر که معترفِ عجز اولوب ضیا • بو حادثاتِ جاریه‌دن اعتبار ایدر
ملکنده حقّ تصرّف ایدر کیف ما یشاء • استرسه گونی یوق ایدر استرسه وار ایدر

سُبْحَانَ مَنْ تَحَيَّرَ فِي صُنْعِهِ الْعُقُولُ
سُبْحَانَ مَنْ بِقُدْرَتِهِ يَعْجِزُ الْفُحُولُ (فی محرّم ١٢٧٦)

و له ایضاً،

(۴۶۹) شرقی (Vol. V, pp. 95—96).

اقشام اولور گونش گیدر شمدی بورادن
غریب غریب قوال چالار چوبان درەدن
بك كورپەسین اسرگەسون سنی برادن
گیر سوری‌یه قورت قاپمسون گل قوزوجغم
صگره یاردن آیرلیرسین آه یاورىجغم

چونكه مولام قول ایلدی سگا اوزمی
باصدیغگ یرلره سورسەم یوزم گوزمی
اویمه اغیارگ فندینه دگله سوزمی
گیر سوری‌یه قورت قاپمسون گل قوزوجغم
صگره یاردن آیرلیرسین آه یاورىجغم

طاغلری دومان بوریدی اغیار سچلمز
آوجی یولده دوزاق قورمش یاره كچلمز
وفاسزگ مجلسنده باده ایچلمز
گیر سوری یه قورت قاپمسون گل قوزوجغم
صگره یاردن ایرلیرسین آه یاورىجغم

و له ایضاً،

(۴۷۰) ظفرنامەدن (Vol. V, pp. 96—111).

حبّذا نصرِ همایونِ بدیع الاحوال
نعمذا فتحِ بشارت عَلَمِ فرّخ فال
دیسه عقبی‌ده سزا غبطه ایله رستم زال
بارك الله زهی كوكبهٔ عالِ العال
لوحش الله عجب نصرت و فیض و اقبال

اشته تأریخ سلف لازم ایسه بحث ایتمك
سطحِ عالمده نیجه معرکه گچدی گرچك
بونی دیر متّفقاً پرده بشر گوکده ملك
حق بو کیم گورمدی آغاز ایدهلی دوره فلك
بویله بر فتح و ظفر بویله شکوه و اجلال

بر گوکه گوکده بره ایلدی دهشتله نگاه
حیرتندن آرادی هر بری بر جای پناه
ایتدی سکّانِ سماوات و زمین ناله و آه
لرزه صالدی فلکه نعرهٔ حیّاك الله
رعشه و یردی کرهیه غلغلهٔ یا متعال

ایدهلم دقّت ایله جمله تواریخه نظر
مطلعِ شرقدن اقصای اقالیمه قدر
گرچه گلدی نیجه صاحب حشم و فتح و ظفر
کیمسهلر اولمدی بو فتحِ مُبینه مظهر
نه سکندر نه هلاگو نه سزار و آنیبال

* * * * * * * *

موج اوروپ قندیه بُرجنده مظفّر علمی
اوروپا اولدی دل آشفتهٔ حُسْنِ رقمی
چونکه برخدمت ایدی دولتنه ملتزمی
گریدی آلدی گرو همّتِ سیف و قلمی
خلقنه گلمش ایکن داعیهٔ استقلال

دولتی حُسْنِ اداره ایسه مقصود و مراد
آکا پك مانع ایمش کثرتِ امصار و بلاد

ایتدی بو قاعدهٔ حکمتی کندے ایجاد
دولتی ایلدی بر اویله بلادن آزاد
یوقسه پك مشکل اولوردی شو زمانك احوال

صحاجق خلوت ایکن جاریه‌لر ایله برے
طرفه گویالق ایدرکن گیجه‌لر بنده‌لری
بی سبب ترك ایدرك بویله حضور حضری
اختیار ایلدی بو قیشده شو شکل سفری
یوقسه کیم ایتمش ایدی کندیسنی استثقال

* * * * * * * * *

یگرمی بش قطعه سفینه ایدی حکمنده فیدل
طوندی بر روم واپورك بر سنه اقدامه بدل
هیچ بحریّه‌دن آگاه دگلکن اوّل
ویرمدی آبلوقه‌ده شانِ دونمایه خلل
انگلیز دولتنه اولسه سزادر آمرال

* * * * * * * * *

ذات حیدر شیمی عزم ایده‌لی بو سفره
باش کسرلر قیلیجی نامنه جمله کفره
ویرمدی رخصتِ تعقیبِ عدو بر نفره
اقتفا ایلدی العَفْوُ ذکوة الظفره
ایتمدے طائفهٔ باغیه‌یی استیصال
گرچه هر فنده مسلّم در او صدرك ذاتی
علم انشاده خصوصی ایله معلوماتی
بشقه دعواده بولنمز دیه‌لم اثباتی
یا او تقریر که تفصیل ایدر اجرا آتی
حسن تعبیر و بلاغتده بولنمز امثال

سيرينه گوز ايرەمز كلكِ هنر جامەسنڭ
نور معنى اوزرنده طولاشور هامەسنڭ
اوقو بو بيتنى دقّتله ظفر نامەسنڭ
زلفِ يارە طوقنور مسئلەدە خامەسنڭ
تارِ معنى دوكيلور پاينە قنغال قنغال

نه يزارسه اولور اطراسنه مجبور جهان
نه پيارسه ايدر البتّه تعجّب انسان
يا نصل اولمسون آثارينه آدم حيران
يازديغى شيلره ممتاز و فؤاد آلقش خوان
گورديگى ايشلره تقويم و جريده دلّال

* * * * * * * * *

بر ايشى يا پمغى ذهننده اگر بيلر ايسه
آنى اجرا ايدر البت نه ايدر نيلر ايسه
اولبور خارجِ امكان صانيلان شيلر ايسه
اويله بر قدرتە مالك كه بمراد ايلر ايسه
گورينور صورتِ امكانده نيجه امر محال

* * * * * * * * * *

شهِ دوران ايله يوق بيننه حائل پرده
ياد اولنمز شو قدر وار كه آدى منبرده
يوقسه اول رتبه بورر حكمى كه هر بر يرده
پادشاهڭ آدى وار در ياالكز ديللردە
ذاتيدر تخت حكومتده حقيقى فعّال

* * * * * * * * * * *

قتلِ واليه ويروب شامده دولت حكمى
قيلدى تأليفِ مُعاداتِ رعيّت حكمى

ویردی لبنانده نصارایه امارت حکمی
مصرده ایلدی تغییرِ وراثت حکمی
ایتدی بر یوز باشی‌یی مملکتن اوزره قرال

ترکِ املاک ایدوب اسلامدن اون بیک خانه
هجرت ایتمشدی اطاعت ایدرك فرمانه
شرط ایدوب رکز علم ایتمگی قهّارانه
بلغراد قلعه‌سن احسان ایله صربستانه
دولتك قیلدی تمامیّتنی استکمال

کتری نصح بلاغت اثری قویدی یوله
صاله‌مز غیری مقدّمکی گبی صاغه صوله
اویله مأمنده نه حاجت اوله‌جق قاره قوله
قاره طاغ قُلّه‌لرین ییقدی ایسه حکمی نوله
پشّه توفیقِ خدا ایله ایدر قلع جبال

عزمنه یاور اولور ایسه اگر قصدِ خدا
قبطیان جابی اولور مسندِ صدرِ والا
یالگز ایتدی یهودیلر ایچون استثنا
رومدن ارمنیدن یاپدی مشیر و بالا
ایلدی رسمِ مساواتِ حقوقی اکمال

* * * * * * * * *

شامده نام براقمقسه فؤادك کامی
قتل عامّ ایتمگه حاجت نه ایدی اسلامی
اینسه تقلید یتشمزمی او نیک انجامی
بویله ایش گورملی ابقا ایسه مقصد نامی
نه روا شهرت ایچون زمزمه اولمق بوّال

* * * * * * * * *

اولمز فارسِ اقبالە یورتمك اغرب
سوطِ غیرت ایلە دیواری مثال مرکب
آز زمانده شو قدر فیضه نه در بشقه سبب
اسبِ دولت بو ترقیده گیدرمیدی عجب
اولمسە همتی مهمیز زنِ استعجال

* * * * * * * * *

حرمِ خاصنه داخل اولەمزلر اجلاف
علمانك ایدر آمالنی دائم اسعاف
ایلمز نسلِ رسولی علنا استخفاف
اویله دستور معظم کە نقیب الاشراف
گلسە گر مجلسنە جایی اولور صفّ نعال

* * * * * * * * *

گچدی شهرتده ملوك عرب و ایرانی
اتخاذ ایلدی القاب حکمدارانی
مونیتورلردە «صون آلتس» یازیلور عنوانی
چوقمیدر اوروپایە گتسە عقابِ شانی
بکفوزە گگبوزەدن گلسە عجبمی قرتال

مظهر اولسە غضبِ پاکنە شیرِ نره
دهشتندن طاغیلور جسمی مثالِ ذرّه
موذیات اولمسون آسایشِ حالە غرّه
قهرنیە اوغرامدی اوغراسەلر بر کرّه
نە طوانلردە گزر فارە نە طاغلردە چقال

* * * * * * * * *

نفرتی اولسه‌ده فاضللره اول کامورکُ
اوغلنی تربیه ایتمك گبی در بر پدرکُ
یوقسه تمییز ایدر بیننی شاب و شکرکُ
خانمانی ییقیلوردی نیجه اهلِ هنرکُ
جانب عفوه اگر اولمسه طبعی میّال

* * * * * * * * *

بوزدی اخلاقنی هپ ملّتِ عثمانیّه
قالمدی کیمسه‌ده هیچ غیرت عثمانیّه
گندی اسکی شرف و شوکت عثمانیّه
گیردی بر حالته کیم دولت عثمانیّه
حسّ اولنمز گبی در شائبهٔ اضمحلال

گرچه پك چوق هنر استر بوغی وار گوسترمك
آنی دوزمکدن ایناندرمسی مشکل در پك
ایلدی خیلی وقوعاتده یاردم گرچك
نه درایت بو که یگرمی سنه در وعد ایدرك
آلدادوب اوروپایی عالی ایتدكُ اغفال

اولدی مغلوب و مسخّر سکّا سلطان جهان
نیجه ییل ایتدكُ آنكُ نامنه حکم و فرمان
نقدر فکر تعجّب ایدیلورسه شایان
بو نه طالع که جهان خصمكُ ایکن بونجه زمان
مستقلّاً اوله‌سكُ تخت نشین اقبال

وعدِ اصلاحه دخی ایلمیوب امنیّت
حکمت آمیز اولان افعالی صائورلر جنّت

هر بلایی سکا بالذّات ایدرلر نسبت
مسلمان لعنت ایدر غیر مسلمان لعنت
کیسه‌لر قیمتکی بیلمدی حالا بو نه حال

. . . .

اوله‌رق مسنندِ شیمهٔ عفو و صفحک
نعتکی فاضل ایدر خیری قولکه شرحک
گنج ایکن سویله‌مشدی ینه ذمّ و قدحک
فاضل پیره عته گلسه‌ده سوبلر مدحک
صوی کوپك قالمسه‌ده دیشلری طورمز بطّال

. . . .

یأس و حرمان ایله بکْزم صراروب صولمش ایدی
اهلِ مطلوب صاچمله صقالم یولمش ایدی
غالبا محنت ایله جلّه دخی طولمش ایدی
منتصرّفلغه بر قطعه سبب اولمش ایدی
بو قصیده‌م بنی واِلیلگه ایلر ایصال
نته کیم شهر مایس طبّجه شفا موسمیدر
اهل حاجاته سحر وقتی صفا موسمیدر
ایده‌لم صدق ایله مولایه رجا موسمیدر
یتر ای خامه قو تصدیعی دعا موسمیدر
طوت یوزك قبله‌یه آچ باشکی با صفوت بال
تاکه آتشده بوله مرغ سمندر مأوی
ایده خاکستری ققنوسی دمادم احیا
گوستره نسرِ فلك جنبشِ پرواز نما
تاکه پرواز ایده آفاقده سیمرغ و هما
کبكِ دارانی چاك ایتمیه شاهین زوال

اولمیوب کندیسی آزرده دلِ بود نبود
قیلـه حق کندینی وارستهٔ تعریضِ حسود
قد مطبوعی یونیجه اولـه ظلّی ممـدود
لطف و احسانی گبی عمری اوله نـا معدود
دین و ایمانی قدر کسب ایده فیض و اقبال

بو عثمانلی اشعاری تأریخنڭ مؤلّفی اولان مرحوم جون الیاس ولکنسون گیب افندینڭ وفاتندن اشبو جلد اخیر انجام پذیر اولنجه‌یه دگین تمامًا یدی سنه مرور ایتدی،

فی ٧ کانون اوّل افرنجی سنه ١٩٠٨،

فهرست اشعار و منظومات ،

EU representative:
Easy Access System Europe
Mustamäe tee 50, 10621 Tallinn, Estonia
Gpsr.requests@easproject.com

www.ingramcontent.com/pod-product-compliance
Lightning Source LLC
Chambersburg PA
CBHW060656150426
42813CB00053B/1108
* 9 7 8 1 3 9 9 5 5 9 9 2 8 *